Uma gota de força do Ajudador Divino é melhor qu[e]
niões de comitês, sessões de estratégias e program[as]
poder do Espírito Santo, não temos o que é necessári[o]
levá-las a Cristo. Contudo, por causa do poder do Espírito, temos tudo de que precisamos! Muitos cristãos, no entanto, ficam confusos. Perguntamo-nos como ter um relacionamento com o Espírito. Os dons do Espírito são para os nossos dias? Para a minha vida? Em caso afirmativo, como tenho acesso a eles e os uso? São perguntas essenciais nestes últimos dias. Por essa razão, este livro é um recurso oportuno. Sam Storms escreve com o coração de um pastor e a habilidade de um estudioso. O seu preparo é impressionantemente minucioso e detalhado. Este livro servirá de ferramenta de consulta a todos nós que buscamos andar no Espírito.

Max Lucado, pastor e autor *best-seller*

Sam Storms deu ao corpo de Cristo um dom (uma dádiva) em *Entendendo os dons espirituais*. Este é, sem dúvida, o melhor livro que já li sobre o assunto. Sam traz clareza a este assunto muitas vezes mal-entendido, despertando--nos para a necessidade dos dons espirituais, a fim de vivermos a vida frutífera que Deus idealizou para nós, e cumprirmos a missão que ele nos designou. Já é hora de o corpo de Cristo funcionar como um todo, um corpo saudável, forte — o que é impossível sem a operação dos dons espirituais que nos foram dados por Deus. É um livro para esta hora.

Christine Caine, fundadora da A21 e da Propel Women

Sam Storms escreveu o livro mais abrangente sobre os dons espirituais que já vi. Não consigo pensar em uma única pergunta sobre os dons que ele não aborde. E as suas respostas baseiam-se nas simples afirmações das Escrituras, e não em teorias preconcebidas sobre dons. Embora o Sam seja um estudioso, este livro não é um exame acadêmico, teórico dos dons espirituais. É uma explicação eloquente, fácil de ler, prática de cada um dos 21 dons espirituais e a razão pela qual são essenciais para a saúde espiritual da igreja. O Sam ajudará você a descobrir o seu dom e a aprender como usá-lo eficazmente.

Jack Deere, autor de *Surpreendido pelo poder do Espírito* (CPAD) e *Surpreendido com a voz de Deus* (Vida)

Uma vez que a frase de abertura do primeiro capítulo deste livro é "O cristianismo é inescapavelmente *sobrenatural*", os leitores são imediatamente alertados à necessidade — não ao luxo, e não à opção — da presença, da capacitação e dos dons do Espírito Santo. Quem melhor do que Sam Storms para nos ensinar esse assunto essencial? Com constante referência às Escrituras, Sam enfrenta esses assuntos prementes como que desejando e orando pelos dons espirituais à luz da soberania de Deus, tratando de como descobrimos os nossos dons. E ele não se intimida diante de temas polêmicos, como continuacionismo *versus* cessacionismo, a natureza do falar em línguas e o seu dom relacionado da interpretação, e se ainda há apóstolos hoje. A partir de uma perspectiva calvinista e continuacionista sobre os dons espirituais, e de uma maneira que evita representações irresponsáveis (errôneas) de outros pontos de vista, *Entendendo os dons espirituais* certamente será a obra-padrão por muitos anos à frente.

Gregg R. Allison, professor de Teologia Cristã pelo
Southern Baptist Theological Seminary

Se você está querendo uma introdução a respeito dos dons do Espírito Santo, este livro é para você. Se já tem conhecimento dos dons do Espírito, este também é o livro para você. É uma obra que é fonte de informações para o cristão com experiência. Você deveria obter cópias extras para distribuir a outras pessoas. Ninguém é mais capacitado a produzir um livro equilibrado como este do que o dr. Sam Storms. Com uma sólida experiência na Palavra e no Espírito, ele escreveu um livro que será edificante e que honrará a Deus.

R. T. Kendall, ministro da igreja
Westminster Chapel (1977-2002)

ENTENDENDO
OS DONS
ESPIRITUAIS

Título original: *Understanding spiritual gifts: a comprehensive guide*
Copyright ©2020, de Sam Storms
Edição original por Zondervan. Todos os direitos reservados.
Copyright da tradução ©2024, de Vida Melhor Editora LTDA.

Todos os direitos desta publicação são reservados por Vida Melhor Editora LTDA.

As citações bíblicas sem indicação da versão *in loco* foram traduzidas da tradução do próprio autor. As citações bíblicas com indicação da versão *in loco* foram extraídas da Nova Versão Internacional (NVI ou traduzidas da English Standard Version (ESV) e New American Standard Bible (NASB).

Os pontos de vista desta obra são de responsabilidade de seus autores e colaboradores diretos, não refletindo necessariamente a posição da Thomas Nelson Brasil, da HarperCollins Christian Publishing ou de sua equipe editorial.

Preparação	*Eliana Moura*
Revisão	*Bruno Echebeste Saadi e Guilherme Guimarães*
Índices	*Virgínia Neumann e Cristina Isabel Charão*
Diagramação	*Sonia Peticov*
Adaptação de capa	*Maria Cecília Lobo*

EQUIPE EDITORIAL

Publisher	*Samuel Coto*
Editor	*André Lodos*
Produção editorial	*Fabiano Silveira Medeiros*

Dados Internacionais de Catalogação na Publicação (CIP)

(BENITEZ Catalogação Ass. Editorial, MS, Brasil)

S887e Storms, Sam
1.ed.   Entendendo os dons espirituais / Sam Storms; tradução Marcos Taveira. – 1.ed. – Rio de Janeiro: Thomas Nelson Brasil, 2024.
        416 p.; 15,5 x 23 cm.

Título original: Understanding spiritual gifts.
ISBN 978-65-5689-715-8

1.Dons do Espírito Santo. 2. Dons espirituais – Cristianismo. 3. Pentecostalismo.
I. Taveira, Marcos. II. Título.

02-2024/98   CDD: 234.3

Índice para catálogo sistemático

1. Dons espirituais : Cristianismo   234.13

Bibliotecária responsável: Aline Graziele Benitez CRB-1/3129

Thomas Nelson Brasil é uma marca licenciada à Vida Melhor Editora LTDA.
Todos os direitos reservados à Vida Melhor Editora LTDA.
Rua da Quitanda, 86, sala 601A — Centro
Rio de Janeiro — RJ — CEP 20091-005
Tel.: (21) 3175-1030
www.thomasnelson.com.br

ENTENDENDO OS DONS ESPIRITUAIS

UM GUIA COMPLETO

SAM STORMS

Tradução
MARCOS TAVEIRA

Dedicado a
JOHN WIMBER
(1934-1997).

Embora possa parecer estranho dedicar um livro
a alguém que não esteja mais vivo,
eu não conseguiria pensar em ninguém que merecesse mais
essa honra do que
JOHN WIMBER,
cuja amizade, encorajamento e exemplo
do que significa "fazer a coisa"
significaram tanto para mim e para
milhares de outras pessoas.
Serei para sempre grato por sua vida e ministério.

Sumário

Prefácio	11
Agradecimentos	13
Introdução	14

PRIMEIRA PARTE
NATUREZA, PROPÓSITO E BUSCA EM ORAÇÃO DOS DONS ESPIRITUAIS

1. Poder sobrenatural para a vida e o ministério	21
2. Dons espirituais: o que são e por que Deus os dá?	37
3. Quantos dons espirituais há e quantos o cristão pode receber?	55
4. Nossa responsabilidade de desejar os dons espirituais e orar por eles	72

SEGUNDA PARTE
O DEBATE SOBRE A CESSAÇÃO OU CONTINUAÇÃO DOS DONS MIRACULOSOS DO ESPÍRITO

5. Argumentos bíblicos e teológicos que apoiam o cessacionismo	95
EXCURSO: Resposta a Jonathan Edwards sobre a cessação dos *charismata*	115
6. Argumentos bíblicos e teológicos que apoiam o continuacionismo	127
7. As evidências da história da igreja	155

TERCEIRA PARTE
OS DONS DE REVELAÇÃO DO ESPÍRITO

8. Palavra de sabedoria e palavra de conhecimento	183
9. A natureza e o propósito do dom espiritual de profecia	193

10. O dom espiritual de profecia do Novo Testamento é
diferente da profecia do Antigo Testamento? 208
11. Julgando as palavras proféticas e o dom espiritual
de discernimento de espíritos 226

QUARTA PARTE
O FALAR EM LÍNGUAS

12. Decifrando o dom de falar em línguas 245
13. Deus quer que todos os cristãos falem em línguas?
E o dom de interpretação? 267

QUINTA PARTE
FÉ, CURA E MILAGRES

14. O dom espiritual de fé e sua relação com a cura 285
15. Os milagres e o dom espiritual de milagres 306

SEXTA PARTE
OUTROS DONS E O APOSTOLADO

16. E os dons espirituais de Romanos 12:6-8
e de Efésios 4:11? 329
17. O apostolado é um dom espiritual, um cargo ou
ambos? 339
18. Quais as qualificações para o apostolado?
Há apóstolos na igreja hoje? 350

APÊNDICE A: Deus dá dons espirituais a não cristãos? 371

APÊNDICE B: Qual é o futuro da renovação carismática?
Avaliando seus pontos fortes e fracos 383

Índice de passagens bíblicas 395

Índice remissivo 403

Prefácio

Uma vez que o Espírito é a terceira Pessoa da Trindade, aprender a depender dele é crucial à vida cristã. E pelo fato de que os ensinamentos bíblicos sobre os dons do Espírito nos direcionam à dependência do Espírito de Deus para nos capacitar a servir uns aos outros nas várias maneiras como Deus nos equipa, o ensino é vital para a igreja de hoje. Poucas coisas seriam mais fundamentais que aprender a depender de Deus, mesmo que isso seja diferente para cada um de nós, para edificarmos outros cristãos como membros do corpo de Cristo junto conosco.

Os que fazem caricaturas dos carismáticos como biblicamente ingênuos ou teologicamente mal instruídos não conhecem Sam Storms. O Sam é um exegeta de mente sóbria, comprometido a seguir para onde quer que as Escrituras direcionem; é um estudioso da Bíblia que também é pastor; uma voz equilibrada e respeitada. Um companheiro de diálogo gracioso e paciente, ele conhece minuciosamente ambos os lados do debate cessacionista/continuacionista, em primeira mão.

Neste livro, Sam apresenta sua defesa de modo lógico, ponto a ponto, e em especial com respeito às Escrituras. Esse é o Sam que esperamos se já lemos seus outros livros ou se já ouvimos seu discurso presidencial em relação ao dom de profecia proferido em um encontro da Evangelical Theological Society [Sociedade Teológica Evangélica], vários anos atrás.

Raramente dois estudiosos concordam em todos os pontos, e este livro não é nenhuma exceção. Porém, realmente concordo com a sua maior parte, e os pontos dos quais discordo, faço-o respeitando os cuidadosos argumentos do meu amigo. Espero que outros, também, que discordam em alguns pontos, semelhantemente a mim, o façam com respeito ao tom irênico, ao raciocínio cuidadoso e, acima de tudo, ao compromisso do Sam com a autoridade das Escrituras.

Hoje, muitas igrejas enfatizam as Escrituras, as quais penetrantemente atestam a centralidade dos ministérios do Espírito em nossa vida e em nossas igrejas locais, ou o Espírito, que inspirou as Escrituras que modelam e deveriam guiar a nossa própria experiência do Espírito hoje. Enfatizando meramente informações intelectuais, como se o conhecimento fosse suficiente, arriscamo-nos a perder a experiência à qual as Escrituras nos convidam. Enfatizando meramente a experiência, arriscamo-nos a perder o entendimento e a adoção da experiência correta. Nesses dias, quando extremismos não bíblicos estão reagindo um contra o outro — ou deixando de lado os dons espirituais, ou abusando deles —, o livro de Sam Storms é esplendidamente oportuno.

Precisamos da Palavra e do Espírito juntos, e poucos são tão preparados como o Sam para fornecer esse equilíbrio. Recomendo muito este livro exegeticamente excelente e preeminentemente prático.

DR. CRAIG S. KEENER
F. M. e professor de Estudos Bíblicos da cátedra
Ada Thompson, Asbury Theological Seminary

Agradecimentos

Há várias pessoas que foram instrumentos na produção deste livro. Quero começar agradecendo a Ryan Pazdur, Nathan Kroeze e Chris Beetham, da Zondervan, por suas sugestões editoriais incrivelmente úteis e seu encorajamento.

Eu também gostaria de expressar um profundo agradecimento aos presbíteros, à equipe e à congregação da igreja Bridgeway Church, os quais não somente me supriram com o tempo e a oportunidade de escrever este livro, mas também se devotaram a criar um ambiente e uma cultura espiritual na Bridgeway que facilitam e promovem o exercício de todos os preciosos dons espirituais de Deus.

Por fim, há vários indivíduos que exerceram uma influênciaespecial em mim quanto ao meu entendimento do Espírito Santo e da sua obra na igreja hoje. Dentre eles, quero ressaltar Jack Deere, o meu antigo colega de classe no Dallas Theological Seminary, o qual fez mais do que qualquer outra pessoa para educar-me no ministério do Espírito.

Há outros que merecem ser mencionados, como Wayne Grudem, John Piper, Craig Keener, Brock Bingaman, Lyle Dorsett e Christine Caine. Todas essas pessoas ainda estão vivas e servindo ao corpo de Cristo, mas um indivíduo que agora está com o Senhor é digno de nota especial também. Fui muito encorajado e abençoado por John Wimber, líder da Association of Vineyard Churches [Associação de Igrejas Vineyard] até a sua morte, em 1997. Sua amizade, seu apoio e exemplo de devoção a Deus me ajudaram de inúmeras formas, e sempre lhe serei grato. Obrigado novamente a todos vocês.

SAM STORMS

Introdução

lguns de vocês que pegaram este livro estão pensando: "Ah, não! Outro livro sobre dons espirituais não! Será que tudo o que possa ser dito já não foi dito sobre esse assunto? Por que continuamos focando uma questão que aparentemente só divide os cristãos, em vez de uni-los? Já chega!".

Entendo a sua frustração. Eu próprio sinto isso com frequência. Mas a minha frustração provavelmente é de um tipo diferente, por uma razão diferente. Se me sinto frustrado, é por causa da confusão que cerca esse tema, das interpretações bizarras e enganadoras que muitos atribuem a certos textos bíblicos e da maneira que muitos desejam minimizar a urgência dos dons espirituais para a vida e o ministério cristãos.

Considere o seguinte: embora devêssemos evitar avaliar a importância de temas bíblicos baseados somente em quantas vezes são mencionados no Novo Testamento, não podemos nos dar ao luxo de ignorar a frequência com que os autores bíblicos abordam uma questão. Os dons espirituais são um exemplo relevante disso. Com que frequência você acha que são descritos no Novo Testamento? Vinte vezes? Cinquenta? Cem? Conto nada menos que 155 versículos bíblicos que explicitamente mencionam, descrevem, regulam ou retratam o exercício dos dons espirituais.[1] Além disso, há nada menos que 65 versículos que fornecem ilustrações narrativas de sinais, maravilhas e milagres em operação (na maioria das vezes no Livro de Atos).[2]

---

[1] Atos 2:1-18; 10:44-48; 11:15-18; 19:1-7; Romanos 12:3-8; 1Coríntios 1:7; 12:1-31; 13:1-13; 14:1-40; Gálatas 3:5; Efésios 4:7-16; 1Tessalonicenses 5:19-22; 1Timóteo 1:18,19; 4:14; 2Timóteo 1:6,7; Hebreus 2:3,4; Tiago 5:13-18; e 1Pedro 4:10,11.

[2] Atos 3:1-10; 4:29-31; 5:12; 6:8; 8:4-8; 9:32-43; 13:1-3, 6-12; 14:8-11; 21:4-14; 28:1-6; 1Coríntios 2:4; 2Coríntios 12:12; e Romanos 15:19. Os quatro Evangelhos contêm várias outras apresentações de sinais, maravilhas e milagres que eu não citei.

INTRODUÇÃO

Não estou jamais sugerindo que os dons espirituais sejam o tema mais importante do Novo Testamento. De forma nenhuma! Tampouco somos justificados ao relegá-los a um papel periférico na vida do cristão e no bem-estar espiritual do corpo de Cristo.

As pessoas muitas vezes me perguntam qual é mais crucial: o fruto do Espírito ou os dons do Espírito? Embora eu não goste de jogar um grupo contra o outro para eliminar um deles, a resposta é óbvia: o fruto do Espírito. É simplesmente um reflexo de um princípio criticamente importante que, de forma trágica e muito frequente, esquecemos: *o caráter é sempre mais importante do que os dons*. Dito de outra maneira, quem somos agora e em quem estamos nos tornando em razão da influência santificadora de Deus em nosso coração é mais vital ao indivíduo e à experiência coletiva do povo de Deus do que o que fazemos.

Contudo, ao mesmo tempo, não podemos ignorar a maneira em que os dons e o fruto se relacionam entre si. Como veremos repetidamente neste livro, o propósito principal de todos os dons espirituais, tanto os mais milagrosos quanto aqueles um tanto quanto terrenos, é edificar o corpo de Cristo. Deus graciosamente providenciou essas "manifestações do Espírito" para que pudéssemos encorajar, edificar, fortalecer, instruir e consolar uns aos outros — tudo isso tendo em mente nossa transformação cada vez maior à imagem do nosso Senhor Jesus Cristo. Os dons são para o fruto o que os meios são para os fins. E os fins são raramente, ou jamais, alcançados de forma independente à implementação e ao uso apropriado dos meios que Deus ordenou para que os alcançássemos.

Embora eu me regozije na casa que Deus forneceu a mim e à minha família, eu jamais desprezaria, ignoraria ou deixaria de ser grato pelos trabalhadores e carpinteiros, juntamente com a sua ampla variedade de ferramentas, que, na verdade, construíram o lugar em que moro. E eu ousaria dizer que seria tolice nossa como cristãos esperarmos que a Casa de Deus, o corpo de Cristo, a igreja, cresça conforme o que Deus planejou se deixarmos de fazer uso das ferramentas que ele nos forneceu pelo seu Espírito.

Considere a instrução de Paulo em Efésios 4:7-16, um texto que analisaremos em detalhe mais tarde. A meta para a qual todos nós nos esforçamos na graça de Deus é "a unidade da fé e do conhecimento do Filho de Deus", o que Paulo chama de "hombridade madura" ou "a medida da estatura da plenitude de Cristo" (v. 13). A nossa meta é edificar o corpo de Cristo "em amor" (v. 16). Mas isso não acontece mágica ou automaticamente, independentemente da contribuição que cada cristão faz ao crescimento espiritual de todos os outros cristãos. O meio que Deus forneceu para a obtenção dessa meta são os dons espirituais dos apóstolos, profetas, evangelistas, pastores e mestres citados no versículo 11. Obviamente, há no mínimo mais uns quinze ou vinte dons adicionais que semelhantemente contribuem para o nosso crescimento progressivo à imagem de Jesus, mas creio que você entendeu o meu objetivo.

UMA BREVE NOTA BIOGRÁFICA[3]

Talvez o ajude também saber que sou um *continuacionista praticante*. Tanto o substantivo quanto o adjetivo modificador são importantes neste rótulo. Primeiro, o substantivo. Nos primeiros 14 anos do meu ministério, fui um *cessacionista* convicto. A minha visão sobre o Movimento Carismático era menos do que lisonjeira, para dizer o mínimo. Mas, em 1987, comecei a estudar as Escrituras e os argumentos para a cessação dos dons miraculosos do Espírito com consideravelmente mais cuidado e objetividade. A conclusão dos meus estudos, que somente tem se solidificado nos anos desde então, é que as Escrituras não fornecem absolutamente nenhuma evidência de que alguns dos *charismata* foram planejados por Deus para serem operados na igreja por meros cinquenta ou sessenta anos no primeiro século, somente para desaparecerem gradativamente com o passar do tempo. A cada texto que analisei, encontrei descrições que lançaram luz de forma minuciosamente positiva sobre como todos os dons são essenciais para a edificação do corpo de Cristo.

Contudo, há muitos cristãos evangélicos que se contentam em adotar o substantivo *continuacionista*, mesmo que sejam admitidamente cessacionistas *funcionais*. Concordam que o Novo Testamento não ensina em nenhum lugar que certos dons de um tipo específico

---

[3]Minha jornada teológica foi narrada em mais detalhes em dois livros: Sam Storms, "A third wave view", in: Wayne Grudem, org., *Are miraculous gifts for today? Four views* (Grand Rapids: Zondervan, 1995) [edição em português: *Cessaram os dons espirituais?* (São Paulo: Vida, s.d.)], e Sam Storms, *Convergence: spiritual journeys of a charismatic Calvinist* (Kansas City: Enjoying God Ministries, 2005).

cessaram com o término da era apostólica, mas não os *buscam*, nem *oram* por eles, nem os *praticam*. Teologicamente falando, concordariam com as conclusões deste livro. No entanto, quando a questão é exercitar toda a variedade dos dons espirituais, equipar os outros a fazer isso e implementar esses dons no ministério cotidiano da igreja local, não parecem nada diferente dos que creem que esses dons morreram séculos atrás.

Você deveria entender desde o início que sou um continuacionista *praticante*. Regularmente, na verdade, todos os dias, se não a cada hora, oro em línguas. Profetizei algumas vezes e sempre encorajo os membros de nossa igreja a fazer isso também. Oro pelos enfermos e já vi muitos (mas nem todos) curados. Deus tem se agradado de usar-me para libertar os endemoninhados da opressão de espíritos malignos. Palavras de conhecimento são uma característica um tanto quanto regular dos nossos cultos de domingo, e temos inúmeros indivíduos que são dotados com o discernimento de espíritos. Digo tudo isso para informá-lo de que o que você está prestes a ler foi escrito a partir de uma perspectiva claramente carismática.

Não estou dizendo que estou contente com tudo o que acontece no mundo carismático. O fanatismo, o triunfalismo e o sensacionalismo injustificável estão todos muito presentes em certos setores desse ramo da família cristã. Abordo no Apêndice B a respeito dos aspectos em que acho que a renovação carismática é forte, em que é fraca e o que precisa mudar nos dias à nossa frente. Achei importante que você soubesse qual é a minha posição antes de começarmos.

PRIMEIRAS PUBLICAÇÕES

Estamos prontos agora para mergulhar no mais profundo da piscina bíblica. Mas, antes de fazer isso, quero expressar a minha gratidão a vários publicadores que me concederam a permissão de fazer uso de um material já existente. Como você pode ver na lista abaixo, já escrevi sobre esse assunto numa variedade de formas muitas vezes antes, mas nunca da maneira abrangente que você encontrará neste livro. Os textos seguintes estão citados na ordem em que foram publicados.

"A third wave view" ["Uma visão da terceira onda"], em *Are miraculous gifts for today? Four views* [Cessaram os dons espirituais? Quatro perspectivas], ed. Wayne Grudem (Grand Rapids: Zondervan, 1995).

The beginner's guide to spiritual gifts [O guia do iniciante aos dons espirituais] (2002; reimpr., Minneapolis: Bethany House, 2013).

Convergence: spiritual journeys of a charismatic Calvinist [Convergência: jornadas espirituais de um calvinista carismático] (Kansas City: Enjoying God Ministries, 2005).

"Are miraculous gifts for today?" ["Cessaram os dons espirituais?"]; "What is baptism in the Spirit" ["O que é o batismo no Espírito"] e "When does it happen?" ["Quando acontece?"]; "Should all Christians speak in tongues?" ["Todos os cristãos devem falar em línguas?"]; e "Why doesn't God always heal the sick?" ["Por que Deus nem sempre cura os enfermos?"], in: *Tough topics: biblical answers to 25 challenging questions* [Tópicos difíceis: respostas bíblicas a 25 perguntas desafiadoras] (Wheaton: Crossway, 2013).

"Ephesians 2:20 — the cessationist's 'go-to' text" ["Efésios 2:20 — o texto de 'referência' do cessacionista"], em *Strangers to fire: when tradition trumps Scripture* [Estranhos ao fogo: quando a tradição sobrepuja as Escrituras], ed. Robert W. Graves (Woodstock: The Foundation for Pentecostal Scholarship, 2014), p. 69-72.

"Why NT prophecy does NOT result in 'Scripture-quality' revelatory words (A response to the most frequently cited cessationist argument against the contemporary validity of spiritual gifts)" ["Porque a profecia do NT NÃO resulta em palavras de revelação 'com a qualidade das Escrituras' (uma resposta ao argumento cessacionista mais frequentemente citado contra a validade contemporânea dos dons espirituais)", in: Michael L. Brown, *Authentic fire: a response to John MacArthur's Strange Fire* [Fogo autêntico: uma resposta à conferência *Fogo estranho* de John MacArthur] (Lake Mary: Excel, 2014), p. 377-92.

Practicing the power: welcoming the gifts of the Spirit in your life [Praticando o poder: dando as boas-vindas aos dons do Espírito em sua vida] (Grand Rapids: Zondervan, 2017).

"Revelatory gifts of the Spirit and the sufficiency of Scripture: are they compatible?" ["Os dons de revelação do Espírito e a suficiência das Escrituras: são compatíveis?"], in: *Scripture and the people of God: essays in honor of Wayne Grudem* [As Escrituras e o povo de Deus: trabalhos acadêmicos em honra de Wayne Grudem], ed. John DelHousaye; John J. Hughes; Jeff T. Purswell (Wheaton: Crossway, 2018).

The language of heaven: crucial questions about speaking in tongues [A linguagem do céu: perguntas cruciais sobre o falar em línguas] (Lake Mary: Charisma House, 2019).

PRIMEIRA PARTE

NATUREZA, PROPÓSITO E BUSCA EM ORAÇÃO DOS dons ESPIRITUAIS

CAPÍTULO UM

Poder sobrenatural para a vida e o ministério

O cristianismo é inescapavelmente *sobrenatural*. Significa dizer que nós, os que olhamos para a Bíblia em busca da verdade, acreditamos que o Universo físico é inteiramente o produto ou efeito de uma causa espiritual, não material — a saber, o poder de Deus. Acima, além e adicionalmente ao Universo material, encontra-se o mundo do imaterial ou espiritual. Deus é espírito. O poder de Deus, o tipo de poder que habita dentro de todo cristão nascido de novo e que energiza sua vida e ministério, e quaisquer que sejam os dons espirituais que esse cristão tem não são o tipo de "coisa" que você possa tocar ou conter numa garrafa. *É a própria energia da vida do próprio Deus. É a energia sobrenatural que emana do ser de Deus.*

O que nos interessa nesses comentários introdutórios sobre o assunto dos dons espirituais é a verdade gloriosa mas muitas vezes não reconhecida de que *essa energia ou poder sobrenaturais e divinos muito literalmente preenchem e habitam o corpo e a alma de todo cristão nascido de novo.* Deus não nos chama para especular sobre a natureza desse poder ou para imaginá-lo meramente como uma ideia. O seu desejo é que nos beneficiemos dele para nos associarmos a ele em seus propósitos na terra. É que clamemos a ele para que ele possa intensificar, expandir, aumentar e aprofundar a manifestação desse poder por meio de nós de maneiras cada vez mais demonstrativas e tangíveis em nossa vida.

ENTENDENDO OS DONS ESPIRITUAIS

Se você fizer qualquer tentativa de viver uma existência diária comum, ou de fazer uso dos muitos dons espirituais que Deus forneceu, sem esse poder animando e energizando seu corpo, alma, espírito, vontade e afeições, conhecerá pouco da grandeza e glória de Deus e de tudo o que ele é para nós em Jesus. Se fizer qualquer tentativa de buscar o ministério cristão independentemente de uma oração consciente por mais desse poder e de uma dependência consciente disso para capacitá-lo a fazer o que de outra forma você jamais poderia ter a esperança de fazer, nunca entrará na plenitude do que Deus planejou para você e para aqueles aos quais você poderia ministrar. Essas parecem ser afirmações um tanto quanto grandiosas. Mas a Bíblia fornece evidências consideráveis para apoiá-las.

Considere a oração de Paulo em Filipenses 3:

> Mais do que isso, considero tudo como perda, comparado com a suprema grandeza do conhecimento de Cristo Jesus, meu Senhor, por quem perdi todas as coisas. Eu as considero como esterco para poder ganhar Cristo e ser encontrado nele, não tendo a minha própria justiça que procede da Lei, mas a que vem mediante a fé em Cristo, a justiça que procede de Deus e se baseia na fé. *Quero conhecer Cristo, o poder da sua ressurreição* e a participação em seus sofrimentos, tornando-me como ele em sua morte para, de alguma forma, alcançar a ressurreição dentre os mortos (v. 8b-11, grifo na citação).

Paulo não estava pedindo a Deus mais conhecimento teórico sobre a ressurreição de Jesus ou dos poderosos meios por meio dos quais ele foi ressuscitado. Não estava pedindo para ser suprido com mais argumentos para provar aos incrédulos que Jesus havia ressuscitado. Estava pedindo a Deus que ele pudesse *experimentar pessoalmente* o próprio poder sobrenatural que foi exercido pelo Espírito Santo que impediu a decomposição do corpo de Jesus, a energia sobrenatural que restaurou a vida a um cadáver, a energia sobrenatural que venceu e reverteu a entropia e o apodrecimento aos quais o corpo de Jesus teria sido de outra forma submetido. Estava pedindo, tendo a esperança e orando por um "gostinho" desse poder — a capacidade de sentir, em seu próprio corpo, a oportunidade de essa mesma energia divina fluir por meio do seu ser, curar o corpo enfermo de outras pessoas e capacitá-las para tudo o que Deus as havia chamado para fazer.

O PODER QUE OPERA DENTRO DE VOCÊ

Você percebe que esse mesmo poder já está dentro de você, que está residente em seu coração, e mente, e mãos, e palavras? Você percebe que esse mesmo poder que ressuscitou a Jesus dentre os mortos, o poder do Deus-Espírito Santo, habita em você neste exato momento, precisamente para que você possa transcender as limitações de sua existência finita e ministrar aos outros em poder e amor como Jesus o fez?

Será que isso é mero desejo irreal ou o fruto de um fanático carismático excessivamente experimentado? Considere os seguintes textos, que são apenas alguns poucos dentre os muitos que eu poderia citar:

> Peço que o Deus de nosso Senhor Jesus Cristo, o glorioso Pai, dê a vocês espírito de sabedoria e de revelação, no pleno conhecimento dele. Oro também para que os olhos do coração de vocês sejam iluminados, a fim de que vocês conheçam a esperança para a qual ele os chamou, as riquezas da gloriosa herança dele nos santos *e a incomparável grandeza do seu poder para conosco, os que cremos, conforme a atuação da sua poderosa força. Esse poder ele exerceu em Cristo, ressuscitando-o dos mortos e fazendo-o assentar-se à sua direita, nas regiões celestiais, muito acima de todo governo e autoridade, poder e domínio, e de todo nome que se possa mencionar, não apenas nesta era, mas também na que há de vir* (Efésios 1:17-21, grifo na citação).

Aqui, Paulo está pedindo que Deus-Pai transmita aos cristãos de Éfeso esse mesmíssimo poder, a exata energia sobrenatural que Deus empregou quando reanimou e ressuscitou o corpo morto de Jesus. São os mesmíssimos poder e energia sobrenaturais que exaltaram Jesus à destra de Deus e subjugaram todos os demônios e todas as outras autoridades humanas ao seu governo e reinado. É o poder que Deus quer que você experimente e coloque em prática quando evangelizar os perdidos, ou exercitar os seus dons espirituais, ou orar pelos enfermos.

Paulo uma vez mais orou em Efésios 3:16 para que Deus "concedesse que você [e eu] fôssemos fortalecidos com poder [e não meramente com ideias, ou com exortações, ou com injeções de esteroides; não, com energia sobrenatural] por meio do seu Espírito em seu

ENTENDENDO OS DONS ESPIRITUAIS

ser interior". Observe atentamente onde esse poder habita e opera. É em seu *ser interior* que o Espírito opera dessa maneira poderosa. Paulo conclui essa oração com as seguintes palavras famosas, porém muitas vezes negligenciadas:

> Àquele que é capaz de fazer infinitamente mais do que tudo o que pedimos ou pensamos, de acordo com o seu poder [apresentado em compêndios de teologia? — bem, não; mencionados em conferências cristãs? — bem, não; esse poder é o poder] *que atua dentro de nós*; a ele seja a glória na igreja e em Cristo Jesus, por todas as gerações, para todo o sempre! Amém! (Efésios 3:20,21)

Que Deus grande e poderoso que temos! Um Deus que pode infinitamente exceder as nossas mais altas expectativas, sonhos, orações e esperanças. Mas *onde* é que Deus faz todas essas coisas? Por intermédio de quais meios? Paulo disse que é *dentro de nós*! *Dentro* e *por meio de* cristãos como você e eu. Não importa quão altas sejam as suas expectativas ao ler este livro, não importa quão extensas sejam as suas orações pelas coisas que você espera que Deus faça por você e por meio de você para os outros: ele pode fazer infinita e abundantemente além de tudo isso. E ele o faz mediante seu próprio poder sobrenatural e divino que vive dentro de você e de mim, e que energiza a você e a mim.

Pedro ecoou o que Paulo disse repetidamente, em especial nos versículos introdutórios da sua segunda epístola: "*Seu divino poder nos deu tudo de que necessitamos para a vida e para a piedade, por meio do pleno conhecimento daquele que nos chamou para a sua própria glória e virtude*" (2Pedro 1:3, grifo na citação). Qualquer que seja a deficiência que você possa experimentar em sua "vida" cristã e em sua busca de "santidade", ela pode ser vencida por meio do poder de Deus.

Quando Paulo orou pelos cristãos de Colossos, pediu a Deus que fossem "fortalecidos com todo o poder, de acordo com a força da sua glória, para que tenham toda a perseverança e paciência com alegria" (Colossenses 1:11). Quando mais tarde ele lhes explicou como conseguia perseverar em seu ministério, foi assim que o disse: "Para isso eu me esforço, lutando conforme toda *a sua força, que atua poderosamente em mim*" (Colossenses 1:29, grifo na citação). Deus infunde sua mesma energia sobrenatural aos seus servos. Essa energia, disse Paulo, opera "dentro de" nós poderosamente.

Esse poder é o próprio Espírito Santo (Lucas 1:35; 4:14; 5:17; Atos 10:38; Romanos 15:19). Não é uma coisa abstrata, flutuando livremente em algum lugar. É uma *presença fortalecedora experimental* que Deus quer que recebamos, e desfrutemos, e empreguemos.

Você pode ver, por meio desses muitos textos, que experimentar o poder do Deus-Espírito Santo não é um fenômeno excepcional, raro ou esporádico — mas a intenção de Deus é que seja uma realidade rotineira, comum, diária na vida de todos os cristãos, independentemente de instrução, posição social, *status* financeiro ou papel na igreja. Todas as facetas da vida de todos os filhos de Deus têm o propósito de ser uma expressão de poder espiritual: na oração, no exercício dos dons, na perseverança sob opressões, em nossa resistência a tentações, em amarmos os nossos cônjuges, em sermos diligentes e fiéis no trabalho, e assim por diante.

Paulo disse em Romanos 15:13 que é somente por meio do "poder" do Espírito Santo que somos capacitados a "transbordar de esperança". Ele disse novamente em 2Tessalonicenses 1:11 que "toda resolução para o bem e toda boa obra de fé" que você e eu realizamos se dão por meio do seu "poder". Poder é a energia ou operação de Deus por meio da qual somos salvos (Romanos 1:16; 1Coríntios 1:18,24). E, como se isso não fosse suficiente para convencê-lo, o próprio Reino de Deus em sua essência não consiste "em palavras, mas em poder" (1Coríntios 4:20).

Não raro pensamos erroneamente que os únicos indivíduos da igreja que são receptores do poder de Deus são os apóstolos, ou os presbíteros, ou os pastores, ou os que têm um diploma de seminário e que saibam ler grego e hebraico. Mas considere Estêvão, que não era nem apóstolo, nem presbítero, nem pastor, a quem Lucas descreveu como "cheio de graça e poder", pelos quais ele fazia "grandes maravilhas e sinais no meio do povo" (Atos 6:8). Estêvão foi um dos primeiros sete diáconos. A sua tarefa era "servir às mesas" (v. 2) a fim de que os apóstolos pudessem devotar-se à pregação da Palavra e à oração. A única coisa que o diferenciava é que ele era "cheio de fé e do Espírito Santo" (v. 5).

Obviamente, é verdade que o poder do Espírito Santo operava por meio dos apóstolos, como Paulo. Ele próprio disse em Romanos 15,

ENTENDENDO OS DONS ESPIRITUAIS

ao descrever o seu ministério: "Não me atrevo a falar de nada, exceto daquilo que Cristo realizou por meu intermédio em palavra e em ação, a fim de levar os gentios a obedecerem a Deus, *pelo poder de sinais e maravilhas e por meio do poder do Espírito de Deus*" (v. 18,19, grifo na citação).

Mas Estêvão, um diácono, era cheio do mesmo Espírito que enchia e capacitava Paulo; não era um Espírito Santo júnior, uma versão secundária e inferior. O "poder" que enchia Estêvão era exatamente o mesmo que enchia Paulo, o mesmo poder que está disponível para operar por meio de você e de mim hoje. Não há um Espírito Santo que enchia e capacitava Paulo e os outros apóstolos, e outro Espírito Santo, um tanto quanto mais fraco e menos eficaz, que enche e habita dentro de você e de mim. O Espírito Santo que estava em Jesus e o Espírito Santo que estava em Paulo é o mesmo Espírito Santo que estava em Estêvão e que está em você e em mim.

Não podemos ter certeza se Timóteo era apóstolo. Surpreendentemente, ele nunca foi chamado de "presbítero", embora provavelmente ocupasse de fato essa posição. Mas, quando Paulo o exortou a "avivar a chama do dom de Deus", ele baseou essa exortação no fato de que "Deus nos deu um espírito não de temor, mas de *poder*, e amor, e autocontrole" (2Timóteo 1:7, grifo na citação). Quando Tiago exortou que todos os cristãos, cristãos comuns como você e eu, "orássemos uns pelos outros" para que pudéssemos ser curados (Tiago 5:16), declarou que essa oração "tem grande *poder*" (grifo na citação) enquanto está operando.

TRANSMISSÃO DE PODER

Esse poder é algo que não somente Deus *tem*, mas que ele generosa e abundantemente nos *dá*. É isso o que significa a palavra *transmissão*. Li recentemente um artigo escrito por um dos muitos "caçadores de heresias" que ficam "trolando" na internet, procurando coisas que lhes possam ser úteis. Ele especificamente mencionou o conceito da "transmissão" como algo característico dos praticantes da Nova Era. Contudo, como já vimos em Efésios 1 e 3, esse poder que nos é dado, habita dentro de nós e opera dentro de nós. Vemos isso em inúmeros outros lugares também:

Reunindo os Doze, Jesus *deu-lhes poder* e autoridade para expulsar todos os demônios e curar doenças e os enviou a pregar o Reino de Deus e a curar os enfermos (Lucas 9:1,2, grifo na citação).

Eu envio a vocês a promessa de meu Pai; mas fiquem na cidade até serem *revestidos do poder* do alto" (Lucas 24:49, grifo na citação).

Mas *receberão poder* quando o Espírito Santo descer sobre vocês (Atos 1:8, grifo na citação).

E o que é esse "poder" que Jesus mencionou e prometeu que seria nosso? É o mesmo "poder" do Espírito Santo do qual ele mesmo conscientemente dependia e o qual empregava para curar os enfermos.

Certo dia, quando ele ensinava, estavam sentados ali fariseus e mestres da lei, procedentes de todos os povoados da Galileia, da Judeia e de Jerusalém. E o poder do Senhor estava com ele para curar os doentes (Lucas 5:17).

Esse é apenas um de vários textos que nos dizem que até mesmo Jesus era receptor do poder do Espírito Santo, que o capacitava a fazer tudo em seu ministério.[1]

Vocês mesmos sabem [...] como Deus ungiu Jesus de Nazaré com o Espírito Santo e poder, e como ele andou por toda parte fazendo o bem e curando todos os oprimidos pelo Diabo, porque Deus estava com ele (Atos 10:37,38).

Em várias ocasiões, lemos nos Evangelhos que "poder" *saía de* Jesus. Era *transferível*. O seu poder era *transmitido* a outros meramente pelo toque:

No mesmo instante, Jesus percebeu que dele havia saído poder, virou-se para a multidão e perguntou: "Quem tocou em meu manto?" (Marcos 5:30; cf. Lucas 8:46).

---

[1]Falo mais sobre esse tema no capítulo intitulado "How did Jesus perform his miracles?", em meu livro *Tough topics 2: biblical answers to 25 challenging questions* (Fearn, Ross-shire, Reino Unido: Christian Focus, 2015), p. 47-62.

ENTENDENDO OS DONS ESPIRITUAIS

Jesus sentiu o poder do Espírito Santo saindo dele, e a mulher sentiu o poder do Espírito Santo entrando em seu corpo. De fato, lemos em Lucas 6:19 que "todos procuravam tocar nele, porque *dele saía poder* que curava todos" (grifo na citação). Não é misticismo da Nova Era, e sim cristianismo bíblico!

Essa ênfase no poder é totalmente diferente do tipo de triunfalismo carnal que vemos tão frequentemente em certos círculos da igreja de Jesus Cristo. Por exemplo, quando Paulo visitou Corinto, declarou que foi "em fraqueza e em temor e em muito tremor" (1Coríntios 2:3). A sua eloquência mal se aproximava dos padrões dos seus oponentes. "Minha mensagem e minha pregação não consistiram em palavras persuasivas de sabedoria." Ele disse que toda a sua presença e ministério entre eles vieram "em demonstração do Espírito e de *poder*, para que a fé que vocês têm não se baseasse na sabedoria humana, mas no *poder* de Deus" (v. 4,5, grifo na citação). Longe de ser um obstáculo ao poder sobrenatural e divino, a fraqueza de Paulo era a plataforma sobre a qual ele era gloriosamente demonstrado.

Uma vez mais, Paulo declarou em 2Coríntios 4:7 que "temos esse tesouro em vasos de barro, para mostrar que o *poder* que a tudo excede provém de Deus, e não de nós" (grifo na citação). Mais tarde nessa epístola, depois de pedir repetidamente ao Senhor que o seu espinho na carne fosse removido, ele citou as palavras do próprio Jesus, que lhe disse: "Minha graça é suficiente a você, pois o meu *poder* se aperfeiçoa na fraqueza". Paulo, por sua vez, declarou: "Portanto, eu me gloriarei ainda mais alegremente em minhas fraquezas, para que o *poder* de Cristo repouse em mim" (2Coríntios 12:9, grifo na citação).

Em 2Coríntios 6, Paulo falou sobre o seu ministério como servo de Deus, um ministério que trazia à sua experiência "sofrimentos, privações e tristezas; açoites, prisões e tumultos; trabalhos árduos, noites sem dormir e jejuns" (v. 4,5). O seu ministério, prosseguiu ele, era levado adiante pelo "Espírito Santo" (v. 6) e pelo "poder de Deus" (v. 7). O poder de Deus não nos capacita a escapar de dificuldades e perseguições, mas nos fortalece a suportá-las sem ceder a meios--termos ou covardias!

Anteriormente, mencionei Colossenses 1:11, em que Paulo orou pelos cristãos colossenses da seguinte maneira: "Sendo fortalecidos com todo o poder, de acordo com a força da sua glória, para que tenham toda a perseverança e paciência com alegria" (cf. 2Timóteo 1:7).

Observe cuidadosamente que o padrão pelo qual medimos esse poder ou, talvez melhor ainda, a represa da qual isso vem a nós é a "força da glória" de Deus. Uma vez mais, vemos que o "poder" em operação dentro de nós é a energia do Deus Onipotente que tem Gênesis 1 em seu currículo!

PODER PARA DONS ESPIRITUAIS

Agora, vamos levar isso a uma conclusão, focando o poder do Espírito Santo com o propósito de energizar dons espirituais, quer seja profecia, cura ou línguas; a operação de sinais e maravilhas; o encorajamento de outros cristãos; ou a estonteante generosidade no uso dos nossos recursos financeiros.

Várias vezes, nos quatro Evangelhos, quando sinais, maravilhas e milagres de Jesus são apresentados, as palavras "obras poderosas" (ESV) são a tradução da forma plural da palavra "poder" (Mateus 11:20,21,23; 13:54,58; 14:2; Marcos 6:2,5,14; 9:39; Lucas 19:37; Atos 2:22). Vemos a mesma coisa em 1Coríntios 2:4,5 e em 1Tessalonicenses 1:5. Em ambos os textos, "poder" é a obra tangível, visível e vocal do Espírito Santo operando milagres por meio do povo de Deus.

> Minha mensagem e minha pregação não consistiram em palavras persuasivas de sabedoria, mas em demonstração do poder do Espírito, para que a fé que vocês têm não se baseasse na sabedoria humana, mas no poder de Deus (1Coríntios 2:4,5).

> Porque o nosso evangelho não chegou a vocês somente em palavra, mas também em poder, no Espírito Santo e em plena convicção (1Tessalonicenses 1:5).

Lemos várias vezes no Novo Testamento sobre o dom espiritual de milagres, ou da habilidade de operarmos milagres. Mais será dito sobre milagres nos capítulos seguintes. Por enquanto, quero salientar que, na maioria dos casos, a palavra traduzida por "milagres" é uma vez mais a palavra grega referente a "poder". Quando Paulo mencionou "a operação de milagres" como um dom espiritual, em 1Coríntios 12:10, e novamente em 12:28, simplesmente usou essa mesma palavra — "poderes". Em Gálatas 3:5, ele perguntou aos cristãos dessa igreja: "Aquele que dá o seu Espírito e opera milagres [isto é, poderes] entre vocês realiza essas coisas pela prática da Lei ou pela fé com a qual receberam a palavra?".

Considere, ainda, uma passagem que a maioria dos cristãos provavelmente sabe de cor, Atos 1:8: "Mas receberão poder quando o Espírito Santo descer sobre vocês, e serão minhas testemunhas em Jerusalém, em toda a Judeia e Samaria, e até os confins da terra". A maioria provavelmente foi ensinada que o "poder" que Jesus disse que receberíamos é principalmente, se não somente, para compartilhar o Evangelho. Com toda certeza isso nos capacita a vencer o temor e a proclamar o Evangelho claramente. Mas esse não era o ponto principal de Lucas. Como sabemos disso?

Lucas, que escreveu tanto o Evangelho que tem o seu nome quanto o Livro de Atos, usou a palavra "poder" (*dunamis*) vinte e cinco vezes. Em vinte dessas vinte e cinco ocasiões, a palavra descreve o que Deus fez ou por meio de Jesus (dez vezes), ou por intermédio de cristãos comuns (dez vezes). Em oito desses dez versículos em que "poder" refere-se ao que Deus fez por meio de Jesus (Lucas 4:14,36; 5:1; 6:19; 8:46; 10:13; 19:37; 21:27; Atos 2:22; 10:38), há uma menção de seus milagres, sinais e maravilhas. Em nove dos versículos em que a palavra "poder" é usada para descrever o que Deus fez por meio de cristãos é em referência aos milagres ou a sinais e maravilhas (Lucas 1:15-17 [poder de Elias na pregação]; 9:1,2; 24:49; Atos 3:12; 4:7,32,33; 6:8; 8:13; 19:11). O décimo e último versículo em que "poder" é usado é Atos 1:8. Este último, estrutura e governa o que será desvendado no livro e na experiência da igreja. Se nas outras nove vezes em que Lucas usa "poder" ele sempre se refere à operação de milagres, parece razoável concluir que é isso o que ele quer dizer em Atos 1:8. O poder para a operação de milagres era um elemento essencial e esperado na obra do ministério, junto ao poder para pregação e testemunho.

SERÁ QUE OS DONS ESPIRITUAIS SÓ SERVEM PARA PROVOCAR ORGULHO, INVEJA E RIVALIDADE ENTRE OS CRISTÃOS?

Antes de prosseguirmos neste caminho, creio que é importante abordar uma preocupação que muitas vezes ouço de cristãos. Falando francamente: eles têm medo dos dons espirituais. Preocupam-se que os dons espirituais despertem o orgulho e criem um ambiente competitivo na vida da igreja local. Eis a razão pela qual não vejo isso como uma preocupação legítima.

Não acho que eu teria gostado de viver durante os tempos do Antigo Testamento, essa era da história redentora antes da vinda de Jesus Cristo. Eu não teria gostado de ter que trazer um sacrifício de sangue ano após ano, sabendo que as ofertas de touros e bodes jamais poderiam de fato e finalmente remover a culpa do meu pecado. Eu não teria gostado da longa lista de regulamentações e leis detalhadas e muitas vezes estranhas que governavam as vidas do povo de Israel. Eu não teria gostado de abster-me do bacon para o café da manhã.

Mas, acima de tudo, eu não teria gostado do fato de que somente certos indivíduos selecionados fossem receptores da presença e do poder do Espírito Santo. Sob a antiga aliança de Moisés, somente profetas, sacerdotes, reis e certos indivíduos que receberam certas missões especiais experimentavam o poder do Espírito Santo regularmente. E, mesmo assim, você poderia pecar ou fracassar em sua missão dada por Deus e o Espírito seria removido de você (veja 1Samuel 16:14; Salmos 51:11).

Uma das coisas que deixam o nosso viver agora, sob a nova aliança, tão maravilhoso assim é a "democratização" do Espírito Santo. Todo o povo de Deus, isto é, todos os que conhecem a Jesus como Salvador pela fé somente, é habitado e capacitado permanentemente pelo Espírito Santo. Eis o que o apóstolo Pedro descreveu em seu sermão no Dia de Pentecoste:

> Nos últimos dias, diz Deus,
> derramarei do meu Espírito sobre *todos* os povos.
> Os seus filhos e as suas filhas profetizarão,
> > os jovens terão visões,
> > os velhos terão sonhos.
> Sobre os meus servos e as minhas servas
> > derramarei do meu Espírito naqueles dias, e eles profetizarão
> > (Atos 2:17,18, grifo na citação).

O que quero dizer com a palavra *democratização* é que todos os "povos" recebem o Espírito. Quer você seja homem ou mulher, jovem ou idoso, livre ou escravo, se você conhece Deus por meio da fé em Jesus, recebe permanentemente a presença e o poder do Espírito Santo. Isso é o que Paulo também tinha em mente em 1Coríntios 12:7. Aí ele disse que "a cada um [que significa "a todos"], porém, é dada a manifestação do Espírito, visando ao bem comum". Você é equipado por Deus para manifestar a presença do seu Espírito a fim de que os outros possam tornar-se mais semelhantes a Jesus.

Ainda que no Antigo Testamento somente indivíduos especialmente selecionados fossem dotados dessa maneira, no Novo Testamento todos os cristãos são dotados assim. Ninguém é excluído. Ninguém é inapto ou desqualificado. Não importa se você acha ou sente que foi excluído. Você não foi. Se você conhece Jesus, você é dotado pelo poder do Espírito para servir, contribuir e ministrar a todos os demais membros da sua igreja local.

No entanto, nem sempre fazemos o que Deus nos chamou e nos equipou para fazer. Em todo o texto de 1Coríntios 12—14, e em outras partes das Escrituras, a igreja é apresentada como se fosse um corpo. E, na verdade, somos o corpo de Cristo na terra. Ele é a Cabeça, e somos individualmente membros do seu corpo. Mas, exatamente como nosso corpo físico às vezes sofre com enfermidades ou certas doenças e ferimentos, assim também o corpo de Cristo, a igreja local, pode sofrer e deixar de viver como deveria. Ainda que todos nós sejamos habitados internamente pelo Espírito, dotados e capacitados pelo Espírito, nem sempre entendemos essa verdade; nem sempre adotamos isso e o expressamos como deveríamos.

Há dois sofrimentos espirituais comuns no corpo de Cristo. E são extremos opostos um do outro. De um lado, alguns cristãos lutam com sentimentos de inutilidade, ineficácia e, às vezes, inveja. Eles se veem como descartáveis, ou acham que contribuem com pouco valor à igreja e à obra de Deus. São inaptos e improdutivos. Acham que são desnecessários. Eles se veem como o apêndice ou os dentes do siso no corpo de Cristo.

Do outro lado do espectro encontram-se os que experimentam sentimentos de autossuficiência e superioridade. Acham que somente eles são significativos. Sentem-se importantes. Eles se veem como necessários e essenciais. E, se os outros não forem exatamente como eles, então essas pessoas simplesmente não importam. São os membros do corpo que se orgulham dos seus dons e habilidades, crendo que eles próprios são pessoalmente responsáveis pela sua eficácia. Se o primeiro grupo é o apêndice ou os dentes do siso do corpo de Cristo, essas pessoas se veem como o cérebro e o coração.

Quando os cristãos de uma igreja começam a pensar dessa maneira, o corpo fica patologicamente doente. Enquanto alguns se sentem inúteis e dizem "Vocês não precisam de mim", e outros se sentem autossuficientes e dizem "Não preciso de vocês", o corpo sofre, o que significa dizer que a igreja sofre.

Vamos analisar cada um desses sofrimentos espirituais e considerar o remédio que Paulo propôs. Primeiro, Paulo descreveu os que têm sentimentos de inutilidade e ineficácia. Em 1Coríntios 12:14-16, ele diz:

> O corpo não é feito de um só membro, mas de muitos. Se o pé disser: "Porque não sou mão, não pertenço ao corpo", nem por isso deixa de fazer parte do corpo. E se o ouvido disser: "Porque não sou olho, não pertenço ao corpo", nem por isso deixa de fazer parte do corpo.

Paulo estava dizendo que há alguns na igreja local que acham que, se não são como os outros, não são de nenhum benefício ou utilidade. Olham como foram dotados, olham como Deus dotou outros, e concluem: "Porque não sou como ele, sou inútil. Porque não sou como ela, não sou de benefício algum a ninguém".

No corpo da igreja, os que têm dons do "pé", ou dons do "ouvido", ou dons da "rótula" olham para os que têm dons da "mão" ou dons do "olho" e dizem: "Não sou assim. Não tenho esses dons, talentos e habilidades. Não consigo fazer o que as 'mãos' e os 'olhos' fazem. Assim, acho que não sou absolutamente de benefício algum a ninguém. Eu bem que poderia não fazer parte do corpo. Vão em frente e me amputem!".

Qual é o remédio que Paulo prescreveu para curarmos o corpo desse tipo de enfermidade espiritual? No versículo 17, ele disse: "Se todo o corpo fosse olho, onde estaria a audição? Se todo o corpo fosse ouvido, onde estaria o olfato?". A sua intenção era dizer que, se Deus houvesse criado todos iguais, o corpo seria um show de aberrações, e não funcionaria muito bem. Se você que tem dons do "ouvido" houvesse recebido dons do "olho", como o corpo ouviria qualquer coisa? Talvez você tivesse uma visão perfeita ou de raio X, mas seria surdo! Ou, uma vez mais, vocês que têm dons do "nariz": se Deus lhes houvesse dado dons do "ouvido", como o corpo cheiraria qualquer coisa?

"Se todos fossem um só membro, onde estaria o corpo? Assim, há muitos membros, mas um só corpo" (v. 19,20). O objetivo de Paulo é mostrar que, se todos do corpo fossem o mesmo, não haveria nenhum *corpo*. Você teria um olho enorme ou uma mão enorme. Assim, como ele disse no final, tanto no versículo 15 como no 16, não ser como todos os demais da igreja não o faz absolutamente uma parte inferior do corpo ou nada menos essencial ou útil.

O simples fato de você se comparar com outros e de não gostar do que vê, ou de ficar com inveja do que os outros são, ou com ressentimento sobre o que você é, não o faz absolutamente uma parte menos vital e importante do corpo de Cristo. Da mesma maneira que pé, ouvido ou nariz contribuem para a saúde do corpo físico, independentemente de onde você se encaixa, de que papel você tem ou de como você ministra, sua presença também é essencial ao corpo de Cristo. Para que haja absolutamente qualquer corpo é preciso que haja uma diversidade de membros, cada um com sua própria parte e papel a cumprir.

A segunda resposta de Paulo aos que se sentiam inúteis na igreja foi desafiá-los, dizendo que a sua maneira de pensar era uma negação e uma rebelião à sabedoria e bondade de Deus. Alguns talvez digam: "Sam, você não deveria dizer coisas assim às pessoas que se sentem inúteis, porque isso somente aumentará os seus sentimentos de angústia. Agora, além de se sentirem inúteis, também se sentirão culpados!".

Ou pense nisso da seguinte maneira: a pessoa que se sente inútil talvez diga "nunca disse que eu queria que todo o corpo fosse um olho ou um ouvido. Eu entendo que um corpo que esteja funcionando apropriadamente precisa de ouvidos, nariz, mãos, pés, rótulas e articulações etc. Não estou questionando isso. Só estou dizendo que não gosto de ser o que *eu* sou. Quero ser algo diferente. Quero ser como aquela outra pessoa".

Paulo respondeu a essa atitude no versículo 18: De fato, *Deus* dispôs cada um dos membros no corpo segundo a *sua* vontade" (grifo na citação). Paulo não estava sendo insensível. Não estava tentando acrescentar culpa aos sentimentos de inutilidade. Estava simplesmente salientando que você e eu precisamos confiar em Deus em relação a quem somos e como funcionamos no corpo de Cristo. Precisamos confiar em sua sabedoria e em sua bondade e descansar confiantemente no sentido de que o que ele fez é para os nossos melhores interesses individualmente e para o melhor dos interesses da igreja coletivamente.

Quando você diz: "Sou inútil. Não sou de ajuda a ninguém. A igreja provavelmente estaria melhor sem mim", não está desafiando outros membros do corpo. Está desafiando a Deus. Você está desafiando a bondade e a sabedoria dele ao colocar o corpo em seu devido lugar, como ele escolheu fazer (cf. tb. 12:11). Quaisquer que sejam os dons que acabamos recebendo, quaisquer que sejam os ministérios ou suas expressões de serviço na igreja em que somos bem-sucedidos, isso é obra de Deus, não nossa. Foi decisão dele, não nossa.

Aos que talvez não tenham dons que os levem aos holofotes ou que coloquem um microfone em suas mãos, ou seja, os que têm o dom de servir, de misericórdia, de encorajamento ou de dar, lembrem-se do seguinte: *as pessoas talvez não o vejam, mas Deus o vê.* Talvez você não se sinta útil, mas é indispensável. Talvez não seja reconhecido ou elogiado, mas seu valor para o corpo é imensurável, e Deus o recompensará na era vindoura.

Agora, lembre-se: eu disse que há duas enfermidades ou sofrimentos no corpo de Cristo que ameaçam a sua saúde espiritual. A primeira enfermidade é um sentimento de inutilidade. A segunda, longe do sentimento de inutilidade, é um sentimento de total superioridade e autossuficiência. Se alguns dizem: "Vocês não precisam de mim; sou inútil", os outros dizem: "Não preciso de vocês; posso fazer isso sozinho". Esse é o problema que Paulo focou nos versículos de 21 a 26:

> O olho não pode dizer à mão: "Não preciso de você!" Nem a cabeça pode dizer aos pés: "Não preciso de vocês!" Ao contrário, os membros do corpo que parecem mais fracos são indispensáveis, e os membros que pensamos serem menos honrosos, tratamos com especial honra. E os membros que em nós são indecorosos são tratados com decoro especial, enquanto os que em nós são decorosos não precisam ser tratados de maneira especial. Mas Deus estruturou o corpo dando maior honra aos membros que dela tinham falta, a fim de que não haja divisão no corpo, mas, sim, que todos os membros tenham igual cuidado uns pelos outros. Quando um membro sofre, todos os outros sofrem com ele; quando um membro é honrado, todos os outros se alegram com ele.

O problema nos versículos de 21 a 26 é a autossuficiência; algumas pessoas da igreja são elitistas. A linguagem de Paulo aqui é difícil de desvendar, e, ainda que eu não possa ter certeza, creio que ele estava se referindo aos nossos órgãos internos nessa seção. "Parecem" ser menos importantes, mas só pelo fato de que não conseguimos vê-los. Não funcionam visivelmente, abertamente. Contudo, todos concordariam que o corpo não consegue sobreviver ou funcionar sem eles.

As referências às partes do corpo "menos honrosas" ou "indecorosas" são provavelmente uma referência velada aos órgãos sexuais. Essas partes são tratadas com maior honra no sentido de que são vestidas ou adornadas por causa do decoro. O objetivo de Paulo é mostrar que você não pode chegar a conclusões sobre a importância de uma parte do corpo com base em sua aparência externa, quer ela esteja vestida ou não. Algumas partes do corpo que talvez aparentem ser fracas e indecorosas, nós as tratamos com um cuidado extraordinário. Outras partes do corpo que parecem importantes não recebem muita atenção.

A meta de Deus ao operar dessa maneira é que não haja nenhuma divisão na igreja com base em qual tipo de dom alguém tem. A sua meta é que todos os membros de um corpo local cuidem igualmente uns dos outros. O corpo é uma unidade. Cada parte deveria ajudar e cuidar de todas as outras partes.

Paulo concluiu seu argumento nos versículos de 27 a 31, fazendo o argumento convincente de que não existe um só dom espiritual que tenha sido planejado para que todos os cristãos o recebam. Deus não quer que todos sejam apóstolos. Ele não quer que todos sejam profetas, ou que todos sejam mestres, ou que todos falem em línguas. Em vez disso, Deus designou alguns para ser apóstolos, alguns para ser profetas, alguns para ser mestres, e qualquer que seja a tarefa ou missão que você tenha recebido de Deus, você é uma parte vital do corpo. Não fique chafurdando na pena de si mesmo porque você não tem os dons que outra pessoa tem. Não se exalte em orgulho achando que você não precisa que outros o ajudem a crescer em Cristo.

Será que os dons espirituais provocam orgulho, inveja e rivalidade entre os cristãos? Paulo esclareceu isso: ainda que possam provocar essas coisas, não é preciso que o façam. Deus não quer que abusemos dos seus dons dessa maneira.

CAPÍTULO DOIS

Dons espirituais: o que são e por que Deus os dá?

is uma definição comum dos dons espirituais, a qual mencionarei como a "visão tradicional":

Dons espirituais são capacidades ou habilidades transmitidas aos cristãos pelo Espírito Santo para capacitá-los a exceder as limitações da sua humanidade finita a fim de servirem aos outros cristãos para a glória de Deus.

O fato de crer que os dons nos capacitam a exceder as nossas limitações humanas não significa que não há nenhuma utilidade para os talentos naturais ou as habilidades aprendidas que alguém já tenha. É bem possível que quem seja um professor de universidade descubra, após a sua conversão, que tem uma habilidade natural de comunicar, clara e persuasivamente, verdades bíblicas no contexto de uma igreja local. Um homem que serve como CEO de uma enorme corporação e supervisiona milhares de empregados para garantir que estejam funcionando em um alto nível de produtividade pode, após a sua conversão a Cristo, ser especialmente adequado para servir como presbítero numa igreja local com óbvios dons de administração e liderança.

Mas também é possível que alguém que é instrutor de uma sala de aula secular *não* seja eficiente num papel de ensino na igreja local. E um homem cujo desenrolar de sua carreira o tenha levado a trabalhar como eletricista independente pode muito bem ser dotado pelo Espírito a servir ao corpo de Cristo num alto nível de liderança colaborativa. Seria um erro, em minha opinião, achar que sempre haverá uma correspondência direta entre o conjunto de habilidades naturais ou aprendidas de um indivíduo com o dom espiritual que parece corresponder de perto com o que essa pessoa tem feito bem em sua vocação comum ou no local de trabalho secular.

Assim, ainda que seja frequente o caso de o Espírito de Deus fazer uso de habilidades, capacidades e talentos do indivíduo quando ele entra na vida espiritual da igreja local, precisamos manter uma distinção entre as coisas que somos bons em fazer como não cristãos e o que o Espírito Santo talvez nos equipe a fazer em nosso serviço ao corpo de Cristo.

UM DESAFIO À VISÃO TRADICIONAL

Em seu excelente e perspicaz livro *What are spiritual gifts: rethinking the conventional view* [O que são os dons espirituais: repensando a visão convencional], Kenneth Berding desafia a "visão tradicional" e comum dos dons espirituais.[1] Semelhantemente à definição que acabamos de ver, Berding define a visão tradicional comum da seguinte maneira: "Os dons espirituais são habilidades ou capacitações dadas pelo Espírito Santo a cristãos individuais para ajudá-los a servir aos outros".[2] Mas Berding rejeita essa definição. Sua tese é de que "os assim chamados dons espirituais não são habilidades especiais; são ministérios dados pelo Espírito".[3] Para alguns, isso pode parecer uma pequena distinção, uma escolha diferente de palavras, talvez. De fato, também poderíamos usar termos como *papéis*, *funções* ou *missões* ao descrever o dom ministerial do Espírito. Berding admite que os ministérios mais milagrosos, como cura, profecia, línguas e milagres, "não podem ser feitos sem uma capacitação

---

[1]Kenneth Berding, *What are spiritual gifts? Rethinking the conventional view* (Grand Rapids: Kregel, 2006).
[2]Berding, p. 25.
[3]Berding, p. 32.

especial — e não apenas genérica — do Espírito Santo".[4] Mas eis a revelação-chave que podemos obter com o argumento de Berding. Se pensarmos nos dons como não sendo meras habilidades que Deus dá, mas como funções ou missões — ministérios — a que somos chamados, isso mudará como pensamos sobre os dons. Berding nos aconselharia a não perguntar: "Como posso descobrir as habilidades especiais que o Espírito Santo me deu?". Em vez disso, é preciso perguntar: "Senhor, onde queres que eu sirva?".

Entre os textos que ele cita, o principal é Romanos 12:4, no qual Paulo falou que os muitos membros do corpo de Cristo não têm a mesma "função" (*praxin*). Dizem que os "diferentes dons, de acordo com a graça que nos foi dada" (v. 6), são a variedade de "funções" ou "cargos ministeriais" aos quais Deus chamou os cristãos no corpo de Cristo. Berding direciona a nossa atenção a essa ênfase nas funções ministeriais, um ponto que muitas vezes fica faltando ou é negligenciado. Mas, em vez de argumentarmos a favor ou contra a visão tradicional, proponho combinarmos a visão de Berding sobre os *dons espirituais como ministérios a que os cristãos são chamados* com a *noção de capacitação e habilidade*. Em outras palavras, a razão pela qual o indivíduo é capaz de realizar uma função ministerial específica, equipando o corpo, deve-se ao fato de que ele foi capacitado por uma manifestação específica do Espírito Santo.

Assim, ainda que eu concorde com Berding que os dons espirituais são dados para que possamos realizar uma função específica ou expressão de ministério aos outros do corpo de Cristo, não há necessariamente nenhuma incongruência entre *função* e *poder*. O poder nos capacita a cumprir a tarefa ou o ministério a que Deus nos designou. É a manifestação ou revelação da presença capacitadora do Espírito numa pessoa e por meio dela que a equipa ou a capacita a executar uma função ministerial específica. Não vejo nenhuma razão para que ambas as coisas não possam ser incluídas em nosso entendimento dos dons espirituais.

Assim, vamos revisar a nossa definição anterior sobre dons espirituais:

---

[4]Berding, p. 33.

ENTENDENDO OS DONS ESPIRITUAIS

Um dom espiritual é QUANDO O ESPÍRITO SANTO MANIFESTA SUA PRESENÇA e transmite seu poder para dentro e por meio de cristãos individuais para capacitá-los a exceder as limitações da sua humanidade finita, a fim de que possam, FIEL E EFICAZMENTE, CUMPRIR CERTAS TAREFAS MINISTERIAIS para a edificação do corpo de Cristo.

Observe que mantive a ênfase da visão tradicional sobre a transmissão de poder e ao mesmo tempo enfatizei que esses dons são manifestações da presença do Espírito para o cumprimento de tarefas ministeriais específicas.

Para mostrar por que precisamos reter uma ênfase na transmissão de poder e habilidade, gostaria de dirigir nossa atenção a várias linhas de evidências que apoiam a abordagem mais tradicional aos *charismata*.[5]

EVIDÊNCIAS PARA A VISÃO TRADICIONAL DOS DONS ESPIRITUAIS

No capítulo 1, vimos que praticamente tudo o que fazemos como cristãos é resultado da presença capacitadora do Espírito Santo. O Espírito nos fornece o poder para perseverar, para resistir às tentações, para nos regozijar em meio aos sofrimentos, para ser abundantes na esperança e também para operar sinais e maravilhas, além de operar eficazmente em qualquer que seja o dom espiritual que ele transmitir ou qualquer que seja a missão ministerial que ele deseja que assumamos. Não adianta simplesmente diminuir a função que o Espírito tem de prover o poder sobrenatural ou a habilidade de fazermos as coisas que, caso contrário, jamais realizaríamos.

Imediatamente antes de seu ensino sobre os dons espirituais, o apóstolo Paulo declarou que "ninguém pode dizer 'Jesus é o Senhor', a não ser no [ou pelo] Espírito Santo" (1Coríntios 12:3b). Ele estava preparando o terreno para a sua explanação de como os muitos dons são possíveis e como operam.

Ainda que "dizer" que "Jesus é o Senhor" não seja um dom espiritual, o objetivo de Paulo é mostrar que uma declaração dessas,

---

[5]*Charismata* é a transliteração da forma plural da palavra que Paulo usa para *dons espirituais*.

semelhantemente às muitas expressões ministeriais que se seguem, é o resultado do poder do Espírito operando em e por meio de um filho de Deus nascido de novo.

Então, ao descrever os *charismata* em 1Coríntios 12:6, Paulo disse que "há variedades de atividades". A palavra grega traduzida por "atividades" (ESV) é *energēmatōn*. Talvez uma tradução melhor fosse "energizações" ou "capacitações". De qualquer forma, Paulo disse imediatamente que todos esses dons ou atividades são o resultado do único Deus "que capacita (*ho energōn*)" todos esses dons em todo o seu povo. É difícil escapar da conclusão de que Paulo entendia esses dons como o resultado ou a expressão da capacitação energizante de Deus das pessoas a quem são dados.[6]

Quando Paulo voltou à sua descrição dos *charismata*, ele também disse que são uma "manifestação do Espírito" (1Coríntios 12:7a). É possível que o foco seja no Espírito que produz algum efeito ou atividade no cristão ou por meio dele (o que os estudiosos do grego chamam de "genitivo subjetivo"). No entanto, é muito mais provável que Paulo estivesse nos dizendo que o próprio Espírito Santo é manifesto ou revelado nos *charismata* (um genitivo objetivo). Nas palavras de David Garland, "algo que revela o Espírito é exibido".[7]

Em outras palavras, os dons espirituais têm o propósito de atrair a atenção ao Espírito Santo e de nos alertar quanto à sua presença e poder. Como gosto de dizer, deveríamos nos referir a esses dons como a *presença* de Deus, e não como seus *presentes*. Ao conceder esses dons, Deus não nos concede alguma outra coisa além dele mesmo. O próprio Espírito é o dom que ele dá. Ou, uma vez mais, *os dons espirituais não são nada menos que o próprio Espírito Santo em nós*, iluminando-nos a mente com verdades reveladoras, capacitando as nossas vontades e transmitindo-nos força e sabedoria para realizarmos os seus propósitos graciosos na igreja. Os dons

---

[6]Em boa parte para o crédito de Berding, ele está disposto a admitir que pelo menos os nove dons que se seguem em 1Coríntios 12:8-10 são expressões de poder divino ou de habilidades especiais transmitidos pelo Espírito. Mas por que não todos os dons do Espírito? Não significa dizermos que Berding esteja incorreto ao enfatizar que alguns dons são ministérios ou papéis designados na igreja. É simplesmente para salientar que ambos os elementos estão provavelmente envolvidos no retrato completo do Novo Testamento dos dons espirituais.

[7]David E. Garland, *1Corinthians*, Baker Exegetical Commentary on the New Testament (Grand Rapids: Baker Academic, 2003), p. 578.

espirituais jamais podem ser considerados como alguma "coisa" a nós concedida por uma divindade distante e não envolvida. Eles são, em vez disso, o Espírito Santo sendo demonstrado em palavras e obras humanas e por meio delas para edificar o corpo de Cristo.

Obviamente, Paulo acreditava que os dons espirituais fossem em certo sentido uma expressão de Deus operando em homens e mulheres. Não podemos limitar os dons espirituais, como Berding o faz, à designação de ministérios específicos ou a oportunidades de serviço. Também é preciso que haja uma capacitação de indivíduos pelo Espírito de Deus. Como Paulo disse, sempre que uma pessoa exercita um dom espiritual está manifestando a operação do Espírito em seus esforços e por meio deles.

O uso por Paulo da palavra traduzida por "manifestação" (*phanerōsis*) no versículo 7 foi sua maneira de dizer que o próprio Espírito é revelado ou feito visivelmente evidente em nosso meio sempre que os dons estão sendo utilizados. Os dons espirituais são revelações visíveis e vocais das atividades *divinas* — e apenas secundariamente das atividades humanas. Os dons espirituais são a maneira em que o próprio Espírito deixa evidente a nós e por meio de nós a sua presença sempre que agimos ministerialmente. Os *charismata* são a forma de Deus tornar-se público no meio do seu povo.

Quando entendido dessa maneira, torna-se claro que a rejeição ou minimização dos dons espirituais não é nada menos que uma extinção do Espírito e da graciosa capacitação divina que, não fosse por essa rejeição, ele nos traria. Quando afirmamos e facilitamos o exercício desses dons, damos as boas-vindas a Deus em nosso meio. Será que isso significa que os que negam a validade de certos dons hoje e trabalham para suprimir qualquer expressão deles estão resistindo a Deus? Creio que é isso que significa; no entanto, eu salientaria que essa poucas vezes é a intenção deles. A maioria dos cessacionistas não resistiria conscientemente à operação do Espírito Santo. Eles, semelhantemente aos seus irmãos e irmãs continuacionistas, querem tudo o que o Espírito genuinamente oferece. Eles simplesmente não creem que ele ofereça alguns dos dons mais milagrosos posteriormente à época da igreja primitiva, quer isso seja quando o cânon foi concluído ou quando morreu o último dos primeiros apóstolos.

De qualquer forma, a implicação é que a questão a respeito de os dons espirituais serem para hoje não é uma questão secundária, tangencial, que somente os teólogos precisam debater. Ela toca diretamente a própria missão da igreja e como ela vive na prática o seu chamado. Como falamos ao mundo, a forma de enfrentarmos o inimigo, as expectativas com que ministramos aos prostrados, feridos e desesperados — tudo isso se resume a como respondemos às questões: *Será que seremos ou não a igreja da Bíblia? Será que edificaremos ou não a igreja com as ferramentas que Deus forneceu?*

Finalmente, enquanto analisamos o que Pedro escreveu em 1Pedro, parece inescapável o fato de que ele tinha em mente todos os dons espirituais quando encorajou todos os cristãos a "usar" qualquer que fosse o dom que "haviam recebido" para servir aos outros no corpo de Cristo. Pedro afirmou o que já havíamos visto em Paulo, isto é, que esses dons são exercitados "pela força que Deus fornece", para que ninguém seja inclinado a receber o crédito pelo que qualquer dom específico realizar. *Todos* os dons espirituais têm sempre o propósito de glorificar a Deus (1Pedro 4:10,11). *Todos* eles são o resultado da presença fortalecedora do Deus-Espírito Santo. Alguns dons podem ser expressões mais manifestas de poder sobrenatural. Mas nenhum dom opera na ausência do poder de Deus.

A TERMINOLOGIA BÍBLICA PARA OS DONS ESPIRITUAIS

Podemos ser muito ajudados em nosso entendimento sobre a natureza desses dons, analisando de perto a variedade de termos que a Bíblia usa para identificá-los. Obviamente, as palavras sozinhas nos dizem pouco. Precisamos examinar como as palavras são usadas em frases e parágrafos. O contexto sempre é decisivo na determinação do significado.

A palavra individual em 1Coríntios 12:1, traduzida por "dons espirituais", é o adjetivo *pneumatikos*, que aparece 14 vezes em 1Coríntios. Poderia ser masculina, referindo-se a "pessoas espirituais", ou "os espirituais", ou neutra, e, portanto, "coisas espirituais" — especificamente, os "dons", que Paulo logo trataria mais a fundo. Paulo usou o mesmo termo novamente em 1Coríntios 14:1, trecho no qual precisa significar coisas ou manifestações espirituais, e não pessoas. Alguns estudiosos traduzem essa palavra como "pessoas espirituais", e recorrem ao uso de Paulo com esse sentido anteriormente na epístola (cf. 1Coríntios 2:13-16; também é usada com esse

ENTENDENDO OS DONS ESPIRITUAIS

sentido em 1Coríntios 14:37). Ambas as visões são admissíveis, mas estou inclinado a achar que "coisas espirituais" é mais preciso (como em 12:1). Se pessoas estivessem em mente, o objetivo de Paulo seria trazer correções aos mal-entendidos de alguns em Corinto, os quais avaliavam a espiritualidade dos indivíduos com base nos "dons espirituais" que tivessem.

O termo grego *charisma* é caracteristicamente um termo paulino, aparecendo 16 vezes em suas cartas e apenas uma vez em outra parte (1Pedro 4:10). Refere-se a um dom gratuito ou graciosamente concedido. Alguns creem que Paulo mudou de *pneumatikos* para *charisma* para combater a noção da igreja de Corinto de que alguma manifestação específica do Espírito fosse um sinal de espiritualidade elevada. O objetivo de Paulo é mostrar que todas as manifestações do Espírito, independentemente do quão manifestamente milagrosas ou aparentemente terrenas possam ser, são expressões do favor e da bondade de Deus imerecidos. A tradução "graça-dom" é empregada por muitos. D. A. Carson inculca bem essa noção com a tradução "concretizações da graça", isto é, as verdadeiras expressões visíveis ou vocais do favor de Deus para com o seu povo e por meio dele.[8] Gardner nos relembra que "o substantivo em si não denota 'dom espiritual'. Para que indique esse significado, o qualificador adjetival 'espiritual' será necessário, ou o contexto terá que deixar isso abundantemente claro".[9] Obviamente, isso é o que o contexto mais amplo dos capítulos 12 a 14 de 1Coríntios faz.

Charismata, a forma plural de *charisma*, é a palavra da qual se origina *carismático*. *Charisma* refere-se a uma obra graciosa de Deus ou a algo que a graça de Deus concedeu. Por exemplo, "vida eterna" é um *charisma* (Romanos 6:23), assim como é a libertação da morte física (2Coríntios 1:10). Até mesmo o celibato (1Coríntios 7:7) é um *charisma* (cf. tb. Romanos 5:15,16; 11:29; mas note especialmente 1Coríntios 12:4,9,28,30,31).

Algo a ser mantido em mente aqui é que Pedro declarou também que todos os dons espirituais são administrações da "variada graça

---

[8]D. A. Carson, *Showing the Spirit: a theological exposition of 1Corinthians 12—14* (1987; reimpr., Grand Rapids: Baker, 2019), p. 23 [edição em português: *A manifestação do Espírito* (São Paulo: Vida Nova, s.d.].

[9]Paul Gardner, *1Corinthians*, Zondervan Exegetical Commentary on the New Testament (Grand Rapids: Zondervan, 2018), p. 64.

de Deus" (1Pedro 4:10b). Cometemos um erro de alguma importância se achamos que a *graça* é meramente um princípio, atitude ou disposição no caráter e nas operações de Deus de acordo com os quais ele nos salva e nos santifica independentemente do nosso mérito. A graça certamente é isso, mas é muito mais. A graça é o poder da presença de Deus. A graça é o poder do Espírito de Deus convertendo a alma. É a atividade ou movimento de Deus por meio do qual ele salva e justifica o indivíduo pela fé (cf. especialmente Romanos 3:24; 5:15,17). Portanto, a graça não é algo em que meramente cremos; *é algo que experimentamos também.*

A graça não é somente o ato divino por meio do qual Deus inicia a nossa vida espiritual, mas é também o próprio poder por intermédio do qual somos sustentados e nutridos, e seguimos adiante nessa vida. *A obra energizante e santificadora do Espírito que habita dentro de nós é a graça de Deus.* Depois que Paulo orou três vezes para que Deus o livrasse do seu espinho na carne, recebeu a seguinte resposta: "Minha graça é suficiente a você, pois o meu poder se aperfeiçoa na fraqueza" (2Coríntios 12:9). Embora Paulo indubitavelmente obtivesse encorajamento e força para enfrentar suas tribulações diárias, refletindo sobre a magnificência do favor imerecido de Deus, nesse texto, em vez disso, ele parece ter falado de *uma realidade experimental de uma natureza mais dinâmica.* Foi *ao poder operativo do Espírito que habita em nosso interior* que Paulo se referia. Essa é a graça de Deus.

A graça ser o poder da presença de Deus explica por que Paulo iniciava as suas cartas, dizendo: "Que a graça esteja com vocês", e as concluía, dizendo: "Que a graça esteja com vocês" (veja cf. Romanos 1:7; 1Coríntios 1:3; 2Coríntios 1:2; 13:14; Gálatas 1:3; Efésios 1:2; Filipenses 1:2; Colossenses 1:2; 1Tessalonicenses 1:1; 2Tessalonicenses 1:2; Tito 1:4). Era um desejo sincero e constante de Paulo que os seus convertidos continuassem a experimentar a graça, para que pudessem conhecer novamente o gracioso poder de Deus movendo-se na vida deles, para que encontrassem nessa graça os recursos espirituais por meio dos quais pudessem viver de uma maneira agradável a Deus.

Se *charisma* e seu plural *charismata* nos apontam para a graciosa origem dos dons espirituais, *diakonia*, muitas vezes traduzida por "ministérios", aponta para o propósito deles. Todos os

ENTENDENDO OS DONS ESPIRITUAIS

dons espirituais têm o propósito de servir e ajudar aos outros. Em 1Pedro 4:10,11, a forma verbal é usada duas vezes em relação a cristãos dotados "servindo" uns aos outros. O propósito é mostrar que os dons espirituais são menos privilégios e mais responsabilidades. Os dons não são para adorno pessoal, *status*, poder ou popularidade. Essa palavra também apoia a ênfase de Berding no sentido de que os dons são funções ou ministérios de serviço.

Como foi notado acima, os dons espirituais também são designados pelo termo *energēma* (1Coríntios 12:6), traduzido por "efeitos" (NASB — New American Standard Bible [Nova Bíblia Padrão Americana], "atuação" (NVI) ou "atividades" (ESV — English Standard Version [Versão Inglesa Padrão]). Isso aponta para a ênfase de Paulo no sentido de que os dons são o efeito ou produto do poder divino. Todos os dons espirituais são energizados pelo poder do Espírito Santo no cristão e por meio dele. Em 1Coríntios 12:6, Paulo escreveu: "Há variedades de efeitos (*energēmatōn*), mas é o mesmo Deus quem efetua (*ho energōn*) todas as coisas em todas as pessoas" (NASB — New American Standard Bible [Nova Bíblia Padrão Americana]). Os dons, então, são as operações concretas da energia divina por meio de cristãos individuais.

A ênfase de Paulo no fato de que um só Espírito é a fonte da multiplicidade dos dons precisa ser observada. Coloca-se como um forte corretivo a qualquer forma de elitismo. Os dons vêm "pelo Espírito" (1Coríntios 12:8a), "de acordo com o mesmo Espírito" (v. 8b), "pelo mesmo Espírito" (v. 9a), "pelo único Espírito" (v. 9b). De fato, é "o único e o mesmo Espírito" (v. 11) que distribui os dons de acordo com sua vontade.

Se o Espírito Santo é soberano ao dar os dons, ele também é soberano ao *retê-los*. Tudo depende do que Deus deseja para o momento em sua igreja. Precisamos ser hesitantes em "reivindicar" um dom; em vez disso, precisamos nos submeter à sua vontade soberana (cf. v. 9,11).

Quando juntamos essas palavras, descobrimos que todos os dons espirituais (*charismata*) são atos de serviço ou ministério (*diakonia*), os quais são produzidos (*energēma*) por meio de nós pelo Deus trino e uno (*pneuma* [Espírito Santo], no v. 4; *kurios* [Senhor Jesus], no v. 5; *theos* [Deus-Pai], no v. 6). À luz disso, podemos definir um dom espiritual como uma capacidade ou habilidade dada por Deus e, portanto, graciosa e capacitada pelo Espírito, para servirmos ao corpo de Cristo. É um potencial divino e espiritualmente energizado para ministrarmos ao corpo de Cristo, comunicando o conhecimento, o poder e o amor de Jesus.

QUAL É O PROPÓSITO DOS DONS ESPIRITUAIS?

Um dos principais equívocos na concepção adotada por muitos é a de que o propósito principal (se não exclusivo) dos dons espirituais era autenticar ou fornecer provas evidenciais da genuinidade dos apóstolos e do seu ministério no primeiro século. Mas Paulo deixou bem claro que o propósito principal de todos os dons é edificar ou construir e fortalecer espiritualmente os outros cristãos. Ele esclareceu isso em 1Coríntios 12:7 ao dizer que "a cada um [de nós] é dada a manifestação do Espírito, *visando ao bem comum*" (grifo na citação). Os dons são orientados às outras pessoas. Isso de maneira nenhuma sugere que é errado que um cristão individual seja pessoalmente edificado pelo exercício do(s) seu(s) dom (dons). É praticamente impossível exercitar nosso dom espiritual com fidelidade, qualquer que seja o contexto, e não experimentar uma bênção de algum tipo. Se o uso do seu dom sensibiliza o seu coração à graça de Deus e facilita a sua maturidade em Cristo, é impossível que você não fique mais bem-equipado para servir e edificar outras pessoas. Ainda que o propósito final dos dons espirituais seja edificar os outros, esse não é o único propósito deles. Judas 20 na verdade nos *ordena* a "edificar" a nós mesmos!

Não podemos negligenciar o fato de que a afirmação de Paulo de que os dons espirituais são para o bem comum (v. 7) — isto é, edificação e encorajamento de outros cristãos — tem principalmente (mas não exclusivamente) em mira os dons milagrosos dos versículos de 8 a 10. Palavras de conhecimento, palavras de sabedoria, fé, cura, milagres, profecia, discernimento de espíritos e línguas e sua interpretação — todos esses dons têm o propósito de edificar os outros. Esses são exatamente os dons que muitos cessacionistas alegam que foram dados sobretudo, se não inteiramente, para autenticar os apóstolos. Mas Paulo implorava para ser diferente.

Paulo continuou nessa veia enquanto descrevia em todo 1Coríntios 14 que todos os dons espirituais, especialmente a profecia, são dados para edificar outros cristãos. Vemos isso nos seguintes textos:

ENTENDENDO OS DONS ESPIRITUAIS

"Mas quem profetiza o faz para edificação, encorajamento e consolação dos homens" (v. 3).

"Quem profetiza edifica a igreja" (v. 4).

Tanto a profecia como as línguas interpretadas são dadas "para que a igreja seja edificada" (v. 5).

Todos os cristãos, no uso de seus dons, devem "procurar crescer naqueles que trazem a edificação para a igreja" (v. 12b).

A profecia na igreja reunida tem o propósito de "instruir os outros" (v. 19b).

"Portanto, que diremos, irmãos? Quando vocês se reúnem, cada um de vocês tem um salmo, ou uma palavra de instrução [literalmente, um ensino], uma revelação, uma palavra em uma língua ou uma interpretação. Tudo seja feito para a edificação da igreja" (v. 26).

Observe novamente que os fenômenos milagrosos, como palavras de revelação, línguas e interpretação de línguas, têm o propósito de edificar os outros, e não simplesmente confirmar ou autenticar o ministério e a mensagem de apóstolos.

Comentamos anteriormente que para Pedro todos os dons espirituais como dados para que os cristãos pudessem servir a outros cristãos (1Pedro 4:10).

Alguns cessacionistas têm questionado se o dom de línguas tinha o propósito de edificar os cristãos. Se não tinha esse propósito, por que Deus forneceu o dom de interpretação para que as línguas pudessem ser utilizadas na igreja reunida? Se esse dom nunca teve o propósito de edificar os cristãos, por que o próprio Paulo orava em línguas na privacidade dos seus próprios devocionais? Com base em 1Coríntios 14:18,19, fica evidente que Paulo fazia isso.

O meu propósito é o seguinte: mostrar que *todos* os dons do Espírito, quer sejam línguas ou ensino, profecia ou misericórdia, cura ou socorros, foram dados, entre outras razões, para edificação, encorajamento, instrução, consolo e santificação do corpo de Cristo. Até mesmo se os dons miraculosos não fossem mais necessários para atestar e autenticar — um ponto que reconheço somente para argumentação —, esses dons continuariam funcionando na igreja pelas outras razões citadas.

HÁ CATEGORIAS DIFERENTES DE DONS ESPIRITUAIS?

Alguns autores tentam dividir todos os dons espirituais em três categorias. Os dons mencionados por Paulo em 1Coríntios 12:7-10 são chamados dons de *manifestação*, claramente por causa do uso por Paulo da palavra "manifestação" do Espírito, no versículo 7. Na segunda categoria encontram-se os chamados dons *ministeriais*. São os dons citados por Paulo em Efésios 4:11. O propósito desses dons é capacitar o povo de Deus a fazer a obra do ministério. Na terceira categoria encontram-se os dons *motivacionais*, encontrados em Romanos 12:6-8. A ideia por detrás desse terceiro agrupamento é que *temos* esses dons. São dons que Deus desenvolveu dentro de nós e que moldam e formam as nossas personalidades.

Outras distinções são feitas às vezes entre as três categorias. Por exemplo, alguns dizem que nenhum cristão tem um dom de manifestação do Espírito. Eles simplesmente, por assim dizer, fluem por meio do cristão, a critério do Espírito. Não podemos escolher quando exercitar esses dons. Somente Deus pode fazê-lo. Já os dons motivacionais são os que temos e que podemos escolher usar a qualquer hora. Os dons ministeriais são singulares no sentido de que o seu propósito é capacitar certas pessoas a edificar e equipar outros cristãos do corpo.

Aprecio os esforços feitos pelos que advogam essas distinções para que entendamos melhor a Palavra de Deus, mas preciso confessar que vejo pouca base exegética para falarmos dos dons espirituais desse modo. Por exemplo, não há razão alguma no texto para acharmos que somente os nove dons de 1Coríntios 12 sejam manifestações do Espírito. Todos os dons espirituais são a operação do Espírito nos cristãos e por meio deles. Quanto aos chamados "dons ministeriais", deveríamos observar que dizem que o seu propósito é "edificar o corpo de Cristo" (Efésios 4:12b). Mas esse é exatamente o propósito declarado para os chamados "dons de manifestação". Como uma distinção pode ser mantida entre eles quando o propósito explicitamente declarado de cada um deles é o mesmo?

Todos os dons espirituais ministram ao corpo de Cristo, edificando seus membros. Também deveríamos observar que a palavra traduzida por "edificação" em Efésios 4:12 é a mesma palavra grega usada em todo 1Coríntios 14 para descrever como os dons de manifestação, como profecia e línguas interpretadas, funcionam na vida do povo de Deus.

Contudo, outra deficiência dessa divisão dos dons em categorias separadas é o fato de que é simplesmente muito errado dizer que nenhum dos dons de manifestação está em posse dos cristãos para ser usados a seu critério. Dizer que "ninguém pode ditar quando o dom pode ser operado"[10] simplesmente não é verdade. Um exemplo será suficiente. Fui abençoado com o dom de línguas. Posso falar ou não falar de acordo com a minha vontade. É um dom que está inteiramente sob o meu controle. E isso é confirmado por como Paulo delineou o funcionamento das línguas na reunião da igreja. Ele disse em 1Coríntios 14:27 que "somente dois ou no máximo três" deveriam falar em línguas, "e cada um na sua vez". Obviamente, ele acreditava que a pessoa que tivesse esse dom poderia exercer o controle sobre quando e como ele seria usado, caso contrário suas instruções aqui não fariam sentido algum. Ele também disse que "se não houver nenhum intérprete, que cada um [dos que têm o dom de línguas] fique calado na igreja e fale consigo mesmo e com Deus" (v. 28).

Também se faz a alegação de que os dons ministeriais de Efésios 4:11 "não são as posses — as coisas que nos pertencem — citadas em 1Pedro 4:10. Em vez disso, são *pessoas* dotadas para ser as que equipam o restante do corpo de Cristo".[11] Mas eu também tenho o dom de ensino. Portanto, sou um mestre. Posso exercitar esse dom segundo a minha vontade a qualquer hora e em qualquer lugar. Se isso não é dizer que ele está em minha "posse", não sei como dizê-lo. Paulo mencionou o dom de Timóteo como estando dentro dele (1Timóteo 4:14; 2Timóteo 1:6). Além disso, como foi observado anteriormente, todos os dons espirituais "equipam" os santos para o "ministério". Isolar os quatro ou cinco dons de Efésios 4 e alegar isso para eles é deixar de reconhecer que esse é o propósito de todos os dons no corpo de Cristo.

---

[10]Don Fortune; Katie Fortune, *Discover your God-given gifts* (Grand Rapids: Chosen, 2009), p. 17.

[11]Fortune; Fortune, p. 18.

Também há o argumento de que esses dons são chamados de "motivacionais" porque "são as forças motivacionais de nossa vida".[12] No entanto, não há nada em Romanos 12 que fale desses dons como a força motivacional de nossa vida. Isso é lido nas entrelinhas do texto a fim de justificar a criação de uma categoria separada para os sete dons citados aqui. Eu também poderia acrescentar que o meu dom espiritual principal é o de pastor (Efésios 4:11). Isso é o que me motiva mais do que qualquer outra coisa. Contudo, o dom de pastor não é mencionado em Romanos 12, mas somente em Efésios 4, em que supostamente temos apenas dons ministeriais.

Há uma razão final pela qual acho que essa tentativa de categorização é forçada para dentro do texto bíblico, em vez de ser lida e extraída naturalmente dele. Considere o dom de profecia. A profecia é um dom motivacional, um dom de manifestação ou um dom ministerial? Sim! A profecia encontra-se nas três listas: em Romanos 12, 1Coríntios 12 e Efésios 4. Para escapar da dificuldade que isso traz, um autor simplesmente escolhe arbitrariamente chamar a profecia de Romanos 12 de "percepção" ou de o "percebedor". É reconhecido que a mesma palavra grega é usada nas três listas, mas que "percebedor" é escolhida "para evitar confusões".[13] Mas não há nenhuma confusão. O dom espiritual de profecia é o mesmo nas três listas. Se não for, alguém deveria produzir evidências exegéticas a partir do próprio texto que justifiquem a diferenciação dos vários tipos de profecia. Mas não há esse tipo de evidência. Nada do que Paulo escreveu justifica a conclusão de que ele estava falando sobre diferentes dons proféticos, como se por meio de um dom a pessoa "percebesse" e mediante outro a pessoa falasse palavras de encorajamento e consolo. O mesmo poderia ser dito para o dom de ensino (Romanos 12:7). Ele também aparece na lista dos chamados "dons ministeriais" de Efésios 4, e novamente em 1Coríntios 12:29.

Só posso concluir que o texto bíblico em si não justifica a criação dessas distinções entre as várias categorias dos dons espirituais. Todos os dons são eles próprios diferentes uns dos outros, mas todos compartilham a maioria, se não todas as mesmas características: são manifestações ou expressões do poder do Espírito; todos eles são

---

[12]Fortune; Fortune, p. 20.
[13]Fortune; Fortune, p. 19.

dados para o "bem comum" do corpo, são todos expressões do favor imerecido de Deus; todos eles devem ser "usados", e não negligenciados; todos servem para equipar os outros para a obra do ministério e todos têm o propósito de edificar os cristãos do corpo de Cristo.

Se há uma maneira de diferenciar um grupo de dons do outro, seria uma distinção encontrada na afirmação de Pedro em 1Pedro 4:10,11. No texto, ele parece ver o que poderíamos chamar de dons de "fala" e dons de "serviço". Ainda há mais uma distinção que será desvendada e explicada detalhadamente mais tarde neste livro. É a diferença entre os dons que são residentes ou permanentes, e os dons que são esporádicos e circunstanciais. Assim, a pessoa a quem citei, referindo-me aos dons que estão em nossa "posse" *versus* os dons que "fluem" por meio de nós a critério do Espírito, na verdade fez uma distinção válida. Mas, como eu disse, explicarei isso detalhadamente mais tarde neste livro.

OS DONS NÃO SÃO CARACTERÍSTICAS DE PERSONALIDADE

É importante lembrarmos que em nenhum lugar das Escrituras os dons são retratados como traços ou características de personalidade. Alguém que seja gregário ou extrovertido pode receber o dom de misericórdia. Alguém que seja calado e introvertido pode receber o dom de ensino. Alguém que tenha falta de autoconfiança e é por natureza um tanto quanto hesitante para falar pode receber o dom de evangelismo. Alguém que tenha pouca fé e nunca espera ouvir coisas de Deus pode ser o receptor de uma palavra de conhecimento. Não quer dizer que nunca há nenhuma sobreposição entre a personalidade singular de uma pessoa e o dom que Deus lhe concede, mas que nunca devemos associar algum dom específico a alguma característica de personalidade específica.

Uma vez mais, consideremos o dom de profecia como exemplo. Paulo disse que qualquer indivíduo é um candidato a profetizar (1Coríntios 14:1,5,24, 29-32). Profeta, portanto, é alguém que sistematicamente recebe palavras reveladoras espontâneas de Deus que são compartilhadas com outros para a sua "edificação e encorajamento e consolação" (1Coríntios 14:3). Mas em nenhum lugar o Novo Testamento diz que "profeta" é um conjunto específico de traços de personalidade. Assumindo-se que qualquer pessoa tenha o potencial de profetizar, como isso seria possível?

Em outras palavras, o profeta nunca é retratado nas Escrituras como alguém que sempre demonstra certo comportamento, que interage com os outros de uma maneira específica ou que responde a argumentações com uma energia emocional singular. Profeta é alguém que recebe palavras reveladoras espontâneas (imagens, sonhos, impressões) do Senhor e as expressa verbalmente para a edificação e o encorajamento dos outros.

Muito frequentemente, em alguns círculos carismáticos, alguém com certas características relacionais e de personalidade é identificado como "profeta" ou como uma pessoa com o dom de "misericórdia", quando, na verdade, o Espírito nunca lhe transmitiu esse dom específico. Essa pessoa é quem e o que ela é, quanto a sua personalidade, caráter e desenvolvimento relacional, porque ela está sendo progressivamente transformada pelo Espírito para ser mais semelhante a Jesus, mas não porque por acaso ela tem um dom espiritual específico que alguém percebe que está ligado a esse tipo de comportamento ou estilo relacional.

Como observado anteriormente, os dons espirituais são manifestações concretas do Espírito por meio de nós. Não são quem somos, portanto, mas, em vez disso, o que fazemos no poder do Espírito para o bem dos outros. Sempre deveríamos ser cuidadosos quanto a diferenciar, de um lado, os nossos dons específicos e, de outro lado, quem somos como filhos de Deus em Cristo Jesus. Há, então, uma diferença importante entre o nosso caráter e personalidade, e como estamos sendo santificados diariamente para nos tornar cada vez mais conformados à imagem de Cristo e que dom o Espírito nos transmite para edificarmos os nossos companheiros cristãos. O simples fato de alguém ser extrovertido ou introvertido, autoconfiante ou tímido, de amar as multidões ou preferir a solidão, de ser organizado ou desorganizado não significa necessariamente que essa pessoa terá qualquer dom espiritual específico que sempre corresponda a essa característica específica de sua personalidade ou estilo relacional. Os dois às vezes se sobrepõem? Certamente. Mas nunca podemos insistir numa correspondência direta tal pelo fato de a "Fulana" e o "Sicrano" demonstrarem certos traços de personalidade que devam ser classificados como "misericórdia", ou "profecia", ou "dom de mestre".

O perigo de delinear uma relação tão de perto assim entre o que é o nosso dom espiritual e quem somos como cristãos individuais é que, se o nosso dom começar a minguar, ficar dormente ou não for bem recebido pelos outros, sofreremos vergonha e experimentaremos dúvidas sobre nós mesmos, tendo temores em relação ao nosso valor como filhos do Deus Altíssimo. A nossa identidade como filhos e filhas de Deus, como cristãos "em Cristo", nunca deve ser ligada a um *carisma* ou dom específico que o Espírito escolheu transmitir a nós e por meio de nós para o bem dos outros.

CAPÍTULO TRÊS

Quantos dons espirituais há e quantos o cristão pode receber?

lguns que estão lendo este livro talvez se perguntem: *Por que fazer essa pergunta? Não é fácil o suficiente respondê-la?* Afinal de contas, basta ir aos textos bíblicos relevantes sobre o assunto e contá-los. Não é uma coisa especificamente desafiadora ou difícil de fazer. Mas, ainda que comecemos com essa abordagem, também precisamos perguntar: "Será que Deus forneceu à igreja *charismata* que não estão especificamente identificados ou citados no Novo Testamento?". Algumas pessoas, percebo, rejeitarão essa questão desde o início. Elas creem que, se Deus quisesse que recebêssemos e exercitássemos outros dons espirituais, ele certamente os teria mencionado no Novo Testamento com as listas tradicionais. Será que não estamos solapando a suficiência das Escrituras ao sugerir que elas erraram não mencionando todos os possíveis dons espirituais dados pelo Espírito? Outros insistirão que, se permitimos certos *charismata* além dos citados no Novo Testamento, escancaramos a porta para especulações e abusos. O que podemos fazer para impedir que alguém imagine ou crie dons espirituais adicionais que possam nos desviar dos limites governamentais das Escrituras? São perguntas importantes.

Vamos começar com a resposta fácil e observar os dons que estão explicitamente incluídos nas listas do Novo Testamento.

ROMANOS 12:6-8

Em Romanos 12:6-8, Paulo escreveu: "Tendo diferentes dons, de acordo com a graça que nos foi dada, vamos usá-los" (v. 6a). O seu comentário introdutório faz com que esperemos que ele identifique todos os dons do Espírito. Em vez disso, Paulo selecionou sete dons. Acrescentei identificadores numéricos à lista desses *charismata* para um melhor esclarecimento:

(1) Se alguém tem o dom de profetizar, [...] na proporção da sua fé. (2) Se o seu dom é servir, sirva; (3) se é ensinar, ensine; (4) se é dar ânimo, que assim faça; (5) se é contribuir, que contribua generosamente; (6) se é exercer liderança, que a exerça com zelo; (7) se é mostrar misericórdia, que o faça com alegria (v. 6b-7).

Por que Paulo não citou outros dons, como os que ele delineou em 1Coríntios 12:7-10? Alguns afirmam que as duas listas contêm diferentes categorias de dons ou diferentes tipos de dons. Contudo, o dom de profecia é mencionado não somente em Romanos 12, mas também em 1Coríntios 12:7-10,28-30, e uma vez mais em Efésios 4:11. Duvido de que alguém esteja preparado para justificar diferentes tipos de ministério profético. Parece provável, a menos que possa ser dada uma forte justificativa em contrário, que Paulo estivesse se referindo a um dom singular de profecia e o incluiu em todas as quatro listas.

O mesmo pode ser dito em relação ao dom de serviço, mencionado não somente por Paulo em Romanos 12:7, mas também por Pedro em 1Pedro 4:11. E o mesmo se aplica ao dom de ensino, que Paulo citou em Romanos 12:7, e uma vez mais em 1Coríntios 12:29. E ainda que os termos em grego sejam diferentes, é improvável que devamos fazer uma distinção grande demais entre "o que exerce liderança", em Romanos 12:8, e a pessoa que tem o dom de "administração", em 1Coríntios 12:28.

O fato de que há muitas listas dos *charismata*, mas somente sete são mencionados em Romanos 12, leva alguns a concluírem que seria impróprio e injustificado achar que a combinação de todos os dons de todas as listas nos forneça um delineamento abrangente dos dons que Deus poderia dar. Por enquanto, ainda não tentei definir ou descrever esses dons, mas somente mencioná-los. A sua natureza e operação serão abordadas num capítulo posterior.

1CORÍNTIOS 12:4-11

Em 1Coríntios 12:4-11, o apóstolo Paulo mencionou a existência não somente de "diferentes tipos" de dons (v. 4a), mas também de "diferentes tipos de ministérios" e de "diferentes formas de atuação" (v. 5,6). Será que devemos concluir que esses "diferentes tipos" incluem somente os nove dons mencionados posteriormente nos versículos de 8 a 10? Ou será que Paulo uma vez mais poderia estar nos fornecendo uma amostragem de dons, deixando que nós presumíssemos que há outros dons não explicitamente mencionados no Novo Testamento? Sabemos com certeza que, assim como a lista de Romanos 12, os dons dos versículos de 8 a 10 são os mais representativos. Outras listas incluem os dons não mencionados nos versículos de 8 a 10. De qualquer maneira, aqui estão os nove dons citados em 1Coríntios 12:8-10. Uma vez mais, inseri marcadores numéricos no texto para facilitar a nossa identificação de todos eles:

> Pelo Espírito, a um é dada (1) a palavra [ou logos] de sabedoria; a outro, pelo mesmo Espírito, (2) a palavra de conhecimento; a outro, (3) fé, pelo mesmo Espírito; a outro, (4) dons de curar, pelo único Espírito; a outro, poder para (5) operar milagres; a outro, (6) profecia; a outro, (7) discernimento de espíritos; a outro, (8) variedade de línguas; e ainda a outro, (9) interpretação de línguas (v. 8-10).

1CORÍNTIOS 12:28-30

A lista que aparece na conclusão de 1Coríntios 12 é uma mistura interessante do que alguns chamariam de dons miraculosos e dos que são notadamente mais corriqueiros. Em outras palavras, o agrupamento anterior inclui os dons que são mais obviamente milagrosos ou sobrenaturais, ao passo que o último agrupamento, embora

ENTENDENDO OS DONS ESPIRITUAIS

provavelmente não seja nada inferior à manifestação do poder do Espírito, parece ser mais natural em operação. Eis a lista, novamente com especificações numéricas inseridas no texto:

> Assim, na igreja, Deus estabeleceu (1) primeiramente apóstolos; (2) em segundo lugar, profetas; (3) em terceiro lugar, mestres; (4) depois os que realizam milagres, (5) os que têm dons de curar, (6) os que têm dom de prestar ajuda, (7) os que têm dons de administração e (8) os que falam diversas línguas. São todos apóstolos? São todos profetas? São todos mestres? Têm todos o dom de realizar milagres? Têm todos o dom de curar? Falam todos em línguas? Todos (9) interpretam? (v. 28-30).

1CORÍNTIOS 13:1-3,8-10

Ainda que não haja uma lista a ser mencionada em 1Coríntios 13:1-3,8-10, há uma referência a vários dons espirituais neste capítulo. Paulo mencionou *línguas* no versículo 1, *profecia* no versículo 2, muito provavelmente a *palavra de conhecimento* no versículo 2 e também o dom da *fé* no versículo 2. Talvez ele estivesse se referindo ao dom de *contribuir financeiramente* no versículo 3 ("Se eu der tudo o que tenho"), que ele descreveu em Romanos 12:8 como "aquele que contribui". Um pouquinho adiante no capítulo, uma vez mais ele menciona profecia, línguas e, talvez, a palavra de conhecimento (v. 8). Nada novo aparece nesse capítulo, uma vez que cada um desses dons já foi mencionado por Paulo em 1Coríntios 12.

EFÉSIOS 4:11

Muitos afirmam que os "dons" citados em Efésios 4:11 referem-se menos a habilidades e mais a cargos de governo específicos, e um tanto quanto de autoridade na igreja local. Aqui Paulo disse que o Cristo ressurreto "deu (1) os apóstolos, (2) os profetas, (3) os evangelistas, (4) os pastores e (5) mestres" (ou, possivelmente, [4] pastores-mestres). Encontramos aqui dois dons que não são mencionados em nenhum outro lugar: evangelismo e pastoreio.

1PEDRO 4:10,11

As palavras de Pedro em 1Pedro 4:10,11 não são tecnicamente uma lista, pois somente duas categorias genéricas são observadas.

Alguns têm argumentado que essas são as duas únicas categorias e que todos os dons previamente enumerados pelo apóstolo Paulo podem ser agrupados nelas. Pedro disse: "Cada um exerça o dom que recebeu para servir os outros, administrando fielmente a graça de Deus em suas múltiplas formas. Se alguém fala, faça-o como quem transmite a palavra de Deus. Se alguém serve, faça-o com a força que Deus provê, de forma que em todas as coisas Deus seja glorificado mediante Jesus Cristo, a quem sejam a glória e o poder para todo o sempre. Amém".

Será que Pedro estava sugerindo que todos os dons são dons de serviço ou dons de fala? Em outras palavras, será que ele estava nos dizendo que dons como misericórdia, cura, administração, fé e contribuição, só para mencionar alguns, são exemplos do que significa servir, mas que não necessariamente implicam uma capacidade especial para falar com eloquência ou com poder de persuasão? Semelhantemente, será que os dons de fala incluem coisas como línguas, profecia, exortação e ensino? Talvez. Mas o problema é que alguns dons aparentemente sobrepõem as duas categorias, ao passo que outros ainda lutam para encontrar um lugar em qualquer uma delas. Creio que é sábio não forçar a distinção entre os dons de fala e os dons de serviço, simplesmente porque na experiência real servimos, com frequência, às pessoas, falando verdades para elas e comunicando verdades (até mesmo não verbalmente), dando de nós mesmos e nos desgastando a serviço delas.

CATALOGANDO OS DONS

A partir desses textos, poderíamos produzir a seguinte lista, sem nenhuma ordem específica:

1. Profecia	12. Milagres
2. Serviço	13. Distinção ou discernimento de espíritos
3. Ensino	14. Línguas
4. Exortação	15. Interpretação de línguas
5. Contribuição ou doação	16. Apostolado
6. Liderança	17. Ajuda
7. Misericórdia	18. Administração
8. Palavra de conhecimento	19. Evangelismo

9. Palavra de sabedoria	20. Pastoreio ou apascentamento
10. Fé	21. Pastoreio-ensino
11. Dons de cura(s)	

Liderança e a administração podem na verdade ser o mesmo dom. Semelhantemente, a misericórdia e a ajuda, junto ao serviço, podem todos ser maneiras diferentes de nos referirmos ao mesmo dom. E, ainda que alguém possa ser pastor-mestre, deveríamos reconhecer que outra pessoa talvez tenha somente o dom de ensino, ao passo que outro talvez tenha somente o dom de pastoreio (embora seja difícil imaginarmos como que alguém possa "pastorear" as pessoas sem também "ensiná-las"). De qualquer forma, aparentemente, considerando-se a leitura mais generosa das Escrituras, há vinte e um dons espirituais. Mas será que há mais dons que o Espírito fornece de acordo com a sua vontade (1Coríntios 12:11) e que nenhum autor do Novo Testamento mencionou explicitamente? E, em caso afirmativo, como os reconheceríamos? Consideremos algumas possibilidades.

A primeira coisa que vem à mente é a intercessão. Em nenhum lugar do Novo Testamento lemos sobre a intercessão como um dom espiritual em si, mas será que isso necessariamente exclui a possibilidade de que ela poderia ser um dom? Todos nós, tenho certeza, já conhecemos indivíduos que se devotam à oração de uma maneira que excede o que o cristão típico poderia fazer. Sim, todos nós precisamos orar e interceder diante do trono da graça. Mas alguns cristãos parecem estar singularmente energizados ou chamados para orar de tal forma, que testemunham um notável registro de petições respondidas. Eu pessoalmente já conheci muitos que se sentem extraordinariamente atraídos ao quarto de oração, que passam horas a cada dia buscando a Deus em favor de outros e de suas necessidades.

Então há o ministério de libertação. Assim como com a intercessão, todos os cristãos não somente receberam a responsabilidade de orar, mas também a autoridade dada por Deus, em Cristo e em seu nome, para exercer poder sobre os demônios (cf. Lucas 10:17-20). Tenho tido o privilégio de ministrar aos que estão endemoninhados ou oprimidos por espíritos malignos e tenho testemunhado que essas pessoas recebem a libertação. Mas outros, uma vez mais, parecem operar num nível de autoridade e sucesso em relação a isso de uma maneira que excede em muito o que eu ou qualquer número de outros cristãos têm experimentado. Será que há um dom espiritual de libertação?

Alguns podem muito bem rejeitar essas duas sugestões, salientando que todos os cristãos devem orar sem cessar e que devem vestir a armadura de Deus, por meio da qual podemos resistir à influência do nosso inimigo. Isso certamente é verdade. Mas esse também é o caso com vários outros dons do Espírito. Todos deveriam evangelizar, mas nem todos têm o dom do evangelismo. Todos deveriam contribuir, mas nem todos o fazem com a generosidade dos que têm o dom de contribuir. Todos nós que conhecemos a Jesus como Senhor e Salvador exercemos a fé, mas nem todos experimentamos aquela onda extraordinária e sobrenatural de confiança para crer que Deus fará coisas pelas quais não temos a garantia bíblica explícita. E a lista dessas responsabilidades universais e dos dons espirituais extraordinários poderia prosseguir indefinidamente. Assim, o fato de que todos nós oramos e proclamamos a vitória sobre os demônios não elimina em si a possibilidade de haver dons espirituais que são dados para capacitar certos cristãos a operar nesses ministérios num elevado nível de sucesso.

Mais um exemplo vem à mente. Por falta de uma maneira melhor de expressá-lo, eu o chamaria de "dom espiritual e interpretação". Não estou falando sobre o dom de interpretação de línguas. Tampouco tenho em mente a capacidade de interpretar as Escrituras. Qualquer um com treinamento suficiente na disciplina da hermenêutica e dos seus princípios pode interpretar o significado das Escrituras sem nenhum dom espiritual específico. O que tenho em mente é a capacidade e o discernimento que capacitam o indivíduo a entender e dar sentido a verdades reveladoras que vêm por meio de visão, sonho, arrebatamento de sentidos ou de outra expressão do ministério de revelação do Espírito.

Primeiro, vemos evidências disso na narrativa do Antigo Testamento em relação a José, que foi injustamente aprisionado com o copeiro do rei do Egito e seu padeiro. Tanto o copeiro como o padeiro tiveram sonhos na mesma noite (Gênesis 40:5). Ficaram muito incomodados, principalmente porque não havia ninguém que pudesse interpretá-los (v. 7,8a). "Disse-lhes José: 'Não são de Deus as interpretações? Contem-me os sonhos'" (v. 8b). Dois anos mais tarde, o próprio Faraó teve um sonho perturbador que ninguém conseguia interpretar (Gênesis 41:8). O copeiro lembrou-se de como José interpretou o seu sonho e relatou isso a Faraó, o qual convocou a José para interpretar para ele. "Respondeu-lhe José: 'Isso não depende de mim, mas Deus dará ao faraó uma resposta favorável'" (v. 16).

Nada foi dito sobre a habilidade de José ser um dom espiritual. Uma linguagem assim teria sido anacrônica, pois foi usada, primeiro, depois do derramamento do Espírito no Pentecoste. Mas é bem possível que esse incidente do Antigo Testamento fosse um obscurecimento, por assim dizer, da habilidade dada pelo Espírito de interpretarmos sonhos e visões na era da nova aliança. Daniel teve uma experiência semelhante. Após o sonho do rei Nabucodonosor, Daniel forneceu-lhe a interpretação. Lemos que "o mistério foi revelado a Daniel de noite, numa visão" (Daniel 2:19a; cf. 2:28). Aconteceu uma vez mais ainda com outro dos sonhos de Nabucodonosor, e Daniel o interpretou com precisão (Daniel 4:4-33).

Uma vez mais, não estou sugerindo que José ou Daniel tivessem um "dom espiritual" de interpretação de sonhos, mas não está além do campo das possibilidades que o que Deus fez por meio desses dois homens no Antigo Testamento ele o fizesse novamente mediante um dom espiritual na era do Novo Testamento. A iluminação capacitada pelo Espírito, por meio da qual podemos interpretar ou dar o sentido de algum encontro revelador, pode muito bem ser um dom que é operativo em nossa era e que não tem uma referência bíblica explícita. Preciso dizer também que já testemunhei, em várias ocasiões, tanto homens como mulheres que pareciam extraordinariamente precisos em suas interpretações de sonhos e visões, uma habilidade que não parece ser considerada como meios, discernimento ou inteligência meramente naturais. Parece ser um dom de Deus.

Como observado, muitos insistirão que é perigoso ir além do que a Bíblia diz explicitamente em relação aos dons espirituais. Mas não estou advogando nada que contradiga explicitamente a Bíblia. Na verdade, se há dons espirituais adicionais além dos que vemos nos textos citados acima, independentemente de sua natureza, eles precisam ser responsabilizados diante dos padrões e das diretrizes que o Novo Testamento estabelece para governarmos o exercício de quaisquer e de todos os *charismata*. Também deveríamos perguntar quais as razões que poderiam ser dadas para concluirmos que Deus não estaria disposto ou inclinado a transmitir dons que não foram citados nas Escrituras. Será que não haveria novas circunstâncias, crises inesperadas e necessidades urgentes que emergiriam em várias ocasiões em toda a vida das igrejas locais na era atual e que exijam uma manifestação do Espírito mais ampla do que a que Paulo descreveu em 1Coríntios 12—14?

Nada do que eu disse sobre essa questão chega a ser uma prova de que há mais dons espirituais do que lemos nas Escrituras. Talvez eu esteja totalmente enganado, sugerindo que experiências como intercessão, libertação e interpretação de fenômenos reveladores sejam dons espirituais. Mas penso que deveríamos permanecer abertos a essa possibilidade.

QUANTOS DONS ESPIRITUAIS O CRISTÃO PODE RECEBER?

Um punhado de textos aborda a questão de quantos dons espirituais o cristão poderia receber, ou pelo menos nos fornece princípios a partir dos quais podemos extrair a nossa resposta a essa pergunta. Começamos com Romanos 12:6, em que Paulo escreveu: "Temos diferentes dons, de acordo com a graça que nos foi dada". Então Paulo prossegue e cita sete dons espirituais especificamente. O uso que ele faz do plural "dons" no versículo 6 não sugere nem exige que cada cristão tenha mais de um dom, mas certamente permite essa possibilidade.

Quando voltamos a nossa atenção a 1Coríntios, ganhamos um pouquinho mais de revelação em relação à nossa pergunta. É inegável o fato de que todo cristão tem pelo menos um dom espiritual. Por exemplo, Paulo disse, em relação à distribuição dos muitos "dons" e "tipos de ministérios", além das "diferentes formas de atuação", que "é o mesmo Deus que efetua tudo em *todos*" (1Coríntios 12:4-6, grifo na citação). Ninguém é excluído. Todos os cristãos estão incluídos em sua referência a "todos". Mas Paulo foi até mais explícito nos versículos seguintes:

> A cada um, porém, é dada a manifestação do Espírito, visando ao bem comum. Pelo Espírito, a um é dada a palavra de sabedoria; a outro, pelo mesmo Espírito, a palavra de conhecimento; a outro, fé, pelo mesmo Espírito; a outro, dons de curar, pelo único Espírito; a outro, poder para operar milagres; a outro, profecia; a outro, discernimento

de espíritos; a outro, variedade de línguas; e ainda a outro, interpretação de línguas. Todas essas coisas, porém, são realizadas pelo mesmo e único Espírito, e ele as distribui individualmente, a cada um, como quer (v. 7-11).

Há várias coisas a observar aqui. Primeiro, Paulo declarou que "a cada um" é dada uma manifestação do Espírito. Ele claramente tinha em mente cada cristão, cada membro do corpo de Cristo, que ele descreveu mais detalhadamente nos versículos de 14 a 26. As palavras "a cada um", portanto, nos dizem que todo filho de Deus nascido de novo tem pelo menos um dom espiritual.

Isso é confirmado enquanto lemos mais profundamente o texto, pois Paulo disse que "a um" é dado um dom específico e "a outro" ainda outro dom, e assim por diante. Certamente, seria estranho se Paulo usasse essa linguagem que destaca a distribuição dos dons entre os membros do corpo de Cristo se alguma pessoa fosse excluída da possibilidade de ser uma receptora. Finalmente, ele repetiu, no final do versículo 11, dizendo uma vez mais, que o Espírito Santo distribui "a cada um individualmente como quer". A ênfase na expressão inclusiva "a cada um" é determinante para ajudar-nos a responder à nossa pergunta.

O fato de que todos os cristãos são dotados pelo Espírito é confirmado mais uma vez pelo que Paulo falou em 1Coríntios 12:14-26. Então ele enfatizou a função contributiva essencial que todo membro do corpo de Cristo tem em ajudar os outros a alcançar a maturidade. Ninguém pode dizer que não tem necessidade do outro. Todos servem os demais de acordo com a maneira que Deus os dotou. Seria algo estranho, na verdade, Paulo dizer isso se houvesse qualquer pessoa no corpo de Cristo que não tivesse pelo menos um dom espiritual.

No final do capítulo 12, Paulo enfatizou novamente que cada cristão é um membro do corpo de Cristo. Em seguida, ele prosseguiu e delineou vários dons que foram distribuídos a esses membros. Se ele tivesse em mente que alguns do corpo não tivessem dons, sua argumentação sobre a unidade desse um só corpo, seus muitos membros e como funcionam conjuntamente para edificar um ao outro não faria sentido algum.

Embora não responda à nossa pergunta de forma definitiva, a exortação de Paulo em 1Coríntios 14:26 claramente sugere que a sua expectativa era de que cada cristão viesse a uma reunião congregacional com algo a contribuir. Se houvesse alguns cristãos com falta de um dom, as suas palavras de conselho entrariam por um ouvido e sairiam pelo outro.

1PEDRO 4:10,11

Talvez a afirmação mais explícita confirmando o fato de que todo cristão tem pelo menos um dom espiritual encontra-se em 1Pedro 4:10,11. O apóstolo disse o seguinte:

> Cada um exerça o dom que recebeu para servir os outros, administrando fielmente a graça de Deus em suas múltiplas formas. Se alguém fala, faça-o como quem transmite a palavra de Deus. Se alguém serve, faça-o com a força que Deus provê, de forma que em todas as coisas Deus seja glorificado mediante Jesus Cristo, a quem sejam a glória e o poder para todo o sempre. Amém.

Uma das maiores ameaças a uma igreja no sentido de ela ser e tornar-se tudo o que Deus quer dela é a ideia não bíblica de que os dons espirituais e o ministério que eles produzem são de total responsabilidade dos pastores e presbíteros e dos que trabalham em tempo integral para a igreja local. É a noção de que o clero profissional — usando-se termos profundamente não bíblicos —, os que foram instruídos num seminário ou os que foram oficialmente ordenados ao ministério são os únicos que receberam dons espirituais e os únicos responsáveis por servir aos outros na igreja.

Mas Pedro disse claramente que "cada um" recebeu um dom a ser usado no serviço dos outros e para a glória de Deus. Ninguém está isento. Ninguém é inapto. Ninguém é deixado sem a poderosa presença capacitadora do Espírito. Precisamos vencer e rejeitar a distinção entre clérigos e leigos. Não são somente os pastores e presbíteros que têm dons espirituais. Pedro não citou nenhuma qualificação educacional.

Podemos dizer, com convicção, que todo cristão tem pelo menos um dom espiritual e que nenhum cristão tem todos eles (1Coríntios 12:29,30). Os dons espirituais para sempre despedaçam o mito de que há dois tipos de cristãos: os que ministram e servem e os que são servidos e recebem ministração; os que têm dons espirituais e os que não têm. Todos têm pelo menos um dom, e todos nós devemos ministrar e servir.

Podemos fazer várias outras observações importantes à luz da declaração de Pedro de que todos os cristãos têm pelo menos um dom. Em primeiro lugar, "recebemos" dons espirituais; não os adquirimos por merecimento. Não são uma recompensa por santidade. São o dom de Deus dado gratuitamente. Não há nenhum padrão que você tenha de satisfazer, nenhum nível mais elevado de maturidade que você precise alcançar primeiro.

Em segundo lugar, temos o mandamento de "usar" o nosso dom, ou dons. O apóstolo Paulo concordou com Pedro sobre isso. Ele escreveu o seguinte em Romanos 12:6: "Temos diferentes dons, de acordo com a graça que nos foi dada [...] use-o" (grifo na citação). Assim, tanto Pedro como Paulo emitiram o mesmo mandamento a todos nós: use o seu dom para servir. Se você não estiver servindo aos outros, fazendo uso do dom que recebeu, estará pecando. É um mandamento, e não uma opção.

Em terceiro lugar, como observamos, todos os dons têm o propósito de "servirmos uns aos outros", e não a nós mesmos. Servimos para o bem dos outros. Paulo disse que todos os dons espirituais, da operação de milagres à misericórdia, são para o "bem comum" (1Coríntios 12:7).

Em quarto lugar, os dons são uma administração de Deus. Ele confiou a nós o seu Espírito. Os dons espirituais são tanto um privilégio quanto uma responsabilidade. Em sentido bem real, então, o meu dom não é na verdade meu. Foi somente confiado a mim para o bem dos outros.

Em quinto lugar, a graça de Deus vem em uma ampla variedade de expressões. A "variada graça" de Deus (1Pedro 4:10) é exibida quando servimos uns aos outros. A palavra "variada" aponta para o fato de que nem sempre outra pessoa receberá o mesmo dom, e, até mesmo se você e outra pessoa compartilharem o mesmo dom, ele nem sempre se manifestará da mesma forma. A nossa graciosa capacitação por Deus é diversa e parecerá diferente, dependendo da pessoa que faz uso dela. O importante a lembrar é que você não tem que ser como os outros. Na verdade, você jamais deveria tentar ser como os outros. Também significa que ninguém jamais operará com o mesmo nível de precisão ou eficácia no exercício de seu dom espiritual. Assim, pare de comparar-se com outras pessoas.

Em sexto lugar, anteriormente chamei a atenção para o fato de que Pedro dividiu todos os dons em duas amplas categorias: *servir* e *falar*. Os dons de fala incluem ensino, profecia, apostolado, línguas, interpretação de línguas, exortação, palavra de conhecimento e palavra de sabedoria, ao passo que os dons de serviço incluem contribuição, liderança, administração, misericórdia, ajuda, cura e milagres. Alguns cristãos têm somente um dom de fala; outros têm somente um dom de serviço. Alguns têm vários dons de fala. Alguns têm vários dons de serviço. Alguns têm vários dons de fala, assim como vários dons de serviço. Mas não há ninguém que não tenha nenhum dom!

Também deveríamos notar o fato de que Pedro não falou que os que têm dons de fala são mais importantes ou essenciais à igreja do que os que têm dons de serviço. Esse é um erro baseado na ideia de que a visibilidade e o reconhecimento público sejam importantes para Deus. Não são. Os que servem silenciosamente nos bastidores e nunca pronunciam uma só palavra num microfone de uma plataforma são exatamente tão valiosos e altamente estimados por Deus quanto os que pregam toda semana ou profetizam.

Em sétimo lugar, o servir exige a *força* ou *o poder de Deus*. Tudo o que o homem cristão ou a mulher cristã fazem, se é para ser virtuosos e glorificar a Deus, precisa ser feito com a consciência do fato de que Deus é quem concede a força para tudo, Deus é quem capacita todas as ações, Deus é quem reaviva os nossos espíritos, move as nossas vontades, sustenta as nossas boas intenções e incendeia as nossas afeições.

Finalmente, em última análise, o propósito de servir por meio dos nossos dons é que *Deus seja glorificado*. Ele é honrado quando você faz uso da graça que ele concedeu. Portanto, parece racional concluir que, quando você só fica sentado sem fazer nada, não estando envolvido, você está roubando de Deus a glória que ele poderia ter recebido se você tivesse sido fiel em servir aos outros em nome dele. É vital que você saiba isso para que, quando alguém ouvi-lo orando, vê-lo amando ou for o receptor da sua hospitalidade ou de benefícios por meio do uso do seu dom espiritual, essa pessoa instintivamente dê glória a Deus, em vez de dar glória a você.

Isso também significa que é absolutamente possível parecer que você está "servindo" aos outros enquanto está desonrando a Deus.

Se o seu serviço não for conscientemente assumido na "força que Deus provê" (1Pedro 4:11), ele acabará sendo para a sua glória, e não para a glória de Deus. E se você achar que servir aos outros é sempre penoso e pesado, além de apenas mais uma obrigação ou um dever moral para que os outros não pensem mal de você, obviamente estará "servindo" na força provida por si mesmo, e não na força que Deus provê.

OS DONS ESPIRITUAIS MIRACULOSOS SÃO DE POSSE EXCLUSIVA DOS APÓSTOLOS?

Mais tarde exploraremos mais detalhadamente se os dons espirituais miraculosos são de posse exclusiva dos apóstolos, mas, por enquanto, observamos que o apóstolo Paulo disse que a "cada um", homem e mulher, jovem e idoso (1Coríntios 12:7a), foi dada a manifestação do Espírito. E, quando ele prosseguiu para fornecer uma lista dessas manifestações, especificamente incluiu os dons mais obviamente milagrosos de profecia, cura, línguas, milagres, entre outros. Pedro citou a profecia de Joel no Dia de Pentecoste para provar que dons como profecia e línguas seriam dados a "todos os povos", incluindo "seus filhos e filhas", "jovens", "velhos" e também "servos e servas" (Atos 2:17,18). Os dons *não* são o privilégio exclusivo de presbíteros, diáconos, pastores, professores de escola dominical ou de alguma classe especial de pretensos super-santos.

Quando lemos 1Coríntios 12:7-10, nada sugere que somente os apóstolos sejam dotados com esses dons. Pelo contrário, profecia, fé, milagres e outras manifestações sobrenaturais são dadas pelo soberano Espírito a cristãos *comuns* da igreja, para a edificação diária e rotineira do corpo. Não meramente apóstolos e presbíteros e diáconos, mas também donas de casa, carpinteiros e fazendeiros recebem a manifestação do Espírito — tudo "para o bem comum" (v. 7) da igreja.

Os dons espirituais não são funções. As funções são as oportunidades para o ministério comum a todos, e estão disponíveis a qualquer um. Todos nós devemos ser testemunhas, mas nem todos nós temos o dom de evangelismo. Todos devem contribuir, mas nem todos têm o dom de contribuir. Todos oram, mas nem todos têm o dom de intercessão. Todos têm uma responsabilidade de julgar e pesar palavras proféticas e de diferenciar os "espíritos"

(1Tessalonicenses 5:19-22; 1João 4:1-6), mas nem todos têm o dom de discernimento de espíritos. Todos têm fé, mas nem todos têm o dom da fé. Todos deveriam ensinar (Colossenses 3:16), mas nem todos têm o dom do ensino. Todos podem profetizar (1Coríntios 14:24), mas nem todos são profetas. Todos podem receber sabedoria (Efésios 1:17), embora nem todos exerçam o dom da palavra de sabedoria.

Semelhantemente, os dons espirituais não são cargos. O termo *cargo* não é estritamente uma palavra bíblica. No entanto, parece que um cargo na igreja é caracterizado por: (1) um elemento de permanência, (2) reconhecimento pela igreja (muitas vezes com um título), (3) autorização ou consagração, de alguma forma, geralmente por meio de uma cerimônia pública, com a imposição de mãos, e (4) remuneração para o indivíduo que o ocupa.

O CRISTÃO PODE TER MUITOS DONS ESPIRITUAIS MESMO QUE NINGUÉM TENHA TODOS ELES?

A resposta simples à pergunta acima é "sim". Em todos os textos anotados anteriormente, vimos de forma clara que todos os cristãos têm pelo menos um dom, mas nenhuma dessas afirmações requer que concluamos que alguém não possa ter mais. Na verdade, as Escrituras fornecem várias indicações explícitas de que um cristão poderia ter vários dons.

Uma breve consideração da vida e do ministério do apóstolo Paulo demonstra que ele havia recebido inúmeros dons do Espírito. Mais será dito posteriormente a respeito de o apostolado ser um dom ou um cargo, mas Paulo era claramente um apóstolo. Parece que ele exercitou um dom profético ou a palavra de conhecimento quando, em Atos 13:7-12, discerniu que Elimas, o mágico, era um "filho do Diabo" e "inimigo de tudo o que é justo, cheio de toda espécie de engano e maldade" (v. 10). Ninguém duvidaria de que Paulo era um evangelista extremamente dotado. Lucas registrou, em Atos, várias ocasiões nas quais Paulo operou, sob a soberania de Deus, os dons de cura (veja, por exemplo, Atos 14:9,10). Ele frequentemente operava milagres e testificava que falava "em línguas mais do que todos" os coríntios juntos (1Coríntios 14:18). Também era mestre e exortador. E a lista poderia continuar. No mínimo, portanto, o próprio Paulo havia sido feito o receptor de pelo menos nove dons espirituais.

Há também alguns textos em que a suposição subjacente é de que um cristão poderia muito bem ser o receptor de mais de um dom. A exortação de Paulo aos coríntios de que deveriam "buscar com dedicação os dons espirituais, principalmente o dom de profecia" (1Coríntios 14:1; cf. 12:31; 14:39), claramente demonstra que ele esperava que esses cristãos (e nós, também) orassem e buscassem mais dons. Se cada um dos coríntios já havia recebido pelo menos um dom ao chegar à fé salvadora em Cristo, a exortação de Paulo exigiria que crêssemos que Deus ainda poderia conceder dons adicionais, sempre em submissão à vontade do Espírito (1Coríntios 12:11).

Em 1Coríntios 14:12, Paulo escreveu: "Assim acontece com vocês. Considerando que estão ansiosos por terem dons espirituais, procurem crescer naqueles que trazem a edificação para a igreja". Paulo não repreendeu os cristãos de Corinto por esse desejo ávido por mais manifestações do Espírito na forma de dons. Parece que ele os elogiou por isso. Mas, se já haviam recebido o único dom que Deus sempre pretendeu dar, a sua afirmação não tem sentido algum. A única preocupação de Paulo era de que, no desejo deles por dons, orassem e buscassem aqueles que servem de forma mais imediata para construir e edificar a igreja.

No versículo imediatamente posterior (1Coríntios 14:13), Paulo disse que a pessoa que fala em línguas "deveria orar para que a possa interpretar". Em outras palavras, eis uma pessoa que já tem um dom espiritual, o de falar em línguas, a quem Paulo exortou a pedir a Deus por mais um dom, a capacidade de interpretar, pelo bem dos membros da igreja. Até mesmo se não acreditarmos que os dons de línguas e interpretação sejam válidos para a igreja hoje, essa passagem indica que o cristão que tem um dom pode facilmente ser o receptor de outro dom.

Contudo, outra dica textual de que o crente pode receber mais de um dom encontra-se na exortação que Paulo deu ao seu filho espiritual, Timóteo. Lemos isso em 1Timóteo 4:14: "Não negligencie o dom que foi dado a você por mensagem profética com imposição de mãos dos presbíteros".

Esse não é o dom espiritual que Timóteo teria recebido quando se converteu. É um dom que lhe foi transmitido pelo Espírito quando ele foi designado, comissionado, ou "ordenado" ao ministério pastoral em Éfeso. Quando os presbíteros impuseram suas mãos sobre ele e oraram, ele recebeu mais um "dom" além de qualquer dom ou dons que já houvesse recebido.

Esses textos que examinamos também servem para respondermos à outra pergunta relacionada aos dons espirituais: o momento em que os recebemos. Alguns acham que, quando alguém se converte à fé salvadora em Cristo, recebe todos os dons que Cristo pretende dar. Mas não há nenhuma afirmação bíblica que apoie essa noção. Ainda que seja verdade, como já observamos, que todo cristão tenha um dom, nenhuma passagem bíblica diz que os dons não podem ser ou não serão concedidos depois da conversão.

Eu deveria salientar que, se dons espirituais adicionais forem dados ao cristão após a ocasião da sua fé salvadora, isso não está de maneira nenhuma conectado ao que muitos entendem ser a experiência de sermos batizados no Espírito. O batismo no Espírito, como expliquei detalhadamente em algum outro lugar, é algo que todos os cristãos experimentam na hora da sua conversão.[1] Contrariamente ao que a maior parte da tradição pentecostal clássica crê, o batismo no Espírito não é algo que ocorre "separadamente" da salvação e "posteriormente" a ela. É, em vez disso, simultâneo a ela. O próprio Jesus é quem realiza esse batismo espiritual. Não é dito em nenhum lugar que o Espírito Santo nos batiza em Cristo; em vez disso, Cristo batiza ou submerge todos os cristãos no ou com o Espírito Santo.

Como foi observado acima, em várias ocasiões temos o mandamento de buscar, perseguir ou desejar com dedicação os dons espirituais (1Coríntios 12:31; 14:1,12,13,39) que obviamente ainda não temos. Como salientarei no capítulo 4, não é uma mera permissão nem mesmo uma sugestão: é um mandamento. Se você não estiver desejando com dedicação os dons espirituais, especialmente a profecia, estará desobedecendo a um imperativo apostólico.

---

[1]Cf. meu capítulo "What is Spirit baptism, and when does it happen?", in: *Tough topics: biblical answers to 25 challenging questions* (Wheaton: Crossway, 2013), p. 252-75.

CAPÍTULO QUATRO

Nossa responsabilidade de desejar os dons espirituais e orar por eles

A concessão de dons espirituais a um homem ou a uma mulher crente está sempre subordinada à vontade soberana do Espírito Santo. Quaisquer que sejam os dons que você receba, ou quando possam ser dados, eles sempre são determinados pelo Espírito Santo, e não por você. Paulo esclarece isso em 1Coríntios 12:11, em que ele declara que "todas essas coisas [dons espirituais] são realizadas pelo mesmo e único Espírito, e ele as distribui individualmente, a cada um, *como quer*" (grifo na citação).

Mas alguns chegaram à injustificável conclusão de que, uma vez que Deus é soberano na distribuição dos dons, não nos adianta desejá-los, orar por eles e buscá-los com dedicação. Ora, acabamos de ver, no capítulo 3, que Paulo ordenou à pessoa que fala em línguas a "orar para que a possa interpretar" (1Coríntios 14:13). Essa é uma prova inequívoca de que, embora o Espírito soberanamente determine quem recebe ou não o dom de interpretação, os que têm o dom de línguas são responsáveis por orar por ele. A soberania de

Deus na questão não solapa nem diminui o nosso papel de orarmos por um dom.

A referência mais explícita em relação à responsabilidade humana na questão dos dons espirituais encontra-se em 1Coríntios 12—14. Quatro textos em particular fazem isso:

> Entretanto, busquem com dedicação os melhores dons (1Coríntios 12:31b).

> Sigam o caminho do amor e busquem com dedicação os dons espirituais, principalmente o dom de profecia (1Coríntios 14:1).

> Assim acontece com vocês. Uma vez que estão ansiosos por terem dons espirituais, procurem crescer naqueles que trazem a edificação para a igreja (1Coríntios 14:12).

> Portanto, meus irmãos, busquem com dedicação o profetizar e não proíbam o falar em línguas (1Coríntios 14:39).

Em três desses textos a palavra grega traduzida por "busquem com dedicação" é a mesma: *zēloute*. É o tempo presente, segunda pessoa do plural do verbo. O interessante, e que não seria conhecido pelos que leem somente em português, é que o verbo pode ser indicativo ou imperativo. No primeiro caso, Paulo estaria fazendo a afirmação de um fato: "vocês estão buscando com dedicação" (ou "vocês desejam"). No segundo, ele estaria emitindo um mandamento: "busquem com dedicação". No 14:12 ele empregou a forma substantivada relacionada *zēlōtai*.

Várias coisas deveriam ser observadas. Primeiro, a exortação a "buscar com dedicação" os dons espirituais (1Coríntios 12:31; 14:1,39) está no plural. Alguns concluem, com isso, incorretamente em minha opinião, que o mandamento de Paulo foi direcionado não a cristãos individuais, mas à igreja coletivamente. Argumentam que isso é base para rejeitarmos a ideia de que os cristãos devessem buscar qualquer dom espiritual.

Mas, obviamente, o verbo está no plural! Quais exortações ou mandamentos emitidos por Paulo não estão, exceto os de cartas endereçadas a indivíduos (como Filemom, Tito e Timóteo)? Todos os coríntios eram o foco da exortação de Paulo, e, portanto, cada um era individualmente responsável por obedecê-la. Afinal de contas, será que o corpo de Cristo como um todo não é uma unidade coletiva de cristãos individuais, recaindo sobre cada um deles a obrigação de obedecer? O plural dessa exortação simplesmente indica que *todos* os cristãos de Corinto devem ouvir a admoestação apostólica. É um dever *comum* a todos, mesmo aos cristãos de hoje. Posso muito bem imaginar alguém de Corinto (ou de hoje) respondendo a essa tentativa de fugirmos da óbvia intenção de Paulo, dizendo: "Como nós, como igreja, podemos buscar com dedicação os dons espirituais se nenhum de nós como indivíduos tem essa permissão?".

Alguém também sugeriu que, em 1Coríntios 12:31a, Paulo não estava ordenando os cristãos de Corinto a buscarem com dedicação os melhores dons, mas que estava simplesmente afirmando um fato da realidade. Ele estava descrevendo uma situação das coisas, argumentam, mas não estava emitindo um imperativo no sentido de que Deus quisesse que buscassem com dedicação qualquer dom do Espírito especificamente. Há pelo menos quatro problemas com essa visão.

Em primeiro lugar, o simples fato da questão é que os coríntios *não* estavam buscando com dedicação os melhores dons. Grande parte do capítulo 14 foi devotado a repreendê-los por buscarem com dedicação e elevarem os dons inferiores, principalmente o dom de línguas. Valorizavam as línguas acima de todos os outros dons, como que sugerindo que as línguas fossem uma marca singular de uma elevada espiritualidade e santidade. Quando Paulo falou sobre os dons "melhores" ou "maiores", referia-se aos dons que tinham maior capacidade ou potencial de edificar os outros cristãos. Foi por isso que ele os exortou a desejar a profecia mais que as línguas não interpretadas, porque "quem profetiza é maior do que aquele que fala em línguas, a não ser que as interprete, para que a igreja seja edificada" (v. 5).

Em segundo lugar, a sugestão de que, por "melhores" dons (1Coríntios 12:31a), Paulo quis dizer os dons mais espetaculares, os dons que atraem mais atenção ao indivíduo, os dons que são mais obviamente sobrenaturais ou milagrosos, é vacilante na totalidade do capítulo 14. Nesse capítulo, Paulo forneceu corretivos a abusos. O abuso era especificamente a tendência dos coríntios de permitir que os que tinham o dom de línguas dominassem a igreja reunida. Mas, na ausência de interpretação, as línguas não são de benefício algum aos que estão presentes. Uma solução a esse problema de Corinto era exortá-los a buscarem, pedirem em oração e praticarem os dons que mais pronta, fácil e eficazmente edificam os outros cristãos. O dom que Paulo tinha em mente em relação a isso era a profecia.

Em terceiro lugar, não podemos negligenciar o contexto no qual a afirmação de Paulo em 12:31a se encontra. Imediatamente antes desse versículo há uma lista de dons espirituais em que os primeiros três são enumerados como "primeiro", "segundo" e "terceiro". A evidente classificação de Paulo desses dons parece não ser uma referência ao seu aparecimento cronológico na vida da igreja, mas uma maneira de realçar o seu valor comparativo na edificação de outros cristãos. Assim, quando então ele disse: "Entretanto, busquem com dedicação os melhores dons" (v. 31a), provavelmente quis dizer "busquem com dedicação" os dons que são mais adequados para beneficiar os outros membros do corpo de Cristo.

Em quarto lugar, e talvez o mais definitivo de todos, está o fato de que a mesma forma verbal que encontramos em 12:31a aparece uma vez mais em 14:1 e 39, em que é inequivocamente imperativa. Até mesmo os que insistem que é indicativa em 12:31a admitem que é imperativa em 14:1 e 39. Em uma proximidade contextual tão grande, a única alternativa que faz sentido é Paulo estar usando o verbo com a mesma semântica, , a menos que haja razões substantivas e persuasivas para pensarmos de outra forma. E, como já foi observado, não há nenhuma.

NOSSA RESPOSTA À ORDEM DE PAULO

Assim, como deveríamos responder à ordem de Paulo em 1Coríntios 14:1? Há pessoas, como é o meu caso, que acham que o Novo Testamento explicitamente afirma a validade contemporânea contínua de todos os dons espirituais. Para essas pessoas, a ordem de 14:1 é moralmente obrigatória — e respondemos obedecendo.

Há também pessoas que acham que o Novo Testamento é explícito em sua afirmação da cessação de certos dons espirituais, com a profecia sendo o principal entre eles. Para essas pessoas, a exortação de 1Coríntios 14:1,39 é simplesmente inaplicável aos cristãos da época posterior ao primeiro século. O máximo que podemos aprender com isso é o que Deus desejava para a igreja primitiva, mas não tendo relevância alguma ou autoridade moral de obrigatoriedade sobre os cristãos de hoje.

Há outros cessacionistas que não acreditam que o Novo Testamento fale explicitamente sobre o assunto. Diriam que, ainda que o Novo Testamento não ensine a cessação da profecia, eles contudo acreditam que ela não é mais dada. Assim, a ordem de 14:1 era obrigatória aos cristãos do primeiro século, mas não é a nós.

Há aqueles que não acreditam que o Novo Testamento ensine o cessacionismo, crendo ser possível que todos os dons espirituais, incluindo a profecia, ainda sejam válidos para a igreja hoje, mas desobedecendo à ordem de Paulo. Se a desobediência deles é uma rebelião consciente ou uma negligência benigna, é difícil discernir. Talvez priorizem outros imperativos bíblicos mais do que esse e insistam que somente têm tempo e energia para outros imperativos mais prementes ou urgentes. Ou têm medo do que uma busca com dedicação dos dons espirituais possa trazer à sua igreja.[1]

A resposta final é redefinir a profecia e considerá-la equivalente ao que normalmente nos referimos como "pregação". Isso permite que obedeçamos à ordem e que ainda sejamos cessacionistas. Os que se atêm a essa ideia argumentam que o tipo de profecia que Paulo nos exortou a buscar com dedicação é a prática padrão da pregação da Palavra. Mas isso não resolve o problema originado pela exortação de Paulo de que deveríamos buscar com dedicação os "dons espirituais" além da profecia — dons como línguas, cura, milagres e palavras de conhecimento. Abordarei essa questão num capítulo posterior em que examinaremos se a profecia do Novo Testamento é sinônima à pregação. A minha conclusão é que não é.

Muitas vezes me perguntam: "O que deveria ser feito quando as pessoas começarem a crescer em seu zelo por dons espirituais como a profecia? O que deveria ser dito quando as pessoas tiverem cada vez mais fome pela manifestação do poder do Espírito? Qual deveria ser a nossa resposta quando os cristãos demonstrarem um desejo persistente e intenso pela obra sobrenatural do Espírito em sua vida e na vida da igreja?".

---

[1]Andrew Wilson responde a essa perspectiva em seu excelente artigo "Are you open to spiritual gifts? Exposing the least biblical position", *Desiring God*, Jan. 17, 2019, disponível em: www.desiringgod.org/articles/are-you-open-to-spiritual-gifts.

Se você ouvir de perto, muitas vezes detectará por detrás dessas perguntas certo nível de temor. Os que as fazem talvez tenham uma preocupação de que as pessoas que anelam pelo ministério e pelo poder do Espírito estejam esmorecendo na doutrina, ou talvez estejam inclinadas a negligenciar as disciplinas espirituais — ou talvez anseiem pelos milagres como uma desculpa para ignorar o estudo bíblico, o evangelismo e a oração.

Mas considere como o apóstolo Paulo responderia a uma questão assim, especialmente se as pessoas que têm esse desejo por dons espirituais já demonstraram que elas próprias são um tanto quanto imaturas, como os cristãos de Corinto do primeiro século. A um corpo dado a excessos e imaturidade, Paulo ainda disse: "Sigam o caminho do amor e busquem com dedicação os dons espirituais, principalmente o dom de profecia". Ele os encorajou a buscarem os dons. Podemos aprender várias lições importantes com isso.

A primeira delas é que precisamos afirmar sem hesitação que o *caráter sempre tem prioridade sobre os dons.* Isso não é para diminuir a importância dos dons do Espírito. É simplesmente para salientar que o fruto do Espírito é preeminente. Os dons não são a meta, mas uma das maneiras pelas quais alcançamos a meta de um coração transformado e uma vida semelhante à de Cristo. O problema em Corinto, e em muitas igrejas hoje, é que as pessoas estavam exercitando os dons do Espírito na ausência do caráter. Mas o poder não é necessariamente uma medida de santidade (cf. 1Coríntios 13:1ss.).

A falta de lembrarmos desse princípio resulta numa tendência de isentar pessoas dotadas de responsabilidades comuns e de obrigações bíblicas, ou de colocá-las num padrão de responsabilidade diferente (muitas vezes inferior). O erro é achar que qualquer pessoa tão extraordinariamente dotada precisa estar incomumente próxima de Deus, invulnerável a tentações, e cheia do Espírito a ponto de estar além do poder da carne.

Faríamos bem em lembrarmos da experiência do apóstolo Paulo. Ele foi objeto do que poderia muito bem ter sido o maior "confronto de poder" da história da igreja. Em 2Coríntios 12, descreveu a sua transladação ao terceiro céu, em que ouviu e viu coisas que foi proibido de revelar. É difícil imaginar uma experiência reveladora mais estonteante e de tirar o fôlego do que essa. Contudo, imediatamente após o seu "retorno", ele sentiu orgulho, importância própria e elitismo levantando-se em sua alma. Longe de erradicar o pecado em seu coração, essa experiência exaltada só serviu para provocar o pecado. Eu teria esperado que Paulo voltasse dessa notável jornada espiritual livre do pecado, perfeito em espírito, isento de motivações malignas ou de intenções de servir a si mesmo. Longe disso! Paulo sentiu imediatamente a ferroada da autopromoção. Talvez ele tenha pensado: "Bem, devo ser um tipo de cara bem especial para que isso tenha acontecido comigo. Não sei de nenhuma outra pessoa que tenha tido uma experiência remotamente igual à minha. Certamente, Pedro teve uma visão (Atos 10) e outros têm sido usados para curar os enfermos. Mas fui eu que Deus escolheu para revelar segredos inefáveis do mundo invisível. Acho que isso me faz alguém totalmente singular. E com razão, se é que posso dizer isso!".

O poder não produziu automaticamente a pureza. Talvez devesse ter produzido. A resposta de Paulo ao seu transporte celestial deveria tê-lo humilhado e despertado seu coração à imensurável glória e à incomparável majestade de Deus. Mesmo que nada disso tivesse feito diferença, ele poderia ter reagido como Isaías, ao ver o Senhor da glória entronizado e louvado pelos serafins que o adoravam (Isaías 6:1ss.). Mas, por qualquer que seja a razão, foi orgulho e autoexaltação — e não humildade ou arrependimento — que agarraram a sua alma. O poder sobrenatural e os encontros celestiais de um tipo revelador não são nenhuma garantia de crescimento ou maturidade.

A segunda lição vem na forma de conselho: aos que estão avidamente famintos e zelosos pelo poder do Espírito Santo e seus dons, eu digo: "Bom! Deus os abençoe!". Além da ordem em 1Coríntios 14:1, lemos, no versículo 5, que Paulo queria que todos "profetizassem". Em 14:12, ele reconheceu que os coríntios estavam "ansiosos por ter dons espirituais" e os encorajou a se esforçarem para ser excelentes na edificação da igreja. O argumento do capítulo 14 indicaria que essa é a maneira dele de encorajar a busca dedicada da profecia, considerando sua capacidade de edificar os outros membros do corpo (v. 3-5). Uma vez mais, em 14:12 e 14:39, Paulo explicitamente ordenou os coríntios a desejar e buscar com dedicação o dom de profecia.

Esse verbo, traduzido como "buscar com dedicação", significa ter uma forte afeição por algo, anelar ardentemente, ansiar por algo zelosamente. Ou, usando um jargão moderno: "Quero que vocês o desejem demais!". Não é uma opção! Não é uma questão de personalidade, como se alguns fossem mais inclinados do que outros a experimentar esse tipo de fenômeno espiritual. Não é uma questão de: "Isso é para aquela igreja, mas não para a nossa. Afinal de contas, temos a nossa declaração de missão e eles têm a deles. Se é isso o que Deus os está chamando a buscar, ótimo, mas temos um mandato divino diferente".

Não podemos responder às palavras de Paulo nessa passagem, dizendo: "Obrigado, Deus, mas não. Obrigado. Aprecio a oportunidade que me ofereceste, mas simplesmente não é do meu gosto, se sabes o que quero dizer". Deus, por meio de Paulo, disse: "Sim, eu sei o que você quer dizer. E o que você quer dizer é que está determinado a pecar, desobedecendo a uma ordem direta!".

Todas as igrejas, não importa quão diferentes possam ser, têm um mandato idêntico quando a questão é obedecer às Escrituras. Ninguém está isento ou é especial ou singular de tal forma que possa justificar a desobediência à Palavra de Deus. Não é uma sugestão, mera recomendação ou conselho sábio. É uma ordem divina, um mandato do próprio Deus. Se você e eu não estivermos buscando com dedicação os dons espirituais, especialmente a profecia, estaremos sendo desobedientes.

Não é uma questão para oração. Você não responde a essa passagem dizendo: "Bem, certo, vou orar sobre isso". Não. *Você não ora para saber se vai obedecer a Deus. Deus não está lhe dando uma escolha. Está lhe dando uma ordem.* A única escolha que você tem é decidir se vai obedecer ou não. Você acha possível considerar respondermos a outras ordens das Escrituras da mesma maneira que muitos respondem a 1Coríntios 14:1?. "Não me sinto dirigido a fugir da fornicação. Acho que isso é para outros cristãos, mas não sinto que é o meu chamado". Ou: "A proibição contra o adultério simplesmente não é compatível com o lugar em que me encontro em Deus neste exato momento". Ou: "Ser um doador generoso aos necessitados é um chamado maravilhoso para algumas igrejas, mas simplesmente não estamos acostumados a esse tipo de coisa neste estágio do nosso crescimento como igreja".

Confesso que fico um tanto quanto perplexo com as palavras de Paulo aos coríntios. Eu poderia entender essa exortação se houvesse sido dada a uma igreja com inegável maturidade, como a igreja de

Tessalônica, de Filipos ou de Éfeso. A uma igreja de muito caráter e em necessidade de poder, essa exortação faz sentido. Mas Corinto era uma igreja de grande poder e de pouco caráter! Esse conselho de Paulo me atinge como estranho, e não sábio, se não totalmente imprudente. Às próprias pessoas que haviam caído na armadilha do abuso dos *charismata*, Paulo disse para terem fome e zelo por mais. Será que ele não estava simplesmente derramando gasolina num incêndio impetuoso? Se um homem está lutando contra a concupiscência, você não recomenda que ele assista a filmes sexualmente explícitos! Você não oferece um charuto cubano a uma pessoa que esteja lutando para parar de fumar.

A exortação de Paulo sugere que a resposta aos nossos problemas nunca é a supressão do zelo espiritual ou das leis que proíbam o exercício dos dons legítimos do Espírito. O problema de Corinto não era que estivessem destituídos do poder de Deus. Estavam nadando nele! O maior desafio deles não era a falta de poder, e sim a ausência de maturidade. As Escrituras não falam em nenhum lugar da ausência de poder como se fosse uma condição desejável. Observe o que Paulo não disse: "Calma, coríntios. Devagar! Pisem nos freios! Vão com calma nessa coisa de sobrenatural. Esqueçam-se dos dons espirituais. Vocês não percebem que foram os dons espirituais que lhes colocaram nessa encrenca, para começo de conversa?". A razão pela qual ele não falou isso é que os dons espirituais não eram a causa dos problemas deles: foram a *imaturidade* e a *carnalidade*. Nunca nos esqueçamos de que os dons espirituais são ideia de Deus. Ele os criou. Ele os deu à igreja. São a sua forma ordenada para a edificação do corpo, a consolação dos fracos e o encorajamento dos desesperados. Os dons espirituais foram formados e moldados por Deus. Operam em seu poder (1Coríntios 12:6b) e manifestam o seu Espírito (12:7). Se os dons espirituais são o problema, então não há ninguém mais a culparmos, além de Deus.

Isso me leva à minha terceira lição: a solução para o abuso dos dons espirituais não é o desuso, e sim o uso apropriado. Paulo não recomendou que os coríntios abandonassem os dons espirituais ou diminuíssem a ênfase no poder espiritual. Ele simplesmente lhes deu diretrizes sobre como essas poderosas manifestações do Espírito deveriam ser apropriadamente exercitadas no corpo de Cristo para a edificação do povo de Deus.

As diretrizes que implementamos em nossas igrejas hoje geralmente acabam sendo bem diferentes das diretrizes de Paulo. O que muitas vezes acontece é o seguinte: há três estágios. Primeiro, vemos algo sendo malfeito na igreja. Observamos alguém abusando de um dom, talvez usando-o para manipular outra pessoa. Ou talvez um indivíduo é ferido pelo zelo mal-direcionado de outro cristão. Então sentimos levantando-se dentro de nossa alma um preconceito emocional contra o que foi feito. Sentimos repulsa em nossos corações, ficamos ofendidos e sentimos nossa alma recuar e retrair-se de tudo o que remotamente se parece com o que acabamos de testemunhar. Finalmente, assentamos no coração nunca mais nos envolver com algo semelhante a isso novamente ou instituímos uma regra na igreja, proibindo que seja permitido. A proibição sempre é mais fácil do que a regulamentação. É mais fácil legislar contra algo do que repará-lo e torná-lo útil ao povo de Deus.

COMO CONCILIAMOS NOSSA BUSCA COM ZELO PELOS DONS ESPIRITUAIS E A SOBERANIA DE DEUS?

Vimos que o Espírito Santo determina quem receberá quais dons (cf. 1Coríntios 12:11,18). Sendo esse o caso, qual é o propósito da nossa oração pedindo algum dom específico ou buscando com dedicação uma manifestação específica? A resposta encontra-se num princípio que vemos tanto nas Escrituras como na experiência: quando Deus deseja conceder alguma bênção ao seu povo, ele primeiro o desperta à sua necessidade dessa bênção, e aí então ele aviva o coração do seu povo para que peça essa bênção. As nossas orações são muitas vezes os meios que Deus emprega para conceder o que ele deseja dar. Se fosse para justificar a nossa falta de busca dos dons espirituais, apelando para a prioridade da vontade de Deus, será que jamais oraríamos para que ele salvasse os perdidos ou curasse os enfermos? Afinal de contas, Deus "faz todas as coisas segundo o propósito da sua vontade" (Efésios 1:11). A responsabilidade de todo cristão de obedecer a todas as injunções bíblicas fielmente não é absolutamente solapada por um apelo à soberania divina.

Essa questão é uma boa forma de analisarmos as formas como o Espírito escolhe conceder os seus dons a nós. Primeiro, Paulo mencionou o Espírito soberanamente "distribuindo" ou "repartindo"

ENTENDENDO OS DONS ESPIRITUAIS

(1Coríntios 12:11) dons às pessoas, mas sem dizer como. Isso deixa a porta aberta a várias possibilidades. Talvez a principal forma seja em resposta às nossas orações (1Coríntios 14:13). Não podemos ter certeza se Paulo, em Romanos 1:11, tinha o *charisma* de 1Coríntios 12 em mente, mas, depois, ele na verdade expressou o seu desejo de visitar a igreja de Roma para transmitir-lhe algum dom espiritual. Foi "por mensagem profética" e pela imposição de mãos que Timóteo recebeu um dom espiritual (1Timóteo 4:14). Uma vez mais, em 2Timóteo 1:6, Paulo mencionou um dom espiritual que Timóteo havia recebido por meio da imposição de mãos (foi dito que o dom estava "dentro" dele mediante esse ato de transmissão).

Não podemos ter certeza, mas parece que, no processo de orar por Timóteo, alguém profetizou que a vontade de Deus era conceder--lhe um ou mais dons espirituais (talvez liderança, ou evangelismo, ou pastoreio). Isso foi confirmado pelos presbíteros de Éfeso e por Paulo enquanto impunham as mãos sobre ele. A palavra profética em si pode ter sido o instrumento por meio do qual o Espírito transmitiu esse dom. Aqui em nossa igreja, Bridgeway Church [Igreja Bridgeway], em várias ocasiões oramos por uma pessoa e presenciamos como Deus, naquele momento, concedeu o dom pelo qual ela vinha orando em segredo. Diferentemente do que alguns talvez aleguem, esse não é um fenômeno da Nova Era, mas simplesmente a maneira que o Espírito de Deus escolheu operar.

Também encontramos nessa passagem de 1Timóteo algumas diretrizes implícitas no sentido de como devemos orar e o que poderíamos esperar com isso. Ainda que Paulo se referisse especificamente aos "presbíteros" orando por Timóteo, duvido que alguém sugeriria que cristãos comuns estão proibidos de orar uns pelos outros. Em nossa igreja, regularmente fazemos um apelo às pessoas que "desejam" um dom espiritual específico. Talvez num certo dia o Senhor nos dê uma impressão da importância do dom espiritual de evangelismo. Num outro dia, talvez seja o dom de misericórdia, ou de contribuir, ou de profecia. Em qualquer caso, reunimo-nos ao redor do indivíduo que "está buscando com dedicação" o dom, impomos as mãos sobre ele, esperamos pacientemente para ver se o Espírito talvez transmita alguma instrução por revelação em relação à pessoa (observe que foi "por mensagem profética" que Timóteo recebeu o seu dom espiritual), proclamamos qualquer coisa que o Espírito revelar, e então oramos para que a vontade do Espírito seja plenamente satisfeita.

Que será será?[2]

Um amigo íntimo meu, um cessacionista (sim, tenho amigos íntimos que discordam de quase tudo o que escrevi neste livro!), disse-me certa vez que ele não acreditava que o cristão pudesse receber mais dons além dos que recebeu ao vir à fé em Jesus. Principalmente baseado nisso, ele objetou à minha sugestão de que somos responsáveis por orar e buscar com dedicação dons espirituais adicionais. Logo ficou evidente que ele não achava que o que alguém acredita sobre a validade dos dons espirituais tenha absolutamente qualquer influência sobre o fato de a pessoa receber um *charisma* específico. "Se Deus quer que você tenha um dom, ele lhe dará, quer você lhe peça ou não para dar-lhe", insistiu ele.

Perguntei-lhe se ele estava de fato sugerindo que as convicções teológicas das pessoas sobre a validade da cessação das línguas e de outros dons não têm efeito algum no fato de a pessoa eventualmente experimentar esses dons. Ele disse "sim". Repliquei com o argumento de que as nossas crenças controlam e moldam o nosso zelo, as nossas expectativas, a nossa vida de oração, e, especialmente, como respondemos e interpretamos as alegações que as pessoas fazem em relação às suas experiências com fenômenos sobrenaturais.

É importante que você saiba que o meu amigo e eu somos ambos calvinistas. Ambos temos uma elevada visão da soberania de Deus em todos os afazeres da vida e da salvação. Mas a perspectiva do meu amigo sobre essa questão beira o que só pode ser chamado de um ponto de vista "hipercalvinístico". Na verdade, atingiu-me como que beirando o fatalismo. Desnecessário dizer que isso excluía do quadro qualquer noção de oração fervorosa e de responsabilidade humana.

Consideremos agora como o livro de Atos retrata a maneira como o dom de línguas era transmitido. Antes de qualquer coisa, os que estavam presentes no Dia de Pentecoste, estavam lá em obediência ao mandamento de Jesus: "Fiquem na cidade até serem revestidos do poder do alto" (Lucas 24:49; cf. Atos 1:5,8). A razão pela qual todos receberam o dom de línguas nesse dia refere-se pelo menos a dois fatores. Em primeiro lugar, foram obedientes em responder à

---

[2]A seguinte análise é uma versão ligeiramente revisada do que escrevi em meu livro *Practicing the power: welcoming the gifts of the Spirit in your life* (Grand Rapids: Zondervan, 2017), p. 40-4, usada aqui com permissão.

ENTENDENDO OS DONS ESPIRITUAIS

ordem de Jesus. Não há razão alguma para acreditarmos, pelo menos em minha opinião, que, se alguns não acreditaram na promessa de Jesus, desobedeceram à sua ordem e recusaram-se a esperar com os outros em Jerusalém pelo derramamento do Espírito — que teriam recebido o dom de línguas de qualquer forma, independentemente de sua resposta a ele.

Se eles estavam orando para que isso ocorresse, não podemos saber, pelo simples fato de que o texto não diz nada a esse respeito. Talvez estivessem; talvez não estivessem. Acho difícil acreditar, no entanto, que, considerando-se as profecias de João e de Jesus sobre o iminente batismo no Espírito e a vinda do poder divino sobre eles, ficaram sentados silenciosa e passivamente e se recusaram, ou pelo menos deixaram de orar, pela vinda do que Cristo havia prometido. De qualquer forma, ninguém sabe o que estavam fazendo em preparação para a vinda do Espírito. Para que alguém diga que Deus deu o dom de línguas a todos eles, independentemente de sua obediência, crença ou oração, isso é algo simplesmente não substanciado pelo texto. O texto está em silêncio.

A minha segunda razão de achar que o argumento do meu amigo é enganoso, é que Atos 10 diz respeito à disseminação do evangelho aos gentios. Creio que a maioria das pessoas reconhece que estamos lidando aqui com uma expansão geoétnica incomum do evangelho, que precisava do mesmo fenômeno que ocorreu no Pentecoste para atestar a realidade de sua aceitação pela fé. Pedro e os demais foram claros ao afirmar que a experiência de Cornélio e dos outros gentios no recebimento do Espírito e no falar em línguas serviu unicamente para corroborar o fato de que "o dom do Espírito Santo foi derramado *até* sobre os gentios" (v. 45, grifo na citação). Isso levou Pedro a concluir que eles estavam qualificados para o batismo na água, exatamente como estavam qualificados os judeus que acreditaram e que receberam o Espírito. Realmente, não acho que esse exemplo de Atos 10 seja uma garantia suficiente para chegarmos à conclusão de que, se Deus quer que o seu povo fale em línguas, ele o fará independentemente de suas próprias crenças, orações, desejos ou do estado da mente e do coração deles.

Em Atos 19, os discípulos de João Batista falaram em línguas somente "quando Paulo lhes impôs as mãos" (v. 6). No decorrer da explicação de Paulo sobre o evangelho e a realidade do Pentecoste, será que esses homens expressaram o seu desejo de experimentar o que as pessoas de Atos 2 experimentaram? Não sabemos. O texto está em silêncio. O que sabemos na verdade é que Paulo estava lidando com uma situação que não se repete hoje em dia. Esses discípulos eram homens que haviam adotado o batismo de João, mas viviam na sobreposição da transição da antiga aliança para a nova aliança. Evidentemente, viviam longe de Jerusalém e não tinham nenhum acesso às notícias do que havia acontecido no Pentecoste (nada de TV, nada de internet, nada de Twitter ou Instagram etc.). Dificilmente é uma situação que possamos usar como paradigmática para nós hoje, uma vez que ninguém vive no que poderia ser chamado de um "túnel do tempo redentor-histórico".[3]

O único outro lugar em que o dom de línguas é explicitamente mencionado (além do longo final duvidoso de Marcos) encontra-se em 1Coríntios. E é importante lembrar que nem todos os membros da igreja de Corinto falavam em línguas (indicando que, numa época em que o dom de línguas era claramente a vontade de Deus para a sua igreja, alguns [a maioria] dos cristãos não receberam o dom). Se houvessem recebido, Paulo não teria que ter dito em 1Coríntios 14:5: "Quisera que todos vocês falassem em línguas" (NASB). Obviamente, nem todos falavam.

Assim, o argumento do meu amigo parecia ser o seguinte: Se Deus tem o propósito e a intenção de que os dons espirituais operem na igreja ao longo de toda sua existência, e até os dias de hoje, então esses dons aparecerão de forma sistemática por meio de um decreto divino, independentemente de como as pessoas vivem, no que creem (especialmente em relação à continuação ou cessação dos referidos dons), se oram ou não oram, se buscam com dedicação esses dons e se têm o compromisso de praticá-los de acordo com as Escrituras.

Isso me soa um tanto quanto presunçoso, irresponsável e negligente em relação aos meios ordenados por Deus para alcançar seus

---

[3]D. A. Carson salienta que a linha de questionamento de Paulo pressupõe "que o recebimento do Espírito na conversão é normal e esperado; a anormalidade característica da experiência dos efésios não poderia ser repetida hoje, uma vez que é inconcebível que pudesse ser encontrado alguém que fosse um seguidor batizado de [João] Batista, um apoiador entusiástico do testemunho de Batista a Jesus, aparentemente também alguém que cresse na morte e ressurreição de Jesus, mas que fosse ignorante quanto ao Pentecoste". Edição em português: A manifestação do Espírito (São Paulo: Vida Nova, s.d.).

ENTENDENDO OS DONS ESPIRITUAIS

fins delimitados. Se essa visão fosse verdadeira, esvaziaria a oração do seu valor. Por que orarmos (como os nossos irmãos arminianos diriam) se Deus vai fazer o que ele vai fazer de qualquer forma? *O que será, será!* Não é o caso de Deus suspender a concessão de inúmeras bênçãos quando pedimos por elas? Se o princípio que o meu amigo está defendendo estiver correto, por que Jesus teria repreendido seus discípulos pela falta de oração (Marcos 9:28,29) na tentativa de expulsarem o demônio de um jovem? Segundo a crença dele, por que não concluiríamos que, se Deus quisesse que o menino fosse liberto, ele o faria soberanamente, sem convocar ou esperar pelas orações de outros pelo menino? E por que deveríamos obedecer a Jesus, que ordenou que perseverássemos em oração (continuem pedindo, continuem buscando, continuem batendo — Lucas 11:9,10) para recebermos os dons e as bênçãos do Espírito de que tão desesperadamente necessitamos (Lucas 11:13)? E por que Tiago nos diria que "não temos porque não pedimos" (Tiago 4:2) se Deus tipicamente concede dons e bênçãos tão soberanamente e independentemente dos nossos desejos e orações, como sugere o meu amigo?

Nem o meu amigo nem eu fazemos ideia alguma do que os coríntios faziam ou deixavam de fazer quando a questão era o recebimento dos dons espirituais. Ele parece sugerir que esses cristãos recebiam seus dons por decreto divino, independentemente do desejo ou da oração deles. Eu gostaria que qualquer pessoa me desse um texto que dissesse isso. O texto novamente está em silêncio; bem, quase em silêncio. Ainda precisamos considerar a exortação explícita para orar pelo dom espiritual de interpretação, de 1Coríntios 14:13. Mas por que Paulo emitiria um imperativo assim se o que o meu amigo diz está correto? Por que nos incomodarmos, se a vontade de Deus é conceder o dom de interpretação? Obviamente — pelo menos está claro para mim — Paulo acreditava que o recebimento de um dom espiritual com frequência se baseava em nossa oração por ele. Peça e você receberá. Não peça, mas também não tenha a expectativa de receber.

A mim me parece que talvez a posição do meu amigo sobre esse ponto novamente se relaciona com a sua negação de que o cristão, após a conversão, ainda possa receber mais dons espirituais. A sua tentativa de fugir desse ponto, da maneira declarada em 1Coríntios 14:1,13,39 e em 1Timóteo 4:14, simplesmente não parece ser verdadeira para mim. Será que não parece que a única razão pela qual o meu amigo teria que duvidar disso é o reconhecimento de que, se aceitamos esse ponto, a sua posição é solapada? Se Timóteo pôde receber um dom espiritual em resposta às orações de outros e por meio da profecia, e tudo isso após sua conversão, por que nós não podemos?

O que estou querendo mostrar aqui é que alguns aparentemente dizem, de forma contrária a esses textos, que o cristão recebe na conversão de uma só vez, como uma transmissão soberana, independentemente de suas próprias crenças, orações e desejos, todos os dons que Deus decidiu conceder a ele. Esses textos claramente dizem o contrário.

Ora, talvez seja útil também relacionar esse assunto à questão dos dons espirituais ao longo de quase 2 mil anos de história da igreja. Uma das razões pela qual afirmo que os dons espirituais são menos frequentes em certos períodos da história da igreja do que em outros é simplesmente o fato de que, com base em seu cessacionismo radical (com outros fatores, como o temor), as pessoas não buscavam com dedicação, nem oravam por esses dons com paixão e incessantemente.

Eles não têm, porque não pediram, e não pediram porque não creram! Por não crerem na validade desses dons, por não acreditarem que Deus os concederia, não pediram por eles. Por não pedirem, não os receberam. O meu amigo evidentemente acha que é irrelevante pedirem dons. Se Deus quer que tenham o dom, então certamente o terão, de um jeito ou de outro. Isso me soa como uma extensão ilegítima das convicções calvinistas que temos em comum. Deus age utilizando-se de meios, sendo a oração um dos mais importantes.

Não estou sugerindo que isso explique suficientemente a razão pela qual certos dons espirituais não estiveram presentes em certas épocas da vida da igreja, mas estou dizendo que simplesmente não é bíblico ou que não é a maneira de Deus transmitir dons e bênçãos, independentemente da nossa obediência ao orar e pedir por eles. Os que têm fome são os que recebem fartura. Os que têm sede são os que recebem de beber. Os que pedem, buscam e batem são aqueles a quem a porta se abre.

Será que Deus pode deixar de lado esse princípio e mesmo assim conceder dons, a despeito de nossas crenças teológicas sobre a sua validade e da nossa desobediência quanto a orarmos por eles? Sim, é claro que ele pode. E eu me aventuraria a dizer (ainda que reconhecendo que não posso prová-lo) que isso aconteceu inúmeras vezes em todo o decorrer da história da igreja. Mas isso não cancela o princípio básico de que não podemos esperar que Deus faça coisas por nós se ignorarmos o mandamento de cumprir as condições em que ele suspende a transmissão dos dons.

Jamais deveríamos esperar que Deus faça por nós, independentemente da oração, o que ele prometeu em sua Palavra fazer por nós somente por meio da oração.

ALGUNS CONSELHOS PRÁTICOS SOBRE COMO DESCOBRIR NOSSOS DONS ESPIRITUAIS

Em nenhum lugar o Novo Testamento nos dá uma orientação explícita sobre como identificar ou descobrir nossos dons espirituais. Desde o início, alguns acharão que a minha resposta a essa questão é especulativa, baseada mais na experiência do que nas afirmações encontradas em algum texto bíblico específico. Ao lermos passagens como Romanos 12:6-8 e 1Coríntios 12:8-10, descobrimos que Paulo parecia presumir que o cristão saberia quais dons havia recebido. O conselho de Paulo, como o de Pedro, é que devemos "usá-los" para a edificação do corpo de Cristo.

A maioria dos que estão lendo este livro, provavelmente já fizeram um ou mais dos inúmeros inventários ou testes de dons espirituais que circulam entre várias igrejas de vários lugares. Eu certamente fiz. E às vezes provaram ser bem precisos. Outros acharam que eram um tanto quanto desconcertantes, uma vez que a sua experiência simplesmente não combinava com o que o inventário sugeria que deveriam ser os seus dons. Um indivíduo me disse que, depois de responder a todas as duzentas perguntas de um inventário de dons espirituais, e depois que lhe falaram qual era o seu dom, ele se sentiu preso. Ele na verdade se afastou de oportunidades ministeriais e de outros desafios na igreja local que precisavam de pouco mais que disponibilidade e amor. Outros justificam a própria passividade, dizendo: "Bem, eu gostaria de ajudar, mas esse não é o meu dom". Independentemente dos méritos ou das limitações dos inventários ou testes, gostaria de propor uma abordagem mais prática a essa questão.

As pessoas muitas vezes compartilham sua frustração em relação ao fato de ainda não terem identificado seu dom espiritual. Alguns se tornam tão obcecados em fazer essa descoberta, que ficam praticamente paralisados para participar do ministério e servir aos outros, até a hora em que possam confiantemente apontar de forma precisa o que o Espírito Santo lhes transmitiu. A minha recomendação é que os cristãos deveriam parar com esse persistente e introspectivo olhar para o próprio umbigo e simplesmente dar um passo de fé e começar a amar e servir os outros através de ações concretas de ministério. Ao fazer isso, tenho a convicção de que seu dom o encontrará.

Há ocasiões em que somos confrontados com pessoas que estão sofrendo ou que estão em necessidade, e nos afastamos, convencidos de que não temos o dom espiritual necessário para servi-las eficazmente. Permitam-me sugerir uma abordagem alternativa. Eis algumas ilustrações concretas que eu espero que esclareçam o que estou querendo dizer.

Na próxima vez em que você se reunir com os seus companheiros cristãos para uma celebração de domingo, ou talvez quando você se encontrar num pequeno grupo numa quarta-feira à noite, dê uma pausa momentânea e pergunte aos presentes se alguém está fisicamente doente ou sofrendo de alguma enfermidade crônica. Uma vez que sejam identificados, faça com que se sentem numa cadeira no meio da sala, reúnam-se ao redor deles, imponham as mãos sobre eles e peçam que Deus transmita um dom para a cura deles. Não vai dar certo dar desculpas, insistindo que você não tem o dom de cura. Como observaremos mais adiante neste livro, os "dons de curas" (por favor, observe que ambas as palavras estão no plural no texto em grego) não são algo que temos permanentemente, como se pudéssemos curar qualquer pessoa a qualquer hora, em submissão somente à nossa vontade. Em vez disso, o Espírito soberanamente escolhe transmitir um dom para a cura de alguém com alguma enfermidade específica, quando ele quiser. Em outras palavras, em lugar de justificar a sua inatividade com o pressuposto de que você não tem o dom necessário, dê um passo de fé e ore para que Deus o dote nesse exato momento para o benefício de outra pessoa.

Eis outro exemplo de como "praticar" a descoberta do seu dom. Digamos que você esteja numa situação em que se depara com alguém desanimado ou deprimido. Os fardos da vida podem ser avassaladores, e essa pessoa está pouco a pouco passando a considerar que não faz diferença confiar em Deus e em sua bondade.

ENTENDENDO OS DONS ESPIRITUAIS

Em caso afirmativo, convide-a para almoçar ou tomar um café, e ouça a história dessa pessoa. Ela provavelmente não está esperando que você forneça uma explicação teológica detalhada e acadêmica sobre a razão pela qual ela está sofrendo. Ela simplesmente quer que alguém que se importe o suficiente com a sua situação, ore por ela e ofereça algumas palavras de encorajamento. Se você der um passo de fé para confortá-la em sua tristeza, é bem possível que você descubra que o Espírito Santo escolheu conceder-lhe o dom de encorajamento ou talvez de misericórdia. Mas você será uma bênção a esse indivíduo de qualquer forma. Considere a alternativa: "Não tenho os dons espirituais que essa pessoa precisa para ter a sua esperança restaurada e a sua fé renovada; então não farei absolutamente nada".

Ou talvez alguém tenha entrado em tempos difíceis financeiramente. As contas estão vencidas e essa pessoa não consegue ver nenhuma esperança de um aumento em sua renda. Ofereça-se para orar por ela e, enquanto estiver orando, ore por você mesmo, para que Deus o alerte em relação ao que pessoalmente poderia fazer para aliviar esse fardo. O dom espiritual de contribuição está em operação quando alguém sente um poderoso impulso interno de ajudar alguém em apuros e concede generosamente à necessidade da pessoa, até mesmo se, a princípio, não houver dinheiro suficiente disponível para fazer isso. E, quando você der, confie que Deus lhe suprirá os recursos monetários necessários para que isso aconteça.

Talvez um amigo seu esteja batalhando contra a tentação e o pecado, e não se saindo bem no sentido de encontrar a força para resistir. À medida que você estiver orando por ele, peça que o Senhor lhe dê palavras de sabedoria que lhe forneçam direcionamento para orientar a melhor maneira de evitar a tentação, para início de conversa. Ore para que o Espírito revele uma palavra de encorajamento ou para que o capacite a lembrar-se de um tempo semelhante em sua vida, em que você estava lutando com o pecado. Se sentir alguma coisa do Espírito, ou um pensamento vier à sua mente, compartilhe-o. Talvez seja a chave que abrirá a porta do seu coração e trará libertação da escravidão.

A maioria de nós, em várias ocasiões, fica confusa com certos textos das Escrituras. Por mais que tenhamos orado e estudado, vimos poucas vitórias quanto ao entendimento. Em tempos assim, sente-se com um amigo e, juntos, explorem as Escrituras, fazendo uso de quaisquer que sejam os recursos disponíveis, especialmente a oração; peçam que o Espírito Santo ilumine o seu pensamento. Pode muito bem acontecer que, ao fazer isso, você receba uma revelação e a capacidade de ensinar ao seu amigo de uma maneira que transforme a vida dele.

Muitas vezes me deparo com pessoas que relatam que ouvem vozes em suas cabeças e que se sentem como se estivessem sendo bombardeadas pelos mísseis inflamados do maligno. Sentem-se atormentadas e lutam com uma vergonha paralisante e um desprezo de si mesmas. Ficam se perguntando: *Que tipo de pessoa devo ser para ser o foco do ataque de Satanás?* Se o seu amigo estiver passando por algo assim, abram suas Bíblias juntos e leiam Lucas 10:1-20. Relembrem um ao outro da autoridade que recebemos sobre o poder do mundo demoníaco. Fale a Palavra de Deus a essa pessoa em relação à derrota do inimigo, da forma apresentada por Paulo em Colossenses 2:13-15. Em nome de Cristo, ordene que qualquer espírito demoníaco saia e nunca mais volte. Ore para que essa pessoa seja cheia uma vez mais com o Espírito Santo.

Considere fazer uma pesquisa com os membros da sua igreja e identifique os que são incapazes de fazer um longo trabalho já vencido em seu quintal ou cujas garagens desesperadamente precisam de libertação de pilhas de lixo; talvez haja uma viúva idosa que simplesmente precisa de alguém para lavar suas roupas, dobrá-las e guardá-las. É bem possível que você descubra, em meio aos seus esforços, que houve uma erupção em seu coração de uma gloriosa alegria pelo fato de você ter demonstrado misericórdia.

Sei que pouco do que acabei de dizer parece sobrenatural ou até mesmo remotamente espetacular. Mas não significa que não seja bíblico. Estou simplesmente sugerindo que, à medida que passarmos menos tempo obstinados com alguma busca introspectiva para identificar os nossos dons espirituais e mais tempo orando, dando, ajudando, ensinando, servindo e exortando os que estão ao nosso redor, isso aumentará muito a probabilidade de que entremos de cabeça em nosso dom, sem sequer sabermos o que aconteceu. Deus, mais provavelmente, nos encontrará com seus dons em meio à nossa tentativa de ajudar seus filhos do que ele o faria enquanto estivéssemos fazendo um teste de análise de dons espirituais.

Assim, permita-me realçar uma lição prática para você. Se o foco de sua energia espiritual for constantemente introspectivo, você raras vezes verá a abundância de pessoas que estão sofrendo à sua volta. Abra seus olhos e procure os que estão chorando. Peça que o Espírito guie os seus passos aos que estão fracos, aflitos e destituídos. À medida que você estiver indo, procure ouvir a voz de Deus para que ela lhe conceda uma palavra profética que encoraje e console os que estão sofrendo. Tire as suas mãos dos seus bolsos e as imponha sobre os enfermos, suplicando ao Senhor de misericórdia por cura. Em vez de perguntar primeiro "qual é o meu dom?", pergunte: "quem está em necessidade?". Fico cada vez mais persuadido de que, se o povo de Deus olhar para fora antes de olhar para dentro, ele encontrará a presença carismática e capacitadora do Espírito para equipá-lo para toda boa obra. Como já disse muitas vezes antes, se você ainda fica aturdido pelo que pode ser ou não o seu dom espiritual, aja primeiro e pergunte depois.

SEGUNDA PARTE

O DEBATE SOBRE A CESSAÇÃO OU CONTINUAÇÃO DOS dons MIRACULOSOS DO ESPÍRITO

CAPÍTULO CINCO

Argumentos bíblicos e teológicos que apoiam o cessacionismo

Ao começar este capítulo, uma definição de termos é necessária. Já usei esses termos várias vezes neste livro, mas, neste capítulo, quero ajudá-lo a entender a posição comumente mencionada como *cessacionismo*. O *cessacionista* é alguém que crê que certos dons espirituais, tipicamente os dons de natureza mais obviamente sobrenatural, *cessaram* de ser dados por Deus à igreja em algum tempo no final do primeiro século d.C. (ou mais gradativamente durante o curso dos séculos seguintes). Os cessacionistas não negam que Deus ainda possa por vezes operar milagres, como a cura física, por exemplo. Mas não creem que o dom espiritual de milagres ou o dom de cura seja dado aos cristãos hoje. Mesmo que a "cura" ainda exista na vida da igreja, "as pessoas que curam" não existem. O povo de Deus ainda pode experimentar milagres, mas Deus não capacita mais as "pessoas que operam milagres". O *continuacionista*, ao contrário, é alguém que acredita que todos os dons do Espírito *continuam* sendo dados por Deus — portanto, estão em operação na igreja hoje, e deveríamos orar por eles e buscá-los.

A maioria dos cessacionistas e continuacionistas admite que pelo menos alguns dons continuam e no mínimo um dom cessou. Os cessacionistas acreditam que dons como ensino, evangelismo, misericórdia, serviço e contribuição têm o propósito de Deus de continuarem até o final dos tempos. E muitos (talvez a maioria) dos continuacionistas creem que pelo menos um dom espiritual, o do apostolado, cessou ou foi removido da vida do povo de Deus. É desnecessário dizer que este último ponto depende inteiramente de como definimos o apostolado, e se ele é um dom espiritual, um cargo ou talvez uma missão de um tipo específico de ministério. Essas perguntas serão retomadas mais adiante neste livro.

ARGUMENTOS BÍBLICOS E TEOLÓGICOS A FAVOR DO CESSACIONISMO

Antes de analisarmos os argumentos bíblicos a favor do cessacionismo, quero compartilhar uma conversa que tive com um amigo íntimo que é um cessacionista comprometido. Quando lhe perguntei por que ele adotou essa visão sobre os dons espirituais, sua primeira resposta não foi citar os textos bíblicos ou os princípios teológicos que tratarei abaixo. Obviamente, ele chegou a eles depois, mas não foram a sua primeira linha de defesa. Ele salientou que a doutrina do continuacionismo e a busca/prática dos dons miraculosos do Espírito são, em sua mente, inseparáveis do movimento da Palavra de Fé, assim como das expressões mais extremistas do chamado *evangelho da prosperidade*. Ele também mencionou a ofensiva e excessiva excentricidade de certos evangelistas da TV e suas táticas manipulativas disfarçadas de ministério. Foi bem honesto sobre o seu próprio temor de "perder o controle" se adotasse o continuacionismo. E, além disso, havia a evidente disparidade entre o que ele lê no Novo Testamento sobre a operação dos dons miraculosos do Espírito e o que ele observa no movimento carismático dos nossos próprios dias: se o primeiro item ainda fosse válido e operativo, por que não vemos a mesma qualidade e quantidade de milagres hoje?

Menciono esses fatores de sua resposta simplesmente para salientar que há às vezes mais coisas funcionando sob o radar, por assim dizer, na mente de muitos cessacionistas do que simplesmente o apelo a certos textos bíblicos. Isso talvez não seja verdadeiro para todos os cessacionistas, mas é importante mantê-lo no primeiro plano do nosso pensamento enquanto examinamos os argumentos citados em defesa dessa posição.

Mesmo que esteja se tornando menos frequente nos dias de hoje, alguns cessacionistas ainda apelam para os comentários de Paulo em 1Coríntios 13:8-12 como evidência de que Deus não tinha a intenção de que os dons miraculosos continuassem na vida da igreja. Nessa passagem, lemos o seguinte:

> O amor nunca perece; mas as profecias desaparecerão, as línguas cessarão, o conhecimento passará. Pois em parte conhecemos e em parte profetizamos; quando, porém, vier o que é perfeito, o que é imperfeito desaparecerá. Quando eu era menino, falava como menino, pensava como menino e raciocinava como menino. Quando me tornei homem, deixei para trás as coisas de menino. Agora, pois, vemos apenas um reflexo obscuro, como em espelho; mas, então, veremos face a face. Agora conheço em parte; então, conhecerei plenamente, da mesma forma com que sou plenamente conhecido.

Em seu livro *Spiritual gifts: what they are and why they matter* [Dons espirituais: o que são e por que são importantes], o estudioso do Novo Testamento Tom Schreiner tem um capítulo intitulado "Argumentos não convincentes para a cessação dos dons". O primeiro argumento que Schreiner cita é essa passagem de 1Coríntios 13. Tom salienta como, no passado, muitos cessacionistas identificavam a vinda do "perfeito" com a composição final ou talvez a posterior canonização das Escrituras do Novo Testamento. Uma vez que as Escrituras inspiradas e totalmente suficientes estivessem nas mãos da igreja, não haveria mais nenhuma necessidade dos dons de revelação, como a profecia, ou de outros dons miraculosos, como falar em línguas ou cura. Outros cessacionistas sugerem que o "perfeito" não é uma referência às Escrituras canônicas, e sim à maturidade espiritual da igreja.[1]

---

[1]Para uma refutação completa dos argumentos para essas visões, veja D. A. Carson, *Showing the Spirit: a theological exposition of 1 Corinthians 12—14* (1987; reimpr., Grand Rapids: Baker, 2019), p. 87-92 [edição em português: *A manifestação do Espírito* (São Paulo: Vida Nova, s.d.)].

Schreiner, ele próprio um cessacionista comprometido, prossegue citando inúmeros argumentos exegéticos e teológicos explicando a razão pela qual essa interpretação do "perfeito" é errada, sendo muito provavelmente uma "outra maneira de descrever o 'face a face', e que o vermos 'face a face' bem naturalmente se refere à segunda vinda de Cristo".[2] Talvez um entendimento mais preciso seja de que o "perfeito" é o glorioso estado da consumação final que é produzido pela segunda vinda de Cristo, o tempo em que "conheceremos plenamente", assim como fomos "plenamente conhecidos". Assim, "mais do que qualquer outra coisa", observa Schreiner, "Paulo ensina que os dons espirituais persistem e duram até a segunda vinda. Na verdade, creio que esse é o melhor argumento para a continuação dos dons espirituais até hoje".[3]

Contudo, outro argumento comum a favor do cessacionismo é a crença de que sinais e maravilhas, assim como certos dons espirituais, serviam principalmente — talvez somente — para confirmar ou autenticar a companhia original dos apóstolos. Quando os apóstolos faleceram, acabaram também os dons. Lemos que, quando Paulo e Barnabé chegaram a Icônio, "passaram bastante tempo ali, falando corajosamente do Senhor, que confirmava a mensagem de sua graça realizando sinais e maravilhas pelas mãos deles" (Atos 14:3). Paulo também testificou que os gentios foram levados à obediência "em palavra e em ação [...] pelo poder de sinais e maravilhas e por meio do poder do Espírito de Deus" (Romanos 15:18b,19a). Deus usou os sinais e as maravilhas dos apóstolos para dar às suas palavras e ações um selo de autoridade.

Alguns cessacionistas também dirigiriam a nossa atenção às palavras de Jesus em Mateus 12:39 e 16:4. Ao dirigir-se aos escribas e fariseus que pediram "para ver um sinal" dele, Jesus respondeu: "Uma geração perversa e adúltera pede um sinal milagroso! Mas nenhum sinal será dado, exceto o sinal do profeta Jonas" (Mateus 12:39). O anseio pelo sobrenatural, dizem eles, é um sinal de imaturidade espiritual e de uma fé fraca. James Boice, em sua

---

[2]Thomas R. Schreiner, *Spiritual gifts: what they are and why they matter* (Nashville: B&H, 2018), p. 151 [edição em português: *Dons espirituais: uma perspectiva cessacionista* (São Paulo: Vida Nova, s.d.].
[3]Schreiner, p. 153.

ARGUMENTOS BÍBLICOS E TEOLÓGICOS QUE APOIAM O CESSACIONISMO

contribuição ao livro *Power religion* [Religião de poder], cita com aprovação esse sentimento de John Woodhouse, de que "um desejo por mais sinais e maravilhas é pecaminoso e é incredulidade".[4]

Outro ponto muito salientado é que, uma vez que agora completamos o cânon das Escrituras, não precisamos mais da operação dos chamados *dons miraculosos*. Se a própria Bíblia é realmente suficiente para fornecer-nos tudo de que necessitamos para levar uma vida santa e que honre a Cristo, qual possível propósito os dons de milagres continuariam tendo? Em outras palavras, os cessacionistas estão argumentando que o reconhecimento da validade dos dons de revelação, como profecia e palavras de conhecimento, provavelmente, se não necessariamente, solapariam a finalidade e suficiência das Sagradas Escrituras. Como podemos afirmar que o Espírito Santo ainda está falando conosco por meio dos dons de revelação sem ameaçarmos a autoridade da Palavra escrita de Deus? Sobre esse ponto, Schreiner fala por muitos cessacionistas ao escrever: "Agora que a igreja tem o direcionamento com autoridade para a fé e a prática nas Escrituras, os dons e milagres que eram necessários para a edificação da igreja primitiva não são mais necessários, e não são comuns. Não significa dizer, no entanto, que Deus não faz milagres hoje".[5] Os dons e os milagres podem acontecer, mas não são mais necessários ou comuns, diz Schreiner.

Faz-se um apelo também a Efésios 2:20, quando Paulo disse que a igreja de Jesus Cristo é "edificada sobre o fundamento dos apóstolos e dos profetas". Essa, diz Schreiner, é "a base para o cessacionismo".[6] Os profetas, com os apóstolos, "tiveram um papel-chave na fundação e no estabelecimento da igreja".[7] Schreiner conclui que "a autoridade única e final das Escrituras é ameaçada se, hoje, os chamados "profetas" derem revelações que têm a mesma autoridade que as Escrituras".[8] Obviamente, ele está totalmente correto. Mas esse argumento é persuasivo *apenas* se for comprovado que o tipo de profecia que os continuacionistas

---

[4]James Montgomery Boice, "A better way: the power of Word and Spirit", in: Michael Scott Horton, org. *Power religion* (Chicago: Moody, 1992), p. 126.

[5]Schreiner, *Spiritual gifts*, p. 167.

[6]Schreiner, p. 157.

[7]Schreiner, p. 159.

[8]Schreiner, p. 160.

afirmam praticar tem, de fato, "a mesma autoridade que as Escrituras". Esse é um importante ponto de disputa com o qual lidarei posteriormente neste livro.

Outra objeção às vezes ouvida de cessacionistas evangélicos é que tipicamente não vemos milagres ou dons hoje que sejam iguais em *qualidade ou intensidade* aos dons nos ministérios de *Jesus* e dos *apóstolos*, e Deus não pretende que *qualquer* dom miraculoso de *qualidade ou intensidade inferior* opere na igreja no meio de cristãos comuns. Certamente, se Deus quisesse que o tipo de ministério miraculoso que vemos no Novo Testamento continuasse até o presente, testemunharíamos regularmente curas instantâneas e irreversíveis, a completa purificação de leprosos e até mesmo ressurreições dos mortos. Em suma, as alegações contemporâneas de fenômenos sobrenaturais simplesmente não chegam à altura dos padrões sistematicamente retratados no Novo Testamento.

Anteriormente, compartilhei que fui um cessacionista nos primeiros quinze anos do meu ministério público. Eu lia quase todos os livros que eles produziam e participava de inúmeros diálogos com muitos dos principais representantes dessa visão. E estou convencido de que esse último argumento exerce uma influência maior sobre suas conclusões teológicas do que qualquer outro. Sei que vários cessacionistas têm problemas com essa sugestão. Insistem que os outros argumentos citados neste capítulo, os baseados nos textos bíblicos, com sua crença na suficiência da Bíblia, são a principal razão pela qual não acreditam que os dons miraculosos sejam válidos para hoje. Mas, ainda assim admitem que uma crença na infrequência comparativa percebida de milagres e dons espirituais nos dias atuais é uma força convincente, se não determinante, por detrás de suas convicções cessacionistas.

Acho que isso é irônico, porque uma das críticas mais frequentes sobre o movimento carismático contemporâneo é que nós, que nos identificamos com ele, baseamos a nossa teologia em nossa experiência, e não nas Escrituras. Mas, ao examinar o argumento de Schreiner (e o mencionado abaixo, feito por Steve Timmis), encontro-o questionando a validade dos dons miraculosos hoje *porque não os vemos em nossa experiência*. Nesse caso, é a falta de experiência do cessacionista no testemunho dos dons miraculosos do Novo Testamento que impulsiona a oposição deles.

Citarei mais um exemplo do que tenho em mente. Em sua análise do meu livro *Practicing the power* [Praticando o poder], o meu bom amigo Steve Timmis[9] nega que é cessacionista, e então reconhece que o meu livro não foi escrito para ele. "Storms", diz ele, "está escrevendo para os que foram persuadidos pela realidade e necessidade dos chamados dons miraculosos do Espírito". Timmis claramente identifica-se como alguém que *não foi* persuadido pela realidade desses dons ou de nossa necessidade deles. Para a minha mente, isso se parece com o cessacionismo.

Posteriormente, em sua análise, Timmis fala sobre o que percebe como uma "discrepância entre" o que experimentamos hoje e o que é apresentado no Novo Testamento. Ele sugere que aparentemente estou "contente em aceitar um padrão inferior de 'sucesso'" quando a questão é a cura divina. "Se os dons estão em operação hoje", diz Timmis, "então parece razoável esperarmos que reflitam o que vemos no Novo Testamento". Ele acrescenta que o meu livro "propõe-se a desafiar os seus leitores à fé e à expectativa; contudo, inadvertidamente os encoraja a ficarem satisfeitos com algo inferior ao cristianismo do Novo Testamento que ele alega defender". Em outras palavras, "quando a experiência é inferior ao que aconteceu no Novo Testamento", diz Timmis, "as rachaduras são encobertas e as discrepâncias são deixadas de lado". Timmis conclui que "as evidências com base em relatos, citadas por bons amigos, são decepcionantes".

Para ser justo, não há nada de errado em levantarem essa objeção à validade dos dons miraculosos hoje, mas acho que isso é totalmente mal orientado. O que está faltando na análise de Timmis, assim como em defesas muito mais detalhadas e técnicas do cessacionismo, é qualquer declaração textual concreta de que os dons em questão só eram intencionados para os primeiros cinquenta ou sessenta anos da existência da igreja. Não deveríamos deixar de entender o seguinte ponto: é na falta dessa argumentação bíblica que os cessacionistas "funcionais" retrocedem a um apelo à ausência de "evidências com base em relatos em nossos dias, de amostras

---

[9]Steve Timmis, "A friendly critic on the best new resource for charismatics", *TGC*, March 29, 2017, disponível em: www.thegospelcoalition.org/reviews/practicing-power-sam-storms/.

de ministério sobrenatural do mesmo nível do Novo Testamento. Esse desafio (a falta de evidências) será abordado no capítulo 6.

Outra defesa proposta é às vezes chamada de argumento do "agrupamento". De acordo com esse argumento, os milagres e fenômenos sobrenaturais concentraram-se ou "agruparam-se" em épocas específicas da história bíblica, e, portanto, não deveríamos ter a expectativa de que aparecessem como um fenômeno regular ou normal em outros períodos da história. Três eras especificamente são muito citadas. John MacArthur explica:

> A maioria dos milagres bíblicos aconteceu em três períodos relativamente curtos da história bíblica: nos dias de Moisés e Josué, durante os ministérios de Elias e Eliseu, e no tempo de Cristo e dos apóstolos. Nenhum desses períodos durou muito mais do que cem anos. Cada um deles viu uma proliferação de milagres inusitados em outras eras [...]. Além desses três intervalos, os únicos acontecimentos sobrenaturais registrados nas Escrituras foram incidentes isolados.[10]

Schreiner também argumenta a favor de uma versão modificada do argumento do agrupamento:

> Creio que Deus deu dons e milagres, sinais e maravilhas, de formas notáveis em certos pontos da história redentora para autenticar a sua revelação [...] [No entanto], os milagres não se limitam a esses pontos altos da história redentora, assim como mostram qualquer leitura cuidadosa do Antigo Testamento, mas estão agrupados em eras centrais das Escrituras.[11]

Embora esse argumento inicialmente tenha a aparência de ser verdadeiro, demonstrarei no capítulo 6 como ele deixa de reconhecer a presença dos milagres em praticamente todos os períodos da história do Antigo Testamento.

---

[10]John F. MacArthur, *Charismatic chaos* (Grand Rapids: Zondervan, 1992), p. 112 [edição em português: *Os carismáticos: um panorama doutrinário* (São José dos Campos: Fiel, s.d.)].

[11]Schreiner, *Spiritual gifts*, p. 167.

RICHARD GAFFIN E OUTROS ARGUMENTOS A FAVOR DO CESSACIONISMO

Talvez o porta-voz mais articulado a favor do cessacionismo seja Richard Gaffin. A sua defesa pode ser encontrada em sua contribuição para a obra *Are miraculous gifts for today? Four views*.[12]

Gaffin desenvolve a sua defesa a favor do cessacionismo baseado na ideia de que "o todo de Atos é singular".[13] Em outras palavras, "Atos pretende documentar uma história *completa*, uma época singular da história da redenção (a disseminação *apostólica* de uma vez por todas do evangelho 'até aos confins da terra')".[14] Gaffin crê que "é dentro dessa perspectiva controladora que as experiências milagrosas dos que estavam no Pentecoste e nos outros lugares de Atos têm o seu significado. Esses milagres atestam a concretização do programa *apostólico* em expansão anunciado em Atos 1:8".[15] Assim, "Atos 2 e os acontecimentos milagrosos posteriores que Lucas narra não têm o propósito de estabelecer um padrão de 'repetições' do Pentecoste que continuasse indefinidamente na história da igreja. Juntos, constituem [...] um acontecimento-complexo completo com o programa apostólico concluído que acompanham".[16]

À luz desse entendimento da natureza e do propósito de Atos, "observar que em Atos outros além dos apóstolos exercem dons miraculosos (por exemplo, 6:8) é irrelevante. Oferecer como evidência que esses dons continuam depois da época dos apóstolos desmantela o que para Lucas faz parte de um todo. Outros exercitam esses dons *em virtude da presença e atividade dos apóstolos*; fazem-no sob um 'guarda-chuva apostólico', por assim dizer".[17]

Gaffin fala pela maioria dos cessacionistas ao afirmar que os milagres, assim como a cura física, ainda ocorrem. "De fato, questiono [no entanto] [...] se os dons de cura e de operação de milagres,

---

[12]Richard B. Gaffin Jr., "A cessacionist view", in: Wayne Gruden, org., *Are miraculous gifts for today? Four views* (Grand Rapids: Zondervan, 1995) [edição em português: *Cessaram os dons espirituais?* (São Paulo: Vida, s.d.)]. Gaffin também desenvolve sua defesa do cessacionismo em Richard B. Gaffin Jr., *Perspectives on Pentecost* (Phillipsburg: Presbyterian and Reformed, 1979), p. 89-116.

[13]Gaffin, "A cessacionist view", p. 37.

[14]Gaffin, p. 38.

[15]Gaffin, p. 38.

[16]Gaffin, p. 38.

[17]Gaffin, p. 39.

da forma citada em 1Coríntios 12:9,10, são dados hoje".[18] Onde quer que esses milagres ocorram em Atos, "acompanham a singular e concluída disseminação apostólica do evangelho que interessa a Lucas".[19] Como outros cessacionistas, Gaffin crê que "os apóstolos e profetas pertencem ao período da fundação",[20] durante o qual foi dada a vontade reveladora e inspirada de Deus. "Com essa revelação fundamental completada — e, assim, também o papel fundamental deles como testemunhas —, os apóstolos (e, com eles, os profetas e outros dons da palavra de revelação associados) deixam de existir na vida da igreja".[21]

Em suma, embora esse não seja um argumento bíblico nem teológico, os cessacionistas argumentam que os dons miraculosos do Espírito gradativamente desapareceram da vida da igreja após a morte de João, o último apóstolo. Nesse ponto, eu simplesmente direi que é uma hipótese questionável, e examinaremos as evidências, ou a falta delas, no capítulo sete. É inegável que os líderes da Reforma Protestante no início do século 16 adotaram a cessação dos dons. Pelos próximos trezentos anos após a Reforma, as manifestações milagrosas do Espírito foram, na melhor das hipóteses, esporádicas, até a época da emergência do reavivamento pentecostal no início do século 20.

2CORÍNTIOS 12:12

Os cessacionistas recorrem a 2Coríntios 12:12, em que Paulo disse que "as marcas de um apóstolo — sinais, maravilhas e milagres — foram demonstradas entre vocês, com grande perseverança". Se esses últimos fenômenos eram "as marcas de um verdadeiro apóstolo", só faria sentido se, uma vez que os próprios apóstolos não estivessem mais presentes, os sinais sobrenaturais que lhes davam testemunho tivessem também desaparecido. Em outras palavras, sinais, maravilhas e dons miraculosos do Espírito Santo, como línguas, interpretação, cura e discernimento de espíritos, tinham o propósito de confirmar, atestar e autenticar a mensagem apostólica.

---

[18]Gaffin, p. 42.
[19]Gaffin, p. 42.
[20]Gaffin, p. 43.
[21]Gaffin, p. 44.

Parece pelo menos razoável concluirmos, portanto, que "os 'sinais de um apóstolo' acabaram com os tempos dos apóstolos".[22] Richard Mayhue recorre a esse argumento em sua defesa do cessacionismo:

> *As Escrituras ensinam que os milagres operados mediante agentes humanos serviram a um propósito bem específico.* Esse propósito focava autenticar os profetas e apóstolos de Deus como mensageiros certificados com uma palavra segura do céu. Quando o cânon das Escrituras foi concluído com o Apocalipse de João, não existia mais uma razão divina para a operação de milagres por meio dos homens. Portanto, esses tipos de milagres cessaram, de acordo com as Escrituras.[23]

A segunda carta de Paulo à igreja de Corinto é principalmente devotada a uma defesa do seu chamado e da sua autoridade apostólica. Os falsos apóstolos de Corinto haviam argumentado que alguém com falta de eloquência verbal, como Paulo, que também deixava de exigir apoio financeiro para o seu ministério, não poderia ser um verdadeiro apóstolo. Quando Paulo passou a defender-se, não recorreu aos critérios que os coríntios começaram a esperar como essenciais a uma autoridade apostólica. Paulo apontou para as coisas que "mostravam" a sua "fraqueza" (2Coríntios 11:30). Ele esperava que os cristãos de Corinto viessem a reconhecer que ele não era "em nada inferior a esses 'superapóstolos'" (2Coríntios 12:11). Na verdade, "as marcas de um apóstolo — sinais, maravilhas e milagres — foram demonstradas entre" os coríntios, "com grande perseverança" (v. 12).

Mas será que esse texto se refere aos milagres como "sinais" dos apóstolos? Há razão para duvidarmos que esse seja o significado do texto. Infelizmente, a tradução do grego para o inglês encontrada na NIV contribui para a confusão, traduzindo da seguinte maneira: "Perseverei na demonstração entre vocês das marcas de um verdadeiro apóstolo, incluindo-se sinais, maravilhas e milagres". Essa tradução nos leva a acreditar que Paulo está associando os "sinais" ou as "marcas" de um apóstolo com os fenômenos milagrosos realizados entre os coríntios.

---

[22]Norman Geisler, *Signs and wonders* (Wheaton: Tyndale, 1988), p. 118.
[23]Richard Mayhue, *The healing promise* (Eugene: Harvest, 1994), p. 184.

Uma análise mais minuciosa do texto grego pode ser útil aqui. A palavra traduzida por "sinais" ou "marcas" (*sēmeia*) encontra-se no caso nominativo, como esperado. Mas todos os três termos — "sinais, maravilhas e milagres" — encontram-se no caso dativo. Significa, contrariamente ao que muitos achavam, que Paulo *não* disse que a insígnia de um apóstolo *são* sinais, maravilhas e milagres. Como a English Standard Version mais precisamente traduz, ele afirmou que "os sinais de um verdadeiro apóstolo foram realizados entre vocês com extrema paciência, com [ou melhor ainda, *acompanhados por*] sinais, maravilhas e obras poderosas". Mark Seifrid confirma corretamente esse ponto, observando que, "infelizmente, tanto a NVI quanto a NRSV (New Revised Standard Version [Nova Versão Padrão Revisada]) basicamente ignoram os dativos (*sēmeiois te kai terasin kai dunamesin*), igualando-os aos 'sinais de um apóstolo'. A ESV corretamente os conecta à perseverança de Paulo".[24]

Esse ponto gramatical vital é algo que mencionei em minha contribuição ao livro *Are miraculous gifts for today? Four views.* Ali salientei que, ainda que "o dativo instrumental seja gramaticalmente possível", é conceitualmente improvável.[25] Afinal de contas, o que poderia significar o fato de dizermos que a perseverança cristã estava presente ou à mostra *"por meio de sinais, maravilhas e obras poderosas"*? Murray Harris, no entanto, argumenta a favor do dativo instrumental e conecta os fenômenos milagrosos não à "perseverança" de Paulo, e sim aos "sinais de um verdadeiro apóstolo". O dativo associativo, que designa circunstâncias acompanhantes, parece mais adequado.[26] Nessa visão, como Harris observa, Paulo "principalmente distingue as 'marcas' dos milagres, até mesmo se [...] o último constitui uma dessas 'marcas'".[27] O ponto importante é que "Paulo não iguala as

---

[24]Mark A. Seifrid, *The Second Letter to the Corinthians* (Grand Rapids: Eerdmans, 2014), p. 458, n. 454.

[25]Sam Storms, "A third wave view", in: Wayne Grudem, org., *Are miraculous gifts for today? Four views* (Grand Rapids: Zondervan, 1995), p. 194, nota 23.

[26]Veja F. Blass; A. Debrunner, *A Greek grammar of the New Testament* (Chicago: University of Chicago Press, 1961), p. 195, 198.

[27]Murray J. Harris, *The Second Epistle to the Corinthians: a commentary on the Greek text* (Grand Rapids: Eerdmans, 2005), p. 876.

marcas do apostolado aos milagres, como se estivesse sugerindo que *somente* o primeiro item faz o último".[28]

Nada disso deveria ser considerado como uma negação de que sinais, maravilhas e obras poderosas marcavam a existência de um apóstolo de Jesus Cristo. Não pode haver nenhuma dúvida de que esses fenômenos acompanhavam os ministérios de homens como Pedro e Paulo. O que, então, o apóstolo está nos dizendo sobre si mesmo e o seu ministério em Corinto? De acordo com Harris,

> Paulo está recorrendo à realização de milagres de Deus durante o seu ministério em Corinto como um reconhecimento divino do seu apostolado. Por meio de "sinais, maravilhas e obras poderosas" que acompanhavam o serviço de Paulo, Deus estava testificando o seu apostolado autêntico.[29]

Mas Harris também prossegue, salientando:

> Em si mesmos, esses milagres não eram nenhuma evidência de apostolado, pois os sinais e as maravilhas poderiam ser falsificados, e a operação de milagres não era um privilégio reservado aos apóstolos, e sim um dom do Espírito que poderia ser dado a qualquer membro da congregação (1Coríntios 12:10,11,28,29). Mas, para Paulo, os milagres não eram a única base para o reconhecimento apostólico.[30]

Para os que estão um pouco perdidos em toda a discussão sobre os casos dos substantivos em grego, o que acho que Paulo estava dizendo, aqui e em outras partes do Novo Testamento, é que os fenômenos milagrosos eram um sinal *necessário* de autoridade apostólica, mas não um sinal *suficiente*. Alguém dificilmente poderia alegar ser apóstolo de Jesus Cristo (pelo menos no sentido em que os Doze originais, além de Paulo e um punhado de outros, eram apóstolos) na ausência dessas obras sobrenaturais. Mas a mera presença dessas obras não era em si mesma suficiente para provar que alguém era apóstolo. Os sinais, as maravilhas e

---

[28]Storms, "A third wave view", p. 194, nota 23.
[29]Harris, *The Second Epistle to the Corinthians*, p. 876.
[30]Harris, p. 876-7.

ENTENDENDO OS DONS ESPIRITUAIS

os milagres eram, indubitavelmente, elementos presentes na obra apostólica de Paulo. Mas não eram em si mesmos os "sinais de um apóstolo", como se estivéssemos dizendo que somente os apóstolos os realizavam.

O que, então, Paulo tinha em mente ao falar dos "sinais de um verdadeiro[31] apóstolo"? Os sinais de um apóstolo e as marcas do verdadeiro ministério apostólico eram, entre outras coisas:

1. os frutos da sua pregação, isto é, a salvação dos próprios coríntios (cf. 1Coríntios 9:1b,2: "Não são vocês resultado do meu trabalho no Senhor? Ainda que eu não seja apóstolo para outros, certamente o sou para vocês! Pois vocês são o selo do meu apostolado no Senhor" (cf. 2Coríntios 3:1-3);
2. sua vida, semelhante à de Cristo, de simplicidade, sinceridade, piedade, santidade, humildade etc. (cf. 2Coríntios 1:12; 2:17; 3:4-6; 4:2; 5:11; 6:3-13; 7:2; 10:13-18; 11:6,23-28); e
3. seus sofrimentos, dificuldades e perseguições (cf. 2Coríntios 4:7-15; 5:4-10; 11:1-33; 13:4). A "primeira honra de um apóstolo", observa Seifrid, é a "perseverança" ou "resistência" em meio às aflições.[32] Paulo pacientemente, com perseverança, demonstrava esses "sinais" da sua autoridade apostólica. E isso era acompanhado por sinais, maravilhas e milagres que ele executava no meio deles.[33]

Vamos nos lembrar também de que Paulo não se referiu aos "sinais" de um apóstolo nem aos fenômenos milagrosos que acompanhavam o seu ministério como uma forma de diferenciá-lo de outros cristãos que não eram apóstolos, mas dos falsos apóstolos que estavam desviando os coríntios (2Coríntios 11:12-15,23). "Em suma", escreve Wayne Grudem, "o contraste não é entre os apóstolos que conseguiam realizar milagres e os cristãos comuns que não conseguiam, mas entre os apóstolos *cristãos* genuínos, por meio dos quais o Espírito Santo operava, e os pretendentes

---

[31]A palavra "verdadeiro" (ESV) não se encontra no texto grego original.
[32]Seifrid, *Second Letter to the Corinthians*, p. 457.
[33]Uma análise muito mais detalhada das características e dos requisitos para o apostolado será abordada nos caps. 17 e 18.

não cristãos ao cargo apostólico, por meio dos quais o Espírito Santo definitivamente não operava".[34]

Como foi observado acima, não estou sugerindo que os sinais, as maravilhas e as obras milagrosas não serviam, de fato, para autenticar ou atestar a veracidade da mensagem que os apóstolos proclamavam. Com toda certeza faziam isso. Mas em nenhum lugar do Novo Testamento é dito que esses fenômenos sobrenaturais são os sinais ou um selo de autenticação sobre os próprios apóstolos. Isso teria sido impossível, dado o fato de que inúmeros cristãos que não eram apóstolos operavam no ministério de sinais e maravilhas. Não podemos ignorar facilmente o fato de que mais de cem cristãos que não eram apóstolos no Dia de Pentecoste foram receptores do dom de línguas. A clara implicação das palavras de Pedro é que experimentariam sonhos e visões, e, consequentemente, profetizariam.

Já mencionei alguns incidentes em que cristãos que não eram apóstolos foram receptores de dons miraculosos do Espírito, mas não faria mal algum relembrarmos uma vez mais. Estêvão, um diácono, "cheio da graça e do poder de Deus, realizava grandes maravilhas e sinais no meio do povo" (Atos 6:8). Estêvão também experimentou uma gloriosa visão reveladora da "glória de Deus, e [de] Jesus em pé, à direita de Deus" (Atos 7:55). Mas ninguém teria dito que esses fenômenos sobrenaturais eram um sinal confirmador de que Estêvão era apóstolo.

Filipe, outro diácono (Atos 6:5), realizava muitos sinais milagrosos, curava os enfermos, expulsava os demônios (Atos 8:7) e demonstrava "grandes milagres"; contudo, ninguém argumenta que, com base nisso, ele era apóstolo. Os cristãos de Antioquia que não eram apóstolos profetizavam (Atos 13:1-3), como o faziam os discípulos anônimos de João Batista (Atos 19:6,7). Filipe, que foi citado acima, foi abençoado com quatro filhas, e todas elas profetizavam. Paulo esperava que os cristãos comuns de Roma profetizassem (Romanos 12:6), mas nunca sugeriu que a operação nesse ministério miraculoso significava que fossem apóstolos. Foi dito que os dons e poderes miraculosos em 1Coríntios 12:8-10 eram distribuídos aos cristãos

---

[34]Wayne Grudem, "Should Christians expect miracles today? Objections and answers from the Bible", in: Gary S. Greig; Kevin N. Springer, orgs., *The kingdom and the power* (Ventura: Regal, 1993), p. 67.

comuns de Corinto, e nenhum deles jamais seria considerado após-tolo. Paulo também descreveu como o Espírito Santo operava "mila-gres" entre os gálatas (Gálatas 3:5), aparentemente na total ausência de um apóstolo.

O meu propósito ao citar esses exemplos é simplesmente realçar uma vez mais o fato de que os dons miraculosos e sinais poderosos não se restringiam aos apóstolos. Isso confirma que, independen-temente do que Paulo tenha desejado dizer em 2Coríntios 12:12, não estava dizendo que "os sinais, as maravilhas e as obras pode-rosas" eram o domínio exclusivo e marca autenticadora somente dos apóstolos.

Um último comentário está na pauta, e isso poderá pegar alguns leitores de surpresa. As palavras "dom de sinais" não aparecem em nenhum lugar das Escrituras. Menciono isso porque os cessacio-nistas muitas vezes criam uma categoria especial para certos dons miraculosos e falam sobre eles como "dons de sinais", crendo que isso fornecerá uma base para argumentarem que esses dons serviam para um propósito singular no primeiro século, mas que desde então foram removidos. Contudo, ainda que a palavra "sinal" apareça com frequência, e semelhantemente a palavra "dom" (*charisma*), nenhum dom espiritual é explicitamente chamado de um "dom de sinais". E nenhum autor jamais fala sobre isso como uma categoria sepa-rada de dons a fim de diferenciá-los dos *charismata* mais comuns ou menos milagrosos. Observei anteriormente que, em Romanos 12:6-8, o dom de profecia (um dos assim chamados dons de sinais dos cessacionistas) é citado com *serviço, ensino* e *misericórdia*. Nenhuma tentativa é feita no sentido de destacar o dom de profecia, ou qualquer outro dom miraculoso, como se fosse de natureza e propósito diferentes dos dons que todos os cristãos reconhecem que continuam na vida e no ministério da igreja hoje.

É verdade que em 1Coríntios 14:22 Paulo disse que "as línguas são um sinal para os descrentes, e não para os que creem". No entanto, como veremos no capítulo 12, o falar em línguas sem inter-pretação na presença de incrédulos é um sinal negativo de juízo, que Paulo não queria que a comunidade cristã desse. Ele não usou a palavra *sinal* para separar as línguas numa categoria diferente. Ele estava repreendendo os cristãos de Corinto por um mau uso das línguas, não identificando o propósito verdadeiro das línguas na vida da comunidade de cristãos. E observe que, nos trechos em que Paulo imediatamente mencionou a profecia, a palavra *sinal* não aparece no texto original.[35]

A palavra correspondente a "sinal" (*sēmeion*) aparece frequentemente em Atos, mas é, em geral, em referência a "sinais e maravilhas". O último item tipicamente refere-se à abundância de milagres que estavam associados com Jesus e à companhia original dos apóstolos (cf. Atos 2:43; 4:30; 5:12; 6:8; 7:36; 8:13; 14:3; 15:12; tb. Romanos 15:19). Será que uma cura específica poderia servir como um "sinal" em alguma capacidade? Sim (cf. Atos 4:16,22; 8:6), mas nem a cura, nem as línguas, nem a profecia jamais são apresentadas como "dom de sinais" para indicar que eram dons temporários e de uma categoria diferente dos dons que foram planejados por Deus para ser permanentes. Uma vez mais, embora por vezes uma cura possa servir de "sinal", em ocasião nenhuma a cura é chamada de um "dom de sinais".[36]

Assim, falarmos de certos dons espirituais como dons de "sinais" não é muito útil para nós. Isso sugere um propósito restrito e temporário para alguns dons, algo não corroborado em nenhum outro lugar do Novo Testamento

HEBREUS 2:3,4

Talvez o segundo texto mais citado em defesa do cessacionismo seja Hebreus 2:3,4. O autor de Hebreus disse que a mensagem do evangelho que foi "primeiramente anunciada pelo Senhor foi-nos confirmada pelos que a ouviram. Deus também deu testemunho dela por meio de sinais, maravilhas, diversos milagres e dons do Espírito Santo distribuídos de acordo com a sua vontade". A urgência de prestar muita atenção a essa grande salvação e de fixar a nossa fé em Jesus somente é de enorme importância por causa da maneira que Deus confirmou a verdade do evangelho. Observe que há três estágios nesse processo de confirmação.

---

[35]Os tradutores da ESV incluem a palavra "sinal", mas direcionam a atenção do leitor a uma nota de rodapé em que indicam que o "grego não tem *um sinal*".

[36]A única possível exceção a isso encontra-se no longo final do Evangelho de Marcos, um parágrafo que a maioria dos estudiosos do Novo Testamento não crê que faça parte do texto original das Escrituras (cf. Marcos 16:17,18).

ENTENDENDO OS DONS ESPIRITUAIS

1. O próprio Jesus Cristo declarou que ele havia vindo para salvar pecadores. A sua palavra de perdão e redenção para os que nele confiam e o valorizam foi proclamada em alto e bom tom, e com o poder autoautenticador da sua autoridade divina.

2. Os que foram testemunhas oculares de Jesus enquanto ele estava na terra, que o viram, o ouviram e andaram com ele, nos contaram sobre a sua experiência. Deram testemunho de que tudo o que ele fazia e dizia era real e verdadeiro. Estavam presentes quando ele purificou os leprosos, expulsou demônios, andou por sobre as águas, refutou os fariseus e ressuscitou os mortos.

3. Por sua vez, Deus-Pai também deu testemunho da verdade dessa mensagem de salvação, concedendo sinais, maravilhas, vários milagres e dons do Espírito Santo. Essas demonstrações de poder divino confirmaram e atestaram a realidade de tudo o que Jesus alegou ser.

Todos os cristãos concordam sobre esses pontos. Mas e em relação à alegação que isso sugere — e talvez até mesmo requeira — de que "os sinais, as maravilhas, os vários milagres e [...] os dons do Espírito Santo" serviram ao seu propósito no primeiro século e não deveríamos esperar, nem orar por eles após a morte dos apóstolos originais? John MacArthur acredita que essa passagem "confirma que essa validação dos profetas era o propósito principal dos milagres bíblicos".[37] Ele argumenta uma vez mais que "vemos as Escrituras atestando que os sinais, as maravilhas, os milagres e os dons miraculosos foram a confirmação da mensagem de Cristo e seus apóstolos ('os que ouviram')".[38] MacArthur também crê que o tempo passado do verbo "foi atestado" é "uma clara palavra bíblica de que os milagres, as maravilhas e os dons de sinais foram dados somente aos apóstolos da primeira geração, para confirmar que eram mensageiros de novas revelações".[39]

Mas várias coisas deveriam ser ditas em resposta a esse argumento. Em primeiro lugar, até mesmo se concordássemos que "a validação dos profetas era o propósito principal dos milagres bíblicos",

---

[37]MacArthur, *Charismatic chaos*, p. 118.
[38]MacArthur, p. 119.
[39]MacArthur, p. 119.

isso de forma alguma sugere, e muito menos requer, que fosse o seu único propósito. O Novo Testamento sistematicamente testifica sobre vários outros propósitos ou efeitos do ministério miraculoso.

Em segundo lugar, o autor de Hebreus não limitou o seu texto aos apóstolos. Na verdade, a palavra *apóstolo* nem sequer ocorre nessa passagem. Ora, certamente é o caso de que o grupo dos apóstolos é o que se tinha em mente quando ele falou "daqueles que ouviram". Mas não há razão alguma para isso ser limitado ou restrito a eles. Inúmeros outros, além dos Doze, ouviram Jesus pregando e o observaram operando milagres. E muitos outros além dos Doze exercitaram dons espirituais.

Em terceiro lugar, o texto não diz a quê ou a quem Deus "deu testemunho" por meio de sinais e maravilhas. A NVI vai além do que está no texto original, inserindo a palavra "dela". No entanto, a interpretação mais provável é que "a grande salvação" mencionada no versículo 3 é o que se tenha em mente.

Em quarto, há algo mais que o nosso autor não disse e que muitos simplesmente presumiram que ele disse: em nenhum lugar ele afirmou que os milagres que atestavam ou confirmavam (ou "validavam") a mensagem foram realizados apenas pelos que originariamente ouviram ao Senhor. A palavra traduzida por "deu testemunho" soa como se estivesse no tempo passado, como que sugerindo que Deus costumava fazer isso, ou seja, no passado, outrora, ele dava testemunho por meio de sinais e maravilhas, mas não o faz mais. Mas o particípio traduzido por "deu testemunho" está no tempo presente no grego. Embora isso não prove o meu ponto, certamente abre espaço para ele (tanto gramática quanto teologicamente). Significa que está inteiramente dentro do campo da possibilidade de que, até mesmo durante a época em que os receptores dessa carta estavam vivendo, Deus ainda estivesse dando testemunho da verdade do evangelho por meio de sinais, maravilhas, milagres e dons espirituais. Em outras palavras, como William Lane observou, a linguagem do nosso autor sugere "que a evidência corroborativa não estava confinada ao ato inicial da pregação, mas continuava a ser demonstrada dentro da vida da comunidade".[40] Tom Schreiner reco-

---

[40]William Lane, *Hebrews 1—8*, Word Biblical Commentary (Dallas: Word, 1991), p. 39.

nhece essa possibilidade e diz que "talvez os milagres narrados aqui fossem também contínuos na vida dos leitores".[41]

Em quinto lugar, não há nada nessa passagem que sugira que Deus não possa continuar, não continua, nem continuará atestando e confirmando a verdade do evangelho por meio de demonstrações espirituais sobrenaturais de poder. Alguns argumentam que, já que temos a Bíblia, não precisamos mais desses milagres ou dons espirituais para confirmar a verdade do evangelho. Mas a própria Bíblia não diz isso em nenhum lugar. Em nenhum lugar das Escrituras lemos que a Bíblia substitui os milagres ou que o evangelho ainda não possa ser confirmado por demonstrações sobrenaturais de poder. Se as demonstrações sobrenaturais de poder e a operação de dons espirituais confirmavam a verdade do evangelho da salvação no primeiro século, por que não podem continuar fazendo isso hoje?

Em sexto lugar, até mesmo se Deus não usar mais acontecimentos milagrosos para confirmar ou atestar a verdade do evangelho (embora eu creia que ele o faça), esses dons espirituais têm outros propósitos a servir. Como já observamos em várias ocasiões, Paulo claramente ensina que todos os dons espirituais, até mesmo os mais obviamente milagrosos, servem ao "bem comum" ou são para benefício e edificação do corpo de Cristo (cf. 1Coríntios 12:7-10). O dom de profecia foi idealizado por Deus para encorajar, consolar e edificar os cristãos (1Coríntios 14:3). Todo dom espiritual é usado para fortalecer e edificar os cristãos da igreja. E esse é o propósito a que servem e que nunca acabará, até que o próprio Jesus volte nas nuvens.

Em outras palavras, ainda que reconheçamos que as demonstrações sobrenaturais de poder milagroso servissem para autenticar e confirmar a verdade do evangelho, nunca podemos pensar que esse era o seu único propósito. Em nenhum lugar o Novo Testamento reduz o propósito dos milagres à atestação e confirmação.

Por fim, é digno de nota que a palavra-padrão referente a dons espirituais (*charisma*) nem sequer aparece nesse texto. Ele diz literalmente "distribuições do Espírito Santo" (v. 4). Como já escrevi em outro lugar,

---

[41]Thomas R. Schreiner, *Commentary on Hebrews* (Nashville: B&H, 2015), p. 83.

Talvez o autor não esteja sequer descrevendo os "dons" em si, em cujo caso *pneumatos hagiou* [Espírito Santo] pode ser um genitivo objetivo referindo-se ao próprio Espírito como aquele a quem Deus distribuiu ou forneceu (cf. Gálatas 3:5) ao seu povo. Se ele tem os "dons" em mente, observe que ele distingue entre "vários milagres" (literalmente, "poderes", *dynamesin*) e "dons" do Espírito. Isso sugeriria que, por "dons", ele pretende dizer mais do que aquilo chamaríamos de *charismata* milagrosos. Será que alguém está preparado para restringir *todos* os dons espirituais ao primeiro século simplesmente porque serviam para autenticar e atestar a mensagem do evangelho? Em vista desses fatores, não fui convencido de que essa passagem apoie o cessacionismo.[42]

· · ·

EXCURSO: Resposta a Jonathan Edwards sobre a cessação dos *charismata*

Por que tantos cristãos evangélicos são contrários ou céticos em relação à sugestão de que Deus ainda fala por meio de dons de revelação, como a profecia e a palavra de conhecimento? Sempre que falo sobre esse assunto nas principais igrejas protestantes, alguns se encolhem de medo enquanto outros ficam iradamente defensivos. Tendo falado com muitas delas sobre isso, concluí que a razão principal para a sua reação é a sua crença de que, se Deus falasse fora das Escrituras ou concedesse o dom de profecia à igreja, isso prejudicaria tanto a finalidade quanto a suficiência da Bíblia, a Palavra escrita de Deus.

Os cessacionistas insistem que a profecia, no Novo Testamento, é o relatório infalível de uma revelação divinamente inspirada, nada diferente na qualidade da profecia do Antigo Testamento e, portanto, igual à própria Bíblia em autoridade. A profecia, argumentam, consiste das palavras do próprio Deus. A profecia, portanto,

---

[42]Storms, "A third wave view", p. 191, nota 21.

é infalível e obrigatória sobre as convicções teológicas e morais de todos os cristãos.

Se essas profecias ainda estivessem sendo dadas, a finalidade da Palavra de Deus seria seriamente ameaçada. Se essas profecias ainda estivessem sendo dadas, ou se Deus falasse ao seu povo por meio de outras maneiras, sobre que base poderíamos insistir que o cânon bíblico foi concluído? Será que não seríamos forçados a abrir o cânon e começar a inserir novos versículos em novos capítulos em novos livros com os nomes de "profetas" contemporâneos?

Além disso, os cessacionistas acreditam que, se as pessoas começarem a agir e a crer com base na alegação de terem "ouvido Deus" ou de terem recebido uma palavra profética, a dependência delas da suficiência da Bíblia seria minada pelo resto de suas vidas. Resultaria em pessoas levando a vida muitas vezes justificando um comportamento bizarro (ou, pelo menos, não sábio) baseado em impressões subjetivas, em lugar da objetiva e infalível Palavra de Deus escrita. As pessoas negligenciarão ou ignorarão o conselho das Escrituras por causa de algo que "Deus lhes disse". Pior ainda, ficarão inclinadas a controlar e manipular os outros com base na "autoridade" de alguns direcionamentos divinamente revelados.

Precisamos admitir que esse é na verdade um problema em potencial. Na verdade, é mais do que em potencial. Já conheci várias pessoas que tinham a inclinação de negligenciar as Escrituras como fonte de verdade e direcionamento porque valorizavam a voz "no tempo presente" de Deus acima da sua voz "no tempo passado". Jonathan Edwards (1703-1758), durante o reavivamento conhecido como o Primeiro Grande Despertamento, foi forçado a lidar com as alegações das pessoas de terem ouvido Deus falando fora da Bíblia. Ele descobriu que isso era uma questão particularmente problemática. Veja a sua descrição:

> E um princípio errôneo, que quase ninguém provou ser mais prejudicial à presente obra gloriosa [a sua maneira de referir-se ao reavivamento], é uma noção de que é a maneira de Deus agora nesses dias guiar os seus santos, pelo menos alguns que são mais eminentes, por inspiração, ou revelação imediata; e revelar-lhes o que acontecerá depois, ou qual é a sua vontade em relação ao que deveriam fazer, por impressões que ele, pelo seu Espírito, faz sobre as suas mentes, com

ou sem textos das Escrituras, por meio das quais algo lhes é revelado, que não é ensinado nas Escrituras conforme as palavras encontradas na Bíblia.[43]

Edwards prosseguiu identificando nada menos do que cinco consequências negativas disso. Dada a minha profunda apreciação por Edwards, faríamos bem em ouvir e responder cuidadosamente às suas preocupações.

ENGANO SATÂNICO?

Em primeiro lugar, Edwards argumentou que, "com uma noção assim, o Diabo tem uma grande porta aberta para ele; uma vez que essa opinião se torne totalmente aceita e estabelecida na igreja de Deus, Satanás teria a oportunidade, mediante isso, de estabelecer-se como guia e oráculo do povo de Deus, e de ter sua palavra considerada como regra infalível deles, e assim poder guiá-los onde quisesse, introduzindo o que desejasse".[44] É evidente que para Edwards era praticamente impossível, ou pelo menos extremamente difícil, discernir a voz de Deus e distingui-la da voz de Satanás.

Certamente, Edwards acreditava, assim como todos os cessacionistas, que no primeiro século d.C., antes do encerramento do cânon bíblico, Deus falava ao seu povo por meio de sonhos, visões, palavras de conhecimento e outras formas de revelação profética. Mas o que havia que impedisse falas satânicas por meio dessas revelações nessa época? Será que a sua objeção de que Satanás pode usar isso enganosamente não se aplicaria de igual modo *àqueles* dias e *àquela* época? Em outras palavras, se a mera existência de revelações extrabíblicas dá a Satanás a "oportunidade [...] de estabelecer-se como guia e oráculo do povo de Deus", então isso teria sido um problema tão grande às igrejas do primeiro século — de Corinto, Tessalônica e Colossos, por exemplo — como foi para a própria igreja do século 18 de Edwards, em Northampton, Massachusetts, ou é para a igreja do século 21 de Oklahoma City, Chicago ou Paris. Se esse "problema" alegado era, na mente de Deus, razão *insuficiente* para impedir essas

---

[43]Jonathan Edwards, *The Great Awakening*, ed. C. C. Goen (New Haven: Yale University Press, 1972), p. 432.

[44]Edwards, p. 432.

revelações extrabíblicas naquela época, por que deveria ser diferente na época de Edwards ou em nossos próprios dias?

Evidentemente, a igreja do primeiro século saiu-se muito bem na tarefa de discernir a vontade de Deus e de suas formas de trabalhar quando revelações extrabíblicas eram prevalecentes. Por que não podemos fazer isso igualmente bem? Uma vez que temos o cânon final das Escrituras pleno de autoridade, por meio do qual podemos avaliar e julgar todas as alegações de revelações proféticas, talvez possamos nos sair até melhor. Se o argumento de Edwards for válido, ele teria uma implicação mais profunda: pesaria contra a existência de revelações extrabíblicas *em qualquer e em todas as épocas*, mesmo na era apostólica, algo que Edwards de forma nenhuma aprovaria.

A potencial ameaça de engano satânico por meio de um direcionamento revelador extrabíblico não é explicitamente mencionada em nenhum lugar do Novo Testamento. Se fosse um problema significativo, como Edwards desejaria que acreditássemos, é estonteante que nenhuma admoestação, diretriz ou instrução fosse dada pelos apóstolos para alertar os cristãos do primeiro século. Certamente, há inúmeras descrições das atividades de Satanás no meio dos cristãos, cegando-os, endurecendo-os e enganando-os em relação à pessoa de Jesus. Também há admoestações em relação a tentações demoníacas voltadas aos cristãos, mas em nenhum lugar os autores do Novo Testamento questionam a validade das revelações extrabíblicas ou do dom espiritual de profecia por causa de alguma capacidade satânica de nos "guiar" e nos "conduzir" contrariamente à vontade de Deus. Em outras palavras, se há um potencial para Satanás tapear e enganar os cristãos, a Bíblia não relaciona isso à presença de atividades de revelações extrabíblicas ou subjetivas do Espírito.

Uma passagem das Escrituras que talvez ilumine a questão é 1João 4:1-6, um texto sobre o qual Edwards refletiu ao abordar o reavivamento em seus dias. Ele encontrou nessa passagem vários critérios pelos quais podemos julgar a fonte e validade de várias "manifestações" físicas e emocionais durante o Primeiro Grande Despertamento. A passagem também fala sobre como discernir entre a obra de Deus e a obra do inimigo, e demonstra que a resistência de Edwards aos dons proféticos com base num temor de engano satânico era infundada, presumindo-se que o cristão utilize os recursos que Deus forneceu. Vamos examinar isso mais detalhadamente.

ARGUMENTOS BÍBLICOS E TEOLÓGICOS QUE APOIAM O CESSACIONISMO

Amados, não creiam em qualquer espírito, mas examinem os espíritos para ver se eles procedem de Deus, porque muitos falsos profetas têm saído pelo mundo. Vocês podem reconhecer o Espírito de Deus deste modo: todo espírito que confessa que Jesus Cristo veio em carne procede de Deus; mas todo espírito que não confessa a Jesus não procede de Deus. Esse é o espírito do anticristo, acerca do qual vocês ouviram que está vindo, e agora já está no mundo (1João 4:1-3).

O pano de fundo dessa passagem é a abundância de atividades e fenômenos sobrenaturais na igreja primitiva: línguas, curas, profecias, libertação, e assim por diante. Os leitores de João aparentemente eram dados à *aceitação sem crítica nenhuma* de qualquer coisa sobrenatural. Sobrou para o apóstolo informá-los de que *o sobrenatural nem sempre é divino*! A ênfase aqui não é tanto no caráter do espírito (se é falso ou genuíno), mas em sua origem: se é divino ou diabólico. João estava visivelmente preocupado com os "dois espíritos" que inspiram confissões contrárias do Senhor Jesus Cristo.

Esse texto nos diz que a principal característica do inimigo é a negação da encarnação de Cristo, e nos reassegura que não precisamos ser enredados em seu engano. Mas também fala sobre a confiança que temos na vitória sobre os esforços de Satanás de enganar e distorcer. Em outras palavras, temos uma base sólida sobre a qual podemos saber a diferença entre o espírito do anticristo e o Espírito de Deus. A confissão de Jesus como Cristo encarnado é a forma pela qual determinamos a origem de um "espírito": se é de Deus ou do diabo.

Todos os cristãos, disse João, têm a responsabilidade de testar os espíritos para determinar sua origem (1João 4:1). A "incredulidade", observou John Stott, "pode ser uma marca de maturidade espiritual tanto quanto a credulidade".[45] Em outras palavras, os cristãos precisam resistir à tentação de ser ingênuos e crédulos em relação aos fenômenos sobrenaturais e milagrosos. O fato é que "muitos falsos profetas" têm saído pelo mundo. Nem a fé cristã nem o amor devem funcionar indiscriminadamente. É dever de todos nós julgar, pesar, avaliar e exercitar o nosso discernimento.

---

[45]John R. W. Stott. *The Epistles of John: an introduction and commentary* (Grand Rapids: Eerdmans, 1976), p. 153.

João deu dois sinais negativos de algo "não ser de Deus". Em 1João 3:10, quem não pratica a justiça "não é de Deus"; em 4:3, quem não confessa Jesus "não é de Deus". Além disso, essa pessoa "não é de Deus" meramente, mas é também, falando-se positivamente, *do diabo* (3:10) e *do anticristo* (4:3). O "do" sugere tanto fidelidade como propriedade, e, consequentemente, "pertencimento a", trazendo também a ideia de "dependência espiritual".

> Filhinhos, vocês são de Deus e os venceram, porque aquele que está em vocês é maior do que aquele que está no mundo. Eles vêm do mundo. Por isso, o que falam procede do mundo, e o mundo os ouve. Nós viemos de Deus, e todo aquele que conhece Deus nos ouve; mas quem não vem de Deus não nos ouve. Dessa forma reconhecemos o Espírito da verdade e o espírito do erro (1João 4:4-6).

Vemos aqui que é assegurada aos cristãos uma vitória teológica sobre os falsos profetas e os hereges, que não foram bem-sucedidos em enganá-los. Vocês conhecem a verdade e rejeitaram as mentiras deles. Por quê? Na verdade, como? Porque "aquele que está em vocês é maior do que aquele que está no mundo"! Tendo contrastado os cristãos ("vocês") com os hereges ("eles"), João comparou em seguida as forças espirituais que estão presentes *nos* respectivos antagonistas. Contudo, Satanás é grande, mas Deus é maior! Sim, Satanás é poderoso, mas Deus é infinitamente mais poderoso!

O "aquele" que está no cristão é Deus-Pai (1João 3:20; 4:12,13), Deus-Filho (1João 2:14; 3:24), Deus-Espírito Santo (1João 2:20,27) ou o Deus Trino e uno na plenitude da sua divina presença. João não disse "maiores são *vocês*", mas "maior é *ele*". Não são vocês, mas é *Deus em vocês* que traz a garantia da vitória.

Alguns talvez argumentem que apliquei erroneamente essa passagem, e que a única coisa da qual João nos assegurou é a capacidade de sabermos se alguém é verdadeiro ou falso com base em sua confissão ou negação da encarnação. Isso é totalmente diferente, por exemplo, de sermos capazes de discernir se uma "impressão" que está nos dirigindo a fazer alguma ação específica é de Deus ou do inimigo. Isso é verdade, mas, se podemos confiantemente saber quando um "espírito" é ou não da verdade, observando em que ponto ele se posiciona na doutrina da encarnação, será que também não podemos aplicar outros padrões bíblicos para julgar a origem de qualquer "voz" ou "impressão" pretendida? Creio que a resposta tem de ser ser "sim".

João continuou sua argumentação dizendo que a resposta da audiência às respectivas mensagens revela o seu verdadeiro caráter, além de fornecer outro critério por meio do qual podemos conhecer o Espírito da verdade e o espírito do erro (4:5,6). À primeira vista, esses versículos parecem o ápice da arrogância. João disse que *se vocês conhecem a Deus, ouvirão o que digo*! Se vocês não ouvem o que digo e não recebem o meu ensinamento, então estão em escravidão ao espírito do erro. Nenhum cristão comum jamais poderia fazer uma alegação tão ousada assim. Mas João estava falando aqui como um apóstolo, com a plena autoridade e inspiração de Cristo por detrás de suas palavras. Stott explicou:

> Ele está levando um passo adiante o argumento dos três primeiros versículos. Então o teste de doutrina era se ela reconhecia a pessoa divina-humana de Jesus Cristo; aqui o teste é se é aceita por cristãos e rejeitada por não cristãos. Há certa afinidade entre a Palavra de Deus e o povo de Deus. Jesus havia ensinado que as Suas ovelhas ouvem sua voz (João 10:4,5,8,16,26,27), que todos os que são da verdade ouvem ao seu testemunho da verdade (João 18:37), e que "aquele que é de Deus ouve as palavras de Deus" (João 8:47). Da mesma maneira, João afirma que, uma vez que "somos de Deus" (1João 4:6), e "vocês são de Deus" (1João 4:4), vocês nos ouvem. Há uma correspondência entre mensagem e ouvintes. O Espírito que está em vocês (1João 4:4) os capacita a discernir a Sua própria voz falando por meio de nós (1João 4:2). Assim, vocês podem reconhecer a Palavra de Deus, porque o povo de Deus a ouve, exatamente como vocês podem reconhecer o povo de Deus, porque ele ouve a Palavra de Deus.[46]

A minha razão em citar esse texto de 1João foi simplesmente enfatizar que, contanto que utilizemos a verdade do ensinamento apostólico, podemos estar confiantes de que Satanás não nos tapeará nem nos enganará. Não significa dizer que estejamos totalmente invulneráveis ou além do potencial de sermos enganados. Nossa capacidade de nos render à verdade da Palavra é muitas vezes comprometida

---

[46]Stott, p. 158.

por uma autogratificação carnal. Mas não precisamos ficar espiritualmente paralisados nem recorrer a uma negação da voz de Deus no tempo presente por temor de que isso nos exponha à influência destrutiva do inimigo, porque "maior é aquele que está em vocês do que aquele que está no mundo".

No volume *Are miraculous gifts for today? Four views*, Richard Gaffin (como Edwards, que o procedeu) faz objeção à possibilidade de revelações pós-canônicas baseando-se no fato de que estaríamos obrigados a observá-las e a nos submetermos a elas da mesma forma que faríamos em relação às Escrituras.[47] Além disso, essa ideia pressupõe, erroneamente, que a profecia contemporânea produza palavras de Deus infalíveis, equivalente à qualidade das encontradas nas Escrituras, um problema que o próprio Gaffin precisa enfrentar. Porventura não estavam os cristãos tessalonicenses, por exemplo, "obrigados a prestar atenção e a se submeter" (literalmente "agarrar-se"; 1Tessalonicenses 5:21) às palavras proféticas que receberam, assim como às Escrituras em que essa mesma instrução se encontra? Evidentemente Paulo não temia que a resposta deles à palavra profética falada solapasse a autoridade máxima ou a suficiência da revelação escrita (Escrituras) que ele estava no processo de enviar-lhes. O ponto é o seguinte: se as revelações não canônicas não eram incoerentes com a autoridade das Escrituras naquela época, então por que seriam agora? Isso é especialmente verdade no caso em que a profecia contemporânea não necessariamente produza palavras de Deus infalíveis.

Alguém poderia perguntar: "Mas como nós, do século 21, num mundo canonicamente concluído, responderíamos a revelações não canônicas?". A resposta é: "Da mesma maneira que os cristãos respondiam a isso em seu mundo canônico em aberto do primeiro século — a saber, avaliando-as à luz das Escrituras" (que estavam emergindo e, portanto, eram parciais para eles, mas que são completas para nós). Essas revelações teriam para nós, hoje, a mesma autoridade que tinham naquela época para eles. Além disso, como

---

[47]O argumento de Gaffin encontra-se nas p. 46-48 de seu capítulo "A cessationist view", e a minha resposta encontra-se nas p. 81, 82 de meu capítulo "A third wave response" (do qual a seguinte análise foi adaptada), em *Are miraculous gifts for today? Four views.*

observado, estamos numa posição muito melhor hoje do que a igreja primitiva, pois temos a forma final do cânon por meio da qual podemos avaliar as alegações de revelações proféticas. Se eles conseguiam avaliar revelações proféticas naquela época (e Paulo acreditava que conseguiam; testemunhe a sua instrução em 1Coríntios 14:29ss. e 1Tessalonicenses 5:19-22 para fazerem exatamente isso), quanto mais nós conseguimos hoje! Quem sabe as alegações contemporâneas de revelações proféticas deveriam ser mais fáceis de avaliar e responder do que essas alegações do primeiro século.

Portanto, se as revelações não canônicas não eram uma ameaça à autoridade máxima das Escrituras em sua forma emergente, por que seriam uma ameaça às Escrituras em sua forma final? Se os cristãos do primeiro século eram obrigados a crer nas Escrituras e a obedecê-las no período canônico não concluído, simultaneamente e na presença de revelações proféticas não canônicas, por que as revelações não canônicas no período canônico concluído da história da igreja acarretariam uma ameaça assim?

Gaffin argumenta que a profecia contemporânea não pode, na verdade, ser avaliada pelas Escrituras, por causa da sua especificidade pretendida. Mas isso não é um problema maior para nós hoje do que teria sido para os cristãos do primeiro século. Será que *eles* não avaliavam as revelações proféticas apesar da sua especificidade e individualidade? Se foram obedientes à instrução de Paulo, certamente fizeram isso (1Coríntios 14:29; 1Tessalonicenses 5:21,22). Por que, então, não podemos? E não estamos, na verdade, mais bem-equipados do que eles para fazer isso, uma vez que nós, diferentemente deles, temos em mãos a forma final da revelação canônica pela qual podemos fazer essa avaliação?

NEGLIGÊNCIA ÀS ESCRITURAS?

Edwards também estava convencido de que o fato de admitirmos a existência de revelações extrabíblicas logo "levaria a Bíblia a uma negligência e ao desprezo. Experiências posteriores em algumas ocasiões mostraram que a tendência dessa noção é fazer com que as pessoas considerem a Bíblia como um livro que é em grande parte inútil".[48] Mas, uma vez mais, a a própria Bíblia em nenhum lugar

---

[48]Edwards, *The Great Awakening*, p. 432.

nos admoesta que atividades reveladoras extrabíblicas nos levarão a negligenciar a Palavra escrita. Se Paulo ou os outros escritores do Novo Testamento acreditavam que essa fosse uma potencial ameaça, por que não nos forneceram algumas admoestações para esse efeito? Por que Paulo teria escrito extensivamente sobre a natureza e operação dos dons de revelação, mas deixou de mencionar o potencial para esse tipo de abuso? Quando ele na verdade falou sobre abusos, foi a tentação de suprimir a profecia e tratá-la com desprezo que suscitou a sua severa repreensão (1Tessalonicenses 5:19-22). Em nenhum lugar, em 1Tessalonicenses 5 ou em nenhum outro texto, ele disse: "Ouça, pessoal, estou preocupado com o fato de que, se vocês adotarem e exercitarem dons de revelação, acabarão elevando tanto os dons quanto sua autoridade acima da autoridade das palavras escritas desta epístola e de outras que escrevi a várias igrejas". O fato de que pessoas com maior predisposição a ignorar o ensinamento claro e a autoridade das Escrituras errarem nesse ponto não significa que devamos negar o que a própria Bíblia diz sobre a voz contínua do Espírito Santo após o encerramento do cânon.

INCORRIGÍVEL?

Uma terceira objeção levantada por Edwards é a de que, "contanto que alguém tenha uma noção de que é dirigido por um imediato direcionamento do céu, isso o torna incorrigível e impregnável em toda a sua conduta errada: pois o que significa para os míseros vermes cegos do pó argumentarem com um homem, se esforçarem para convencê-lo e corrigirem aquele que é guiado pelos conselhos e mandamentos imediatos do grande Jeová?".[49] Outra vez, por mais que isso tenha sido um problema na época de Edwards ou na nossa, não é justificativa alguma para descartar o ensinamento do Novo Testamento. As pessoas que estão determinadas a seguir caminhos pecaminosos farão isso independentemente do que a Bíblia diz. Quer a pessoa acredite ou não em revelações pós-canônicas, isso é, em última análise, irrelevante.

Eu poderia acrescentar que as pessoas que adotam a visão de Edwards também podem fazer a mesma coisa com a Palavra escrita.

---

[49]Edwards, p. 432-3.

Tenho testemunhado inúmeras ocasiões em que alguém dogmática e inflexivelmente se ateve a uma interpretação específica de um texto (tão sem base como poderia ser) para justificar uma decisão ou racionalizar um comportamento não sábio. Essas pessoas estavam convencidas de que "eram guiadas pelos conselhos e mandamentos imediatos do grande Jeová", da maneira estabelecida em sua Palavra *escrita*. A única maneira de lidar com esse tipo de abuso é a maneira em que deveríamos lidar com os que apelam para a voz de Deus a fim de racionalizarem um comportamento não sábio e errante: uma análise cuidadosa, mais extensiva e deliberada do significado e da importância do texto bíblico.

PROFECIAS FRACASSADAS?

Edwards também apontou vários exemplos de profecias fracassadas. Ele ficava surpreso com o fato de que "esses muitos e óbvios exemplos do fracasso dessas supostas revelações no acontecimento não abriam os olhos de todos. Tenho visto tantos casos do fracasso dessas impressões, que quase daria uma história".[50] Dois pontos deveriam ser observados aqui.

Em primeiro lugar, entendemos erroneamente a natureza da profecia do Novo Testamento se a consideramos como principalmente preditiva por natureza. O propósito do dom não é tanto predizer o futuro quanto é proclamar o coração de Deus a uma pessoa específica. Se as pessoas, como era talvez o caso na época de Edwards, focarem a predição ou previsão de futuros acontecimentos, invariavelmente se desviarão.

Em segundo lugar, há muitos exemplos da "falha dessas impressões", mas a resposta de Edwards aproxima-se perigosamente ao que o próprio Paulo admoestou em 1Tessalonicenses 5:19-22. Muito provavelmente, a "falha" de alguns em predizer o futuro com precisão estava levando algumas pessoas de Tessalônica a praticamente "desprezar" as palavras proféticas. O conselho de Paulo foi resistir à tentação de fazerem isso; caso contrário, estariam em perigo de "apagar o Espírito Santo". A resposta bíblica apropriada ao abuso da profecia não é rejeitá-la, desprezá-la, descartá-la ou proibi-la, mas

---

[50]Edwards, p. 433.

julgá-la, pesá-la, avaliar essas alegações, e aí então seguir o conselho do apóstolo: "Fiquem com o que é bom. Afastem-se de toda forma de mal" (1Tessalonicenses 5:21,22).

DESCONTENTES?

No quinto e último ponto de Edwards, ele fez a seguinte súplica:

> E por que não podemos nos contentar com os oráculos divinos, a santa e pura Palavra de Deus, que temos com tanta abundância e com tanta clareza, agora que o cânon das Escrituras foi completado? Por que deveríamos desejar ter qualquer coisa acrescentada a elas por impulsos de cima? Por que não deveríamos descansar nessa regra permanente que Deus deu à sua igreja, que o Apóstolo nos ensina que é mais garantida do que uma voz do céu? E por que deveríamos desejar fazer com que as Escrituras falem mais conosco do que o fazem?[51]

A crença em atividades de revelações extrabíblicas do Espírito não se deve à falta de contentamento com as Escrituras. Na verdade, é precisamente o que as próprias Escrituras ensinam em relação à atividade do Espírito que nos levam a adotar os chamados impulsos de cima. Creio nas contínuas atividades de revelações do Espírito *porque* estou irrestritamente "contente" com a absoluta veracidade de tudo o que as Escrituras dizem.

Observe uma coisa que caracteriza todos os argumentos de Edwards: *nenhum deles é bíblico!* Significa dizermos que nenhum dos seus pontos origina-se numa declaração explícita das Escrituras. Cada um deles baseia-se em consequências supostamente negativas ou no comportamento fanático de pessoas que já tinham uma visão deficiente da autoridade bíblica e uma baixa estima pela Palavra canônica.

---

[51]Edwards, p. 434.

CAPÍTULO SEIS

Argumentos bíblicos e teológicos que apoiam o continuacionismo

No capítulo 5 analisamos a defesa do cessacionismo. Neste capítulo consideraremos se há razões bíblicas para crer que Deus pretende que os dons miraculosos do Espírito estejam presentes e operativos nas vidas do seu povo hoje, tanto individualmente quanto na experiência coletiva da igreja local. Uma vez que já analisamos os argumentos cessacionistas contra isso, e atenho-me a uma posição continuacionista, a minha explicação basicamente assumirá a forma de uma resposta a cada um dos argumentos promovidos pelos cessacionistas.

EM DEFESA DO CONTINUACIONISMO[1]

Os cessacionistas tipicamente argumentam que, pelo fato de que certos dons miraculosos funcionaram para autenticar a mensagem

---

[1]Como foi observado na introdução, já escrevi em outros lugares sobre esse tópico em várias publicações e as utilizei extensivamente na composição deste capítulo. Cf. Sam Storms: "A third wave view", in: Wayne Grudem. org., *Are miraculous gifts for today? Four views* (Grand Rapids: Zondervan, 1995), p. 175-223 (com minhas respostas a outros colaboradores desse livro); "Are miraculous gifts for today?", in: Storms, *Tough popics:*

apostólica, não deveríamos esperar que estivessem operativos na igreja de hoje. Mas não há razão alguma para achar que esses dons na igreja do século 21 não poderiam funcionar da mesma maneira quando proclamamos o mesmo evangelho. Em nenhum lugar da Bíblia nos é dito que, pelo fato de que agora temos a Bíblia, não precisamos mais ou não nos beneficiaríamos com o que os dos dons miraculosos do Espírito podem realizar.

Se os sinais, as maravilhas e o poder do Espírito Santo eram essenciais ao testemunho da verdade do evangelho *naquela época*, por que não *agora*? Os milagres que confirmavam a pregação do evangelho no primeiro século servem para confirmar o evangelho em séculos posteriores, até mesmo no nosso próprio século. Se os sinais, as maravilhas e os milagres eram essenciais no ministério do Filho de Deus quando ele andou sobre esta terra, quanto mais essenciais são agora em sua ausência física. Certamente ninguém quer sugerir que a Bíblia, com toda a sua glória, seja suficiente para fazer o que Jesus não podia. Jesus achou que era necessário utilizar os fenômenos milagrosos do Espírito Santo para atestar e confirmar o seu ministério. Se eram essenciais para ele, quanto mais para nós.

Também precisamos resistir à tendência ao reducionismo. O simples fato de que um "dom espiritual A" nos serve bem numa certa capacidade não significa que não possa nos servir bem em outra capacidade. Crer que os sinais e milagres atestavam o ministério divino de Jesus e dos apóstolos não significa que não possam servir a outras funções posteriormente ao primeiro século e até mesmo ao século 21. Paulo esclareceu muito que o propósito principal dos dons espirituais, tanto dos chamados "mais milagrosos" como dos chamados "dons mais terrenos", é edificar e fortalecer o corpo de Cristo. Isso é especialmente claro a partir de 1Coríntios 12:7-10, em que encontramos o que são tipicamente chamados de dons "miraculosos" ou "sobrenaturais" do Espírito. Nesse texto Paulo explicitamente declarou que esses dons são dados pelo Espírito "visando ao bem comum" (v. 7).

---

biblical answers to 25 challenging questions (Wheaton: Crossway, 2013), p. 232-51; "Appendix 2: Are miraculous gifts for today?", in: Storms: *Practicing the power: welcoming the gifts of the Spirit in your life* (Grand Rapids: Zondervan, 2017), p. 244-69; e Storms, *The language of heaven: crucial questions about speaking in tongues* (Lake Mary: Charisma House, 2019), cap. 12.

Para que o argumento cessacionista persuada, precisamos demonstrar que a autenticação ou atestação era o *único e exclusivo propósito* dessas demonstrações de poder divino. No entanto, *em nenhum lugar do Novo Testamento o propósito ou a função dos milagres ou dos* charismata *foi reduzido ao propósito da atestação.* Os milagres, qualquer que fosse a forma com que aparecessem, serviam a vários outros propósitos. Por exemplo, os milagres serviam para *glorificar* a Deus e para atrair a atenção ao seu poder e compaixão. Essa foi a razão principal para a ressurreição de Lázaro, como o próprio Jesus deixou claro em João 11:4 (cf. 11:40). O propósito doxológico dos milagres também se encontra em João 2:11; 9:3; e Mateus 15:29-31. Os milagres também serviam para um propósito *evangelístico* (cf. Atos 9:32-43). Não significa dizer que os dons miraculosos, ou sinais e maravilhas sejam responsáveis pela conversão de almas, mas certamente podem ser usados por Deus como uma forma de pré-evangelismo, para quebrar resistências no coração incrédulo e para despertar alguém para a realidade de um Deus soberano e sobrenatural. Uma boa parte do ministério miraculoso do nosso Senhor era uma expressão da sua *compaixão* e do seu *amor* pelas multidões sofredoras. Ele curou os enfermos e até mesmo alimentou os 5 mil, sobretudo porque sentiu compaixão pelo povo (Mateus 14:14; Marcos 1:40,41).[2]

Vários textos indicam que um dos principais propósitos dos fenômenos milagrosos era *edificar* o corpo de Cristo (1Coríntios 12:7; 14:3,4,5,26). Em termos simples, *todos* os dons do Espírito, sejam línguas ou ensino, seja profecia ou misericórdia, sejam curas ou ajudas, foram dados, entre outras razões, para edificação, encorajamento, instrução, consolação e santificação do corpo de Cristo. Mesmo que o ministério dos dons miraculosos de atestar e autenticar tenha cessado, uma ideia que vou assumir apenas para fins argumentativos, esses dons continuariam funcionando na igreja pelas outras razões citadas.

Contudo, outro texto que nos diz sobre o efeito santificador dos dons espirituais é Efésios 4:11-13. Eis o que Paulo escreveu:

---

[2]Para uma demonstração extensa dessa verdade, veja meu artigo "Why did Jesus heal the sick?", *Enjoying God*, April 15, 2019, disponível em: www.samstorms.org/enjoying-god-blog/post/why-did-jesus-heal-the-sick.

> E ele designou alguns para apóstolos, outros para profetas, outros
> para evangelistas, e outros para pastores e mestres, com o fim de pre-
> parar os santos para a obra do ministério, para que o corpo de Cristo
> seja edificado, até que todos alcancemos a unidade da fé e do conhe-
> cimento do Filho de Deus, e cheguemos à maturidade, atingindo a
> medida da plenitude de Cristo.

Paulo falou sobre a operação dos dons espirituais (com o cargo do apóstolo), e em particular dos dons de profecia, evangelismo, pastoreio e ensino, como que funcionando na edificação da igreja "até que todos alcancemos a unidade da fé e do conhecimento do Filho de Deus, e cheguemos à maturidade, atingindo a medida da plenitude de Cristo" (v. 13). A palavra "até" é vital. Até *que* tempo (ou quando) não precisaremos mais da operação desses dons? "Até" que o corpo de Cristo alcance a maturidade e atinja a estatura da plenitude de Cristo. Uma vez que esse último item com toda a certeza ainda não foi alcançado pela igreja, e não será alcançado até que Jesus volte, podemos confiantemente contar com a presença e o poder desses dons até que chegue esse dia.

Talvez haja mesmo um apoio adicional para o continuacionismo em algo que Paulo escreveu no primeiro capítulo da sua Primeira Epístola aos Coríntios:

> Sempre dou graças a meu Deus por vocês, por causa da graça que
> dele receberam em Cristo Jesus. Pois nele vocês foram enriquecidos
> em tudo, isto é, em toda palavra e em todo conhecimento, porque o
> testemunho de Cristo foi confirmado entre vocês, de modo que não
> falta a vocês nenhum dom espiritual, enquanto vocês esperam que o
> nosso Senhor Jesus Cristo seja revelado. Ele os manterá firmes até o
> fim, de modo que vocês serão irrepreensíveis no dia de nosso Senhor
> Jesus Cristo. Fiel é Deus, o qual os chamou à comunhão com seu
> Filho Jesus Cristo, nosso Senhor (v. 4-9).

A importância desse texto não é meramente a afirmação de Paulo de que os coríntios "não estavam com falta de nenhum dom", mas também o período de tempo escatológico dentro do qual ele anteviu a experiência deles com esses dons. Precisamos nos lembrar de que Paulo acreditava que podia muito bem viver até a segunda vinda de Cristo, e essa parece ser a base sobre a qual ele fez essa afirmação em relação aos cristãos de Corinto. Os dons (*charismata*) que haviam recebido do Senhor são antevistos como que durando até o tempo em que Jesus é revelado do céu em sua parúsia. Como Paul Gardner explica, "os dons são dados para ajudar a igreja a viver apropriadamente até o tempo em que eles verão 'face a face' (13:12)".[3] É "à medida que vocês estiverem esperando" pela sua volta que vocês desfrutarão da presença e do poder desses dons. Paulo não disse nada, não deu nenhuma dica de nada que sugerisse que ele acreditava que esses dons fossem retirados antes da "revelação do nosso Senhor Jesus Cristo", algo que posteriormente ele reafirmou até mesmo com detalhes mais explícitos (cf. 1Coríntios 13:8-12).

Paulo tampouco fez diferenciações entre os muitos dons espirituais com os quais os coríntios haviam sido abençoados, como se houvesse uma distinção em sua mente entre os chamados "dons de sinais fundamentais" ou "temporários", e os "dons ministeriais permanentes". Também deveríamos observar que a referência de Paulo à segunda vinda de Cristo foi uma repreensão não tão velada assim daqueles entre os coríntios que acreditavam que a sua posse de certos dons, especialmente línguas, fosse uma indicação de que haviam alcançado algum estado elevado de espiritualidade antes da consumação.

O CONTINUACIONISMO E A SUFICIÊNCIA DAS ESCRITURAS

Um outro argumento cessacionista do qual tratamos sugere que a operação contínua dos dons de revelação do Espírito minaria a suficiência das Escrituras. A suficiência das Escrituras é a doutrina de que a Bíblia contém todas as verdades teológicas e todas as normas éticas necessárias para vivermos uma vida que exalte a Cristo e glorifique a Deus. O que a Bíblia contém e ensina é "suficiente" para capacitar-nos a viver de modo santo nesta era atual. Wayne Grudem argumenta que "a suficiência das Escrituras garante que Deus não dará nenhuma revelação nova nesta era atual que acrescente algo

---

[3]Paul Gardner, *1 Corinthians*, Zondervan Exegetical Commentary on the New Testament (Grand Rapids: Zondervan, 2018), p. 62.

aos *padrões morais que ele exige que todos os cristãos obedeçam durante a era da igreja*".[4] Mais recentemente, em seu excelente tratado de *sola Scriptura*, Matthew Barrett definiu a suficiência das Escrituras com os seguintes termos:

> A suficiência das Escrituras significa que todas as coisas necessárias para a salvação e para vivermos a vida cristã em obediência a Deus e para a sua glória nos são dadas nas Escrituras. A Bíblia não somente é a nossa suprema autoridade, mas é também a autoridade que fornece aos cristãos toda a verdade de que necessitam para uma reconciliação com Deus e para seguirem a Cristo.[5]

Isso levanta a questão: "O que precisamente a Bíblia diz que Deus fez ou forneceu para capacitar-nos a ser edificados e inteiramente equipados para toda boa obra?" (2Timóteo 3:16,17). Dentre as muitas coisas que ela diz que Deus fez e forneceu, há a bênção dos dons espirituais, os dons de 1Coríntios 12:7-10 especificamente. A "toda-suficiente" Palavra de Deus explicitamente nos ordena a buscar com dedicação "os melhores dons" (1Coríntios 12:31a), o que Paulo mais à frente diz ser o caso principalmente do dom de profecia. Ele de novo nos ordenou a "buscarmos com dedicação os dons espirituais, principalmente o dom de profecia" (1Coríntios 14:1). Uma vez mais: "Gostaria que todos vocês falassem em línguas, mas prefiro que profetizem" (1Coríntios 14:5a). Para que não restasse qualquer dúvida sobre o significado do que disse, Paulo conclui o capítulo com a exortação: "Portanto, meus irmãos, busquem com dedicação o profetizar e não proíbam o falar em línguas" (1Coríntios 14:39).

Enfatizo uma vez mais: é nas todas-suficientes Escrituras que encontramos essas exortações. Encontram-se na Bíblia, que nos diz tudo o que precisamos para o crescimento cristão e a santidade. Será que acreditamos que a Bíblia nos diz o que adotar e o que evitar? Sim. Será que acreditamos que a Bíblia é totalmente suficiente para nos dar todos os mandamentos que precisamos para obedecer e todas

---

[4]Wayne Grudem, *The gift of prophecy in the New Testament and today* (Wheaton: Crossway, 2000), p. 257 [edição em português: *O dom de profecia* (São Paulo: Vida, s.d.)].

[5]Matthew Barrett, *God's Word alone: the authority of Scripture* (Grand Rapids: Zondervan, 2016), p. 334.

as admoestações que precisamos ouvir? Sim. Será que acreditamos que a Bíblia nos alerta sobre essas crenças e práticas enganosas que podem muito bem ameaçar a sua própria suficiência? Sim.

O que então a Bíblia diz sobre os dons de revelação do Espírito? Ela diz que precisamos deles porque servem "visando ao bem comum" (1Coríntios 12:7). Ela diz que a profecia é dada ao povo de Deus "para a sua edificação e encorajamento e consolação" (1Coríntios 14:3). Ela diz que, quando entramos no ajuntamento do povo de Deus, "cada um de vocês tem um salmo, ou uma palavra de instrução [ou ensino], uma revelação, uma palavra em uma língua ou uma interpretação", e que tudo deveria ser "feito para a edificação" (1Coríntios 14:26). Contudo, em nenhum lugar sequer ela remotamente sugere, muito menos explicitamente afirma, que a validade contínua dos próprios dons que ela endossa seja uma perigosa ameaça à realidade da suficiência das Escrituras.

À luz disso, eu gostaria de fazer várias perguntas aos meus amigos cessacionistas. De onde vocês acham que nós continuacionistas tiramos a crença na validade contínua dos dons miraculosos do Espírito? Não inventamos a ideia por nós mesmos. Obtemos a nossa visão por meio da Escritura! É a Escritura, a toda-suficiente Escritura, que nos ensina a buscar com dedicação os dons espirituais, principalmente o dom de profecia (1Coríntios 14:1). É a Escritura, a toda-suficiente Escritura, que nos ensina que esses dons não são meramente dados para autenticar a mensagem apostólica, mas também para edificar o povo de Deus (1Coríntios 12:7; e todo 1Coríntios 14). É a Escritura, a toda-suficiente Escritura, que nos diz para "buscarmos com dedicação o dom de profecia", e para não "proibirmos o falar em línguas" (1Coríntios 14:39). É a Escritura, a toda-suficiente Escritura, que nos diz que, na era da nova aliança, posta em vigor no Pentecoste, o povo de Deus, jovens e idosos, homens e mulheres, experimentariam sonhos e visões de revelação e profetizariam (Atos 2). E em *nenhum lugar* da Escritura, a toda-suficiente Escritura, nos é dito que esses dons de revelação durariam somente cinquenta ou sessenta anos aproximadamente, e então depois disso desapareceriam.

A crença na suficiência das Escrituras significa que cremos no que elas dizem e obedecemos aos seus mandamentos. *Mas, no apelo dos cessacionistas à noção da suficiência da Bíblia, eles acabam negando sua autoridade funcional.* Essa é a grande ironia. Os meus

ENTENDENDO OS DONS ESPIRITUAIS

amigos cessacionistas dizem que creem que a Bíblia seja inerrante e suficiente para dizer-nos tudo o que precisamos saber para viver de modo santo, mas negam o ensino da Bíblia em relação à operação dos dons espirituais e a sua capacidade de capacitar-nos a viver de modo santo. Se cremos na suficiência da Bíblia, esperamos que ela claramente nos diga que os dons de revelação do Espírito e outros *charismata* miraculosos foram planejados somente para as poucas décadas do primeiro século.

Alguns cessacionistas têm argumentado que Deus deu profetas para receber revelações até que a mensagem apostólica alcançasse a sua maturidade final, e depois cessasse. Com o completamento da mensagem, a necessidade de dons de revelação também estava completa. Mas em que trecho no Novo Testamento qualquer autor disse isso? Que texto ou textos você poderia citar para apoiar essa afirmação? Um cessacionista mencionou Efésios 2:20; 3:5; 4:11 (o último dos quais, a propósito, diz que apóstolos, profetas, evangelistas e pastores-mestres foram dados "até" que alcancemos a nossa maturidade final, consumada da maneira conformada a Cristo, e eu ousaria dizer que isso não acontecerá até a segunda vinda). Mas em que ponto de qualquer um desses textos ou em qualquer outro texto nos é dito que o dom espiritual de profecia não é necessário porque temos o "completamento da mensagem"?

Se, como indubitavelmente creem os cessacionistas, a Bíblia é suficiente para todas as instruções e suficiente para fornecer um direcionamento inerrante a tudo o que poderíamos necessitar para crescer na santidade, por que a toda-suficiente Bíblia não diz o que os cessacionistas continuamente afirmam? Não teria sido prudente que os apóstolos nos tivessem dito que o ensinamento deles sobre os dons de revelação somente seria válido por meros cinquenta ou sessenta anos da vida da igreja? Na minha experiência, os cessacionistas que afirmam a suficiência da Bíblia parecem relutantes em admitir que *essa mesma Bíblia* deixa de nos fornecer um único texto em que nos é dito que os muitos dons que ela nos encoraja a buscar e praticar eram temporários ou caracterizados por alguma obsolescência inerente.

Preciso ser repetitivo aqui. Se a Bíblia é suficiente para nos dar tudo o que precisamos para viver de modo santo, e eu certamente creio que ela é, então por que ela não nos dá um único texto solitário em que nos diga para ignorar as exortações a buscarmos com

ARGUMENTOS BÍBLICOS E TEOLÓGICOS QUE APOIAM O CONTINUACIONISMO

dedicação os dons espirituais, especialmente a profecia, ou um único texto solitário em que nos diga que os dons de revelação que foram dados para edificar e encorajar o povo de Deus não eram destinados a nenhuma geração de cristãos posterior à do primeiro século? Por que a Palavra escrita somente nos diz para fazermos bom uso desses dons para a edificação do corpo e não nos diz que só eram destinados à igreja primitiva? Eu simplesmente não sei como os meus amigos cessacionistas podem afirmar a suficiência bíblica quando desconsideram sem base textual os muitos exemplos e exortações em relação ao uso desses dons.

Assim, em suma, afirmo que, se você crê na suficiência e na autoridade funcional das Escrituras, *precisa necessariamente* crer na validade contínua e no poder edificador dos dons de revelação do Espírito.

MISCELÂNEA DOS ARGUMENTOS ABORDADOS

Se o cessacionismo é verdadeiro, o que devemos fazer com a retratação sistematicamente positiva dos dons do Espírito que vemos na inspirada Palavra de Deus? Ao olharmos para as muitas epístolas do Novo Testamento e sua descrição da vida como cristãos na igreja local, o que encontramos? Lemos sobre os dons em operação em Tessalônica (1Tessalonicenses 5:19-22), em Antioquia (Atos 13:1,2), em Cesareia (Atos 10:44-48; 21:8,9), em Roma (Romanos 12:3-8), em Samaria (Atos 8:4-8), em Éfeso (Atos 19:1-7; 1Timóteo 1:18; 4:14), na Galácia (Gálatas 3:1-5) e, obviamente, em Corinto (1Coríntios 12—14). Considerando esse retrato sistematicamente positivo de como os dons deveriam operar, alguém precisaria desenvolver uma justificativa avassaladora segundo a qual não deveríamos orar, buscar, nem praticar esses dons na igreja hoje.[6]

Não raro ouvimos que os dons miraculosos do Espírito estavam de alguma forma singularmente ligados ou amarrados aos apóstolos originais. Na ausência desses homens, não deveríamos esperar que

---

[6]Vamos ter a certeza de não nos esquecer de que o problema em Corinto não era com os dons espirituais, mas com as pessoas "não espirituais" ou imaturas. Não podemos indiciar os dons espirituais ou colocar uma acusação aos seus pés sem simultaneamente indiciarmos a Deus. Ele é, afinal de contas, aquele que pensou na ideia dos dons espirituais e aquele que os concedeu ao seu povo. Se os dons espirituais por si só são o problema, o problema está com Deus que foi o autor deles. Certamente ninguém desejaria fazer esta última afirmação.

ENTENDENDO OS DONS ESPIRITUAIS

esses dons fossem encontrados. Mas é improvável que os apóstolos tenham sido os *únicos* que operavam no poder de sinais e maravilhas. O Novo Testamento descreve inúmeros cristãos que não eram apóstolos que exercitavam com muito sucesso e benefício espiritual aos outros os muitos dons que deveríamos crer que não existem mais na igreja. Pensamos imediatamente nos 70 (72?) seguidores de Jesus que não eram apóstolos que foram autorizados e capacitados a expulsar demônios (Lucas 10:19,20), assim como os pelo menos 108 homens e mulheres dentre os 120 que estavam presentes no cenáculo no Dia de Pentecoste (Atos 2:1-17). Já mencionei indivíduos, como Estêvão (Atos 6—7), Filipe (Atos 8) e Ananias (Atos 9). Também lemos sobre os profetas na igreja de Antioquia (Atos 13:1) e vários indivíduos anônimos em Tiro que, "pelo Espírito, recomendavam a Paulo que não fosse a Jerusalém" (Atos 21:4). Quando Paulo batizou vários discípulos anônimos de João Batista, eles profetizaram e falaram em línguas (Atos 19:6). Em seguida, vemos as "quatro filhas virgens" de Filipe, que, segundo relatos, "profetizavam" (Atos 21:8,9), os irmãos anônimos de Gálatas 3:5, com os cristãos de Roma (Romanos 12:6-8), os cristãos de Corinto (1Coríntios 12—14) e os cristãos de Tessalônica (1Tessalonicenses 5:19,20).

Como foi observado no capítulo 3, quando lemos 1Coríntios 12:7-10, não parece que Paulo diz que somente os apóstolos são dotados com os *charismata*. Pelo contrário, os dons de curas, línguas, milagres e assim por diante eram dados pelo soberano Espírito aos cristãos comuns da igreja de Corinto para a edificação diária, rotineira do corpo. Carpinteiros, pastores de ovelhas, donas de casa, apóstolos, presbíteros e diáconos recebiam a manifestação do Espírito, com tudo isso "visando ao bem comum" da igreja.

Observei anteriormente como Richard Gaffin argumenta que a experiência da igreja primitiva, da forma registrada em Atos, precisa ser vista como um período diverso e singular que não pode ser reproduzido nem copiado hoje. Afinal de contas, a igreja primitiva tinha a presença dos apóstolos, o que, obviamente, não temos hoje. Mas eu argumentaria em defesa da continuidade fundamental ou do relacionamento espiritualmente orgânico entre a igreja de Atos e a igreja dos séculos posteriores. Ninguém nega que houve uma era ou um período da igreja primitiva que poderíamos chamar de "apostólico". Precisamos reconhecer a importância da presença física e pessoal dos apóstolos e o seu papel singular no estabelecimento da fundação para a igreja primitiva. Mas em nenhum lugar o Novo Testamento sugere que certos dons espirituais fossem singular e exclusivamente ligados a eles ou que, com o seu falecimento, esse dons tivessem chegado ao fim. A igreja, ou corpo universal de Cristo, que foi estabelecida e dotada por meio do ministério dos apóstolos, é a mesma igreja, ou corpo universal de Cristo, que existe hoje (algo que somente os mais extremistas dos hiperdispensacionalistas negariam). Nós somos, com Paulo, Pedro, Silas, Lídia, Priscila e Lucas, membros do corpo único de Cristo, habitados interiormente pelo mesmo Espírito Santo.

Um contra-argumento muito usado é aquele de que os sinais, as maravilhas e os *charismata* miraculosos de Atos estavam intimamente associados aos apóstolos ou aos outros cristãos que estavam associados ao grupo dos apóstolos. Mas precisamos nos lembrar de que o livro de Atos é, afinal de contas, os Atos dos *Apóstolos*. Nós o intitulamos dessa forma porque reconhecemos que a atividade dos apóstolos é o foco principal do livro. Não deveríamos ficar muito surpresos nem tentar desenvolver uma defesa teológica com base no fato de que um livro *planejado* para relatar os atos dos apóstolos descrevesse os sinais e as maravilhas realizados pelos apóstolos.

Além disso, dizer que Estêvão, Filipe e Ananias não contam porque estão intimamente associados aos apóstolos não prova nada. Praticamente *todos* de Atos têm algum nível de associação com o grupo dos apóstolos. É difícil pensar em uma só pessoa, que represente qualquer nível de proeminência no livro de Atos, que *não* esteja associada a pelo menos um dos apóstolos. Mas não havia uma notável concentração de fenômenos milagrosos característicos dos apóstolos como representantes especiais de Cristo? Certamente havia (cf. Atos 5:12). Mas a prevalência de milagres realizados pelos apóstolos de forma alguma prova que *nenhum* milagre era realizado por outros ou por meio deles.

OS DONS ESPIRITUAIS NAQUELA ÉPOCA E AGORA

Como foi observado no capítulo anterior, o argumento que ouço com mais frequência é que hoje não operamos no mesmo nível de precisão ou eficácia que a igreja primitiva. Jack Deere argumentou a esse respeito:

ENTENDENDO OS DONS ESPIRITUAIS

Simplesmente não é razoável insistirmos que todos os dons espirituais miraculosos se igualam aos dos apóstolos em sua intensidade ou força a fim de serem percebidos como dons legítimos do Espírito Santo. Ninguém insistiria nisso para os dons não milagrosos, como o ensino ou o evangelismo [...] Deveríamos, obviamente, esperar que o ministério de cura dos apóstolos fosse maior do que o ministério de outros no corpo de Cristo. Eles foram especialmente escolhidos a dedo pelo Senhor para que fossem os seus representantes, e receberam autoridade e poder sobre todos os demônios e sobre todas as enfermidades [...]. Tinham uma autoridade que ninguém mais do corpo de Cristo tinha [...]. Se vamos dizer que o ministério apostólico estabelece o padrão segundo o qual deveríamos julgar os dons de Romanos 12 e 1Coríntios 12, poderíamos ser forçados a concluir que nenhum dom, milagroso ou não milagroso, foi dado desde os dias dos apóstolos! Pois quem chegou ao nível dos apóstolos em qualquer aspecto?[7]

O máximo que podemos concluir do fato de não vermos curas *apostólicas* ou milagres *apostólicos* é que não estamos vendo curas e milagres no nível em que ocorriam no ministério dos *apóstolos*. Não significa que Deus tenha retirado os dons de cura ou o dom de operação de milagres (1Coríntios 12:9,10) da igreja de forma geral.

Andrew Wilson elabora um argumento semelhante num artigo de blogue, respondendo a Steve Timmis. Ele diz o seguinte:

O próprio Jesus nem sempre curava instantaneamente. Há na verdade muitos outros milagres instantâneos e dramáticos hoje em dia do que vocês costumam atribuir a Deus. As línguas nas cartas de Paulo eram provavelmente uma linguagem de oração, e não uma linguagem terrena. A profecia do Novo Testamento pode ser falível também. Vocês estão falando a partir de uma sociedade ocidental, funcionalmente materialista, que perde boa parte do quadro global. Paulo não curou a todos, e discutivelmente Jesus tampouco o fez. E assim por diante.

Mas a melhor resposta, creio, é a seguinte: sim, os apóstolos foram mais bem-sucedidos na cura do que nós somos. Há, na verdade, uma

---

[7]Jack Deere, *Surprised by the power of the Spirit* (Grand Rapids: Zondervan, 1993), p. 67 [edição em português: *Surpreendido pelo poder do Espírito* (Rio de Janeiro: CPAD, s.d.)].

discrepância entre a nossa experiência e o que é apresentado no Novo Testamento. Mas os apóstolos também foram mais bem-sucedidos no evangelismo. E na plantação de igrejas. E na liderança. E nas missões transculturais. E na disciplina da igreja. E no ensino. E no ficar firmes em meio às perseguições. E no lidar com as decepções. Contudo, em nenhum desses casos concluímos que o abismo é tão largo, o "sucesso" deles é tão maior do que o nosso, que escrever um livro dizendo às pessoas como compartilhar o evangelho, ou ensinar, ou liderar mais eficazmente é encorajar as pessoas a ficar satisfeitas com um cristianismo sub-bíblico. Em vez disso, reconhecemos a disparidade e buscamos aprender com isso. O que faziam? Como o faziam? O que podemos aprender? O que está faltando para nós? Quais os nossos contemporâneos que Deus está usando nessa área no momento? O que podemos aprender com eles? E assim por diante.

Essa também é a resposta mais carismática, no melhor sentido dessa palavra: é a resposta que coloca a ênfase mais forte possível no *charisma*, no dom. Os dons de cura e os dons proféticos de algumas pessoas, como os dons evangelísticos, de liderança e dons pastorais de algumas pessoas, são mais desenvolvidos do que de outras. Vejo menos pessoas curadas do que o meu amigo Simon Holley, que vê menos pessoas curadas do que Heidi Baker, que vê menos pessoas curadas do que Pedro, que viu menos pessoas curadas do que Jesus. Quando prego o evangelho, menos pessoas vêm à fé do que quando o meu amigo Adrian Holloway prega, que vê menos pessoas vindo à fé do que quando Billy Graham pregava. O meu dom de ensino não é o de John Piper, e o dom dele não é o de João Calvino, e o dom de Calvino não é o de Paulo. Os dons variam. "De fato, Deus dispôs cada um dos membros no corpo, segundo a sua vontade" (1Coríntios 12:18).

Assim, há uma discrepância entre a qualidade, a quantidade e o imediatismo dos milagres do Novo Testamento e os nossos? Sim. Isso significa que os dons miraculosos não são para hoje? Não. Isto é, a menos que o ensino não seja para hoje tampouco. E, nesse caso, vocês provavelmente não deveriam estar lendo isso, para começo de conversa.[8]

---

[8]Andrew Wilson, "On Acts 29 and Spiritual Gifts", *Think* (blogue), April 19, 2017, disponível em: www.thinktheology.co.uk. Também deveria ser consultado o trabalho de Wilson entregue na reunião anual da Evangelical Theological Society, Denver, Colorado, 2018. Ele ampliou esse tema em seu livro *Spirit and sacrament* (Grand

ENTENDENDO OS DONS ESPIRITUAIS

Em suma, Wilson concorda que o tipo de milagre que vemos hoje é mais raro do que o encontrado em Atos, "mas assim também são os sermões em que vemos 3 mil pessoas salvas, e assim também são os missionários que plantam igrejas a partir dos arredores de Jerusalém até Ilírico. Essa não é a razão para buscarmos menos essas coisas; é a razão para as buscarmos mais".[9]

RESPOSTA CONTINUACIONISTA AO ARGUMENTO DO AGRUPAMENTO[10]

O que o continuacionista diz em resposta ao argumento do "agrupamento"? Se você se lembra, é o argumento de que os milagres e sinais agruparam-se em três períodos da história de redenção. Na melhor das hipóteses, isso poderia sugerir que, nesses agrupamentos da história de redenção, fenômenos milagrosos foram *mais* prevalecentes do que em outras épocas, mas isso *não* prova que os fenômenos milagrosos de outras épocas foram inexistentes. Tampouco prova que um aumento na frequência de fenômenos milagrosos não poderia aparecer em fases posteriores da história da redenção.

Para desenvolvermos um argumento substancial, precisaríamos explicar não somente a razão pela qual os fenômenos milagrosos foram prevalecentes nesses três períodos, mas também a razão pela qual foram, alegadamente, infrequentes ou, usando o termo de John MacArthur, "isolados" em todos os períodos. Se os fenômenos milagrosos foram infrequentes em outros períodos, uma ideia que assumirei aqui apenas para fins argumentativos, então precisaríamos verificar o porquê. Seria possível que a relativa infrequência dos milagres fosse devida à rebelião, incredulidade e apostasia desenfreadas em Israel durante a maior parte da sua história (cf. Salmos 74:9-11; 77:7-14)? Não nos esqueçamos de que até mesmo Jesus "não pôde fazer ali [em Nazaré] nenhum milagre, exceto impor as mãos sobre alguns doentes e curá-los" (Marcos 6:5) — tudo por causa da incredulidade deles (com a qual nos é dito que Jesus

---

Rapids: Zondervan, 2019). Cf. tb. Max Turner, "Spiritual gifts then and now", *VoxEv* 15 (1985): 48-50.

[9]Andrew Wilson, "A response to Tom Schreiner", *Themelios* 44.1 (2019):37.

[10]Minha resposta ao argumento do "agrupamento" aqui foi adaptada de minha abordagem a ela em "A third wave view", in: *Are miraculous gifts for today? Four views*, p. 186-90.

"ficou maravilhado" — v. 6). O ponto é que o isolamento comparativo dos milagres em certos períodos da história do Antigo Testamento poderia ser mais em razão da recalcitrância do povo de Deus do que de qualquer princípio teológico hipotético que dite como normativa uma escassez de manifestações sobrenaturais.

Também vale a pena salientar que *não havia nenhum cessacionista no Antigo Testamento.* Ninguém jamais foi encontrado argumentando que, uma vez que os fenômenos milagrosos estavam "agrupados" em pontos selecionados da história da redenção, não deveríamos esperar que Deus demonstrasse seu poder em algum outro período. Em outras palavras, *em nenhum ponto da história do Antigo Testamento os milagres cessaram.* É possível que talvez tenham *diminuído.* Mas isso só prova que em alguns períodos Deus se satisfaz em operar milagrosamente com maior frequência do que em outros períodos.

O fato de que os milagres realmente aparecem em todo o decorrer da história da redenção, quer esporadicamente ou de outras formas, prova que os milagres nunca cessaram. Como a prevalência dos milagres em três períodos da história apoia o argumento a favor do cessacionismo? Como a existência dos milagres em todas as eras da história de redenção serve para argumentar contra a existência de milagres em nossa era? A ocorrência de fenômenos milagrosos em toda a história bíblica, por mais infrequentes e isolados, não pode provar a *não ocorrência* de fenômenos milagrosos em tempos pós-bíblicos. A *continuação* dos fenômenos milagrosos *naquela época não* é um argumento a favor da *cessação* dos fenômenos milagrosos *agora.* O fato de que em certos períodos da história da redenção poucos milagres foram registrados prova somente duas coisas: primeiro, que milagres de fato ocorreram e, segundo, que poucos deles foram registrados. Não prova que apenas alguns poucos realmente ocorreram.

Além disso, a afirmação de que os fenômenos milagrosos fora desses três períodos especiais foram isolados não é totalmente precisa. Esse argumento só pode ser sustentado por meio de uma definição de milagre que seja tão restrita a ponto de eliminar um vasto número de fenômenos sobrenaturais que, fora da definição, seriam considerados milagrosos. MacArthur insiste que, para qualificar-se como milagre, o acontecimento extraordinário precisa ocorrer "pela agência humana" e tem que servir para "autenticar" o mensageiro por meio de quem Deus está revelando alguma verdade.

Dessa forma, podemos excluir como milagroso qualquer fenômeno sobrenatural que ocorra independentemente da agência humana e qualquer fenômeno sobrenatural não relacionado à atividade de revelação de Deus. Se nenhuma revelação estiver ocorrendo nesse período da história da redenção, nenhum fenômeno sobrenatural registrado nessa era poderia satisfazer os critérios para o que constitui um milagre. Com uma definição de milagres tão restrita assim, é fácil declará-los isolados ou infrequentes.

Mas, se a "agência humana" ou um indivíduo "dotado" forem necessários antes que um acontecimento possa ser chamado de miraculoso, o que dizer do nascimento virginal e da ressurreição de Jesus? E a ressurreição dos santos mencionada em Mateus 27:52,53, ou a libertação de Pedro da prisão em Atos 12? Será que a morte instantânea de Herodes em Atos 12:23 não foi um milagre porque a agência foi angelical? O terremoto que abriu a prisão em que Paulo e Silas estavam alojados não foi um milagre porque o próprio Deus o fez, diretamente? A libertação de Paulo do veneno de uma víbora (Atos 28) não foi um milagre simplesmente porque nenhuma agência humana foi utilizada em sua preservação? Definir como "milagre" somente os fenômenos sobrenaturais que envolvam a agência humana é arbitrário. É uma defesa que exige um apelo especial, concebida principalmente com o objetivo de fornecer uma maneira de reduzir a frequência dos milagres no registro bíblico.

Decerto é verdade que os milagres confirmam e autenticam a mensagem divina. Mas *reduzir* o propósito dos milagres a essa única função é ignorar outras razões para as quais Deus os ordenou. A associação dos milagres com a revelação divina torna-se um argumento a favor do cessacionismo *somente* se a Bíblia *restringir* a função de um milagre à atestação. E a Bíblia não faz isso.

O Antigo Testamento revela um padrão sistemático de manifestações sobrenaturais nas atividades da humanidade. Além da multidão de milagres durante a vida de Moisés, Josué, Elias e Eliseu, vemos inúmeras ocasiões de atividades angelicais, visitações sobrenaturais e atividades de revelações, curas, sonhos, visões etc. Uma vez removidas as restrições arbitrárias na definição de um milagre, um diferente quadro da vida religiosa do Antigo Testamento emerge.[11]

---

[11]Cf. especificamente a forma que Deere lidou com os fenômenos milagrosos no Antigo Testamento, em *Surprised by the power of the Spirit*, p. 255-61. Também

Dois outros fatores indicam que os fenômenos milagrosos não foram tão isolados e infrequentes como alguns alegam. Primeiro, temos a asserção de Jeremias 32:20, em que o profeta falou sobre Deus, o qual havia "realizado sinais e maravilhas no Egito e continua a fazê-los até hoje, tanto em Israel como entre toda a humanidade, e alcançaste o renome que hoje tens". Esse texto nos alerta sobre o perigo de argumentar a partir do silêncio. O fato de que desde a época do êxodo até o cativeiro menos casos de sinais e maravilhas são registrados não significa que não ocorreram. Jeremias insiste que ocorreram. Poderíamos comparar isso ao perigo de afirmar que Jesus não realizou um milagre específico ou que o fez com qualquer nível de frequência simplesmente porque os evangelhos deixam de registrá-lo. João nos disse explicitamente que Jesus realizou "na presença dos seus discípulos muitos outros sinais milagrosos", os quais João não incluiu na narrativa do seu evangelho (João 20:30), e que "Jesus fez também muitas outras coisas" que eram impossíveis de registrar detalhadamente (João 21:25).

Em segundo lugar, a maioria dos cessacionistas insiste que a profecia do Novo e do Antigo Testamento são a mesma. Também prontamente reconhecem que a profecia do Novo Testamento era um dom de "milagre". Se a profecia do Antigo Testamento era da mesma natureza, então temos um exemplo de fenômeno milagroso recorrente em toda a história de Israel. Em todas as eras da existência de Israel em que havia atividades proféticas, havia atividades milagrosas. O que dizer então sobre a afirmação de que os milagres, até mesmo na restrita definição, eram infrequentes e isolados?

É CERTO ORAR POR SINAIS, MARAVILHAS E DONS MIRACULOSOS?

Será que o anseio por sinais e maravilhas é um sinal de uma fé fraca e imatura? Em caso afirmativo, como explicamos Atos 4:29-31, que

---

pensamos em Daniel, que ministrou muito além do tempo de Elias e Eliseu. Contudo, "proporcionalmente, o livro de Daniel contém mais acontecimentos sobrenaturais do que os livros de Êxodo até Josué (os livros que lidam com os ministérios de Moisés e Josué) e 1Reis até 2Reis 13 (os livros que lidam com os ministérios de Elias e Eliseu)" (Deere, p. 263). O que deixa a lista de Deere de fenômenos milagrosos do Antigo Testamento ainda mais chocante é que ela sequer menciona os inúmeros acontecimentos sobrenaturais dos Profetas Maiores ou Menores. Basta lermos todo o livro de Ezequiel para ver mais uma vez como são difusos os sonhos, as visões e as expressões proféticas, e como há uma ampla variedade de outras ocorrências e experiências milagrosas.

registra a oração da igreja de Jerusalém para que Deus estendesse a sua mão "para curar" e realizar "sinais e maravilhas" por meio do nome de Jesus?

Obviamente, é bom orarmos por sinais e maravilhas. Não é maligno, nem sinal de desequilíbrio emocional e mental, pedir a Deus que demonstre seu poder. Essa passagem também mostra que não há conflito necessário ou inerente entre os milagres e a mensagem, entre as maravilhas e a palavra da cruz. A denúncia por parte do nosso Senhor em Mateus 12:39 e 16:4 foi dirigida aos escribas e fariseus incrédulos, e não aos filhos de Deus. A exigência deles por milagres era simplesmente uma maneira de encobrirem a sua falta de disposição de crer. Mas, se o nosso desejo é que Deus seja glorificado na demonstração do seu poder, pedir-lhe em oração para que ele opere sinais e maravilhas em nosso meio não somente é permitido; é essencial.

RESPOSTA A RICHARD GAFFIN[12]

O estudioso do Novo Testamento Richard Gaffin argumenta que "Atos pretende documentar uma história *completa*, uma época singular da história da redenção — a disseminação apostólica do evangelho, de uma vez por todas, 'até os confins da terra'".[13] Mas Lucas não disse isso em nenhum lugar. Até mesmo se fosse verdade, em que trecho Lucas afirmou que aquilo que o Espírito Santo fez nessa "história" não devia ser feito em "histórias" posteriores? Uma vez mais, Lucas não afirmou em nenhum lugar que Atos era "singular". Se fôssemos concordar que em certos aspectos Atos era singular, por que concluir que a singularidade — e, portanto, as características não repetíveis de Atos — refere-se principalmente à sua retratação da obra carismática do Espírito? Lucas nunca sugeriu, muito menos afirmou, que a maneira que Deus relatou e estava ativo no meio do seu povo naquela "história" específica estivesse concluída. Gaffin articulou uma premissa que talvez tenha uma medida de verdade, mas que tem falta de evidências textuais sobre as quais possamos apoiar a conclusão teológica que extrai dela.

---

[12]A seguinte resposta a Richard Gaffin foi adaptada de meu capítulo "A third wave response", in: *Are miraculous gifts for today? Four views*, p. 72-85.

[13]Gaffin, "A cessationist view", in: *Are miraculous gifts for today? Four views*, org. Wayne Grudem (Grand Rapids: Zondervan, 1995), p. 37, 38.

Procuramos em vão um texto em que a obra carismática e sobrenatural do Espírito Santo que ajudou na expansão do evangelho, e posteriormente caracterizou a vida e o ministério das igrejas que foram plantadas, não tenha o propósito divino de ajudar na expansão do evangelho no restante do mundo em séculos posteriores ou não tenha o propósito de caracterizar a vida dessas igrejas.

Também precisamos considerar o que Pedro disse em Atos 2 em relação à operação dos chamados dons miraculosos como característicos da era da nova aliança da igreja. Como D. A. Carson disse, "a vinda do Espírito não está associada meramente ao *amanhecer* dessa nova época, mas à sua *presença*; não meramente ao Pentecoste, mas a todo o período desde o Pentecoste até a volta de Jesus, o Messias".[14] Ou, uma vez mais, os dons de profecia e línguas (Atos 2) não são retratados como meramente *inaugurando* a era da nova aliança, mas *caracterizando-a* (e não nos esqueçamos: a atual era da igreja = os últimos dias).

Gaffin coloca uma ênfase no romper, na entrada inaugural do evangelho em Samaria e para os gentios; ele insiste que os fenômenos milagrosos que ocorreram nessas ocasiões tiveram um papel essencial de atestar essa expansão. Concordo. Mas também precisamos focar as igrejas que foram plantadas, emergiram e perduraram na consequência desses assim chamados "estágios de época" da história da redenção. O que leio em Atos, 1Coríntios, Romanos, Efésios, 1Tessalonicenses e Gálatas indica que os fenômenos milagrosos que acompanharam o início e a fundação dessas igrejas devem caracterizar a sua edificação e seu crescimento também. Gaffin parece querer que acreditemos que, *pelo fato de que* os sinais, as maravilhas e os dons miraculosos ajudaram a lançar a igreja, servindo para atestar a proclamação original do evangelho, esses fenômenos não têm nenhuma função adicional ou contínua para suster e nutrir a própria igreja. Mas isso não é nada conclusivo, pois há uma falta de evidências bíblicas.

A argumentação de Gaffin é um reducionismo que não resulta em nada. Ele isola uma função dos fenômenos milagrosos, liga-a ao período em que ocorre, e então conclui que não é possível haver

---

[14]D. A. Carson, *Showing the Spirit: a theological exposition of 1 Corinthians 12—14* (1987; reimpr., Grand Rapids: Baker, 2019), p. 203.

ENTENDENDO OS DONS ESPIRITUAIS

outras funções em nenhum *outro* período da história da igreja. E ele faz isso sem nenhum texto bíblico que o afirme explicitamente.

Gaffin diz que "Atos 2 e os acontecimentos milagrosos posteriores que Lucas narra não têm o propósito de estabelecer um padrão de 'repetições' do Pentecoste que se perpetuem indefinidamente pela história da igreja. Em lugar disso, juntos constituem, como já foi sugerido, um acontecimento-complexo, completo com o programa apostólico concluído que acompanham".[15] Mas por que os acontecimentos e *charismata* miraculosos não podem continuar sem acharmos que isso significa uma "repetição" do Pentecoste? O Pentecoste — de uma vez por todas como um *acontecimento* histórico da redenção — não requer, nem sequer sugere, a restrição dos *charismata* miraculosos nesse período. O que Gaffin persiste em concluir por inferência teológica, a própria Bíblia não afirma em nenhum lugar.

"Certamente seria errado argumentarmos, por outro lado", diz Gaffin, "que Lucas pretendia mostrar que os dons miraculosos e as experiências de poder cessaram com a história que ele documentou".[16] Acho que isso é confuso em vista da sua afirmação de que os acontecimentos milagrosos de Atos posteriores ao Pentecoste *não* pretendem que Lucas nos diga como deve ser o restante da história da igreja. Esses acontecimentos (presumivelmente, profecia, línguas e cura) "constituem [...] um acontecimento-complexo, completo com o programa apostólico concluído que acompanham".[17]

Ele então afirma que, "em relação a isso, observar que, em Atos, outras pessoas além dos apóstolos exercitavam dons miraculosos (por exemplo, 6:8) é irrelevante. Oferecer isso como evidência de que esses dons continuarão posteriormente ao tempo dos apóstolos desmancha o que para Lucas pertence a um conjunto".[18] Discordo. Creio que esse é *exatamente* o ponto — o ministério miraculoso do Espírito Santo tem propósitos não somente para os apóstolos, nem somente para a obra fundamental que realizavam. Se, como Gaffin argumenta, os fenômenos milagrosos e o ministério apostólico pertenciam a um conjunto na mente de Lucas, por que outras pessoas além dos apóstolos realizavam milagres? Não será suficiente para

---

[15]Gaffin, "A cessationist view", p. 38.
[16]Gaffin, p. 38, 39.
[17]Gaffin, p. 38.
[18]Gaffin, p. 39.

ARGUMENTOS BÍBLICOS E TEOLÓGICOS QUE APOIAM O CONTINUACIONISMO

Gaffin simplesmente afirmar que os milagres operados por cristãos que não eram apóstolos sejam irrelevantes. Este é um ponto vitalmente importante que o cessacionismo não consegue explicar. Lembremo-nos de que foi, na verdade, o próprio Lucas que desmantelou ambos. Talvez ele o fizesse porque esse era o seu ponto!

Gaffin diz que "outras pessoas exercem esses dons *em virtude da presença e atividade dos apóstolos*; fazem-no sob um 'guarda-chuva apostólico', por assim dizer".[19] Quando Lucas disse isso? Que texto bíblico o afirma? Até mesmo se concordássemos, por que concluiríamos que Deus não queria que a igreja experimentasse esses dons depois que os apóstolos falecessem? Novamente, conclusões universalmente aplicáveis foram deduzidas sem garantia textual. Ao refletir sobre o livro de Atos, não encontro nada na perpetuidade de sinais, maravilhas e dons miraculosos que ameace a integridade ou singularidade da era apostólica. A singularidade da era apostólica é que ela foi a primeira e fundamental — não se refere a ter sido milagrosa.

Num desejo de reter uma estreita conexão entre o ministério apostólico e os sinais e maravilhas, Gaffin diz que é uma "disjunção alheia a Lucas"[20] argumentarmos que os sinais e as maravilhas atestam a mensagem (evangelho), e não necessariamente o mensageiro. Mas essa distinção dificilmente era alheia a Lucas, pois ele falou de muitos cristãos que não eram apóstolos que realizavam sinais e maravilhas, e em nenhum lugar atribuiu explicitamente o poder deles a qualquer relacionamento ou contato físico com os apóstolos. Nem Lucas nem qualquer outro autor do Novo Testamento disse que Deus não poderia ou não atestaria a mensagem com sinais e maravilhas quando fosse proclamada por cristãos comuns. Quando isso é combinado com o fato de que vários cristãos comuns que não eram apóstolos faziam sinais e maravilhas, a distinção que Gaffin alega que é "alheia" a Lucas parece bem familiar a ele.

Gaffin também argumenta que o próprio Novo Testamento registra esses dons em operação somente em Atos. E eles "acompanham a disseminação apostólica singular e concluída do evangelho".[21] Mas em nenhum lugar Atos ou o Novo Testamento dizem que o que

---

[19]Gaffin, p. 39.
[20]Gaffin, p. 39.
[21]Gaffin, p. 42.

era singular em relação aos apóstolos eram os sinais e as maravilhas que realizavam. Como pode ser argumentado que, pelo fato de que os sinais e as maravilhas acompanham a disseminação apostólica do evangelho, eles não podem acompanhar a disseminação não apostólica desse mesmo evangelho? O fato de que os apóstolos do primeiro século concluíram o *seu* trabalho na disseminação do evangelho não significa que outros, em gerações posteriores, tenham concluído o seu trabalho. Além disso, acho difícil entender como o exercício de dons miraculosos por parte de homens e mulheres da igreja de Corinto que, além de seres cristãos comuns, não eram apóstolos — sempre com o propósito de edificar, encorajar, consolar e ajudar uns aos outros a ser mais semelhantes a Jesus — possa em *qualquer* sentido ser considerado exclusivamente ligado à alegada "disseminação apostólica singular e concluída do evangelho". Essas pessoas não estavam plantando igrejas ou oferecendo o evangelho para além de fronteiras étnicas. Eram apenas cristãos comuns lutando com a vida e ministrando às necessidades, às dores e aos problemas diários de outros cristãos como eles. O mesmo pode ser dito quanto aos cristãos de Tessalônica (1Tessalonicenses 5:19-22), Roma (Romanos 12:3-6a), Galácia (Gálatas 3:5) e outros lugares. Como alguém pode argumentar que esses dons miraculosos perderam sua validade e valor prático na realização do que Deus lhes ordenou simplesmente porque a certa altura do primeiro século os apóstolos morreram?

Gaffin argumenta que, dado o fato da alegada ligação exclusivista entre o ministério apostólico e os dons milagrosos (uma ligação não afirmada em nenhum lugar das Escrituras), a continuação dos dons e milagres "até a era não apostólica não pode simplesmente ser pressuposta".[22] Ao contrário, quando observamos Paulo dizer que a vida normal da igreja em 1Coríntios 12:7-10 envolve dons miraculosos, dons cujo propósito é edificar os cristãos e santificar suas almas, dons que em nenhum lugar são exclusivamente (ou até mesmo principalmente) ligados aos apóstolos, ou cuja função se limita a acompanhar ou atestar o ministério deles, a continuação desses dons é *exatamente* o que deveria ser pressuposto.

---

[22]Gaffin, p. 42.

QUAL É O SIGNIFICADO DO "PERFEITO" EM 1CORÍNTIOS 13:8-12 E O QUE NOS ENSINA SOBRE A CESSAÇÃO OU CONTINUAÇÃO DOS DONS MIRACULOSOS DO ESPÍRITO?[23]

No final do famoso "capítulo do amor", de Paulo, lemos o seguinte:

> O amor nunca perece; mas as profecias desaparecerão, as línguas cessarão, o conhecimento passará. Pois em parte conhecemos e em parte profetizamos; quando, porém, vier o que é perfeito, o que é imperfeito desaparecerá. Quando eu era menino, falava como menino, pensava como menino e raciocinava como menino. Quando me tornei homem, deixei para trás as coisas de menino. Agora, pois, vemos apenas um reflexo obscuro, como em espelho; mas, então, veremos face a face. Agora conheço em parte; então, conhecerei plenamente, da mesma forma com que sou plenamente conhecido (1Coríntios 13:8-12).

As pessoas que adotam o cessacionismo salientam que, ainda que Paulo tenha dito nos versículos 8 e 10 que a profecia e o conhecimento "passarão" ou "serão aniquilados" quando vier o que é "perfeito", as línguas, por sua vez, simplesmente "cessarão". Consideram que isso significa que o dom espiritual de falar em línguas simplesmente se extingue por si só. Há algo intrínseco ao caráter do falar em línguas, dizem eles, que por si só explica a razão pela qual as línguas cessarão. Ninguém tem que iniciar nenhuma ação contra as línguas para fazer com que cessem. Elas simplesmente param. Isso se baseia muitas vezes no fato de que o verbo "cessar" encontra-se na voz média. Mas, como D. A. Carson salienta, o verbo *pauō* regularmente aparece na voz média e "nunca, não ambiguamente, tem o significado de 'cessar por si só' (isto é, por causa de algo intrínseco na natureza do assunto)".[24] Em palavras simples, a maioria dos estudiosos do Novo Testamento está de acordo com o fato de que nenhuma conclusão teológica pode ser tirada sobre a duração

---

[23]Boa parte desta análise de 1Coríntios 13:8-12 foi adaptada do meu livro *The language of heaven: crucial questions about speaking in tongues* (Lake Mary: Charisma House, 2019), e foi usada aqui com permissão.

[24]D. A. Carson, *Exegetical fallacies*, 2. ed. (Grand Rapids: Baker, 1996), p. 77 [edição em português: *Os perigos da interpretação bíblica* (São Paulo: Vida Nova, s.d.)].

ENTENDENDO OS DONS ESPIRITUAIS

ou cessação de qualquer um desses dons com base nos verbos que são usados.[25]

Tampouco é popular até mesmo entre os cessacionistas argumentar que o "perfeito" seja qualquer coisa inferior ao estado de consumação espiritual que será introduzido na segunda vinda de Cristo. O cessacionista Richard Gaffin certamente está correto ao dizer: "Argumentar, como alguns cessacionistas fazem, que 'o perfeito' diz respeito ao completamento do cânon do Novo Testamento ou algum outro estado de coisas antes da parúsia [a segunda vinda de Cristo] simplesmente não é exegeticamente admissível".[26]

Gaffin corretamente liga o "perfeito" de 1Coríntios 13:10 à "unidade/plenitude de Efésios 4:13 e conclui que Paulo tinha em mente "a situação produzida pela volta de Cristo".[27]

Paulo declarou que, quando vier o "perfeito", os dons espirituais, como a profecia e as palavras de conhecimento, passarão. Eu também incluiria as línguas nisso, com todos os dons espirituais. Os dons espirituais são maravilhosos e precisamos deles, mas até mesmo no nível mais elevado e mais eficaz, só conseguem trazer-nos um conhecimento parcial de Deus. Como Paulo disse, "em parte conhecemos e em parte profetizamos" (13:9). Os dons espirituais, apesar de todo o seu valor e poder, não conseguem nos introduzir na plena experiência de conhecer a Deus como Deus nos conhece. Para isso, precisamos aguardar a chegada do "perfeito" (v. 10).

Assim, o que é o "perfeito"? Os cessacionistas tipicamente adotam uma dentre duas interpretações. Alguns argumentam que o "perfeito" refere-se ao *cânon completado das Escrituras*. As línguas, a profecia e o conhecimento, dentre outros dons miraculosos, cessaram quando o livro do Apocalipse foi escrito. Poucos estudiosos

---

[25]Diz Gordon Fee: "A mudança de verbos é puramente retórica [isto é, é meramente uma variação estilística que não tem nenhuma importância teológica especial]; fazer isso de outra forma é elevar a uma importância algo pelo qual Paulo não mostra absolutamente nenhum interesse. Exatamente como quase não conseguimos distinguir entre 'cessar' e 'passar' quando usadas no mesmo contexto, também não conseguimos distinguir entre *katargeō* [traduzida por 'passar'] e *pauō* [traduzida por 'cessar'] nesse contexto (embora a escolha da NVI de 'ser silenciadas' para as línguas seja apropriada). A voz média veio com a mudança de verbos" (Gordon Fee, *The First Epistle to the Corinthians,* rev. ed. [Grand Rapids: Eerdmans, 2014], p. 713n375 [edição em português: *1Coríntios* (São Paulo: Vida Nova, s.d.)]).

[26]Gaffin, "A cessationist view", p. 55, nota 81.

[27]Gaffin, p. 55.

sérios do Novo Testamento defendem essa visão hoje, por várias razões. Primeiro, não há evidência de que até mesmo Paulo houvesse antevisto a formação de um "cânon" das Escrituras após a morte dos apóstolos. Na verdade, parece que Paulo havia esperado que ele mesmo pudesse sobreviver até a vinda do Senhor (1Coríntios 15:51; 1Tessalonicenses 4:15,16). Em segundo lugar, não há razão alguma para achar que Paulo pudesse ter esperado que os coríntios entendessem que ele quis dizer o "cânon" ao usar o termo *to teleion*.[28] Em terceiro lugar, como Max Turner salienta, "o cânon completado das Escrituras dificilmente significaria para os coríntios o *término de meramente um conhecimento 'parcial'* (e profecia e línguas com isso), e a chegada do 'pleno conhecimento', pois os coríntios já tinham o Antigo Testamento, a tradição do evangelho (presumivelmente) e (quase certamente) mais ensinamentos paulinos do que finalmente entraram no cânon".[29]

Uma quarta razão pela qual o argumento cessacionista fracassa é que no versículo 12b Paulo disse que, com a vinda do "perfeito", o nosso "conhecimento parcial" dará lugar a uma profundidade de conhecimento que é igualado somente à maneira que somos conhecidos por Deus. Significa dizer que, quando vier o perfeito, veremos *então* "face a face" e conheceremos até mesmo como somos agora conhecidos por Deus. Poucas pessoas ainda debatem sobre essa ser a linguagem que se refere a nossa experiência no estado eterno posterior à volta de Cristo. Como Turner diz, "por mais que respeitemos o cânon do Novo Testamento, Paulo só pode ser acusado do mais fantástico exagero no versículo 12 se era sobre isso que ele estava falando".[30] A visão cessacionista baseia-se na suposição de que a profecia era uma forma de revelação divina com o propósito de servir à igreja no ínterim, até o tempo em que o cânon fosse formado. Mas um cuidadoso exame do Novo Testamento revela que a profecia tinha um propósito muito mais amplo, que de maneira nenhuma seria afetado pelo encerramento do cânon.

---

[28]Fee diz: "É um axioma exegético primário que nem o que o próprio Paulo nem os coríntios poderiam ter entendido que possa de fato ter sido o significado do que Paulo estava escrevendo a eles" (*First Epistle to the Corinthians*), p. 715, nota 381).

[29]Max Turner, *The Holy Spirit and spiritual gifts* (Peabody: Hendrickson, 1998), p. 294.

[30]Turner, p. 295.

ENTENDENDO OS DONS ESPIRITUAIS

Outros argumentam que o "perfeito" refere-se à *maturidade da igreja*. Quando a igreja tiver avançado para além da sua infância, e for plenamente estabelecida, a necessidade dos dons espirituais, como profecia e línguas, terá terminado. No entanto, nos versículos 11 e 12, Paulo não estava falando sobre níveis relativos de maturidade, e sim de perfeição absoluta.

Assim, a mim me parece claro que, por "perfeito", Paulo estava se referindo ao *estado das coisas produzido pela segunda vinda de Jesus Cristo no final da história humana*. O "perfeito" não é em si mesmo a vinda de Cristo, mas a experiência ou condição de perfeição da qual desfrutaremos nos novos céus e na nova terra. O ponto de Paulo é realmente um tanto quanto simples: os dons espirituais, como a profecia, a palavra de conhecimento, as línguas e todos os outros dons, em minha opinião, passarão em algum momento no futuro, posterior aos escritos de Paulo, mencionado por ele como "perfeição". Esse estado de "perfeição" uma vez mais aponta claramente ao estado eterno posterior à volta de Cristo. Sabemos disso a partir de duas coisas que Paulo disse no versículo 12.

No versículo 12b, Paulo disse: "Agora conheço em parte; então [Quando? Quando vier o "perfeito"] conhecerei plenamente, da mesma forma com que sou plenamente conhecido". Paulo não quis dizer que seremos oniscientes no estado eterno, como se estivesse dizendo que conheceremos absolutamente tudo com detalhes completos. Ele quis dizer que seríamos livres dos conceitos errôneos e das distorções associadas a esta vida num mundo caído. O nosso conhecimento na era vindoura será comparado em alguns aspectos à maneira que Deus nos conhece agora. O conhecimento de Deus sobre nós é imediato e completo. O nosso conhecimento de Deus será o mesmo quando entrarmos em sua presença nos novos céus e na nova terra. As distinções de Paulo "são entre o 'agora' e o 'então', entre o que é incompleto (embora perfeitamente apropriado à existência atual da igreja) e o que é completo (quando o seu destino final em Cristo for alcançado: 'veremos face a face' e 'conheceremos como somos plenamente conhecidos')".[31]

Observe também, no versículo 12a, que Paulo disse: "Agora [durante a atual era da igreja, antes da chegada do "perfeito"], pois,

---

[31]Fee, *First Epistle to the Corinthians*, p. 715.

vemos apenas um reflexo obscuro, como em espelho; mas, então [quando chegar o "perfeito", veremos] face a face". As palavras "face a face" são uma linguagem bíblica padrão para a aparência de um ser humano na presença imediata de Deus, contemplando-o de uma maneira impremeditada (cf. Gênesis 32:30; Êxodo 33:11; Números 14:14; Deuteronômio 5:4; 34:10; Juízes 6:22; Apocalipse 22:4). Paulo tinha em mente uma comunicação pessoal direta, como a que nos aguarda na era vindoura. Nesta vida sofremos com as limitações de ver num espelho, obscuramente, ao passo que, quando vier o perfeito, contemplaremos a Deus diretamente, sem nenhum intermediário ou obscurecimento da sua glória. Tentativas de fazer o "perfeito" referir-se a um tempo na era atual, antes da vinda de Cristo e do estado eterno, quando todo pecado será abolido, minimizam a linguagem do versículo 12.

Como Paulo disse no versículo 11, viver agora na atual era da igreja é semelhante a ser uma criança; somos limitados, e o conhecimento que temos é imperfeito. Mas, quando vier o "perfeito", teremos avançado à maturidade; o pecado será abolido; o mal, a corrupção e as limitações desta vida terão passado; veremos a Deus "face a face" e então conheceremos assim como temos sido plenamente conhecidos. Há uma enorme diferença qualitativa e quantitativa entre o que conhecemos agora por intermédio dos dons do Espírito e o que conheceremos na consumação. É somente na consumação produzida pela volta de Cristo, e não até lá, que os dons espirituais cessarão de operar. Ninguém explicou isso melhor do que David Garland:

> O "perfeito" é taquigrafia para a consumação de todas as coisas, a meta pretendida pela Criação; e a sua chegada naturalmente substituirá o parcial que experimentamos na era atual. Os dons humanos brilham gloriosamente neste mundo, mas se desvanecerão a nada na presença do que é perfeito. Mas também terão cumprido o seu propósito de ajudar a edificar a igreja durante a espera e a levá-la ao limiar do fim. Quando chegar o antevisto, não serão mais necessários.[32]

Paulo estava explicando a diferença entre o que é verdadeiro e apropriado para nós agora, nesta era atual, e qual será a nossa

---

[32]David E. Garland, *1 Corinthians*, Baker Exegetical Commentary on the New Testament (Grand Rapids: Baker Academic, 2003), p. 623.

ENTENDENDO OS DONS ESPIRITUAIS

experiência mais tarde, na era vindoura. A vida na atual era da igreja produz somente um conhecimento que é parcial. Jamais está totalmente livre de erros. Mas a vida na era vindoura, o estado de perfeição, será caracterizado por um relacionamento não mediado com Deus, que é isento de erros ou noções erradas. A perfeição que está por vir não é uma experiência na era atual, mas refere-se à vida, à alegria e ao conhecimento nos novos céus e na nova terra (Apocalipse 21—22). "Na vinda de Cristo, o propósito final da obra salvadora de Deus em Cristo terá sido alcançado; nesse ponto, os dons que são necessários para a edificação da igreja na era atual desaparecerão, porque o 'completamento' terá vindo".[33]

O que vimos em nosso exame de 1Coríntios 13:8-12 é que Paulo antevia a contínua operação de todos os dons espirituais até o tempo do segundo advento de Cristo e da inauguração do estado eterno. Longe de ser uma passagem que prove o cessacionismo, ela claramente confirma o continuacionismo.

---

[33]Fee, *First Epistle to the Corinthians*, p. 716.

CAPÍTULO SETE

As evidências da
história da igreja[1]

Depois de estudar a documentação que apoia a presença contínua dos dons carismáticos em toda a história da igreja, o estudioso do Novo Testamento D. A. Carson concluiu: "Há evidências suficientes de que alguma forma de dons 'carismáticos' continuou esporadicamente durante todos os séculos da história da igreja, e é fútil insistir com base doutrinária que todos os relatórios são espúrios ou são o fruto de atividades demoníacas ou de aberrações psicológicas".[2]

Alguns talvez se surpreendam em descobrir que temos um conhecimento profundo de apenas uma pequena fração dos acontecimentos e das circunstâncias da história da igreja. É presunção nossa concluir que os dons do Espírito estivessem ausentes da vida de pessoas sobre as quais não sabemos praticamente nada. A ausência de evidência não é necessariamente evidência de ausência!

Simplesmente não sabemos o que estava acontecendo nas milhares e milhares de igrejas e reuniões domésticas de cristãos nos

---

[1]Este capítulo é uma versão um tanto quanto expandida do que pode ser encontrado em dois dos meus livros: *Practicing the power: welcoming the gifts of the Holy Spirit in your life* (Grand Rapids: Zondervan, 2017), p. 255-69; e *The language of heaven: crucial questions about speaking in tongues* (Lake Mary: Charisma House, 2019), usados aqui com permissão.

[2]D. A. Carson, *Showing the Spirit: a theological exposition de 1 Corinthians 12—14* (1987; reimpr., Grand Rapids: Baker, 2019), p. 218 [edição em português: *A manifestação do Espírito* (São Paulo: Vida Nova, s.d.)].

ENTENDENDO OS DONS ESPIRITUAIS

séculos passados. Não, não posso dizer com convicção que os cristãos oravam regularmente pelos enfermos e os viam curados mais do que você pode dizer que isso não acontecia. Você não pode dizer que nunca profetizavam para edificação, exortação e consolo da igreja (1Coríntios 14:3) mais do que eu possa dizer que o faziam. Nenhum de nós pode dizer com qualquer certeza se inúmeros milhares de cristãos por toda a terra habitada oravam em línguas em seus devocionais particulares. Não são assuntos que eram extensivamente documentados ou registrados. Precisamos nos lembrar de que a impressão com tipos móveis não existia até o trabalho de Johann Gutenberg (1390-1468). A ausência de evidências documentadas em relação aos dons espirituais numa época em que, na maior parte da vida da igreja, as evidências documentadas eram, na melhor das hipóteses, escassas, é uma base fraca para concluir que esses dons não existiam.

A razão pela qual levanto esse ponto é a seguinte: se os dons eram esporádicos (e não estou convencido de que eram), talvez haja uma explicação além do argumento cessacionista de que se restringiram ao primeiro século. Lembre-se de que, antes da Reforma Protestante no século 16, o cristão comum não tinha acesso à Bíblia em sua própria língua. A ignorância bíblica era predominante. Dificilmente esse é o tipo de situação na qual as pessoas estariam cientes dos dons espirituais (seus nomes, natureza, função e a responsabilidade do cristão de buscá-los); pelo fato de que não tinham a capacidade de ler e conhecer a Bíblia, não esperaríamos que buscassem e orassem por esses fenômenos ou que os reconhecessem caso se manifestassem. Se os dons eram escassos — o que é discutível —, isso provavelmente poderia ter sido pela ignorância e letargia espiritual resultantes.

Nos primeiros séculos da igreja, é importante observar a crescente concentração da autoridade espiritual e do ministério no cargo do bispo e do sacerdote, em especial na igreja emergente de Roma. No início do século 4 d.C. (e até mesmo mais cedo, de acordo com alguns), já havia um movimento para limitar a oportunidade de falar, servir e ministrar, na vida da igreja, somente ao clero ordenado. Os leigos eram silenciados, marginalizados e deixados quase que totalmente dependentes da contribuição do sacerdote local ou do bispo monárquico.

AS EVIDÊNCIAS DA HISTÓRIA DA IGREJA

Embora Cipriano (bispo de Cartago, 248-258 d.C.) tenha falado e escrito muito sobre o dom de profecia e tenha recebido visões do Espírito,[3] ele também foi responsável pelo desaparecimento gradativo desses *charismata* da vida da igreja. Ele, entre outros, insistia que somente o bispo e o sacerdote da igreja poderiam ter a permissão de exercitar esses dons de revelação. Nas palavras de James Ash, "o *charisma* da profecia foi capturado pelo episcopado monárquico, usado em sua defesa, e abandonado para morrer uma morte despercebida quando a verdadeira estabilidade episcopal o transformou numa ferramenta supérflua".[4]

Se concordarmos, a bem da argumentação, que certos dons espirituais eram menos prevalentes do que outros em certas épocas da igreja, a sua ausência pode muito bem ser devida à incredulidade, à apostasia e a outros pecados que só servem para extinguir e entristecer o Espírito Santo. Se Israel experimentou a perda de poder por causa de repetida rebelião, se o próprio Jesus "não pôde fazer ali nenhum milagre, exceto impor as mãos sobre alguns doentes e curá-los" (Marcos 6:5), tudo isso por causa da "incredulidade" deles (v. 6), não deveríamos realmente ficar surpresos com a infrequência dos milagres em períodos da história da igreja marcados pela ignorância teológica e pela imoralidade, tanto pessoal quanto clerical.

Também precisamos nos lembrar de que Deus misericordiosamente nos abençoa com o que não merecemos e com o que recusamos ou somos incapazes de reconhecer. Estou convencido de que inúmeras igrejas hoje que advogam o cessacionismo ainda experimentam esses dons, mas os descartam como algo inferior à manifestação milagrosa do Espírito Santo.

Por exemplo, alguém com o dom de discernimento de espíritos pode ser descrito como "tendo notável sensibilidade e revelação". Alguém com o dom de palavras de conhecimento pode ser descrito como tendo "um profundo entendimento de verdades espirituais". Alguém que profetize seria descrito como tendo "falado com um encorajamento oportuno às necessidades da congregação". A alguém que

---

[3] *The Epistles of Cyprian* 7.3-6 (The Ante-Nicene Fathers, ed. Alexander Roberts; James Donaldson, 10 vols. [reimpr., Peabody: Hendrickson, 1994], 5:286-87); 7.7 (*ANF* 5:287); 68.9-10 (*ANF* 5:375); 4.4 (*ANF* 5:290).

[4] James Ash, "The decline of ecstatic prophecy in the early church", *Theological Studies* 36 (June 1976) 252.

ENTENDENDO OS DONS ESPIRITUAIS

impõe as mãos sobre os enfermos e ora com sucesso para a cura, é dito que Deus ainda responde às orações, mas os "dons de cura" não são mais operativos. Não encontramos essas igrejas rotulando esses fenômenos pelos nomes dados a eles em 1Coríntios 12:7-10, porque têm um compromisso com a teoria de que esse tipo de fenômeno não existe.

Se isso ocorrer hoje (e ocorre, como aconteceu numa igreja em que ministrei durante vários anos), há todas as razões para acharmos que tenha ocorrido repetidamente durante todo o decorrer da história posterior ao primeiro século. Considere o seguinte exemplo hipotético. Suponhamos que um homem recebeu a tarefa de escrever uma história descritiva da vida da igreja no que é agora o sul da França, em, digamos, 845 d.C. Como ele poderia rotular o que viu e ouviu? Se ele fosse ignorante quanto aos dons espirituais, não tendo sido ensinado, ou talvez sendo um cessacionista bem instruído, o seu registro não faria nenhuma referência à profecia, cura, línguas, milagres ou palavras de conhecimento. Esses fenômenos poderiam muito bem existir, talvez até mesmo desenvolver-se, mas seriam identificados e explicados em outros termos pelo nosso historiador hipotético.

Séculos depois, descobrimos o seu manuscrito. Seria justo concluir, pelas suas observações, que certos dons espirituais haviam cessado após a era apostólica? Claro que não! O que estou tentando mostrar é que, tanto no passado distante quanto no presente, o Espírito Santo pode capacitar o povo de Deus com dons para o ministério que eles não reconhecem ou podem explicar de maneira diferente da encontrada em 1Coríntios 12:7-10. A ausência de referências explícitas a certos *charismata* é uma base fraca sobre a qual podemos argumentar a favor de sua ausência permanente da vida da igreja.

A pergunta mais comumente feita é a seguinte: Se o Espírito Santo queria que a igreja experimentasse os *charismata* miraculosos, não teriam sido eles mais visíveis e prevalentes na história da igreja? Novamente, apenas estou dizendo isso aqui para fins de argumentação. Vamos tomar o princípio subjacente a essa argumentação e aplicá-lo a várias outras questões.

Todos nós acreditamos que o Espírito Santo é o *Mestre* da igreja. Todos nós acreditamos que o Novo Testamento descreve o seu ministério de *iluminação* do nosso coração e de *esclarecimento* da nossa mente para que entendamos as verdades das Escrituras (cf. Efésios 1:15-19; 2Timóteo 2:7; 1João 2:20,27 et al.). Contudo, dentro da primeira geração após a morte dos apóstolos, a doutrina da justificação pela fé foi comprometida. A salvação pela fé somada às obras logo tornou-se a doutrina padrão e não foi desafiada com sucesso (com poucas exceções notáveis) até o corajoso posicionamento de Martinho Lutero no século 16. Se Deus pretendia que o Espírito Santo continuasse ensinando e iluminando os cristãos em relação a verdades bíblicas vitais depois da morte dos apóstolos, por que a igreja definhou em ignorância dessa verdade mais fundamental durante mais de 1.300 anos? Por que os cristãos sofreram com a ausência dessas bênçãos experimentais que essa verdade vital poderia ter trazido à sua vida de igreja?

E isso se aplica a outras doutrinas importantes também. Se Deus pretendia que o Espírito Santo iluminasse as mentes do seu povo em relação a verdades bíblicas depois da morte dos apóstolos, por que a igreja definhou em ignorância da doutrina do sacerdócio de todos os crentes durante quase mil anos? Aqueles de vocês que creem num arrebatamento pré-tribulacional da igreja também precisam explicar a ausência dessa "verdade" do conhecimento coletivo da igreja durante quase 1.900 anos!

Ninguém diria que isso prova que o Espírito Santo cessou o seu ministério de ensino e iluminação. Ou que Deus cessou de querer que o seu povo entenda esses princípios doutrinários tão vitais. A alegada infrequência relativa ou a ausência de certos dons espirituais durante o mesmo período da história da igreja não provam que Deus se opusesse ao seu uso ou que houvesse negado a sua validade pelo restante da era atual. Tanto uma ignorância teológica de certas verdades bíblicas quanto uma perda de bênçãos experimentais fornecidas pelos dons espirituais podem ser, e deveriam ser, atribuídas a outros fatores, e não ao fato de que Deus quisesse esse conhecimento e poder *somente* para os cristãos da igreja primitiva.

Finalmente, eu acrescentaria que o que ocorreu ou não ocorreu na história da igreja é, em última análise, irrelevante ao que *nós* deveríamos buscar, orar a respeito e esperar na vida das nossas igrejas hoje. O critério final para decidir se Deus quer conceder certos dons espirituais ao seu povo hoje é a Palavra de Deus. Fico desapontado ouvindo pessoas citando a alegada ausência de uma experiência específica na vida de um santo admirado do passado da igreja como razão para duvidarmos da sua atual validade. Por mais que eu respeite os gigantes da Reforma ou de outros períodos da história da igreja, pretendo emular os gigantes do Novo Testamento que escreveram sob a inspiração do Espírito Santo. Admiro muito e aprendi muito com João Calvino e Jonathan Edwards, mas obedeço ao apóstolo Paulo.

Em suma, nem o fracasso nem o sucesso de cristãos no passado é o padrão máximo pelo qual determinamos o que Deus quer para nós hoje. Podemos aprender com os seus erros, bem como com suas realizações. Mas a única questão de relevância para nós é: "O que dizem as Escrituras?".

OS DONS ESPIRITUAIS MIRACULOSOS NA HISTÓRIA DA IGREJA

Estamos prontos para uma breve avaliação da História da igreja (dos patriarcas apostólicos a Agostinho). Creio que os exemplos representativos citados demonstram que os dons miraculosos do Espírito estavam, e ainda estão, extraordinariamente em operação. Na verdade, antes de Crisóstomo, do Oriente (347-407 d.C.), e Agostinho, do Ocidente (354-430 d.C.), nenhum patriarca da igreja jamais sugeriu que qualquer um ou que todos os *charismata* haviam cessado no primeiro século. Até mesmo Agostinho retratou-se do seu cessacionismo inicial (veja abaixo). Assim, façamos uma rápida visão panorâmica.[5]

---

[5]Para documentações úteis, cf. Stanley M. Burgess, *The Spirit and the church: antiquity* (Peabody: Hendrickson, 1984); Stanley M. Burgess, org., *Christian peoples of the Spirit: a documentary history of Pentecostal spirituality from the early church to the present* (New York: New York University Press, 2011); Ronald A. N. Kydd, *Charismatic gifts in the early church* (Peabody: Hendrickson, 1984); Paul Thigpen, "Did the power of the Spirit ever leave the church?", *Charisma*, Sept. 1992, p. 20-29; Richard M. Riss, "Tongues and other miraculous gifts in the second through nineteenth centuries", *Basilea*, 1985; Jeff Oliver, *Pentecost to the present: the Holy Spirit's enduring work in the church* (Newberry: Bridge Logos, 2017), 3 vols.; Eddie L. Hyatt, *2000 years of charismatic Christianity* (Lake Mary: Charisma House, 2002); Kilian McDonnell; George T. Montague, *Christian initiation and baptism in the Holy Spirit: evidence from the first eight centuries* (Collegeville: Liturgical Press, 1991); Cecil M. Robeck Jr., *Prophecy in Carthage: Perpetua, Tertullian, and Cyprian* (Cleveland: Pilgrim, 1992); e J. D. King, *Regeneration: a complete history of healing in the Christian church*, vol. 1: *Post-Apostolic through Later Holiness* (Lee's Summit: Christos, 2017). Então, obviamente precisamos reconhecer a enorme documentação dos dons miraculosos no decorrer de todas a história da igreja como compilado por Craig S. Keener em sua

A Epístola de Barnabé (escrita em algum ponto entre 70 d.C. e 132 d.C.) diz o seguinte em relação ao Espírito Santo: "Ele próprio profetizando em nós, ele próprio habitando dentro de nós".[6] O autor de *O pastor de Hermas*, alegou ter recebido inúmeras revelações por meio de visões e sonhos. Esse documento foi datado entre 90 d.C. e 140 -155 d.C.

Justino Mártir (c. 100-165 d.C.), talvez o mais importante apologista do segundo século, foi especialmente claro em relação à operação dos dons em seus dias:

> Portanto, exatamente como Deus não infligiu a sua ira por causa daqueles 7 mil homens, assim também agora ainda não infligiu um juízo, nem o inflige, sabendo que diariamente alguns [de vocês] estão se tornando discípulos em nome de Cristo, e estão desistindo do caminho do engano; estão também recebendo dons, cada um conforme é digno, iluminados pelo nome desse Cristo. Pois um recebe o espírito de entendimento, outro de conselho, outro de força, outro de cura, outro de presciência, outro de ensino, e outro do temor de Deus.[7]

> Porque os dons proféticos permanecem conosco, até ao tempo atual. E, assim, vocês deveriam entender que [os dons] que outrora estavam no meio da sua nação foram transferidos a nós. E exatamente como havia falsos profetas contemporâneos dos seus santos profetas, assim também agora há muitos falsos mestres entre nós, dos quais o nosso Senhor nos preveniu para que tivéssemos cuidado com eles; a fim de que, em nenhum aspecto, fôssemos deficientes, uma vez que sabemos que Ele sabia de antemão tudo o que aconteceria conosco depois da Sua ressurreição dentre os mortos e ascensão ao céu.[8]

> Porque inúmeros endemoninhados em todo o mundo e na sua cidade, muitos dos nossos homens cristãos, exorcizando-os em nome de

---

obra em dois volumes *Miracles: the credibility of the New Testament accounts* (Grand Rapids: Baker Academic, 2011).

[6] *The Epistle of Barnabas* 16.9, trad. para o inglês J. B. Lightfoot, disponível em: www.earlychristianwritings.com/text/barnabas-lightfoot.html.

[7] Justin Martyr, *Dialogue with Trypho*, cap. 39.

[8] Justin Martyr, *Dialogue with Trypho*, cap. 39.

ENTENDENDO OS DONS ESPIRITUAIS

Jesus Cristo, que foi crucificado sob Pôncio Pilatos, curaram e curam de fato, deixando desamparados e expulsando dos homens os demônios que os possuíam, embora não pudessem ser curados por todos os outros exorcistas, e pelos que usavam encantamentos e drogas.[9]

Ireneu (aproximadamente 120-202 d.C.),[10] certamente o mais importante e influente teólogo do fim do segundo século, escreveu:

Portanto, também, os que verdadeiramente são Seus discípulos, recebendo graça d'Ele, de fato em Seu nome operam [milagres], para promoverem o bem-estar de outros homens, de acordo com o dom que cada um recebeu d'Ele. Pois alguns certamente e verdadeiramente expulsam demônios, de maneira que os que assim foram purificados de espíritos malignos frequentemente creem [em Cristo] como também se unem à igreja. Outros têm presciência de coisas vindouras: têm visões, e verbalizam expressões proféticas. Outros ainda curam os enfermos, impondo as mãos sobre eles, e ficam curados. Sim, além disso, como já disse, até mesmo os mortos têm sido ressuscitados e permanecido entre nós durante muitos anos. E o que mais direi? Não é possível citar o número dos dons que a igreja, [dispersa] por todo o mundo, tem recebido de Deus, em nome de Jesus Cristo, que foi crucificado sob Pôncio Pilatos, e que ela exercita dia a dia para o benefício dos gentios, não praticando enganos a ninguém, nem tirando nenhuma recompensa deles [por causa dessas interposições milagrosas]. Porque, assim como ela recebeu gratuitamente de Deus, gratuitamente também ela ministra [aos outros].[11]

Além disso, ele escreveu:

Tampouco ela [a igreja] realiza nada por meio de invocações angelicais, ou por encantamentos, ou por meio de qualquer outra arte curiosa perversa; mas, dirigindo as suas orações ao Senhor, que criou todas as coisas, com um espírito puro, sincero e franco, e,

---

[9]Justin Martyr, *Second apology* 6 (*ANF* 1:190).
[10]Cf. *Christian peoples of the Spirit: a documentary history of Pentecostal spirituality from the early church to the present*, org. Stanley M. Burgess (New York: New York University Press, 2011).
[11]Iraeneus, *Against heresies* 2.32.4.

invocando o nome do nosso Senhor Jesus Cristo, ela se acostumou a operar milagres para o beneficio da humanidade, e não para dirigi-la a enganos.[12]

Pouco depois, na mesma obra, ele escreveu:

> Semelhantemente, também ouvimos de fato que muitos irmãos da igreja, que têm dons proféticos, e que, por meio do Espírito, falam todos os tipos de linguagens [isto é, línguas], e trazem à luz, para o beneficio geral, as coisas ocultas dos homens, e declaram os mistérios de Deus, a quem o apóstolo chama de "espirituais"; são espirituais porque são participantes do Espírito.[13]

Tertuliano (m. 225) falou e escreveu em inúmeras ocasiões sobre a operação dos dons do Espírito, especialmente os de natureza reveladora, como profecia e palavra de conhecimento.

> Mas de Deus — que prometeu, de fato, "derramar a graça do Espírito Santo sobre toda carne, e ordenou que os Seus servos e as Suas servas tivessem visões como também verbalizassem profecias" — todas essas visões precisam ser consideradas como que emanando...[14]

Ele descreveu o ministério de determinada mulher da seguinte maneira:

> Porque, visto que reconhecemos os *charismata* espirituais, ou dons, nós também merecemos a obtenção do dom profético, embora vindo depois de João (Batista). [Essa mulher foi] favorecida com vários dons de revelação [e] tanto vê como ouve misteriosas comunicações; o coração de alguns homens ela entende, e para os que estão em necessidade ela distribui remédios [...]. Depois que as pessoas são dispensadas na conclusão dos cultos sagrados, ela tem o hábito regular de relatar-nos qualquer coisa que ela possa ter tido em visão (pois as suas comunicações são examinadas com o mais escrupuloso cuidado, a fim de que

---

[12]Iraeneus, *Against heresies* 2.32.5.
[13]Iraeneus, *Against heresies* 5.6.1; Eusebius, *Ecclesiastical history* 5.7.6.
[14]Tertullian, *A treatise on the soul* 47 (*ANF* 3:225-26).

ENTENDENDO OS DONS ESPIRITUAIS

a sua veracidade possa ser sondada) [...] Agora, será que você pode recusar-se a crer nisso, até mesmo se evidências inconfundíveis sobre todos os pontos estiverem acessíveis para a sua convicção?[15]

Tertuliano contrastou o que ele havia testemunhado e as alegações do herege Marcião:

> Que Marcião então exiba, como dons do seu deus, alguns profetas, como os que não falaram pelo sentido humano, mas com o Espírito de Deus, como os que tanto predisseram coisas vindouras quanto fizeram manifestos os segredos do coração; [...] Agora todos esses sinais (de dons espirituais) estão acessíveis do meu lado sem nenhuma dificuldade, e eles concordam, também, com as regras, as dispensações e as instruções do Criador.[16]

A CONTROVÉRSIA MONTANISTA[17]

O montanismo surgiu na Frígia em 155 d.C. aproximadamente, embora tanto Eusébio como Jerônimo datam o movimento em 173 d.C. O que os montanistas acreditavam e ensinavam que teve um impacto tão significativo assim na igreja antiga e em sua visão sobre os dons espirituais?[18] Vários itens são dignos de menção.

Primeiro, o montanismo, em sua essência, foi um esforço de moldar toda a vida da igreja no sentido de manter as expectativas da imediata volta de Cristo. Assim, opunha-se a qualquer desenvolvimento na vida da igreja que parecesse ser institucional ou que contribuísse para um padrão de adoração estabelecido. Desnecessário

---

[15]Tertullian, *A treatise on the soul* 9 (*ANF* 3:188).

[16]Tertullian, *Against Marcion* 5.8 (*ANF* 3:446-47). Também temos evidências extensivas de visões de revelação em operação na vida de dois contemporâneos de Tertuliano, as mártires Perpétua e a sua serva Felicidade (202 d.C.). Cf. Cecil M. Robeck Jr., *Prophecy in Carthage: Perpetua, Tertullian, and Cyprian* (Cleveland: Pilgrim, 1992), p. 11-94; e J. E. Salisbury, *Perpetua's passion: the death and memory of a young Roman woman* (New York: Routledge, 1997).

[17]Duas excelentes fontes para citações de Montano são *New Testament Apocrypha*, ed. Edgar Hennecke; Wilhelm Schneemelcher (Philadelphia: Westminster, 1963); e *Christian peoples of the Spirit: a documentary history of Pentecostal spirituality from the early church to the present*, org. Stanley M. Burgess (New York: New York University Press, 2011), p. 27-8.

[18]A consideração mais útil e imparcial do montanismo é o livro de Christine Trevett, *Montanism: gender, authority and the new prophecy* (New York: Cambridge University Press, 1996).

AS EVIDÊNCIAS DA HISTÓRIA DA IGREJA

dizer que os que tinham posições oficiais de autoridade dentro da igreja *organizada* ficariam desconfiados do movimento.

Em segundo lugar, o próprio Montano alegadamente falava em termos que afirmavam a sua identidade com o Paracleto de João 14:16. A palavra profética em questão é a seguinte: "Porque Montano dizia: 'Eu sou o pai, e o filho, e o paracleto'".[19]

No entanto, muitos têm questionado se Montano estava alegando o que os seus críticos sugerem. Mais provavelmente, ele, assim como outros do movimento que profetizavam, estava dizendo que um, ou outro, ou talvez todos os membros da Trindade estivessem falando por meio deles. Por exemplo, ainda numa outra das suas palavras proféticas, Montano disse: "Vocês não ouvirão de mim, mas vocês ouviram de Cristo".[20]

Em terceiro lugar, Montano e seus seguidores (principalmente duas mulheres, Prisca e Maximila) atinham-se a uma visão do dom profético, que era um afastamento do ensinamento do apóstolo Paulo em 1Coríntios 14, uma vez que praticavam o que somente pode ser chamado de profecia "extática", em que a pessoa que fala perdeu a consciência, caiu num estado semelhante a um transe ou talvez foi um instrumento passivo por meio do qual o Espírito pudesse falar. Uma das palavras proféticas que sobreviveram (há somente 16), encontrada em Epifânio, confirma essa visão: "Eis que o homem é como uma lira, e eu dedilho as suas cordas como um plectro; o homem dorme, mas estou acordado. Eis que é o Senhor que está mudando o coração dos homens e dando-lhes novo coração".[21]

Se é isso o que Montano ensinava, ele estaria afirmando que, quando uma pessoa profetizava, Deus estava no controle completo. O indivíduo era pouco mais do que um instrumento, como as cordas de uma lira, sobre as quais Deus dedilhava o seu cântico ou mensagem. O homem ou mulher estava dormindo, num modo de fala, e assim estava *passivo(a)* durante a palavra profética.

Esse conceito de profecia é contrário ao que lemos em 1Coríntios 14:29-32, em que Paulo afirma que "o espírito dos profetas está

---

[19]Encontrada nos escritos de Dídimo, *On the Trinity* 3.41.

[20]Citada em Epifânio, *Panarion* 48.12.873.

[21]*Haer.* 48.4, disponível em: www.earlychristianwritings.com/info/montanists-cathen.html.

sujeito aos profetas" (v. 32). Os montanistas não podem ser acusados de originar essa visão, pois ela se encontra entre os gregos apologistas desse período. Tanto Justino Mártir como Teófilo alegavam que o Espírito falava por meio dos profetas do Antigo Testamento de tal forma, que era como se os estivesse possuindo. Atenágoras disse, sobre Moisés, Isaías, Jeremias e outros profetas do Antigo Testamento, que eles eram "elevados em êxtase acima das operações naturais da mente deles pelos impulsos do Divino Espírito, [e que eles] verbalizavam as coisas com as quais eram inspirados, com o Espírito fazendo uso deles assim como um flautista sopra para dentro da flauta".[22] O fato é que, pelo menos nesse único ponto, os montanistas não estavam defendendo uma visão da profecia que fosse significativamente diferente do que outros principais integrantes da igreja daqueles dias estavam dizendo.

Em quarto lugar, o dom de línguas também era proeminente dentre os montanistas, assim como era a experiência de recebimento de visões reveladoras. Eusébio preservou uma refutação do montanismo escrita por Apolinário em que este último acusou esses "profetas" de falarem de maneiras incomuns. Por exemplo, "ele [Montano] começou a entrar em êxtase, a falar e a conversar estranhamente".[23] Uma vez mais, dizem que Maximila e Prisca teriam falado "loucamente, inapropriadamente e estranhamente, como Montano".[24]Finalmente, ele citou os montanistas como "profetas tagarelas". Não podemos ter certeza, mas a palavra traduzida por "tagarelice", não encontrada em nenhum outro lugar em toda a literatura grega, pode referir-se a falar longamente no que parece ser línguas, isto é, o falar em línguas.

Em quinto lugar, Montano de fato afirmava que esse derramamento do Espírito, do qual ele e seus seguidores eram os principais receptores, era um sinal do fim dos tempos. A Jerusalém celestial, disse Montano, logo desceria perto de Pepuza, na Frígia. Também enfatizavam a monogamia e insistiam na castidade entre marido e esposa. Eram bem ascéticos em sua abordagem da vida cristã (que é o que atraiu Tertuliano às suas fileiras). Enfatizavam fortemente a autodisciplina e o arrependimento.

---

[22]Atenagoras, *A plea for the Christians*, p. 9.
[23]Citado em Kydd, *Charismatic gifts in the early church*, p. 35.
[24]Kydd, p. 35.

Por fim, embora o montanismo fosse muitas vezes tratado como heresia, inúmeros autores da igreja primitiva insistiam na ortodoxia total do movimento. Hipólito falou a respeito da afirmação deles sobre as doutrinas de Cristo e da Criação, e o "caçador de heresias" Epifânio (315-403 d.C.) admitiu que os montanistas concordavam com a igreja em geral nas questões da ortodoxia, especialmente na doutrina da Trindade.[25]

Epifânio escreveu que os montanistas ainda eram encontrados na Capadócia, Galácia, Frígia, Cilícia e Constantinopla, no final do século 4. Essa avaliação foi confirmada por Eusébio, que devotou quatro capítulos da sua monumental *História Eclesiástica* aos montanistas. Dídimo, o Cego (313-98 d.C.), escreveu sobre eles, e o grande patriarca da igreja, Jerônimo (342-420 d.C.), encontrou pessoalmente comunidades montanistas em Ancira, quando estava viajando pela Galácia, em 373. O que estou querendo mostrar é que o montanismo estava vivo e influente ainda no fim do século 4.

Irônica, e tragicamente, uma das principais razões pelas quais a igreja começou a suspeitar dos dons do Espírito e posteriormente os excluiu da vida da igreja foi a associação destes com o montanismo. A visão montanista da profecia, na qual o profeta entrava em estado de êxtase passivo para que Deus pudesse falar de modo direto, era amplamente considerada incongruente com o ensino de Paulo em 1Coríntios 14. Outros aspectos desagradáveis do estilo de vida montanista, como foi observado acima, provocaram oposições ao movimento e, consequentemente, aos *charismata*. Em suma, foi sobretudo a visão montanista sobre o dom profético, em que praticamente se adotava a perspectiva do "Assim diz o Senhor", que contribuiu para a ausência cada vez maior dos *charismata* na vida da igreja.

OUTROS PERSONAGENS IMPORTANTES NA VIDA DA IGREJA PRIMITIVA

A obra de Teódoto (fim do século 2) foi preservada para nós em *Excerpta ex Theodoto*, de Clemente de Alexandria. Em 24:1, lemos: "Os valencianos dizem que o excelente Espírito que cada um dos

---

[25]Kilian McDonnell; George T. Montague, *Christian initiation and baptism in the Holy Spirit: evidence from the first eight centuries* (Collegeville: Liturgical Press, 1991), p. 106-21, p. 136-7.

profetas tinha para o seu ministério foi derramado sobre todos os membros da igreja. Portanto, sinais do Espírito, curas e profecias estão sendo operados pela igreja".

Clemente de Alexandria (m. 215 d.C.)[26] falava explicitamente da operação, em seus dias, dos dons espirituais citados por Paulo em 1Coríntios 12:7-10. Orígenes (m. 254 d.C.) reconhecia que a operação dos dons em seus dias não era tão extensa como era no Novo Testamento, mas ainda estava presente e era poderosa: "E ainda estão preservados entre os cristãos vestígios daquele Espírito Santo que apareceu na forma de uma pomba. Eles expulsam espíritos malignos, e realizam muitas curas, e preveem certos acontecimentos, de acordo com a vontade do Logos".[27]

O pagão Celso tentou desacreditar os dons do Espírito exercitados nas igrejas nos dias de Orígenes, porém este último apontava para a "demonstração" da validade do evangelho, "mais divina do que qualquer uma estabelecida pela dialética grega", isto é, a que é chamada pelo apóstolo de "manifestações do Espírito e de poder". Não somente sinais e maravilhas eram realizados nos dias de Jesus, mas também "vestígios deles ainda estão preservados entre os que regulam a vida pelos preceitos do evangelho".[28] Muitos acham que Celso estava se referindo à profecia e às línguas na comunidade cristã quando ironicamente descreveu certos cristãos "que fingem estar sendo movidos como se estivessem dando alguma palavra oracular" e que acrescentam a esses oráculos "expressões verbais incompreensíveis, incoerentes e totalmente obscuras, cujo significado ninguém inteligível poderia descobrir".[29] Isso, obviamente, é o que esperaríamos que um pagão cético dissesse sobre a profecia e as línguas.

Hipólito (m. 236 d.C.) descreveu diretrizes para o exercício do ministério de libertação, insistindo que, "se houver alguém que tenha um demônio, essa pessoa não ouvirá a Palavra do mestre até que seja purificada".[30] Novaciano escreveu no *Tratado em relação à Trindade* (245 d.C.):

---

[26]Clemente de Alexandria, *The Instructor* 4.21 (*ANF* 2:434).

[27]Origen, *Against Celsus* 1.46 (*ANF* 4:415).

[28]Origen, *Against Celsus* 1.2 (*ANF* 4:397-98).

[29]Origen, *Against Celsus* 7.9 (*ANF* 4:615).

[30]Hippolytus, *Apostolic tradition* 15, disponível em: www.stjohnsarlingtonva.org/Customer-Content/saintjohnsarlington/CMS/files/EFM/Apostolic_Tradition_by_Hippolytus.pdf.

De fato, esse é o que designa profetas na igreja, instrui os mestres, dirige as línguas, traz à existência poderes e condições de saúde, dá prosseguimento a obras extraordinárias, fornece discernimento de espíritos, incorpora administrações na igreja, estabelece planos, reúne e arranja todos os outros dons que há nos *charismata*, e, por causa disso, aperfeiçoa em tudo a igreja de Deus em toda parte e a completa.[31]

Mencionei anteriormente Cipriano (bispo de Cartago, 248-258 d.C.), o qual falava e escrevia com frequência sobre o dom de profecia e do recebimento de visões do Espírito.[32]

Muitos relatam que Gregório Taumaturgo (213-270 d.C.) ministrava no poder de inúmeros dons miraculosos e realizava sinais e maravilhas. Eusébio de Cesareia (260-339 d.C.), teólogo e historiador da igreja na corte de Constantino, opunha-se ao abuso dos montanistas em relação ao dom de profecia, mas não à realidade do dom. Ele confirmava repetidamente a legitimidade dos dons espirituais, mas resistia aos montanistas, os quais operavam fora da igreja principal e, assim contribuíam, dizia Eusébio, à sua falta de unidade.

Cirilo de Jerusalém (m. 386) escreveu muito sobre os dons em seus dias: "Porque Ele [o Espírito Santo] emprega a língua de um homem para a sabedoria; a alma de outro Ele ilumina pela profecia, a outro Ele dá poder para expulsar demônios, a outro Ele capacita para interpretar as divinas Escrituras".[33]

Embora Atanásio em nenhum lugar houvesse explicitamente abordado a questão dos dons carismáticos, muitos acreditam que ele seja o autor anônimo de *Vita S. Antoni*, ou *A vida de Santo Antônio*. Antônio era um monge que adotou um estilo de vida ascético em 285 d.C. e permaneceu no deserto durante 20 anos aproximadamente. O autor (Atanásio?), em relação à sua vida, descreveu inúmeras curas sobrenaturais, visões, palavras proféticas e outros sinais e maravilhas. Até mesmo se rejeitarmos a Atanásio como autor, o documento na verdade retrata uma abordagem aos dons

---

[31]Novatian, *Treatise concerning the Trinity* 29.10.

[32]*The Epistles of Cyprian* 7.3-6 (*ANF* 5:286—87); 7.7 (*ANF* 5:287); 68.9-10 (*ANF* 5:375); 4.4 (*ANF* 5:290).

[33]Cyril of Jerusalem, *Catechetical lectures* 16.12, Nicene and Post-Nicene Fathers, série 2, ed. Alexander Roberts; James Donaldson; Philip Schaff; Henry Wace (Peabody: Hendrickson, 1996), 14 vols., 7:118.

carismáticos que muitos, evidentemente, adotariam na igreja do final do século 3 e início do século 4. Outro monge famoso e influente, Pacômio (292-346 d.C.), era conhecido por realizar milagres e por ser capacitado a conversar "em línguas que ele não conhecia".

Os influentes e muito respeitados pais capadócios (meados ao final do século 4) também precisam ser considerados. Basílio de Cesareia (n. 330 d.C.) falava frequentemente sobre a operação, em seus dias, de profecia e cura. Ele recorria à descrição de Paulo em 1Coríntios 12 da "palavra de sabedoria" e dos "dons de cura" como representantes dos dons que são necessários para o bem comum da igreja.

> Não é claro e incontestável que o ordenamento da igreja é efetuado por meio do Espírito? Porque ele deu, é dito, "na igreja, primeiramente apóstolos, em segundo lugar profetas, em terceiro mestres, depois disso milagres, e então dons de cura, socorros, governos, diversidades de línguas", porque esta ordem é ordenada de acordo com a divisão dos dons que são do Espírito.[34]

Os líderes espirituais da igreja, como os bispos ou os presbíteros, diz Basílio, têm o dom de discernimento de espíritos, cura e previsão do futuro (uma expressão da profecia).[35]

Gregório de Nissa (n. 336 d.C.), irmão mais novo de Basílio, falou o seguinte sobre as palavras de Paulo em 1Coríntios 13: "Até mesmo se alguém receber os outros dons que o Espírito fornece (quero dizer línguas de anjos, profecia, conhecimento e graça da cura), mas nunca tiver sido inteiramente purificado das paixões problemáticas dentro dele por intermédio da caridade do Espírito [ele está em perigo de fracassar]".[36]

Ele também descreveu inúmeros milagres, especialmente de cura, em sua obra *Vida de Santa Macrina* (que por acaso era sua irmã). Um milagre em particular dizia respeito à cura dos olhos de uma criancinha:

---

[34]Basil of Cesarea, *On the Holy Spirit* 16.39 (*NPNF*[2] 8:25).
[35]Basil of Cesarea , *The longer rule*, p. 24, 35, 42, 55.
[36]Gregory of Nissa, "On the Christian mode of life", in: *Saint Gregory of Nyssa: ascetical works*, trad. para o inglês Virginia Woods Callahan, Fathers of the Church 58 (Washington: The Catholic University of America Press, 1967), p. 141.

AS EVIDÊNCIAS DA HISTÓRIA DA IGREJA

E a mãe ficou olhando pasma e atentamente aos olhos da criança, e então em alta voz exclamou com alegria e surpresa: "Pare de ficar irado com a nossa negligência! Olhe! Não há nada faltando no que ela nos prometeu, mas o verdadeiro remédio com o qual ela cura enfermidades, a cura que vem pela oração, ela nos deu, e já fez a sua obra; não há absolutamente nada que restasse da enfermidade no olho; tudo foi curado por esse remédio divino!". E, enquanto estava dizendo isso, ela pegou a criança em seus braços e, abaixando-se, colocou-a em meus braços. Então eu também entendi os incríveis milagres do evangelho, nos quais eu não havia crido, e exclamei: "Que coisa maravilhosa que é quando a mão de Deus restaura a visão aos cegos, quando hoje a sua serva cura essas enfermidades pela sua fé nele, um acontecimento nada menos impressionante do que esses milagres!". Enquanto ele estava dizendo isso, a sua voz ficou sufocada de emoção e as lágrimas fluíram para a sua narrativa. Isso então foi o que ouvi do soldado.

Todos os outros milagres semelhantes sobre os quais ouvimos dos que moravam com ela e que sabiam detalhadamente o que ela havia feito, não acho que seja prudente acrescentar à nossa narrativa. Porque a maioria das pessoas julga a credibilidade do que lhes é dito pelo critério da sua própria experiência, e o que vai além do poder do ouvinte, para isso não tem nenhum respeito, suspeitando que seja falso e fora da verdade. Por essa razão passo por cima daquele incrível milagre da agricultura numa época de escassez, como os grãos foram distribuídos de acordo com a necessidade e não mostraram nenhum sinal de diminuição, como o volume permaneceu o mesmo, tanto antes de ser distribuído aos que pediram por eles como depois da distribuição, e outros milagres ainda mais extraordinários, a cura de enfermidades, a expulsão de demônios, verdadeiras profecias de coisas vindouras; os que conheciam os seus detalhes creem que tudo isso foi verdadeiro, até mesmo se estivessem além da credulidade. Mas, para aqueles que estão mais presos a este mundo de carne, são considerados fora do campo do que pode ser aceito, isto é, por aqueles que não sabem que a distribuição de graças é proporcional à nossa fé, abundante para os que têm em si mesmos muito espaço para a fé.

Portanto, a fim de que os que têm uma fé pequena demais, e não creem nos dons de Deus, não se prejudiquem de forma nenhuma, por essa razão recusei-me a fazer um registro completo aqui dos milagres

ENTENDENDO OS DONS ESPIRITUAIS

maiores, uma vez que acho que o que já disse é suficiente para completar a história de Macrina.[37]

O último capadócio, Gregório de Nazianzo (n. 330 d.C.), fornece extensas descrições da cura física que tanto seu pai como sua mãe experimentaram, e as várias visões que as acompanharam.[38]

Hilário de Poitiers (356 d.C.) fala sobre "o dom de curas" e "a operação de milagres": "o que fazemos pode ser entendido como o poder de Deus" e também como "profecia" e "discernimento de espíritos". Ele citou a importância do "falar em línguas" como um "sinal do dom do Espírito Santo", com "a interpretação de línguas", para "que a fé dos que ouvem não seja posta em perigo por meio da ignorância, uma vez que o intérprete de uma língua explica a língua aos que são ignorantes quanto a ela".[39]

Já no final do século 4 os dons do Espírito eram cada vez mais encontrados entre os ascetas e os envolvidos nos movimentos monásticos. As várias concessões e acomodações à cultura mais ampla que se infiltrou na igreja após a legalização formal do cristianismo no governo de Constantino levaram muitos dos líderes com mentalidades mais espirituais ao deserto.

Algo precisa ser dito em relação a Agostinho (354-430), o qual, no início do seu ministério, defendia o cessacionismo, especialmente em relação ao dom de línguas.[40] No entanto, em seus últimos escritos, ele se retratou da sua negação da realidade contínua dos milagres e cuidadosamente documentou nada menos que setenta ocasiões de cura divina em sua própria diocese durante um período de dois anos.[41] Depois de descrever inúmeros milagres de cura e até mesmo de ressurreições dentre os mortos, Agostinho escreveu:

> O que devo fazer? Estou tão pressionado pela promessa de terminar este trabalho, que não consigo registrar todos os milagres que

---

[37]Kevin Corrigan, "Saint Macrina: the hidden face behind the tradition", *Vox Benedictina: A Journal of Translations from Monastic Sources* 5.1 (1988): 13-43.

[38]Gregory of Nazianzus, *On the death of his father* 28-29 (*NPNF*[2] 7:263-64; 31; *NPNF*[2] 7:264).

[39]Hilary of Poitiers, *On the Trinity* 8.30 (*NPNF*[2] 9:146).

[40]Ambrósio, que muito influenciou Agostinho, também acreditava na operação de línguas em seus dias (*The Holy Spirit* 2.150).

[41]Cf. Augustine, *City of God* 22.8-10.

conheço; e, indubitavelmente, vários dos nossos adeptos, ao lerem o que narrei, ficarão magoados, porque omiti tantos milagres que eles, assim como eu, certamente conhecem. E agora, suplico que essas pessoas me desculpem, e considerem quanto tempo me levaria para relatar todos esses milagres, os quais a necessidade de terminar o trabalho que assumi me força a omitir.[42]

Novamente, escrevendo as suas *Revisões* (também intituladas *Retratações*), no final de sua vida e ministério (c. 426-427), ele admitiu que as línguas e os milagres mais espetaculares, como de pessoas sendo curadas pela mera sombra dos pregadores de Cristo enquanto passavam, haviam cessado. Em seguida ele disse:

> Mas o que eu disse não deveria ser entendido como se não devêssemos crer que nenhum milagre seria realizado hoje em dia em nome de Cristo. Porque eu mesmo, quando estava escrevendo este mesmo livro, soube de um homem cego que havia recebido a sua visão na mesma cidade perto dos corpos dos mártires de Milão. Fiquei sabendo de outros milagres também; tantos deles ocorrem até mesmo nessa época que seríamos incapazes de ficar cientes de todos eles ou de contar aqueles dos quais estamos cientes.[43]

Posteriormente, nas *Revisões*, ele faz a seguinte pergunta: "Por que os milagres que Jesus realizava não acontecem com a mesma frequência em nossos dias?". A resposta de Agostinho: "Porque não seriam notáveis a menos que fossem maravilhosos, mas se fossem ocorrências familiares não seriam maravilhosos". Em seguida ele esclarece a sua resposta, dizendo que "não há [milagres] tão grandes nem tão numerosos hoje em dia não porque nenhum deles não aconteça hoje em dia".[44]

Agostinho também fez referência a um fenômeno em seus dias chamado de *júbilo*. Alguns acham que ele estava descrevendo o cântico em línguas. Ele escreveu:

---

[42]Augustine, *City of God* 22.8.489.

[43]Augustine, *Revisions*, The Works of Saint Augustine: A Translation for the 21st Century (Hyde Park, NY: New City, 2010), edição Kindle, livro 1, p. 13, 7.

[44]Augustine, *Revisions*, edição Kindle, livro 1, p. 14, 5.

As palavras não conseguem expressar as coisas que são cantadas pelo coração. Pegue o exemplo de pessoas cantando enquanto estão colhendo nos campos ou nas videiras ou enquanto qualquer outro trabalho extenuante estiver em progresso. Embora comecem dando expressão à sua alegria em palavras cantadas, logo há uma mudança. E se estiverem tão alegres que as palavras não consigam mais expressar o que sentem, elas descartam as sílabas restritivas. Explodem num simples som de alegria; de júbilo. Esse tipo de brado de alegria é um som que significa que o coração está trazendo à existência o que não consegue expressar com palavras. Ora, quem é mais digno de um brado de júbilo assim do que o próprio Deus, o qual todas as palavras não conseguem descrever? Se as palavras não vão servir, e, contudo, você não pode permanecer em silêncio, o que mais você pode fazer a não ser bradar de alegria? O seu coração precisa regozijar-se além das palavras, para que a sua alegria irrestrita não seja restringida por amarras silábicas.[45]

UM ARGUMENTO ESTRANHO E NÃO PERSUASIVO A FAVOR DO CESSACIONISMO

Em novembro de 2018, compareci ao encontro anual da Evangelical Theological Society, em Denver, Colorado, EUA, com outros 2.700 participantes aproximadamente. O tema da reunião desse ano foi o Espírito Santo. No primeiro dia do nosso encontro, participei de uma conversa num painel (debate?) de três horas com três bons amigos: Andrew Wilson, Tom Schreiner e Ligon Duncan. Andrew e eu defendemos o continuacionismo, ao passo que Tom e Ligon argumentaram a favor do cessacionismo.

Dentre as muitas coisas ditas, um breve intercâmbio foi especialmente fascinante. Andrew Wilson apresentou o que creio ser uma defesa incontestável de que todos os dons espirituais continuaram a operar até boa parte da era patrística, cerca de quatrocentos a quinhentos anos após a morte dos apóstolos. Um argumento foi então desenvolvido pelos nossos parceiros do diálogo: apesar de esses pastores, líderes de igreja e teólogos do período patrístico terem falado muitas vezes sobre a presença e operação de todos os dons

---

[45]Augustine, citado por Oliver, *Pentecost to the Present*, 1:142-43.

AS EVIDÊNCIAS DA HISTÓRIA DA IGREJA

espirituais, nenhum deles alegava ter pessoalmente esses dons. Em outras palavras, o argumento, evidentemente, é que, uma vez que esses proeminentes patriarcas da igreja não alegavam de forma explícita que tinham pessoalmente os dons que diziam estar presentes entre outros, esses dons, na verdade, não eram operativos.

Acho que isso é um argumento um tanto quanto estranho e em nada persuasivo, e em última análise não tem nenhuma relação com o debate entre continuacionistas e cessacionistas. Segue-se aqui a razão.

Em primeiro lugar, o fato de que esses indivíduos não alegavam ter esses dons de forma nenhuma prova que outros não os tivessem. Na verdade, eles repetidamente testificavam que outros de fato tinham esses dons, e forneciam testemunhos oculares quanto à sua presença na era patrística. Basta lermos as palavras de Agostinho, talvez o mais proeminente teólogo desse período, o qual não media esforços para dar testemunho da operação milagrosa desses dons em sua própria igreja e cidade.

Se negarmos que esses dons estavam presentes e operativos durante a era patrística, apesar dos testemunhos repetidos e sistemáticos de respeitados patriarcas e teólogos da igreja que eram, a questão da motivação também precisa ser considerada. Em outras palavras, *por que* as pessoas mentiriam sobre essas manifestações do Espírito? Será que foram simplesmente enganadas para achar que os dons estivessem presentes quando na verdade não estavam? Será que eram tão ingênuas e desinformadas, que simplesmente não sabiam de nada melhor do que isso? Se esse for o caso, por que os cessacionistas deveriam crer em qualquer outra coisa que poderiam ter dito? Se não podemos confiar ou crer na questão dos dons espirituais, por que qualquer um deveria confiar neles quando falam sobre outros assuntos espirituais, teológicos ou históricos?

O suposto silêncio desses indivíduos sobre a presença desses dons em suas próprias experiências pode simplesmente ser a confirmação do que lemos em 1Coríntios 12:27-31. Então o apóstolo Paulo disse que nem todos profetizam, nem todos falam em línguas, nem todos têm dons de curas, e assim por diante. Talvez a razão pela qual essas pessoas não reivindicassem tais dons para si mesmas seja porque, como Paulo disse, o Espírito escolheu não lhes conceder nenhum dom milagroso em particular. O seu silêncio em relação a esses dons na própria vida simplesmente seria um exemplo da verdade de 1Coríntios 12:27-31, a saber, que nem todos têm todos os dons. É um exagero irracional concluir que o seu silêncio sobre seus próprios dons seja prova de que os outros dons estivessem ausentes entre as outras pessoas.

Finalmente, considere o painel para o próprio debate. Em nenhum momento durante o decorrer da leitura de dois trabalhos em defesa do continuacionismo Andrew Wilson falou que *ele* regularmente fala em línguas.[46] O que poderia concluir alguém que, duzentos anos mais tarde, lesse os trabalhos de Andrew enquanto estivesse envolvido num debate sobre a continuação ou cessação dos dons espirituais? O cessacionista poderia, dois séculos depois de hoje, argumentar que não há nenhuma evidência de que esses dons fossem operativos em 2018, porque Andrew Wilson, que estava vivo nessa época, em nenhum lugar alegou em suas palestras escritas que ele próprio operasse no poder desses *charismata* miraculosos?

Talvez ele o fizesse. Mas espero que você possa ver quão sem fundamento esse tipo de argumento seria. O fato de Wilson não mencionar explicitamente os dons que tem não sugere, muito menos exige, que eles não estivessem presentes em sua vida ou na vida de outros que viviam na mesma época. A realidade é que tanto Andrew como eu somos abençoados com o dom de línguas. E muitas vezes falamos de outros que conhecemos e temos visto que operam em dons miraculosos. A nossa falha ou relutância em descrever a nossa própria experiência em relação a isso dificilmente sugere que ninguém mais opere nesses *charismata* do Espírito. O silêncio de certos patriarcas da igreja em relação às suas próprias experiências com os *charismata* miraculosos é um fraco argumento a favor da sua cessação.

DONS ESPIRITUAIS MIRACULOSOS NA IDADE MÉDIA

Há menos evidências dos dons miraculosos ao entrarmos no período da Idade Média (por razões que já observei); contudo, em nenhum momento os dons desapareceram por completo. Dadas as limitações de espaço, cito apenas os nomes daqueles em cujos ministérios há

---

[46]Você poderá ler os dois trabalhos de Wilson, com os trabalhos de Thomas Schreiner, em *Themelios* 44.1 (2019): 16-40.

AS EVIDÊNCIAS DA HISTÓRIA DA IGREJA

inúmeras ocasiões documentadas dos dons de revelação de profecia, cura, discernimento de espíritos, milagres e línguas, com vívidas narrativas de sonhos e visões.[47] Entre eles estão:

João do Egito (m. 394)

Leão, o Grande (400-461; ele serviu como bispo de Roma de 440 até 461)

Genoveva de Paris (422-500)

Bento de Núrsia (480-547)

Gregório, o Grande (540-604)

Gregório de Tours (538-594)

O Venerável Beda (673-735; a sua *História eclesiástica do povo inglês*, escrita em 731, contém inúmeros relatos dos dons miraculosos em operação)

Aidan, bispo de Lindisfarne (m. 651) e seu sucessor Cuteberto (m. 687; ambos serviram como missionários na Grã-Bretanha)

Ansgário (800-865), um dos primeiros missionários enviados para a Escandinávia

Bernardo de Claraval (1090-1153), que escreveu um tratado sobre a *Vida e morte de São Malaquias, o Irlandês* (1094-1148)

Ricardo de São Vítor (m. 1173)

Domingos, fundador dos dominicanos (1170-1221)

Antônio de Pádua (1195-1231)

Boaventura (1217-1274)

Francisco de Assis (1182-1226; documentado em *Vida de São Francisco,* de Boaventura

Tomás de Aquino (1225-1274)

Pedro Valdo, fundador dos valdenses (m. 1217)

Todos os místicos medievais, dentre os quais encontram-se várias mulheres:

Hildegarda de Bingen (1098-1179)

Gertrudes de Helfta (1256-1301)

Brígida da Suécia (1302-1373)

---

[47]Para extensas documentações, cf. Stanley M. Burgess, *The Holy Spirit: Medieval Roman Catholic and Reformation traditions (sixth-sixteenth centuries)* (Peabody: Hendrickson, 1997). Cf. tb. Paul Thigpen, "Did the power of the Spirit ever leave the church?", *Charisma*, Sept. 1992, 20-9; e Richard M. Riss, "Tongues and other miraculous gifts in the second through nineteen centuries", Basilea, 1985.

Santa Clara de Montefalco (m. 1308)
Catarina de Siena (1347-1380)
Juliana de Norwich (1342-1416)
Margery Kempe (1373-1433)
Pregador dominicano Vicente Ferrer (1350-1419)
Teresa de Ávila (1515-1582)
João da Cruz (1542-1591)

Se alguém se opuser dizendo que esses indivíduos eram católicos romanos, não podemos nos esquecer de que, durante esse período da história, quase não havia alguém que não fosse. Além de algumas facções dissidentes, havia pouca ou nenhuma expressão do cristianismo fora da igreja de Roma (a separação formal com o que ficou conhecida como Igreja Ortodoxa Oriental não ocorreu até 1054 d.C.).

Chegando mais perto da época da Reforma, deveríamos mencionar Inácio de Loyola (1491-1556), fundador dos jesuítas e autor de *Exercícios espirituais*. Relata-se que os dons espirituais, especialmente de línguas, eram comuns entre os menonitas, os morávios, especialmente sob a liderança do Conde von Zinzendorf (1700-1760), bem como entre os huguenotes franceses do final do século 17 e os jansenistas da primeira metade do século 18. John Wesley (1703-1791) defendia a operação contínua das línguas posteriormente ao tempo dos apóstolos. Também poderíamos citar George Fox (1624-1691), que fundou a igreja Quaker.[48]

OS DONS ESPIRITUAIS MIRACULOSOS NA REFORMA ESCOCESA

Os que insistem que os dons espirituais de revelação — como profecia, discernimento de espíritos e palavra de conhecimento — cessaram sua operação depois do primeiro século também têm dificuldades em explicar a operação desses dons na vida de muitos que estiveram envolvidos na Reforma Escocesa, bem como de vários

---

[48]Para documentações das crenças de Wesley, cf. *Christian peoples of the Spirit: a documentary history of Pentecostal spirituality from the early church to the Present*, ed. Stanley M. Burgess (New York: New York University Press, 2011), p. 177-86. Para Fox, eu recomendaria *George Fox: an autobiography*, ed. Rufus M. Jones (Richmond: Street Corner Society, 1976).

que ministraram no que dela resultou. Jack Deere, em seu livro *Surprised by the voice of God* [Surpreendidos pela voz de Deus],[49] forneceu extensas documentações do dom de profecia em operação em e por meio de homens como George Wishart (1513-1546; mentor de John Knox), o próprio John Knox (1514-1572), John Welsh (1570-1622), Robert Bruce (1554-1631) e Alexander Peden (1626-1686).

Recomendo muito que o leitor obtenha o livro de Deere e examine de perto a narrativa dos seus ministérios sobrenaturais não somente na profecia, mas muitas vezes nos dons de curas. Deere também atrai a nossa atenção a um dos historiadores do século 17, Robert Fleming (1630-1694), e a um dos principais arquitetos da Confissão de Fé de Westminster, Samuel Rutherford (1600-1661); ambos reconheciam a operação dos dons em seus dias.

Esta breve avaliação da história da igreja demonstra que a alegação cessacionista padrão de que os dons miraculosos do Espírito desapareceram após a morte dos apóstolos originais é falsa. Há evidências substanciais de que o Espírito Santo continuou a transmitir os *charismata* e que, nesses períodos em que os dons não são tão frequentemente encontrados, uma explicação razoável pode ser dada, que não seja recorrer a alguma forma de obsolescência inerente na natureza e no propósito dos dons em si.

---

[49]Jack Deere, *Surprised by the voice of God* (Grand Rapids: Zondervan, 1996), p. 64-93 [edição em português: *Surpreendido com a voz do Espírito* (Rio de Janeiro: CPAD, s.d.)].

TERCEIRA PARTE

os **dons**
DE REVELAÇÃO
DO ESPÍRITO

os dons
DE REVELAÇÃO
DO ESPÍRITO

CAPÍTULO OITO

Palavra de sabedoria e palavra de conhecimento

Desde o início dos nossos esforços enfrentamos um problema para entender os dons espirituais da palavra de conhecimento e da palavra de sabedoria. O problema é que nem Paulo nem outro autor do Novo Testamento jamais importou-se em defini-los. Embora ambos os termos — *conhecimento* e *sabedoria* — apareçam muitas vezes em 1Coríntios e em outras cartas do Novo Testamento, o único lugar em que "a palavra de conhecimento" e "a palavra de sabedoria" ocorrem é em 1Coríntios 12:8. Neste texto, esses dons aparecem encabeçando uma lista de nove dons do Espírito:

> Pelo Espírito, a um é dada a palavra de sabedoria; a outro, pelo mesmo Espírito, a palavra de conhecimento; a outro, fé, pelo mesmo Espírito; a outro, dons de curar, pelo único Espírito; a outro, poder para operar milagres; a outro, profecia; a outro, discernimento de espíritos; a outro, variedade de línguas; e ainda a outro, interpretação de línguas (1Coríntios 12:8-10).[1]

---

[1] A ESV traduz essas expressões como "a *palavra* de sabedoria" e "a *palavra* de conhecimento" claramente para realçar que esses dons são dons *falados*.

Nenhuma explicação é dada em nenhum lugar das Escrituras de por que esses dois dons deveriam ser considerados pela igreja mesmo que nenhuma elucidação tenha sido deixada a respeito deles. Pode muito bem ser que os coríntios estivessem tão familiarizados com a sua natureza e propósito que Paulo não sentiu nenhuma pressão ou necessidade de fornecer detalhes adicionais. Outros, como notaremos logo abaixo, acreditam que esses dons estejam específica e diretamente relacionados aos comentários de Paulo nessa carta em relação a "conhecimento" e "sabedoria". Assim, qualquer sugestão de que estejam isolados no capítulo 12, sem explicações adicionais, deixa de levar em consideração o que Paulo já havia dito em algum outro lugar de 1Coríntios.

Poderíamos perguntar, se é que podemos mesmo, como deveríamos diferenciar esses dois dons do dom de profecia. Em duas ocasiões em 1Coríntios, Paulo simplesmente mencionou uma "revelação" vindo a um cristão, não relacionada a nenhum dom específico (cf. 1Coríntios 14:6,26; em 14:30, a "revelação" vem com a profecia). Será que essas exposições de revelações poderiam ser a maneira um tanto quanto enigmática de Paulo referir-se novamente tanto à palavra de conhecimento quanto à palavra de sabedoria, ou será que ele tinha o dom de profecia especificamente em mente?

PRECEDENTES BÍBLICOS

A linguagem específica que Paulo empregou não nos fornece nenhuma ajuda no entendimento da natureza desses dois dons espirituais. Os termos *palavra*, *sabedoria* e *conhecimento* são comuns o suficiente no Novo Testamento, mas seu significado precisa ser compilado — tanto do contexto mais amplo em que aparecem como de exemplos prováveis desses dons em operação real. No entanto, precisamos admitir que, nos casos desses exemplos prováveis, a terminologia de *palavra*, *sabedoria* e *conhecimento* não é encontrada em nenhum lugar. Não há, portanto, nenhuma forma de garantir ou de ter alguma certeza de que os exemplos citados abaixo sejam ocasiões reais dos dois dons em consideração.

Disto isso, os evangelhos registram várias ocasiões em que Jesus é descrito como "conhecendo" os pensamentos dos escribas e dos líderes religiosos:

PALAVRA DE SABEDORIA E PALAVRA DE CONHECIMENTO

> Conhecendo Jesus seus pensamentos, disse-lhes... (Mateus 9:4).

> Jesus, conhecendo os seus pensamentos, disse-lhes... (Mateus 12:25).

> Mas Jesus sabia o que eles estavam pensando e disse... (Lucas 6:8).

Jesus também é retratado como conhecendo os pensamentos dos seus próprios discípulos:

> Jesus, conhecendo os seus pensamentos... (Lucas 9:47).

Em João 1:43-51, lemos sobre o chamado de Natanael, em que Jesus, sem ter conhecido o homem, conhecia o seu caráter moral e declarou: "Eu te vi" (v. 48). O exemplo mais citado é o encontro do nosso Senhor com a mulher samaritana de João 4. Jesus prosseguiu e revelou os pecados secretos dela (v. 16-18), o que a levou a concluir que ele era um profeta (v. 19). Mais tarde ela espalhou a notícia sobre um homem "que me disse tudo o que tenho feito" (v. 29).

Não estou sugerindo que esses incidentes sejam exemplos dos nossos dois dons espirituais. Mas talvez sejam análogos a eles. Muitas pessoas atribuiriam o conhecimento de Jesus demonstrado à sua natureza divina. Ele é, afinal, o Deus onisciente encarnado. Outros, inclusive eu, apontam para o ministério de revelação do Espírito Santo na vida de Jesus. Para viver uma vida inteiramente humana, o Deus-Filho voluntariamente suspendeu o exercício de certos atributos divinos (como a onisciência). De maneira nenhuma ele cessou de ser inteiramente Deus, mas escolheu não fazer uso desses atributos que teriam provado ser incoerentes com uma vida humana genuína de fraqueza e finitude. O relacionamento do Cristo encarnado com o Espírito Santo e a sua total dependência do Espírito Santo para a sua capacidade de saber essas coisas e de operar milagres é um vasto assunto que não pode nos deter aqui. Eu simplesmente dirigiria a sua atenção a textos como Mateus 12:28; Lucas 4:1,2,14,15, 16-19; 5:17; 8:46; 10:21; João 3:34,35; Atos 1:1,2; 10:38.[2] O que

---

[2]Abordo essa questão com uma extensão considerável no capítulo intitulado "How did Jesus perform his miracles?", em meu livro *Tough topics 2: biblical answers to 25 challenging questions* (Fearn, Ross-shire, Reino Unido: Christian Focus, 2015).

quero salientar com isso é que Jesus demonstrava um conhecimento sobrenatural do que ele não poderia ter conhecido humanamente, por causa do ministério do Espírito Santo. Isso pelo menos nos alertaria quanto à possibilidade do que Paulo talvez tenha tido em mente ao falar da "palavra de conhecimento" e da "palavra de sabedoria".

Seria possível que a resposta de Pedro a Ananias e Safira tenha sido por meio de uma palavra de conhecimento? Nenhuma indicação é dada em relação a como ou por quais meios Pedro recebeu a revelação quanto às motivações dos seus corações, mas pode muito bem ter sido em virtude de ele ter recebido um ou ambos os dons espirituais. Vemos algo semelhante em Atos 8:26-40. Filipe foi primeiro instruído por um anjo a ir "para o sul, para a estrada deserta que desce de Jerusalém a Gaza" (v. 26). O Espírito Santo disse-lhe mais tarde para unir-se ao eunuco etíope em sua carruagem, onde ele prosseguiu e compartilhou o evangelho com ele (v. 29). Será que Filipe foi o receptor de uma palavra de sabedoria por meio da qual foi conduzido a esse encontro?

Em Atos 9:10-19, Ananias teve uma visão do Senhor na qual lhe foi concedido conhecimento sobre um homem chamado Saulo. Ele também recebeu direção e instruções divinas sobre o que dizer a esse homem que havia feito "muito mal" aos santos do Senhor "em Jerusalém" (v. 13). As experiências de revelações de Cornélio e Pedro em Atos 10 foram exemplos de uma palavra de conhecimento? E o que dizermos da palavra de revelação que veio à igreja de Antioquia dando direcionamento em relação à missão de Paulo e Barnabé? Somente profetas e mestres são mencionados no texto; assim, talvez isso seja simplesmente uma revelação profética, e não uma palavra de conhecimento ou de sabedoria. Contudo, uma vez mais, vemos a dificuldade de fazer uma distinção entre os três dons.

Um exemplo mais provável da palavra de conhecimento pode ser visto no encontro de Paulo com Elimas, o mágico, em Atos 13:6-12. O apóstolo foi "cheio do Espírito Santo" (v. 9), prosseguiu e revelou o segredo e as intenções malignas de Elimas. Como foi que ele recebeu esse conhecimento? Será que poderia ser o resultado de um dom espiritual concedido a Paulo quando ele foi cheio com o Espírito? Um exemplo semelhante ocorre um capítulo depois, em Atos 14:8-10, em que Paulo é descrito como "vendo" que um homem "paralítico dos pés, aleijado desde o nascimento" tinha "fé para ser curado" (v. 8,9).

PALAVRA DE SABEDORIA E PALAVRA DE CONHECIMENTO

Como Paulo "viu", "percebeu" ou teve o conhecimento dessa verdade? Uma vez mais, não podemos ter certeza de que a palavra de conhecimento está em operação, mas não deixaria de ser razoável se achássemos isso.

Considere o incidente de Atos 16:16-18, que aconteceu em Filipos. Paulo deparou-se com uma moça escrava "que tinha um espírito pelo qual predizia o futuro" (v. 16). Não querendo que o seu ministério estivesse associado a uma propaganda demoníaca, ele ordenou que o demônio "saísse dela" (v. 18). Não podemos deixar de nos perguntar como Paulo ficou sabendo que ela estava sob a influência de "um espírito pelo qual predizia o futuro".

Será que esses são meramente casos de atividades de revelações de um tipo genérico (como foi observado acima), ou são ocorrências do dom de profecia? Ou será que poderiam ser exemplos da palavra de sabedoria ou da palavra de conhecimento? Contudo, uma vez mais, talvez sejam exemplos do dom de discernimento de espíritos. Será que poderiam ser expressões de atividades milagrosas que são uma combinação de alguns ou de todos esses acontecimentos de revelação? Cada um desses exemplos é indubitavelmente de revelação por natureza, o que significa dizer que Deus revelou informações que seriam inalcançáveis de outra forma. Mas será que deveríamos chamar a qualquer um desses incidentes de "palavra de sabedoria" ou "palavra de conhecimento"?

SABEDORIA E CONHECIMENTO EM CORINTO

Alguns creem que o segredo para entendermos esses dois dons espirituais encontra-se em como os termos são usados em 1Coríntios.[3] Aparentemente, o povo de Corinto era influenciado por um gnosticismo incipiente que enfatizava tanto a sabedoria quanto o conhecimento como as chaves para a verdadeira espiritualidade. O estudioso britânico do Novo Testamento, James Dunn, menciona esses dois termos como "*slogans* da facção que se opunha a Paulo em Corinto".[4] Dunn argumenta que "é por isso que *gnosis* [conhecimento] continua sendo recorrente dentro das cartas aos coríntios

---

[3]A análise seguinte foi adaptada do meu livro *The beginner's guide to Spiritual gifts* (Minneapolis: Bethany House, 2015), p. 45-49, usado aqui com permissão.

[4]James D. G. Dunn, *Jesus and the Spirit* (Philadelphia: Westminster, 1975), p. 217

ENTENDENDO OS DONS ESPIRITUAIS

e apenas aparece raramente em outros lugares, e é por isso que 1Coríntios 1—3 é tão dominado pela discussão de *sophia* [sabedoria]".[5] Notavelmente, foi na verdade em nome da sabedoria que os coríntios estavam rejeitando tanto Paulo quanto o seu evangelho.

Quando analisamos mais de perto 1Coríntios 1:18-27, vemos que, nesse trecho de dez versículos, a palavra *sabedoria* e seus derivados ocorrem doze vezes. Em 1Coríntios 2:1, Paulo disse que, ao pregar aos coríntios, não foi com a "superioridade da fala (*logos*) ou da sabedoria (*sophia*)" (NASB — curiosamente, estes são os mesmos termos gregos usados em 1Coríntios 12:8), mas, sim, "em demonstração do poder do Espírito" (2:4). Veja também 2:5-8,13 para referências e alusões adicionais à sabedoria. Especialmente notável é 1Coríntios 1:17, em que Paulo disse que Cristo não o enviou para proclamar o evangelho em inteligência humana [*sophia*, isto é, sabedoria!] da fala (*logos*)". Uma vez mais, em 1Coríntios 2:4, Paulo insistiu que não pregou com "palavras (*logos*) persuasivas de sabedoria (*sophia*)". Essas mesmas duas palavras são encontradas juntas novamente em 2:13.

A palavra *sabedoria* pode ser usada tanto no bom como no mau sentido. A sabedoria maligna é habilidade retórica, eloquência e raciocínio natural usados para minar o evangelho. A sabedoria mundana é a perspectiva da mente incrédula que não sabe nada do âmbito do Espírito e considera a ideia de um Messias crucificado um absurdo. Já a sabedoria espiritual diz respeito principalmente aos misteriosos propósitos de Deus pelos quais ele redime o seu povo por meio da loucura da cruz (cf. espec. 1Coríntios 2:6-9).

Talvez a nossa interpretação do dom da "palavra de sabedoria" em 12:8 devesse refletir a ênfase de Paulo na "mensagem" (palavra) de "sabedoria" em 1Coríntios 1—3. Nesse caso, o foco seria menor a respeito da revelação de alguma verdade oculta sobre uma pessoa e maior no propósito de Deus na história de redenção. Ou seja, a "palavra" revelada explicaria ou desvendaria a "sabedoria" de Deus em trazer salvação a um mundo perdido por intermédio da vida, morte e ressurreição de um carpinteiro de Nazaré. Ou, uma vez mais, a palavra de sabedoria pode ser a capacidade de articularmos revelações sobre os propósitos misteriosos e salvíficos de Deus para a humanidade, tanto em um plano global quanto em aplicação a indivíduos.

---

[5]Dunn, p. 217.

O mesmo pode ser observado em relação à palavra *conhecimento*. Em 1Coríntios 8:1-4,7,10, *conhecimento* aparece quatro vezes (cf. tb. 13:2,8). O conhecimento, de acordo com Paulo, é uma revelação das profundezas insondáveis da graciosa obra de Deus em Cristo. Assim, a palavra de conhecimento pode ser a capacitação e a habilidade provenientes do Espírito para comunicarmos revelações das inescrutáveis profundezas da graciosa obra de Deus em Cristo.

Em caso afirmativo, pode ser que, quando Paulo chegou a 1Coríntios 12, decidiu recuperar para o uso caracteristicamente cristão ambos os termos — *sabedoria* e *conhecimento* — e aplicá-los de uma maneira que edificasse a igreja. Dunn concorda, e define a palavra de sabedoria como "alguma palavra carismática que propicie alguma nova compreensão ou uma perspectiva renovada do plano de Deus em relação a salvação ou dos benefícios que ela traz aos cristãos".[6] Ele define a palavra de conhecimento de uma maneira semelhante, focando a ideia de revelação da natureza do mundo, tanto espiritual quanto natural, com referência especial ao relacionamento entre Deus e o homem. Uma palavra de conhecimento, diz Dunn, era simplesmente uma palavra dada sob a inspiração que comunicava uma revelação das "realidades e relacionamentos cósmicos".[7] Talvez possa aproximar-se ainda mais da ideia de ensino inspirado, no qual o orador recebe uma percepção extraordinária do significado das Escrituras.

Se essas definições forem precisas, e não estou inteiramente convencido de que estejam, talvez precisemos atribuir a essas revelações os detalhes, dados e segredos da vida de uma pessoa não como palavra de conhecimento ou palavra de sabedoria, mas como profecia ou, simplesmente, como uma revelação.

PALAVRAS DE REVELAÇÃO?

Assim, a palavra de sabedoria e a palavra de conhecimento são dons de *revelação*? A revelação, ou iluminação, ou conhecimento vem imediata e espontaneamente do Espírito Santo, independentemente de meios naturais, ou é a conclusão raciocinada à qual

---

[6]Dunn, p. 220.
[7]Dunn, p. 218.

ENTENDENDO OS DONS ESPIRITUAIS

poderia chegar qualquer cristão, por meio da observação e do estudo das Escrituras?

Observe que Paulo não chamou de "sabedoria" e "conhecimento" os dons espirituais *per se*. Ele falou da palavra (*logos*) de sabedoria e da palavra (*logos*) de conhecimento. Como Dunn explica, "para Paulo, a sabedoria e o conhecimento como tais não devem ser considerados *charismata*; é somente a palavra que de fato revela sabedoria ou conhecimento a outros que é um *charisma*".[8] Dunn quer distinguir entre a sabedoria e o conhecimento em um sentido geral que todos os cristãos têm (ou *possam* ter) e o dom de dar uma palavra em relação à sabedoria e ao conhecimento, o qual é restrito em seu escopo.

Pode muito bem ser que a palavra de sabedoria e a palavra de conhecimento não sejam de revelação por natureza.[9] Contudo, deveríamos observar que o uso, por Paulo, de *conhecimento*, posteriormente em seu ensino sobre os dons espirituais (13:2,8-12;14:6), aparentemente apoiaria a natureza sobrenatural, espontânea e reveladora desse dom. Em 1Coríntios 13:2, Paulo mencionou o fato de que temos todo o conhecimento simultaneamente à profecia e à fé, ambos dons obviamente sobrenaturais. Uma vez mais, nos versículos de 8 a 12, o conhecimento é ligado a línguas e à profecia para o desenvolvimento do que ele queria mostrar em relação à continuação dos *charismata* até a segunda vinda de Cristo. Ainda que nenhuma referência seja feita em relação à *palavra de* conhecimento, parece provável que o uso, por Paulo, de *conhecimento* aponta de volta a 12:8. Notamos especialmente 14:6, em que *conhecimento* aparece como no meio de um sanduíche, por assim dizer, entre *revelação* e *profecia*. A minha conjectura é a de que esse conhecimento é o fruto de um acontecimento de revelação que 12:8 indica que deve ser falado ("palavra" ou "mensagem" de conhecimento) para a edificação da igreja.

O costumeiro entendimento pentecostal, carismático, de terceira onda da palavra de sabedoria e da palavra de conhecimento é que elas se referem, respectivamente, à articulação de uma revelação ao *como* (sabedoria) e ao *quê* (conhecimento) da vida de uma pessoa. A palavra de sabedoria, como tem sido dito, pertence à *instrução*, e a palavra de

---

[8]Dunn, p. 221.

[9]Cf. Wayne Grudem, *Systematic theology: an introduction to biblical doctrine* (Grand Rapids: Zondervan, 1994), p. 1080-82 [edição em português: *Teologia sistemática*, 2. ed. (São Paulo: Vida Nova, s.d.)].

conhecimento pertence à *informação*. Mas, em vista do uso por Paulo dos termos *palavra, sabedoria* e *conhecimento* em outros lugares de 1Coríntios, talvez precisemos ser mais cautelosos e menos dogmáticos sobre como definimos esses dons. À luz do que vimos, como *você* classificaria ou descreveria os seguintes três exemplos?

UM BATISTA COM DONS

Muitas vezes tenho salientado, em publicações anteriores, a experiência de Charles Spurgeon (1834-1892), pastor batista de Londres, o qual conta sobre um incidente no meio do seu sermão: ele pausou e apontou para um homem, ao qual acusou de receber um lucro injusto no domingo, bem nesse dia, dentre todos os demais! O réu mais tarde descreveu o acontecimento a um amigo:

> O sr. Spurgeon olhou para mim como se me conhecesse, e, em seu sermão, apontou para mim, e disse à congregação que eu era sapateiro, e que eu mantinha a minha loja aberta aos domingos; e eu o fazia, senhor. Eu não deveria ter me importado com isso; mas ele também disse que eu ganhei nove centavos no domingo anterior, e que houve um lucro com isso de quatro centavos. De fato ganhei nove centavos nesse dia, e quatro centavos foi exatamente o lucro; mas como ele poderia saber isso, não consegui dizer. Então me dei conta de que foi Deus que havia falado à minha alma por meio dele; assim, fechei a minha loja no domingo seguinte. A princípio, eu estava com medo de ir novamente ouvi-lo, para que ele não contasse mais às pessoas sobre mim; mas depois fui, e o Senhor encontrou-se comigo, e salvou a minha alma.[10]

Spurgeon em seguida acrescentou o seguinte comentário:

> Eu poderia contar até uma *dúzia* de casos semelhantes em que apontei para alguém no auditório sem ter o mínimo conhecimento da pessoa, ou nenhuma ideia de que o que eu disse estivesse certo, exceto que eu acreditava que estava sendo movido pelo Espírito para dizê-lo;

---

[10]Charles Spurgeon, *The autobiography of Charles H. Spurgeon* (n.p.: Curts & Jennings, 1899), 2:226-27.

ENTENDENDO OS DONS ESPIRITUAIS

e tão impressionante tem sido a minha descrição, que as pessoas têm saído e dito aos seus amigos: "Venham ver um homem que me disse todas as coisas que tenho feito; sem dúvida nenhuma, ele deve ter sido enviado por Deus à minha alma; caso contrário, ele não poderia ter me descrito tão exatamente". E não somente isso, mas tenho sabido de muitos casos em que os pensamentos dos homens foram revelados do púlpito. Já vi às vezes pessoas cutucarem os seus vizinhos com o cotovelo porque haviam recebido um golpe inteligente, e outros os ouviram dizendo, ao saírem: *O pregador nos disse exatamente o que dissemos uns aos outros quando entramos pela porta.*[11]

Numa outra ocasião, Spurgeon interrompeu o seu sermão e apontou para um jovem, declarando: "Jovem, essas luvas que você está usando não foram pagas, porque você as roubou do seu empregador".[12] Depois do sermão, o homem trouxe as luvas a Spurgeon e pediu que ele não contasse à sua mãe, a qual ficaria angustiada em descobrir que o seu filho era um ladrão!

O que devemos fazer com isso? Segundo todas as narrativas, Spurgeon era um cessacionista. Se lhe perguntassem, ele provavelmente teria negado que os dons de revelação, como uma palavra de conhecimento e profecia, ainda fossem operativos na igreja. Contudo, a sua própria experiência no púlpito permanece como uma testemunha contra a sua teologia, uma teologia que chegamos a ver que carece de apoio bíblico. A explicação mais provável é que uma "manifestação" do Espírito Santo (1Coríntios 12:7) estava presente por meio de Spurgeon, como aquela sobre a qual lemos em 1Coríntios 14:24,25. Embora ele próprio não a tivesse rotulado como tal, fico inclinado a achar que Spurgeon exercitava o dom de profecia ou a palavra de conhecimento (1Coríntios 12:8). A sua falha em identificar precisamente o fenômeno não altera a realidade do que o Espírito Santo realizava por meio dele.

---

[11]Spurgeon, 2:226-27.
[12]*C. H. Spurgeon autobiography: the full harvest* (Carlisle: Banner of Truth Trust, 1973), 2:60.

CAPÍTULO NOVE

A natureza e o propósito do dom espiritual de profecia

Ficaríamos sob grande pressão se tivéssemos que identificar um dom espiritual mais polêmico e controverso do que a profecia. Há um aspecto em que ela se tornou o ponto focal de debates entre os cristãos que diferem sobre a perpetuação e validade dos dons espirituais hoje.[1] A minha esperança é que uma cuidadosa análise do que o Novo Testamento diz sobre a profecia nos ajude a diminuir parte do ardor que ela provoca e a curar a divisão que ela tem causado entre os cristãos evangélicos que, se não fosse por causa da questão da profecia, poderiam estar vivendo em unidade.

A minha abordagem será delinear várias características desse dom espiritual. E aparentemente o lugar para iniciarmos é o mesmo ponto em que o Novo Testamento o faz: no Dia de Pentecoste.

---

[1]Por isso o título do artigo de Thomas R. Schreiner, "It all depends upon prophecy: a brief case for nuanced cessationism", em *Themelios* 44.1 (2019): 29-35.

ENTENDENDO OS DONS ESPIRITUAIS

A PROFECIA NO PENTECOSTE

Aprendemos, com os acontecimentos descritos em Atos 2, que uma das principais características da obra do Espírito nos "últimos dias" é capacitar as pessoas a profetizar. Citando as palavras de Joel, Pedro declarou:

> "'Nos últimos dias', diz Deus,
> 'derramarei do meu Espírito sobre todos os povos.
> Os seus filhos e as suas filhas profetizarão,
>> os jovens terão visões,
>> os velhos terão sonhos.
> Sobre os meus servos e as minhas servas
>> derramarei do meu Espírito naqueles dias, e eles profetizarão'"
>> (v. 17,18).

Há muito que aprender com os acontecimentos do Pentecoste, mas nosso interesse a esta altura é como Pedro apresentou o que deve ser característico da atual era da igreja.

Contrariamente ao que muitos cristãos foram levados a acreditar, "os últimos dias" não é uma referência aos dias finais, nem mesmo aos anos imediatamente antes da segunda vinda de Cristo. Os "últimos dias" que Joel tinha em mente ao verbalizar essa profecia no final do século 7 ou início do século 6 a.C. dizem respeito a toda a era atual em que vivemos agora. Em outras palavras, os "últimos dias" começaram no Dia de Pentecoste e estendem-se até que Jesus volte. Os "últimos dias", ou a era da nova aliança, já se estenderam por quase 2 mil anos (cf. 2Timóteo 3:1; Hebreus 1:1,2; 9:26; Tiago 5:3; 1Pedro 1:20; 1João 2:18; cf. tb. 1Coríntios 10:11; 1Timóteo 4:1).

É durante essa atual era da igreja que o Espírito será derramado "sobre todos os povos", ou seja, não somente sobre reis, profetas e sacerdotes, mas sobre todos os filhos de Deus: todo homem e mulher, todo filho e filha, jovens e velhos (cf. Atos 2:17). A linguagem de Pedro (e de Joel) é inconfundível quando a questão é essa nova aliança universalizando a presença capacitadora do Espírito: "todos os povos" (v. 17), isto é, independentemente de idade ("velhos" e "jovens"), gênero ("filhos" e "filhas"; "servos" e "servas"), classe social ("servos") ou raça ("todos os povos"; cf. v. 39; isto é, tanto judeu como gentio).

Preciso explicar o meu uso da palavra *característico* ao falar sobre profecia na era da igreja. Isso é justificado à luz da referência de Pedro aos "últimos dias". Alguns têm tentado argumentar que os acontecimentos que ocorreram no Dia de Pentecoste no primeiro século tinham o único propósito de lançar, inaugurar ou, em certo sentido, "dar um empurrão" na era da nova aliança. Agora, não se engane: a vinda do Espírito em poder no Pentecoste com toda certeza inaugurou de fato a era da nova aliança em que vivemos agora. Mas o que o Espírito fez nesse dia séculos atrás também fazia parte do propósito de Deus de caracterizar a experiência do seu povo durante todo o decorrer dessa era, até que Jesus volte. Em outras palavras, o que estamos lendo em Atos 2:17-21 é uma descrição do que o Espírito Santo faz no povo de Deus, por meio dele e para o benefício dele, durante todo o decorrer dessa era atual. A profecia, qualquer que possa ser o seu significado, foi planejada por Deus para ser uma experiência normativa para todo o povo de Deus nesta era em que vivemos, enquanto aguardamos a volta do Senhor.

PROFECIA E REVELAÇÃO

O fundamento ou a base de todo ministério profético é a obra *de revelação* do Espírito. Em outras palavras, a profecia sempre é a comunicação de algo que o Espírito Santo "revelou" ou desvendou a uma pessoa. Em Atos 2, essa obra de revelação do Espírito é expressa em sonhos e visões (Atos 2:17). Em 1Coríntios 14:26, Paulo disse que, quando os cristãos "se reúnem" para congregar, "cada um de vocês tem um salmo, ou uma palavra de instrução, uma *revelação*, uma palavra em uma língua ou uma interpretação" (grifo na citação). Posteriormente, em 14:30, Paulo esclareceu que a pessoa profetiza depois de receber uma revelação espontânea do Espírito. Uso a palavra *espontânea* nesse caso porque Paulo tinha em mente "uma revelação" que havia vindo a alguém sentado na reunião enquanto outra pessoa já havia começado a falar.

Os evangélicos muitas vezes têm uma reação automática ao uso da palavra *revelação* com base na suposição errônea de que toda revelação divina seja canônica. A ideia de que Deus ainda esteja fornecendo ao seu povo "revelação" de qualquer tipo é considerada como sugerindo, se não exigindo, um repúdio da noção de que o que já recebemos de uma forma canônica e inspirada na Bíblia seja suficiente.

ENTENDENDO OS DONS ESPIRITUAIS

Se Deus nos forneceu nas próprias Escrituras tudo o que é necessário para a vida e a santidade, que necessidade haveria que ele revelasse qualquer coisa além do que já temos?

Parte do problema encontra-se na maneira de empregarmos o termo *revelação* e o verbo "revelar". O verbo "revelar" ocorre 26 vezes no Novo Testamento, e o substantivo "revelação" ocorre 18 vezes. Em toda ocorrência relevante, a referência é a atividades divinas; nunca a comunicações humanas. Contudo, nem todos os atos de revelação divina são iguais em autoridade. A tendência entre alguns é presumir-se impropriamente que todas as vezes em que uma "revelação" é concedida, ela contenha a mesma autoridade obrigatória universalmente, suficiente para garantir a sua inclusão no cânon bíblico. Mas a "revelação" divina vem numa variedade de diferentes formas. Por exemplo, considere a afirmação de Paulo em Filipenses 3:15. Estavam presentes em Filipos alguns que tinham problemas com certos elementos do ensinamento de Paulo. Ele exortou, a todos os que eram "maduros", a "pensar" como ele pensava. Se alguns não pensassem assim, Paulo estava confiante de que "Deus lhes revelaria" o engano dos seus caminhos e os levaria a conformar-se à verdade apostólica. Vemos, por intermédio de um texto como esse, que Deus pode "revelar" ao cristão, ou de alguma forma desvendar à sua mente, verdades que ninguém jamais consideraria como canônicas ou que tivessem o peso de autoridade de textos bíblicos inspirados. O Espírito traria algo à mente de forma espontânea, alguma revelação ou verdade planejada exclusivamente à pessoa, e nunca com o propósito de Deus de ser considerada como tendo universalmente autoridade ou obrigatoriedade na consciência de outros cristãos.

Jesus empregava o verbo "revelar" para descrever suas próprias atividades graciosas de revelar o Pai aos que previamente não haviam tido nenhum conhecimento dele em relação à salvação (Mateus 11:25-27). Mas certamente ninguém insistiria que a revelação dada a essas pessoas devesse ser escrita e preservada como canônica para as gerações posteriores de cristãos. Paulo uma vez mais usou a linguagem de "revelação" para descrever a atividade de Deus de revelar a realidade da ira divina contra os que "suprimem a verdade pela injustiça" (Romanos 1:18). Assim, o ato de Deus de desvendamento divino novamente não se relaciona à inspiração de textos que portam uma autoridade intrínseca.

Em vista disso, D. A. Carson corretamente salientou que nem toda atividade de "revelação" de Deus vem a nós como verdade canônica, com a qualidade das Escrituras e com autoridade divina. Assim, diz Carson, "quando Paulo pressupõe em 1Coríntios 14:30 que o dom de profecia depende de uma revelação, não ficamos limitados a uma forma de revelação com autoridade que ameace a finalidade do cânon. Argumentarmos dessa maneira significa confundir a terminologia da teologia sistemática protestante com a terminologia dos escritores das Escrituras".[2]

DEFININDO PROFECIA

Agora podemos definir a profecia, de maneira mais específica, como a proclamação verbal em palavras meramente humanas de algo que o Espírito Santo soberanamente, e, em geral, de forma espontânea, revelou a um cristão. A profecia, portanto, não se baseia num palpite, suposição, inferência, conjectura de alguém instruído nem mesmo numa sabedoria que seja santa. A profecia não se baseia numa revelação pessoal, intuição ou iluminação. A profecia é o *relatório* humano de uma *revelação* divina. É isso o que distingue a profecia do ensino. O ensino sempre se baseia num texto das Escrituras. A profecia sempre se baseia numa revelação espontânea.

Alguns têm tentado argumentar que *profecia* é na verdade apenas outro nome para *pregação*. Por várias razões, não podemos igualar as duas coisas. Primeiro, como já observamos, em Atos 2, Pedro, citando Joel, declarou que a profecia é o resultado direto de visões e sonhos de revelação, e é a experiência de jovens e velhos, tanto homens como mulheres.

Também vemos, em Atos 13:1,2, que havia em Antioquia "profetas e mestres" (v. 1). Parece estranho que todo ensino/pregação seja uma forma de profecia. . Em que base ou por qual razão Lucas teria delineado uma distinção entre as duas coisas se fossem essencialmente sinônimas? Observe também a referência de Lucas, em Atos 21, às quatro filhas de Filipe, com todas elas tendo o dom de profecia. Será que devemos concluir que as suas filhas regularmente

---

[2]D. A. Carson, *Showing the Spirit: a theological exposition of 1 Corinthians 12—14* (reimpr., Grand Rapids: Baker, 2019), p. 214 [edição em português: *A manifestação do Espírito* (São Paulo: Vida Nova, s.d.)].

pregavam na igreja local da qual faziam parte? Ainda que os igualitaristas evangélicos estejam inclinados a dizer "sim", nós, que somos complementaristas, adotaríamos outra perspectiva.

Outro indício de que a profecia e a pregação não podem ser igualadas vem do que Paulo disse em 1Coríntios 14:6. Ele fez uma distinção entre "revelação" e "conhecimento"; "profecia" e "ensino". Como foi observado, a profecia baseia-se numa "revelação", ao passo que um ensino está arraigado num texto.

Também vimos que, em 1Coríntios 14:26, Paulo mostra de que maneira os cristãos devem abordar a reunião da igreja local. "Cada um de vocês", disse Paulo, "tem um salmo, ou uma palavra de instrução [lit., um ensino], uma revelação, uma palavra em uma língua ou uma interpretação". Aqui ele claramente fez distinção entre "ensino" e "revelação". O "ensino" baseia-se num texto bíblico, ao passo que a "revelação" é a base para a profecia. Como foi observado acima, isso é confirmado em 1Coríntios 14:29,30, em que Paulo explicitamente diz que a profecia baseia-se numa revelação espontânea do Espírito. Já o ensino/pregação é a exposição e a aplicação de um texto bíblico.

Se profecia, pregação ou ensino são sinônimos, precisamos explicar a razão pela qual Paulo fez uma distinção entre "profetas" e "pastores e mestres", ou mais provavelmente "pastores-mestres", em Efésios 4:11. Duas passagens de 1Timóteo também sugerem fortemente que a profecia não é pregação, e sim o relatório, a exortação ou o encorajamento dado por um indivíduo a outro para a sua edificação. Paulo encorajou Timóteo a recorrer às profecias a ele proferidas como uma maneira de "combater o bom combate" (1Timóteo 1:18). Em 1Timóteo 4:14, ele o exortou a não negligenciar o dom que tinha, o qual lhe foi dado "por mensagem profética" quando o conselho de presbíteros impôs as mãos sobre ele.

Finalmente, há as ocasiões em Atos que, embora não sejam explicitamente chamadas de "profecias", aparentam ser isso — coisas como o conhecimento de Pedro sobrenaturalmente dado sobre o pecado de Ananias e Safira (Atos 5:1-11), a revelação do Espírito de que Paulo e Barnabé deveriam ser separados para o serviço missionário (Atos 13:1-3), a percepção de Paulo de que um paralítico tinha fé para ser curado (Atos 14:8-10), o conselho dado a Paulo pelos discípulos em Tiro (Atos 21:4) e a palavra dada a Paulo por Ágabo (Atos 21:7-14).

Assim, a pregação/ensino baseia-se num texto inspirado. A profecia é o fruto da revelação que muitas vezes (mas nem sempre) vem de forma espontânea a uma pessoa. As pessoas podem "aprender" (1Coríntios 14:31) tanto com a profecia quanto com a pregação, mas o fato de que os *resultados* de cada uma podem ser idênticos não significa que as *raízes* sejam.

QUEM PODE PROFETIZAR?

Não há nada nas Escrituras que faça supor que o dom de profecia seja somente para homens ou somente para mulheres. Na verdade, vários textos explicitamente falam de mulheres profetizando para a edificação de outros cristãos (cf. Atos 2:17,18; 21:9; 1Coríntios 11:2-16). Não significa necessariamente que todos, tanto homens como mulheres, realmente profetizarão. Como Paulo esclareceu, nem todos são profetas (1Coríntios 12:29). Ao mesmo tempo, ele expressou o seu desejo de que "todos" profetizassem (1Coríntios 14:5), porque "quem profetiza edifica a igreja" (1Coríntios 14:4). Em dois outros textos ele parecia vislumbrar a possibilidade de que qualquer cristão pudesse falar profeticamente (1Coríntios 14:24,31). Mas, de novo, não devemos concluir disso que todos o farão. Minha percepção é que Paulo estava delineando uma distinção entre "profetas" que sistematicamente demonstram facilidade e precisão nesse dom e os que apenas "profetizam" esporadicamente. Assim, nem todos serão "profetas" (cf. 1Coríntios 12:29; Efésios 4:11), mas parece que todos *poderiam* profetizar.

O CONTEÚDO DE PALAVRAS PROFÉTICAS

O que Deus poderia desvendar que serviria como base para palavras proféticas? As Escrituras nos fornecem poucos exemplos, mas entre eles estão os "segredos" do coração do incrédulo (1Coríntios 14:24,25) e uma admoestação sobre perseguições iminentes (Atos 21:4,10-14). Talvez o Espírito traga à mente uma passagem bíblica que se aplique em especial a um momento na vida de uma pessoa. Paulo afirmou que, qualquer que seja a forma que a revelação profética possa assumir, ela tipicamente servirá para exortar, edificar e consolar outra pessoa (1Coríntios 14:3). Em Atos 13:1-3, parece que uma palavra profética serviu para desvendar a vontade do Espírito para o ministério de

Saulo e Barnabé. Enquanto Paulo estava pregando, foi o receptor da revelação de que um paralítico tinha o tipo de fé que levaria à cura (Atos 14:9,10). E aparentemente foi por meio de uma revelação profética que Timóteo recebeu um dom espiritual (1Timóteo 4:14).

Não vejo razão alguma para limitar o âmbito das atividades proféticas a esses poucos exemplos. É concebível que o Espírito possa fazer uso desse dom para realizar qualquer número de objetivos. Embora alguns acreditem que o incidente de Atos 5 seja um exemplo do dom da palavra de conhecimento (cf. o capítulo anterior), é extremamente provável que a revelação do Espírito a Pedro sobre a motivação do coração, tanto de Ananias como de Safira, fosse a base para a disciplina profética que veio em seguida.

QUAL É O PROPÓSITO DA PROFECIA?

Paulo disse que a profecia *edifica, encoraja* e *consola* (1Coríntios 14:3). Quando as pessoas são subitamente confrontadas com a inescapável realidade de que Deus verdadeiramente conhece seus corações, ouve suas orações e está intimamente familiarizado com todos os seus caminhos, elas são encorajadas a prosseguir e perseverar. Muitas vezes tenho conversado com cristãos que, apesar do que sabiam teologicamente ser verdade, *sentiam* como se Deus os houvesse abandonado. Parecia que as suas orações nunca eram ouvidas, muito menos respondidas. Então, muitas vezes de forma repentina, eles receberam uma palavra profética de uma pessoa totalmente desconhecida e a respeito de um assunto que somente Deus poderia saber. Assim, sua fé é reforçada e, seu espírito, consolado.

Em janeiro de 1991, fui a uma grande conferência em Anaheim, Califórnia. Na época, eu sabia pouco e havia experimentado menos ainda dos chamados "dons de revelação do Espírito". No último dia da conferência, fui convidado a unir-me a cerca de cinquenta outras pessoas numa sala particular. Então observei e ouvi atentamente enquanto um grupo de quatro indivíduos profetizava a cada um dos presentes na sala. Quando chegou a minha vez, eu não tinha nenhuma expectativa de que qualquer coisa sobrenatural estivesse para ocorrer. Um dos quatro homens, embora eu jamais houvesse conhecido ou ouvido sobre nenhum deles, olhou atentamente para mim e disse: "Vou dizer-lhe o que você tem orado em seu quarto de hotel nessas últimas noites. E tenho uma forte percepção proveniente do Senhor de que ele pretende responder aos seus pedidos".

A NATUREZA E O PROPÓSITO DO DOM ESPIRITUAL DE PROFECIA

Bem, certamente ele conseguiu atrair a minha atenção. O que se seguiu foi o meu primeiro encontro com o dom de profecia. Esse homem citou para mim as minhas orações, literalmente. Não estou falando sobre um sumário geral ou uma paráfrase, mas as palavras exatas que eu havia orado a sós nas duas noites anteriores. Em seguida, ele prosseguiu e descreveu o que estava acontecendo na igreja de Oklahoma em que eu estava servindo como pastor. Se eu puder usar as palavras do apóstolo Paulo, fui profundamente encorajado, edificado e consolado (1Coríntios 14:3)!

Não houve tentativa alguma por parte desse homem de deslumbrar-me com a sua revelação. Não houve nada obviamente sensacional em relação ao que aconteceu nesse dia, além do fato de que Deus, a quem eu havia orado, escolheu revelar os meus pedidos a um homem que eu nunca havia conhecido. Ele quase não atraiu atenção a si mesmo, pois somente um punhado de pessoas estava presente e muito provavelmente nenhuma delas sequer ouviu o que foi falado. O que aconteceu nesse dia foi uma demonstração simples, porém inegavelmente sobrenatural do amor de Deus por um pastor em luta. Deus fez uso de um dom profético para confirmar sua presença e seu poder em minha vida e para mostrar seu cuidado providencial.

A profecia também pode funcionar para desvendar os segredos do coração dos incrédulos, levando-os ao arrependimento e à fé em Cristo (1Coríntios 14:24,25). Por vezes, uma palavra profética pode nos fornecer um direcionamento específico em relação a quando ir, onde ir e com quem ir (vemos isso em Atos 13:1-3). Alguns sugerem que Paulo e Barnabé já sabiam que eram chamados para uma missão, e sabiam até mesmo onde deveriam ir. Essa revelação profética foi simplesmente uma confirmação para eles do que Deus já havia revelado. Precisamos nos lembrar de que, ainda que Deus possa fazer uso de uma revelação profética para guiar-nos e dirigir-nos, a profecia não é o meio principal pelo qual tomamos decisões na vida cristã. A profecia costuma servir mais como uma confirmação do que já discernimos na leitura das Escrituras ou do que já ouvimos com o sábio conselho de amigos íntimos.

Contudo, outra função do dom profético é fornecer-nos os recursos para guerrearmos contra Satanás e a carne e para encorajar-nos na vida cristã. Considere o que Paulo disse em 1Timóteo 1:18,19. Ali descobrimos que a profecia é uma das mais poderosas e tranquilizadoras

ENTENDENDO OS DONS ESPIRITUAIS

ferramentas que Deus nos deu, por meio da qual devemos guerrear em nossa contínua batalha contra o mundo, a carne e o diabo. "Timóteo, meu filho, dou a você esta instrução, segundo as profecias já proferidas a seu respeito, para que, *seguindo-as* [isto é, por meio das "profecias" proferidas a você], você combata o bom combate, mantendo a fé e a boa consciência" (v. 18,19a, grifo na citação).

O apelo de Paulo ao jovem Timóteo ressoa com uma clareza de despedaçar os ouvidos: "Timóteo, por favor, eu lhe imploro, como meu filho espiritual: nem pense em tentar lutar contra Satanás, o inimigo da nossa fé, sem extrair forças, encorajamento e poder das palavras proféticas entregues a você! Nunca tente enfrentar oposições na igreja, independentemente da confiança renovada que flui dessas palavras de revelação que você recebeu. Timóteo, há força e confiança para você na verdade e certeza dessas declarações verbais suscitadas pelo Espírito e que vieram a você em sua ordenação. De todas as formas possíveis, lute. Nunca tenha medo. Mas lute destemidamente por intermédio do poder dessas palavras proféticas".

Como combatemos um bom combate? Como lutamos e resistimos à fascinação sedutora dos prazeres passageiros do pecado? "Mantendo a fé e a boa consciência". Paulo tinha em mente tanto a integridade teológica quanto a ética, tanto a crença correta quanto o comportamento correto, tanto a ortodoxia quanto a ortopraxia, tanto a verdade em nossas afirmações doutrinárias quanto a pureza em nossa vida. Não é uma tarefa fácil! Somos atacados diariamente por aqueles que querem solapar a nossa confiança em Deus e em sua Palavra. Lutamos contra a ansiedade, as provocações à concupiscência, a ganância, o desespero, a dúvida e a tentação de desistir. Com o que lutaremos? O que traremos para contra-atacar as promessas enganosas do pecado? Paulo foi claro: é por meio das profecias feitas em relação a nós que encontramos forças para permanecer firmes.

A exortação de Paulo é bem instrutiva, considerando-se o fato de que muitos acham que o dom espiritual de profecia seja incongruente com a sã doutrina ou que, se uma ênfase exagerada for colocada nisso, esmoreceremos na teologia e enfatizaremos somente a experiência. Mas Paulo não poderia ter dito isso com maior clareza: a maneira pela qual você se atém às verdades fundamentais da fé cristã e resiste à tentação de abandoná-las, a maneira pela qual você mantém uma boa consciência diante de Deus, é pensando e refletindo e extraindo forças das palavras proféticas que lhe foram dadas pelo Espírito!

Não sabemos o que foram essas palavras proféticas, mas não há escassez alguma de possibilidades. Paulo pode ter tido em mente certos dons espirituais que foram prometidos ao jovem Timóteo, dons dos quais ele poderia depender e dos quais ele agora deveria extrair forças para cumprir o seu chamado. Talvez palavras proféticas foram faladas a Timóteo, relacionadas a oportunidades ministeriais ou a portas abertas que expandiriam a sua influência. É bem possível que tenha havido afirmações simples de Timóteo quanto a sua identidade em Cristo e o propósito de Deus para a sua vida. Conheci pessoas que receberam promessas proféticas singulares da presença e proteção de Deus em face de perigos incomuns. No caso de Timóteo, talvez alguém tenha falado poderosamente de uma promessa bíblica, extraída de um texto bíblico específico, que se aplicava diretamente a ele. Alguém pode ter tido uma visão ou sonho que reforçava a Timóteo sua capacidade de adequação e sua dotação para o ministério, algo que provaria ser especialmente útil quando os mais velhos que ele começassem a questionar as suas qualificações. Poderíamos especular ainda mais, mas não é necessário. Timóteo obviamente saberia o que Paulo queria dizer, mesmo que não saibamos.

Como apelamos a palavras proféticas assim para combatermos o bom combate? Constantemente nos lembrando do compromisso, da presença e do inabalável propósito de Deus de capacitar a Timóteo (e a nós) a lutarmos contra a dúvida, a ansiedade, o temor e o desespero. É incrivelmente reconfortante nos lembrarmos de evidências tangíveis, empiricamente verificáveis sobre a existência, o poder e a presença de Deus, comunicados por meio de uma palavra profética.

Suponho que, talvez há muito tempo, alguns de vocês receberam palavras que acreditaram ter vindo de Deus. Mas, por qualquer que seja a razão, perderam a confiança em sua promessa. Vocês começaram a se perguntar se foi realmente o Espírito que falou. Eu os encorajo a redescobrir e revisitar essas palavras, a repassá-las em sua mente, a meditar nelas, a colocar pernas debaixo delas para ver se Deus, durante todo o tempo, pretendia que vocês fossem os meios pelos quais elas se cumprirão. Orem-nas de volta a Deus (como Davi o fazia nos Salmos) e reivindiquem as promessas que ele lhes fez. Mas, seja lá o que fizerem, nunca tentem lutar as batalhas da fé sem a força que essas palavras fornecem.

ENTENDENDO OS DONS ESPIRITUAIS

A PROFECIA É UMA EXPERIÊNCIA EM ESTADO EXTÁTICO?

A resposta a essa pergunta depende da nossa definição de *êxtase*. Talvez signifique que alguém experimente uma sensação de desprendimento mental em que fique inconsciente em relação ao que está à sua volta e, em níveis variantes, alheia à visão ou ao som. Isso pode ou não implicar uma completa perda de consciência. Outros definem o *êxtase* como algo semelhante a uma convulsão divina em que o Espírito Santo sobrepuja e usurpa o controle das nossas faculdades de pensamento e de fala. Essa era evidentemente a abordagem adotada por Montanus na igreja primitiva e pelos associados ao seu ministério. No entanto, em 1Coríntios 14, o apóstolo Paulo não ensinou que o *êxtase* faz parte da experiência profética. Vários fatores apoiam essa conclusão:

- Paulo presumia que a pessoa que estivesse profetizando fosse capaz de reconhecer, por meio de algum tipo de sinal, que outra pessoa havia recebido uma revelação e estava pronta para falar (v. 30). Obviamente, então, a pessoa não estava alheia ao seu entorno.
- Também se esperava que a pessoa que estivesse profetizando cessasse de falar ao reconhecer que outra pessoa havia recebido uma revelação ("cale-se o primeiro", v. 30). O profeta poderia falar como também ficar em silêncio voluntariamente. Além disso, o segundo profeta não irrompia a falar, mas, de alguma forma indicava ao primeiro, e então esperava até que essa pessoa houvesse parado.
- Paulo disse que todos os que profetizassem poderiam fazer isso seguindo uma ordem, "cada um por sua vez" (v. 31), indicando o controle consciente e voluntário das suas faculdades.
- Em 1Coríntios 14:32, Paulo disse que "o espírito dos profetas está sujeito aos profetas". Provavelmente ele estava se referindo às muitas e diferentes manifestações do único Espírito Santo por meio do espírito de cada profeta individual (cf. tb. 14:12,14-16). Isso significa que o Espírito Santo jamais forçará ou impelirá um profeta a falar, mas ele submete a sua obra à sabedoria de cada indivíduo. O Espírito voluntariamente se submete nesse aspecto para o bem da ordem. Não é uma declaração teológica de que sejamos de alguma forma superiores ou mais poderosos do que o Espírito Santo. Não é da natureza do Espírito incitar confusões

ou coagir a nossa vontade; assim, ele subordina a sua inspiração ao próprio sincronismo do profeta. Esse versículo também responde a uma objeção em potencial às instruções de Paulo no versículo 30. Alguém pode objetar dizendo que foi forçado a profetizar, sendo incapaz de se conter e, portanto, incapaz de adiar a profecia por um segundo (v. 30). A resposta de Paulo foi que o Espírito Santo permanece submisso aos profetas, jamais forçando alguém a falar de uma forma desordenada ou caótica. O Espírito não é impetuoso nem incontrolável.

- O caso das línguas é, em muitos aspectos, paralelo. O que fala em línguas poderia falar ou ficar em silêncio voluntariamente, e esperava-se que ele seguisse uma "ordem do culto" prescrita no exercício do dom (v. 27,28), algo fora de questão se ele estivesse de qualquer forma mentalmente desengajado dos acontecimentos da reunião.

O fato de termos descartado o êxtase não significa que a experiência profética não possua uma dimensão emocional. O recebimento e a comunicação de revelações divinas podem na verdade implicar um entusiasmo espiritual, um senso de urgência e até mesmo uma sensação inconfundível da presença de Deus.

Contudo, outra sugestão de que a profecia não é extática é que ela sempre está sujeita e sob a supervisão de Deus e sua soberana vontade. Isso é o que vemos em Apocalipse 22:6: "O anjo me disse: 'Estas palavras são dignas de confiança e verdadeiras. *O Senhor, o Deus dos espíritos dos profetas*, enviou o seu anjo para mostrar aos seus servos as coisas que em breve hão de acontecer'" (grifo na citação).

A palavra "espíritos" é o que os especialistas em gramática chamam de um genitivo "objetivo". A ideia pode ser parafraseada: "Deus *sobre* os espíritos dos profetas" ou "Deus *governando* ou *inspirando* os espíritos dos profetas". De qualquer forma, Deus é claramente retratado como soberano sobre o que os profetas profetizam. Deus, por assim dizer, detém, opera e supervisiona o ministério dos verdadeiros profetas. Isso confirma o que vimos no ponto anterior em 1Coríntios 14, que a atividade profética depende inteiramente de Deus, sempre aguardando a sua unção e atividade. Os profetas podem profetizar voluntariamente, mas só recebem revelações pela iniciativa de Deus. Assim, mais do que com o dom do ensino, os profetas são de certa forma *passivos*, sendo *instrumentos* ou *canais*

ENTENDENDO OS DONS ESPIRITUAIS

para a palavra de revelação de Deus, ao passo que os mestres são mais *ativos*, extraindo diretamente das Escrituras e explicando o que interpretam. Essa é, na verdade, a distinção principal entre o dom profético e o dom de ensino: o primeiro depende de uma revelação espontânea, enquanto o último depende de um texto escriturístico. No entanto, isso não deve significar que o Espírito não está ativo também no exercício de outros dons espirituais, como o ensino.

A palavra "espíritos" é uma referência ao espírito humano de cada profeta, ou é uma referência ao Espírito Santo? Alguns acham problemática a sugestão de que o Espírito Santo fosse mencionado no plural. Mas lembre-se: (1) o plural é usado para o Espírito Santo, em Apocalipse 1:4; 4:5; 5:6; e (2) quando o espírito humano é energizado por uma manifestação carismática do Espírito Santo (isto é, quando um dom espiritual está em operação), Paulo parece ter em mente ambos; em 1Coríntios 14, é difícil saber quando deveríamos traduzir *pneuma* como "Espírito" e quando como "espírito". Gordon Fee simplesmente o traduz como "E/espírito".[3]

Paulo usou a mesma terminologia em 1Coríntios 14:32 ("o espírito dos profetas está sujeito aos profetas"; a única diferença é que, no Apocalipse, o artigo definido aparece: "*os* espíritos d*os* profetas"). Nesse caso,ele tem em mente o controle pelo profeta da manifestação do Espírito, confirmando o que vimos anteriormente, que, ao contrário dos que acham que a profecia é um fenômeno extático e incontrolável que soterra e sobrepuja a vontade do profeta, cada indivíduo consegue conscientemente abster-se de uma palavra profética de acordo com as regras e o decoro para o ministério profético na igreja.

EFÉSIOS 2:20[4]

Os cessacionistas geralmente extrapolam a leitura de Efésios 2:20, em que Paulo disse que a igreja foi "edificada sobre o fundamento dos apóstolos e dos profetas, tendo Jesus Cristo como pedra angular". Eles normalmente insistem que *todos* os profetas do Novo Testamento desempenham um papel fundacional. Em outras palavras,

---

[3]Gordon D. Fee, *God's empowering presence* (Peabody: Hendrickson, 1994), p. 229.

[4]Escrevi sobre esse texto no meu capítulo "Ephesians 2:20 — the cessacionist's 'go-to' text", in: *Strangers to fire: when tradition trumps Scripture*, ed. Robert W. Graves (Woodstock: Foundation for Pentecostal Scholarship, 2014), p. 69-72. Cf. tb. o capítulo 10 deste livro para uma análise mais profunda desse texto.

com os apóstolos originais, os profetas sempre falaram de forma tal a contribuírem de forma definitiva para o fundamento teológico e ético do corpo universal de Cristo.

Mas não há nada sugerindo que "os profetas" de Efésios 2:20 seja uma referência completa a todos os possíveis profetas da igreja. Por que deveríamos concluir que o único tipo de atividade profética seja "fundacional" por natureza, especialmente à luz do que o Novo Testamento diz sobre a extensão e o efeito do ministério profético? Basta dizer aqui que muitos cessacionistas parecem acreditar que, uma vez que os apóstolos e profetas deixaram de desempenhar um papel fundacional, eles deixaram de desempenhar, de modo definitivo, qualquer papel, como se o único propósito para os apóstolos e profetas fosse estabelecer o fundamento da igreja. Em nenhum lugar o Novo Testamento diz isso, muito menos em Efésios 2:20. Esse texto não precisa dizer mais nada, além de que os apóstolos e profetas colocaram o fundamento de uma vez por todas e aí então cessaram de operar nesse ofício. Mas nada sugere que cessaram de desempenhar algum papel em outros ofícios, muito menos que cessaram de existir por completo. Certamente é verdade que *apenas* os apóstolos e profetas estabeleceram o fundamento da igreja, mas não há certeza alguma de que essa seja a *única* coisa que fizeram.

Numa só palavra, a retratação de Atos e 1Coríntios de quem poderia profetizar e de como isso deveria ser feito na vida da igreja simplesmente não se encaixa com a afirmação cessacionista de que Efésios 2:20 descreve todos os possíveis profetas, todos os que serviram como parte do estabelecimento definitivo do fundamento da igreja. Paulo estava descrevendo no texto um grupo limitado de profetas que estavam intimamente conectados aos apóstolos, e ambos os grupos proferiram palavras com valor equivalente às contidas nas Escrituras que foram essenciais para o estabelecimento do fundamento da igreja universal.

Com essa breve análise da natureza e função da profecia, podemos ver por que Paulo declarou que ela é boa para edificação, encorajamento e consolação (1Coríntios 14:3). Mas essa expressão da profecia do Novo Testamento é idêntica ao que vemos no Antigo Testamento? Agora que temos uma compreensão do dom espiritual de profecia no Novo Testamento, voltamos a nossa atenção à questão altamente polêmica a respeito de essa profecia ser idêntica ou diferente da profecia do Antigo Testamento.

CAPÍTULO DEZ

O dom espiritual de profecia do Novo Testamento é diferente da profecia do Antigo Testamento?

Todos os cessacionistas insistem que o dom de profecia do Novo Testamento é o mesmo que a profecia do Antigo. Uma vez que a profecia do Antigo Testamento era sempre infalível, a profecia do Novo Testamento também precisa ser inerrante.[1] Assim, qualquer noção de uma palavra profética falível, uma palavra que contenha ambos

---

[1] Em relação a isso, deveríamos consultar o artigo de Andrew Wilson, "The continuation of the *charismata*", *Themelios* 44.1 (2019): 16-22. Wilson argumenta veementemente a favor de concluirmos que nem toda profecia do Antigo Testamento era revelação divina infalível. Ele desenvolve o seu argumento baseado nos comentários igualmente reveladores de Iain M. Duguid, "What kind of prophecy continues? Defining the differences between continuationism and cessationism", in: *Redeeming the life of the mind: essays in honor of Vern Poythress*, ed. John Frame; Wayne Grudem; John Hughes (Wheaton: Crossway, 2017), p. 112-28.

os elementos da verdade e de erros em potencial, é descartada já desde o início. Já para os continuacionistas o dom de profecia do Novo Testamento é de uma autoridade inferior à que vemos no Antigo Testamento. Muitas vezes vem como uma mistura de revelação divina infalível e de interpretação e aplicação humanas e potencialmente falíveis.

Uma vez que sou um continuacionista, adoto a visão de que o que vemos no exercício do Novo Testamento do dom profético tem o potencial para erros. Obviamente, a pergunta que precisa ser respondida é se existem razões substanciais nos próprios documentos do Novo Testamento que justifiquem essa compreensão. Creio que sim.

ARGUMENTOS QUE SUGEREM QUE A PROFECIA DO NOVO TESTAMENTO É DIFERENTE DA PROFECIA DO ANTIGO

Tenho de reconhecer desde o início que a distinção entre a profecia do Antigo Testamento e o dom espiritual de profecia do Novo Testamento não se baseia numa afirmação explícita de qualquer texto específico, mas é a inferência cumulativa extraída de observações de como o dom de profecia é descrito no Novo Testamento.

A mudança da profecia do Antigo Testamento para o dom espiritual do Novo Testamento é vista primeiro nos acontecimentos do Pentecoste. Já tivemos a ocasião de notar o que poderia ser chamado de "democratização do Espírito". Diferentemente do que ocorria sob a antiga aliança, todos os cristãos da era da Nova Aliança são receptores da permanente presença do Espírito Santo que habita dentro deles. Jovens e velhos, homens e mulheres, de fato "todos os povos" de todas as dimensões socioeconômicas e educacionais existentes que conhecem e amam a Cristo são batizados no Espírito e o têm habitando dentro deles. O resultado disso, disse Pedro (citando Joel), é que eles são os receptores dos sonhos e visões de revelação que formam a base de suas palavras proféticas.

Sob os termos da antiga aliança, somente indivíduos seletos eram capacitados a profetizar. Mas uma característica da nova aliança é que todos os seus membros têm pelo menos o *potencial* de profetizar. Se todos na verdade profetizam, foi assunto abordado num capítulo anterior. Embora a universalização da presença do Espírito não prove em si que a autoridade da profecia do Novo Testamento seja de uma natureza inferior à profecia do Antigo Testamento, isso inconfundivelmente nos alerta quanto a uma mudança bem significativa e substancial na maneira que o Espírito de Deus opera na vida das pessoas que pertencem ao povo de Deus. Acho estranho, se não implausível, dizer que todo cristão da era da nova aliança tenha o potencial de falar palavras infalíveis e inerrantes de Deus, o que, como a maioria dos cessacionistas argumenta, constituiria o fundamento permanente e moralmente obrigatório sobre o qual o corpo universal de Cristo é edificado. Assim, vamos explorar essa questão um pouco mais detalhadamente.

Em seu livro sobre os dons espirituais, o cessacionista Tom Schreiner cita Efésios 2:20 e conclui que "os profetas do Novo Testamento têm a mesma autoridade dos apóstolos", e que todo ministério profético tinha como propósito estabelecer os princípios teológicos e éticos sobre os quais a igreja de Jesus Cristo seria edificada.[2] Uma vez mais, ele insiste que, "se a profecia ainda existe hoje, é difícil resistirmos à conclusão de que o fundamento estabelecido pelos apóstolos e profetas esteja incompleto".[3] Novamente, diz Schreiner: "Vemos em Efésios 2:20 que as palavras dos profetas têm um papel decisivo na formação da doutrina e vida da igreja [...] Eles [os profetas] têm um papel fundacional no estabelecimento da igreja de Jesus Cristo".[4] Precisamos ter a certeza, desde o início, sobre o que essa visão implica. No entendimento de Schreiner sobre o dom de profecia, as quatro filhas de Filipe (cf. Atos 21:8,9) falavam com "a mesma autoridade dos apóstolos". Semelhantemente, cada um dos "filhos" e "filhas", "jovens" e "velhos" e "servos" e "servas" que Pedro citou como profetizando (Atos 2:17,18) falava com "a mesma autoridade dos apóstolos". Será que estamos realmente preparados para dizer isso? Será que a maneira em que é retratado o dom espiritual de profecia no Novo Testamento corresponde a essa afirmação? Em outras palavras, quando analisamos como a profecia na verdade funcionava na prática das pessoas pertencentes ao povo de Deus, isso nos leva a concluir que o entendimento de Schreiner de

---

[2]Thomas R. Schreiner, *Spiritual gifts: what they are and why they matter* (Nashville: B&H, 2018), p. 104 [edição em português: *Os dons espirituais* (São Paulo: Vida Nova, s.d.)].

[3]Schreiner, p. 107.

[4]Schreiner, p. 108.

Efésios 2:20 é verdadeiro, que toda profecia do Novo Testamento é infalível e é uma verdade fundacional moralmente obrigatória? Creio que a resposta a isso seja "não".

Permita-me relembrá-lo novamente da afirmação de Schreiner, a saber, que toda revelação profética era inerrante e fundacional à igreja universal de Jesus Cristo. Contudo, como acabamos de observar, lemos em Atos 2 que quando o Espírito é derramado sobre "todos os povos [...] os seus filhos e as suas filhas profetizarão", o que, de acordo com Schreiner, significa que todo filho e filha que profetizasse estaria contribuindo com uma revelação infalível, essencial para a edificação da igreja universal de Cristo. Semelhantemente, concluiríamos o mesmo em relação aos "jovens" e "velhos" e aos "servos" e "servas". Nós realmente acreditamos que todas as declarações proféticas que saíram de todo o povo de Deus listadas aqui são essenciais para o estabelecimento do corpo universal de Cristo? Já que você e eu fazemos parte desse corpo e Deus exige que submetamos a vida a quaisquer que sejam as verdades teológicas e éticas que estejam contidas nesse fundamento, seria muito útil para nós saber o que são. Mas em nenhum lugar das Escrituras existe registro dessas experiências de revelação.

Eu também gostaria de saber o que foi dito pelos profetas em Antioquia (Atos 13:1), uma vez que toda revelação profética é alegadamente essencial à constituição e formação da igreja universal. Mas nem eu nem ninguém mais sabe o que eles disseram em suas declarações proféticas. Será que estão nos pedindo para crer que a revelação que receberam foi fundacional às crenças e ao comportamento de todos os cristãos de todas as eras? Acho difícil acreditar nisso.

Também seria extremamente benéfico à minha vida espiritual saber o que foi profetizado pelos discípulos anônimos de João Batista em Atos 19. Se as suas palavras eram fundacionais e universalmente obrigatórias à consciência de todos os cristãos de todas as eras, seria conveniente saber quais foram. Mas em nenhum lugar das Escrituras nos é dito nada do que disseram nem o que disseram as quatro filhas de Filipe que, segundo Lucas, "profetizaram" (Atos 21:9). Parece que somos obrigados a acreditar que essas quatro mulheres solteiras falaram a verdade infalível sobre o estabelecimento do corpo universal de Cristo. Além do fato de achar isso bastante implausível, como os complementaristas se sentiriam em relação a quatro moças falando verdades teológicas com autoridade para a vida de todos os homens do corpo de Cristo?

Eu também gostaria de saber o que os profetas da igreja de Roma (Romanos 12:6) tinham a dizer, pois segundo os cessacionistas, tudo o que diziam constituía uma contribuição para o estabelecimento da igreja. O mesmo pode ser dito em relação às numerosas palavras proféticas descritas em 1Coríntios 14 (cf. v. 26). E como encorajamento, edificação e consolação de cristãos na igreja de Corinto do primeiro século, dos quais nada sei ou ninguém mais sabe, servem para estabelecer os parâmetros teológicos da igreja universal de Jesus Cristo? Fico especialmente curioso em relação a como o desvendamento do pecado de um incrédulo em 1Coríntios 14:24,25 poderia ser fundacional à igreja universal. O mesmo poderia ser dito em relação às centenas, se não milhares de palavras proféticas não registradas nas igrejas de Tessalônica (1Tessalonicenses 5), Éfeso (1Timóteo), Cesareia (Atos 21), Filipos, Colossos e outros lugares.

Para ser ainda mais específico, será que estão nos pedindo para acreditar que as "profecias" dadas pessoalmente a Timóteo, por meio das quais, disse Paulo, ele deveria "combater o bom combate, mantendo a fé e a boa consciência" (1Timóteo 1:18,19), são essenciais às crenças e ao comportamento de todos os cristãos de todas as eras? Em caso afirmativo, teria sido útil se Paulo, Timóteo ou qualquer pessoa as houvesse registrado e preservado para nós. Como a expressão verbal profética a Timóteo em sua "ordenação" (1Timóteo 4:14) serve para edificar o corpo universal de Cristo? Em que possíveis sentidos isso poderia ter sido fundacional à igreja?

Assim, dizer que todas as revelações proféticas do Novo Testamento são infalíveis, inerrantes e serviram para estabelecer os princípios e as práticas da igreja universal simplesmente não chega à altura da maneira que de fato funcionava o dom espiritual de profecia na vida das pessoas que compunham o povo de Deus.

Sim, alguns profetas desempenharam um papel fundacional, mas nem todos. Sim, algumas revelações que formaram a base e o conteúdo de algumas profecias foram planejadas por Deus para constituir o fundamento teológico e ético do corpo universal de Cristo. Mas de forma nenhuma todas elas foram planejadas assim. A maneira que o ministério profético é descrito nas muitas igrejas do primeiro século necessariamente me leva a concluir que Efésios 2:20 fala somente dos profetas que desempenharam um papel fundacional e isso certamente não pode de forma alguma incluir todos os outros exemplos de ministério profético registrados para nós no Novo Testamento.

Outra indicação de que o dom espiritual de profecia do Novo Testamento difere da profecia do Antigo Testamento diz respeito à mudança paralela na natureza do cargo de sacerdote. No Antigo Testamento, os sacerdotes eram escolhidos somente na tribo de Levi, e apenas pouquíssimos de cada geração eram selecionados para ministrar no templo de Deus. O sacerdócio era um cargo limitado, restrito; os que eram sacerdotes tinham um privilégio especial de acesso à presença de Deus no templo, o que não era permitido a outros em Israel.

Mas, na nova aliança, todos nós nos tornamos sacerdotes: "Vocês, porém, são geração eleita, sacerdócio real" (1Pedro 2:9). Todos nós temos confiança para entrar no próprio Lugar Santíssimo, porque obtivemos os direitos que eram restritos aos sacerdotes do Antigo Testamento (cf. Hebreus 10:19-22; 12:22-24). O apóstolo João escreveu: "Ele nos ama e nos libertou dos nossos pecados por meio do seu sangue, e nos constituiu reino e sacerdotes para servir a seu Deus e Pai. A ele sejam glória e poder para todo o sempre! Amém" (Apocalipse 1:5,6; cf. tb. 5:10).

Wayne Grudem concluiu por meio dessas passagens que, de acordo com os cessacionistas, o cargo de "sacerdote" no Novo Testamento tem que ser exatamente o mesmo que o cargo de sacerdote no Antigo Testamento. Portanto, pouquíssimas pessoas podem ser sacerdotes, e precisam descender de uma família somente. Eles precisam oferecer sacrifícios em um templo, assim como os sacerdotes faziam no Antigo Testamento. Obviamente, um argumento assim seria tolice, porque vemos no Novo Testamento que o cargo de sacerdote foi expandido a todo o povo de Deus. Sob os termos da nova aliança, as funções do cargo de sacerdote mudaram significativamente. Todos nós somos sacerdotes agora, mas não servimos mais num templo terreno nem oferecemos sacrifícios terrenos, pois todos nós temos acesso direto a Deus em oração por intermédio do caminho que nos foi aberto pelo nosso Grande Sumo Sacerdote, Jesus Cristo.

Assim como o cargo de sacerdote mudou significativamente da antiga aliança para a nova aliança, também há evidências significativas de que o cargo de profeta mudou. Milhares de pessoas do povo de Deus agora são "profetas", mas não falam mais as exatas palavras de Deus a serem acrescentadas na Bíblia. Em vez disso, relatam coisas que lhes foram mostradas ou reveladas por Deus; contudo, suas palavras têm uma autoridade meramente humana, e não uma autoridade divina absoluta das exatas palavras de Deus. As suas profecias não pertencem às Escrituras. Elas devem ser testadas e avaliadas (1Coríntios 14:29; 1Tessalonicenses 5:20,21).[5]

Assim, a minha pergunta, uma vez mais, é a seguinte: Se essas palavras, cada uma delas, fossem a exata "Palavra de Deus" e, portanto, iguais às Escrituras em autoridade, onde elas foram parar? Por que os autores do Novo Testamento não se preocuparam tanto se outros cristãos as ouviriam e obedeceriam? Por que não foram preservadas para as gerações posteriores da igreja? Não estou sugerindo que isso prove que esses "dons de revelação" operavam num nível inferior de autoridade, mas certamente me parece estranho que o Novo Testamento retratasse a operação do dom de profecia dessa maneira se, de fato, todas essas "palavras" tivessem a qualidade das Escrituras e fossem essenciais à edificação do fundamento para o corpo universal de Cristo.

Da melhor maneira que eu possa descrever, as únicas duas profecias registradas que foram preservadas e incluídas no texto canônico das Escrituras foram ambas de Ágabo (Atos 11:27-30 e 21:10-12). Não lhe parece estranho que nenhum esforço tenha sido feito para reter e impor à consciência de todos os cristãos em todos os lugares uma só sílaba solitária de todas aquelas palavras divinamente inspiradas, alegadamente com o mesmo valor das Escrituras?

Em seu livro, Schreiner tenta omitir esse ponto, argumentando que houve muitas revelações proféticas no Antigo Testamento que nunca foram inscritas, ou incluídas no cânon bíblico; assim, por que deveríamos esperar qualquer coisa diferente no Novo Testamento? A resposta é óbvia: em nenhum lugar nos é dito no Antigo Testamento que todas as revelações proféticas foram fundacionais à igreja universal de Jesus Cristo. Mas isso é exatamente o que Schreiner argumenta no caso de todas as profecias do Novo Testamento. As situações, portanto, são logicamente diferentes. O meu bom amigo Tom Schreiner não pode descartar tão facilmente o fato de que estão ausentes das Escrituras algo em torno de dezenas de milhares de palavras proféticas, uma vez que ele acredita que cada uma dessas

---

[5]O precedente foi adaptado de um trabalho não publicado, escrito por Wayne Grudem, e a mim disponibilizado. Foi citado aqui com permissão.

palavras proféticas é infalível, autoritária (de uma maneira que é igual à dos próprios apóstolos) e fundacional à vida e às crenças do corpo universal de Cristo.

A PROFECIA NO NOVO TESTAMENTO

Enquanto continuamos buscando uma resposta a essa pergunta a respeito de o dom de profecia do Novo Testamento ser diferente da profecia do Antigo Testamento, a nossa atenção volta-se ao conselho de Paulo à igreja de Tessalônica. Ele os exortou a não "apagarem o Espírito, tratando com desprezo as profecias" (1Tessalonicenses 5:19,20). Em vez disso, eles deveriam "por à prova todas as coisas"; ou seja, deveriam pesar, julgar, considerar ou avaliar o que dá a entender que seja uma palavra profética e então "ficar com o que é bom" e "afastar-se de toda forma de mal" (v. 21,22).[6]

Paulo efusivamente elogiou a igreja de Tessalônica pela alta consideração que tinham com a Palavra de Deus. Ao ouvir a palavra que Paulo proclamou, eles "a aceitaram, não como palavra de homens, mas conforme ela verdadeiramente é, como palavra de Deus, que atua com eficácia em vocês, os que creem" (1Tessalonicenses 2:13).

Se esses cristãos cressem (como os cessacionistas nos dizem que provavelmente criam) que as palavras proféticas em sua igreja fossem iguais em autoridade às Escrituras, eles as teriam estimado muito e jamais as teriam "tratado com desprezo". Se Paulo os houvesse ensinado (como os cessacionistas nos dizem que ele o fez) que essas "palavras" fossem revelações em pé de igualdade, tendo uma autoridade igual às próprias Escrituras que ele estava escrevendo para comunicar esse conceito (a saber, a própria carta de 1Tessalonicenses), será que os cristãos tessalonicenses teriam sido culpados de tratá-las com desprezo?

Penso que muito mais provavelmente esses cristãos foram tentados a "tratar com desprezo" as palavras proféticas, porque sabiam que essas "palavras" eram uma mistura de revelação divina e uma falível interpretação e aplicação humanas; qualquer que seja a razão, as pessoas em seu meio haviam de alguma forma abusado do

---

[6]O texto paralelo em 1Coríntios 14:29, em que Paulo exortou os seus leitores a "pesarem o que foi dito", também aponta uma diferença entre a profecia do Antigo Testamento e a do Novo Testamento. Vou abordar esse texto no capítulo 11.

dom ou haviam usado essas palavras para manipular os outros ou para se promover, ou haviam predito algum acontecimento(s) que não aconteceu.

Se as palavras proféticas em Tessalônica fossem iguais em autoridade às Escrituras e totalmente infalíveis, será que Paulo não teria severamente repreendido os tessalonicenses por não recebê-las como tal, mas por tratá-las como dispensáveis e insignificantes? Se essas "palavras" fossem revelações perfeitamente infalíveis em pé de igualdade com as Escrituras, será que ele não teria simplesmente dito: "Submetam-se a elas sem hesitações e obedeçam-nas", em vez de "prová-las" para ver o que está contido nelas que é bom e o que está contido nelas que é ruim?

Também precisamos nos perguntar sobre a diferença, entre os dois Testamentos, sobre as consequências de pessoas profetizarem "falsamente". Muito se diz sobre o fato de que, no Antigo Testamento, um falso profeta estaria sujeito à penalidade de morte por apedrejamento. Mas o que é dito no Novo Testamento sobre como responder àqueles cujas palavras são determinadas a ser menos do que totalmente precisas? Sabemos que Paulo ordenou que a igreja "pesasse" as palavras proféticas (1Coríntios 14:29) e "provasse" as palavras proféticas (1Tessalonicenses 5:20,21). Mas o que é dito que deveria ser feito no caso de essas palavras acabarem sendo falsas na sua avaliação? Nada. Os indivíduos que entregaram essas palavras não são repreendidos. Não são disciplinados. Não são excomungados. Nem são chamados de "falsos profetas"! A terminologia de "falso profeta" é reservada exclusivamente, no Novo Testamento, para os não cristãos, o homem e a mulher irregenerados que negam as verdades fundamentais da fé, especialmente a doutrina da encarnação de Cristo (cf. Mateus 7:15-23; 24:11; Marcos 13:22; Lucas 6:26; Atos 13:6-12; 2Pedro 2:1-3; 1João 4:1-3; e observe que 2João 7 não contém as palavras "falsos profetas", mas "enganadores", e é claramente paralelo a 1João 4:1-3).

O que estou sugerindo é que nem todos que profetizaram "falsamente" sejam necessariamente "falsos profetas". Pode-se interpretar mal uma revelação de Deus e talvez aplicá-la mal ao povo de Deus, mas não por essa razão estar em perigo de morte ou mesmo disciplina da igreja. Se a profecia do Novo Testamento fosse sempre tão inerrante e infalível quanto a profecia do Antigo Testamento, esperaríamos algum nível de semelhança na forma como respondemos a ela e a tratamos. Não estou dizendo que a pena de morte para os falsos profetas do Antigo Testamento devesse ser trazida para o Novo Testamento. Estou simplesmente dizendo que o Novo Testamento fala em alto e bom tom quando há um completo e total silêncio em relação a como lidar com alguém na nova aliança que fale com uma precisão inferior à perfeição.

Em 1Coríntios 14:30,31, Paulo escreveu: "Se vier uma revelação a alguém que está sentado, cale-se o primeiro. Pois vocês todos podem profetizar, cada um por sua vez, de forma que todos sejam instruídos e encorajados".[7] Paulo parecia estar indiferente em relação à possibilidade de que a primeira profecia pudesse se perder e nunca ser ouvida pela igreja. Alguns objetam e dizem que a primeira palavra profética não necessariamente se perderia. A pessoa poderia simplesmente permanecer em silêncio até que a segunda houvesse terminado, e aí então reiniciar a sua fala. Mas, como Wayne Grudem salientou,

> Se fosse esperado que o primeiro profeta reiniciasse a sua fala, por que então Paulo ordenaria que esse primeiro profeta ficasse absolutamente em silêncio? Se o primeiro profeta poderia reter a sua revelação e falar mais tarde, então o segundo profeta poderia fazer o mesmo. E, nesse caso, faria muito mais sentido que o segundo profeta esperasse, em vez de rudemente interromper o primeiro profeta e fazer com ele desse a sua fala em duas partes.[8]

Uma vez mais, a aparente falta de interesse de Paulo pela perda dessas palavras proféticas parece incompatível com uma crença de que fossem iguais em autoridade às próprias Escrituras.

Dois textos adicionais de 1Coríntios 14 talvez forneçam um apoio adicional à noção de que a profecia do Novo Testamento opere num nível inferior de autoridade do que a profecia do Antigo Testamento (embora os cessacionistas disputem a minha interpretação

---

[7]A força de "todos" aqui tem sido disputada. As interpretações variam de "todos" os profetas, a "todos" sem distinção a gênero ou classe social (em lugar de um "todos" universal, sem exceção), a "todos" potencialmente, mas não na prática verdadeira. O último item me parece a visão mais provável.

[8]Wayne Grudem, *The gift of prophecy in the New Testament and today* (Wheaton: Crossway, 2000), p. 63 [edição em português: *O dom de profecia* (São Paulo: Vida, s.d.)].

ENTENDENDO OS DONS ESPIRITUAIS

de ambos os textos). No versículo 36, Paulo perguntou: "Acaso a palavra de Deus originou-se entre vocês?". Essa pergunta tinha o propósito de impedir que a igreja criasse diretrizes para a adoração pública com base numa alegada palavra profética, contrariamente ao que ele havia acabado de afirmar. Seu ponto é que uma "palavra de Deus" com qualidade de Escritura e autoridade não havia, de fato, vindo dos profetas de Corinto. Paulo não negou que eles houvessem verdadeiramente profetizado, mas negou que as suas "palavras" fossem iguais em autoridade às suas próprias palavras. Tais "palavras" tinham de fato uma autoridade inferior.

Relacionado ao que foi dito acima temos 1Coríntios 14:37,38, em que Paulo escreveu: "Se alguém pensa que é profeta ou espiritual, reconheça que o que estou escrevendo a vocês é mandamento do Senhor. Se ignorar isso, ele mesmo será ignorado". Paulo estava claramente reivindicando uma autoridade divina para as suas palavras, ao mesmo tempo em que, obviamente, estava negando essa mesma autoridade aos coríntios. "De acordo com Paulo, as palavras dos profetas de Corinto não tinham nem poderiam ter tido autoridade suficiente para mostrar a Paulo que ele estava errado".[9] Contudo, Paulo acreditava que a profecia de Corinto fosse um dom bom e útil de Deus, pois ele imediatamente depois disso exortou os coríntios a uma vez mais "buscarem com dedicação o profetizar" (v. 39)! Aparentemente o apóstolo acreditava que o dom espiritual de profecia congregacional, que operava num nível inferior de autoridade à expressão apostólica, canônica, ainda era extremamente valioso à igreja. Ninguém articulou isso com maior clareza do que D. A. Carson. Ele escreve:

> A pressuposição parece ser que, se uma profecia é em todos os sentidos de revelação, então ela precisa ser verdadeira e portanto ter autoridade — e, assim, o que há que impeça um "profeta" contemporâneo de, digamos, anular vários componentes da nova aliança muito semelhantemente à maneira que os escritores do Novo Testamento alegam cumprir e portanto transcender certos aspectos da antiga aliança? Mas o fato notável é que Paulo considera a profecia *dos seus próprios dias* como em algum aspecto revelatória (14:30); contudo, tendo menos autoridade do que a sua própria palavra escrita. Não podemos

---

[9]Grudem, p. 68.

deixar de perceber que essas interpretações da profecia do Novo Testamento que insistem que elas desfrutam do mesmo status de autoridade da profecia canônica do Antigo Testamento veem no fenômeno muito mais do que o próprio apóstolo permite. Contrariamente, é obvio, esse versículo pressupõe não somente uma considerável autoridade investida no apóstolo, mas também uma conscientização própria sobre ela. Alguns dos protestos em relação à obscuridade desse versículo localizam-se, creio, na falta de reconhecimento desse fato.[10]

Uma análise de perto da própria experiência de Paulo, da forma registrada em Atos 21, deveria também provar ser útil.[11] O texto nos diz que, quando ele chegou a Tiro, "pelo Espírito [*dia tou pneumatos*[12]], eles [os discípulos de Tiro] recomendavam a Paulo que não fosse a Jerusalém" (Atos 21:4). Ao chegar a Cesareia vários dias mais tarde, ele foi o receptor de uma palavra profética por meio de um homem chamado Ágabo, com o efeito de que, se ele fosse a Jerusalém, seria amarrado pelos judeus e entregue aos gentios. É muito provável que Ágabo tenha tido a companhia das "quatro filhas virgens" de Filipe nessa palavra a Paulo, e cada uma delas "profetizava" (Atos 21:9). De qualquer forma, Ágabo fez um prefácio à sua palavra, com a seguinte declaração: "Assim diz o Espírito Santo" (v. 11a). A maneira específica com que o "Espírito" falou por meio dos discípulos de Tiro e revelou esse cenário a Ágabo não foi revelada. Ágabo, diferentemente do povo de Tiro, não disse ele próprio a Paulo para não continuar a sua jornada a Jerusalém, mas, ao ouvirem a sua visão de revelação em relação a Paulo, Lucas e o povo de Cesareia "rogaram a Paulo que não subisse a Jerusalém" (v. 12b).

Aqui vemos a conexão com 1Tessalonicenses 5. Paulo escolheu *não* ouvir o conselho que lhe foi dado (Atos 21:13). Na análise final, seguindo-se ao que deve ter sido um diálogo altamente acalorado

---

[10]D. A. Carson, *Showing the Spirit: a theological exposition of 1 Corinthians 12—14* (1987; reimpr., Grand Rapids: Baker, 2019), p. 172-3 [edição em português: *A manifestação do Espírito* (São Paulo: Vida Nova, s.d.)].

[11]Cf. a análise dessa história em meu artigo "Revelatory gifts of the Spirit and the sufficiency of Scripture: are they compatible?", in: *Scripture and the people of God: essays in honor of Wayne Grudem*, org. John DelHousaye; John J. Hughes; Jeff T. Purswell (Wheaton: Crossway, 2018), p. 91-3.

[12]Essa mesma expressão grega aparece em Atos 11:28, descrevendo os meios, a maneira ou — talvez, melhor ainda — a fonte e o poder através dos quais Ágabo entregou a sua palavra profética em relação a uma fome iminente.

(v. 13) em que nenhum acordo pôde ser alcançado (v. 14a), o apóstolo reteve o seu compromisso anterior de concluir a jornada. A conclusão de todos os envolvidos foi mútua: "Seja feita a vontade do Senhor" (Atos 21:14b).

Em momento algum Paulo entrou em disputas com os cristãos de Tiro ou com Ágabo, insistindo que o Espírito não tinha revelado que a sua chegada a Jerusalém traria perseguições severas. Ele não sugeriu que a visão de revelação ou palavra que Ágabo alegou ter vindo do Espírito fosse de fato forjada ou mal orientada. Por que, então, Paulo escolheu agir contrariamente ao que os discípulos de Tiro haviam dito? A resposta encontra-se anteriormente em Atos 19:21. Ali lemos que "Paulo decidiu no espírito ir a Jerusalém, passando pela Macedônia e pela Acaia. Ele dizia: 'Depois de haver estado ali, é necessário também que eu vá visitar Roma'". A decisão de Paulo de ir a Jerusalém era tanto um produto do ministério de revelação do Espírito quanto dos cristãos de Tiro e de Ágabo, que o alertaram sobre perseguições se ele fosse lá. Ele havia resolvido, "no Espírito [Santo]", fazer a viagem. Esse entendimento é confirmado em Atos 20:22,23, em que Paulo declarou: "Agora, compelido pelo Espírito, estou indo para Jerusalém, sem saber o que me acontecerá ali. Só sei que, em todas as cidades, o Espírito Santo me avisa que prisões e sofrimentos me esperam".

Como explicamos a decisão de Paulo de resistir às insistências de seus amigos para que ele não fosse a Jerusalém?[13] Obviamente, o Espírito que falou aos cristãos de Tiro, a Ágabo e às quatro filhas de Filipe também havia revelado a Paulo que ele *deveria* ir, apesar do que os outros pudessem dizer. Na verdade, ele foi "compelido" pelo Espírito a concluir a sua viagem a Jerusalém.

Creio que a melhor maneira de explicar isso é reconhecendo que em qualquer "palavra profética" específica há pelo menos três elementos. Há (1) a *revelação* divina do Espírito, a qual, em todas as ocasiões, é inspirada e infalível. Há também (2) a *interpretação* humana do que essa revelação significa. Finalmente, há uma tentativa de fazer (3) uma *aplicação* à(s) pessoa(s) envolvida(s).

---

[13]Abordei várias explicações possíveis em meu livro *Practicing the power: welcoming the gifts of the Holy Spirit in your life* (Grand Rapids: Zondervan, 2017), p. 113-4, e não vou repeti-las aqui.

A probabilidade é a de que vários cristãos de Tiro haviam recebido uma revelação do Espírito (talvez numa visão ou sonho) de que problemas aguardavam Paulo em Jerusalém. Se ele prosseguisse com seus planos de visitar a cidade, provavelmente seria severamente perseguido. Sua vida poderia muito bem ficar em perigo. Essa *revelação*, sendo como era, de Deus, mostrava-se totalmente precisa e infalível. Mas a *interpretação* que extraíram dela não o era. Deduziram que era vontade de Deus que Paulo não fosse. Com essa conclusão, eles *interpretaram* erroneamente essa revelação a Paulo, apelando-lhe fervorosamente que ele fizesse planos de viagem alternativos. No que lhes diz respeito, simplesmente jamais poderia ter sido a vontade de Deus que Paulo se aventurasse num território em que perseguições que ameaçavam a sua vida o aguardavam. O amor deles pelo apóstolo e a compreensível preocupação pela sua segurança os levaram a insistir que ele não fosse.

E qual foi a resposta de Paulo? Ele fez exatamente o que instruiu a igreja de Tessalônica a fazer sempre que fosse entregue uma palavra profética. Ele a *testou*. Ele a pesou e a analisou em contraposição ao padrão da sua própria experiência com o Espírito. Baseado em direcionamentos anteriores e recorrentes do Espírito, Paulo sabia que os cristãos de Tiro e Ágabo e todos os outros estavam corretos no sentido de que, se ele fosse a Jerusalém, seria severamente perseguido. Mas obviamente concluiu que haviam interpretado erroneamente, ou, mais provavelmente ainda, por causa de uma compreensível preocupação com seu bem-estar, haviam aplicado erroneamente a revelação, insistindo que ele não continuasse a sua viagem.

Assim, vemos que a própria prática pessoal de Paulo como receptor de uma palavra profética indica que ele não considerou a palavra de revelação como tendo uma autoridade equivalente a das Escrituras. Ainda que a revelação em si fosse totalmente verdadeira (tendo vindo de Deus, deve necessariamente ser verdade), ela teve de ser comunicada por homens e mulheres falíveis. Parece-me muito plausível concluir que Paulo acreditava que todas as palavras proféticas fossem uma mistura de coisas em que a infalível revelação divina é processada por meio da rede de interpretação falível de homens e mulheres cristãos que, por sua vez, às vezes fazem aplicações incoerentes com o que as Escrituras já deixaram claro ou o que a nossa própria experiência sob o direcionamento do Espírito já havia anteriormente estabelecido.

Eu também enfatizaria a tentativa de Schreiner de reconciliar Atos 21:4 com a sua visão de que toda profecia é infalível e tem autoridade. Ele argumenta que a profecia de Atos 21:4 é que "Paulo sofreria"[14] em Jerusalém. Em seguida, ele diz que a insistência deles para que Paulo não fosse a Jerusalém foi apenas uma "inferência".[15] Mas o texto não diz que Paulo sofreria em Jerusalém. Diz que ele *não deveria ir* a Jerusalém. Uma vez mais, eis o que lemos em Atos 21:4: "Encontrando os discípulos dali, ficamos com eles sete dias. Eles, pelo Espírito, recomendavam a Paulo que não fosse a Jerusalém". O texto não diz o que Schreiner diz que ele diz. Não diz que "pelo Espírito estavam dizendo a Paulo que ele sofreria em Jerusalém". O que Schreiner chama "inferência" é na verdade a própria profecia. E era incoerente com o que o Espírito Santo havia repetidamente dito a Paulo. Como salientei acima, em Atos 19:21 lemos que "Paulo decidiu no espírito [...] ir a Jerusalém". Novamente, em Atos 20:22, ele disse: "Agora, compelido pelo Espírito, estou indo para Jerusalém".

Uma vez mais, Schreiner escreve: "Assim, a profecia de que Paulo enfrentaria sofrimentos em Jerusalém era precisa e inspirada pelo Espírito; a conclusão que as pessoas tiraram da profecia — de que Paulo não deveria viajar a Jerusalém — estava errada".[16] Mas humildemente saliento uma última vez: não é isso o que o texto diz. Os discípulos de Tiro, "pelo Espírito", não estavam dizendo a Paulo que sofrimentos o aguardavam. Não. Estavam dizendo a Paulo "para não subir a Jerusalém". O que Schreiner chama de "inferência" ou "conclusão" é na verdade a própria palavra profética.

A conclusão disso precisa ser que a palavra profética de Ágabo e seus companheiros não era nem infalível nem tinha autoridade para a vida de Paulo, algo que ele deve ter concluído com base em seu próprio encontro revelador anterior com o Espírito sobre suas viagens missionárias. A revelação em relação ao que aconteceria com Paulo em Jerusalém era infalível e precisa. Mas foi interpretada erroneamente e, portanto, aplicada erroneamente. O que, então, deveriam ter feito? Uma vez que recebessem a revelação, deveriam ter orado sobre ela, discutido sobre ela entre eles e aí então deveriam

---

[14]Schreiner, *Spiritual gifts*, p. 117.
[15]Schreiner, p. 117.
[16]16Schreiner, p. 117.

ter sentado com Paulo e compartilhado a revelação com ele, sem a interpretar e aplicar. Só posso concluir que, ainda que Paulo não questionasse a validade da revelação que receberam, tampouco ele acreditava que estivessem falando com ele as próprias palavras de Deus, de forma que uma desobediência constituiria um pecado. Em outras palavras, baseado em direcionamentos prévios e recorrentes do Espírito Santo, Paulo sabia que, ainda que tivessem ouvido a Deus corretamente, haviam até certo ponto interpretado erroneamente e, com certeza, haviam aplicado erroneamente o que ele disse.

O meu próximo argumento vem de uma implicação em relação à permissão de Paulo de que as mulheres poderiam profetizar, mas da sua proibição de que ensinassem os homens ou participassem da avaliação pública de palavras proféticas. Obviamente as mulheres podem profetizar (cf. Atos 2:17,18; 21:9; 1Coríntios 11:5). Mas, se isso é verdade, o que ele quis dizer em 1Coríntios 14:34, ao afirmar: "Permaneçam as mulheres em silêncio nas igrejas, pois não lhes é permitido falar"? A resposta provável é que Paulo estava proibindo as mulheres de participar do julgamento ou da avaliação pública dos profetas (14:29). Evidentemente, ele acreditava que isso implicava um exercício de autoridade restrito somente aos homens (cf. 1Timóteo 2:12-15).

Se perguntássemos por que Paulo permitia que as mulheres profetizassem, mas não avaliassem as profecias de outros, a resposta está na natureza da profecia em si. A profecia, diferentemente do ensino, não implica o exercício de uma posição de autoridade dentro da igreja local. O profeta era um mero instrumento por meio do qual a revelação é relatada à congregação. "Os que profetizavam não diziam à igreja como interpretar e aplicar as Escrituras à vida. Não proclamavam os padrões doutrinários e éticos pelos quais a igreja era guiada, tampouco exerciam uma autoridade de governo na igreja".[17]

Mas avaliar publicamente, criticar ou julgar palavras proféticas é outra questão. Nessa atividade é quase impossível evitar instruções teológicas e éticas explícitas de outros cristãos. Se presumimos que em 1Timóteo 2 Paulo proibiu as mulheres de ensinar ou exercer autoridade sobre os homens, seria impossível entender por que ele

---

[17]Grudem, *The gift of prophecy in the New Testament and today*, p. 121-2.

permitiria, em 1Coríntios 11:5, que as mulheres profetizassem, mas as proibiria de julgar as palavras proféticas de outros (especialmente os homens) em 14:34.

Em linguagem simples, como os complementaristas podem negar às mulheres um ministério de ensino que implica o exercício de autoridade e ao mesmo tempo afirmar que as mulheres podem profetizar com uma autoridade igual à dos apóstolos? Aparentemente eles precisam abandonar as suas convicções complementaristas, ou precisam reconhecer que havia uma forma de profecia que não era fundacional por natureza e não implicava uma autoridade igual à dos apóstolos. E, se escolherem a segunda opção, não haveria então nenhum conflito entre a validade contínua da profecia hoje e a finalidade e suficiência do cânon bíblico.

Assim, uma vez mais a minha pergunta é a seguinte: Se todos os profetas do Novo Testamento exerciam uma autoridade igual à dos apóstolos, e as mulheres profetizavam, como Paulo poderia proibir as mulheres de exercer a autoridade apostólica que é inerente ao dom de profecia do Novo Testamento? Nós, complementaristas continuacionistas, não temos problema algum com isso, pois reconhecemos que nem toda profecia do Novo Testamento era fundacional e nem toda profecia do Novo Testamento tinha a mesma autoridade que a dos apóstolos. Portanto, Paulo endossar que as mulheres profetizassem e ao mesmo tempo proibir que as mulheres exercessem autoridade sobre os homens é inteiramente compreensível.

A minha pergunta final surge da exortação de Paulo de que os cristãos deveriam "buscar com dedicação os melhores dons" (1Coríntios 12:31), incluindo entre eles (talvez até mesmo mais do que todos eles) o dom de profecia. Novamente, em 1Coríntios 14:1, ele escreveu: "Sigam o caminho do amor e busquem com dedicação os dons espirituais, principalmente o dom de profecia". Por mais que Paulo quisesse que todos eles falassem em línguas, desejava "ainda mais" que "profetizassem" (1Coríntios 14:5). Finalmente, concluiu esse capítulo de 1Coríntios com a exortação: "Portanto, meus irmãos, busquem com dedicação o profetizar e não proíbam o falar em línguas" (v. 39).

A instrução de Paulo às igrejas em todo o mundo do primeiro século indubitavelmente teria sido idêntica à sua instrução aos coríntios. O apóstolo não adotou uma perspectiva sobre os dons de revelação que se aplicasse aos coríntios e outra perspectiva diferente para as igrejas da Macedônia, Itália e outros lugares. Semelhantemente, o mesmo conjunto de diretrizes imposto sobre os coríntios teria sido requerido de todos os cristãos em todas as outras cidades e igrejas.

Se Paulo na verdade via a revelação sobre a qual a profecia se baseava como infalível, com autoridade moral e essencial ao estabelecimento do fundamento da igreja universal, precisamos estar dispostos a dizer que o apóstolo exortava a todos os cristãos de todas as congregações locais a buscarem com dedicação ser receptores de revelações inspiradas e com autoridade que os capacitasse tanto a proclamá-las com a autoridade de um apóstolo como também a servir para estabelecerem o fundamento para o corpo de Cristo de todas as eras. Não estou disposto a fazer isso.

CAPÍTULO ONZE

Julgando as palavras proféticas e o dom espiritual de discernimento de espíritos

Ao ler o título do capítulo, talvez você ache estranho, a princípio, que eu esteja abordando como julgar palavras proféticas no mesmo capítulo em que trato da análise que fiz do dom espiritual de discernimento de espíritos. Mas não poucos argumentariam que são a mesma coisa, apontando para o fato de que o dom de distinção de espíritos em 1Coríntios 12:10 aparece acoplado ao dom de profecia bem semelhantemente à maneira que a "interpretação" vem acoplada ao dom de línguas. Assim, discernir ou distinguir entre os espíritos, diz o argumento, é simplesmente a maneira de Paulo de descrever o julgamento ou a avaliação de uma palavra profética. Não creio que seja o caso (veja abaixo). Mas você pode entender agora porque achei útil abordar ambos os fenômenos no mesmo capítulo.

COMO JULGAMOS OU AVALIAMOS AS PALAVRAS PROFÉTICAS?

A Palavra de Deus nunca ordena que os cristãos suspendam suas faculdades vitais e ingênuas ou simploriamente adotem como verdade tudo o que pareça vir do Espírito Santo. Somos repetidamente exortados a fazer uso da mente e a exercitar o discernimento. Esse é certamente o caso quando a questão é a nossa resposta a palavras proféticas. Duas vezes o apóstolo Paulo falou sobre isso.

Os cristãos muitas vezes têm dificuldades para chegar a um equilíbrio bíblico apropriado entre duas verdades essenciais que encontramos nas Escrituras. De um lado, ansiamos dar ao Espírito o domínio pleno para que ele opere em nosso meio; não temos nenhum desejo de apagar o "fogo" da sua presença e do seu poder. De outro lado, contudo, reconhecemos a importância de diligentemente avaliar ou julgar a validade bíblica do que parece ser uma revelação por meio de alguma palavra profética. Paulo estava profundamente consciente dessa tensão e nos forneceu instruções úteis: "Não apaguem o Espírito. Não tratem com desprezo as profecias, mas ponham à prova todas as coisas e fiquem com o que é bom. Afastem-se de toda forma de mal" (1Tessalonicenses 5:19-22).

Você notará imediatamente que, ainda que possamos apagar o Espírito de várias maneiras, Paulo tinha em mente especificamente como isso acontece em nossa resposta à profecia. A imagem mental de "apagar" o Espírito nos relembra que sua obra em nosso meio é comparada a um fogo, uma presença ardente que jamais devemos apagar com a água de regras denominacionais, com o temor ou com o ceticismo. Mas não significa que tudo seja permitido, como se nenhuma regra ou limitação jamais devesse ser colocada no que é permitido ocorrer em nossos ajuntamentos. O que deve entrar no lugar de apagar o Espírito é uma avaliação biblicamente embasada e humilde do que é proferido. Devemos "testar", ou examinar, "tudo". A palavra "tudo" indiscutivelmente refere-se às "profecias" ou "palavras proféticas" mencionadas no versículo 20. O "bom" do versículo 21 com o qual devemos ficar, e o "mal" do versículo 22, do qual devemos nos afastar ou o qual devemos evitar, também têm em mente as profecias mencionadas no versículo 20.

Como "ficamos com o que é bom" (v. 21b)? Depois de uma análise cuidadosa que permita concluir que a palavra profética

ENTENDENDO OS DONS ESPIRITUAIS

provavelmente vem do Espírito devemos recebê-la, crer nela e obedecer a quaisquer admoestações que ela possa acarretar. Alguns ficam incomodados com o uso, por Paulo, do termo "mal". Mas o "mal" pode vir em vários níveis de severidade! Ao usar essa palavra, Paulo provavelmente quis se referir a uma palavra que deixe de edificar ou que seja incoerente com o que as Escrituras ensinam. Não devemos pensar em "mal" no sentido de malicioso ou maligno, mas simplesmente uma suposta "palavra" profética que deixe de edificar, encorajar e consolar os outros (cf. 1Coríntios 14:3), que direcione erroneamente e desanime o povo de Deus.

Essa instrução de Paulo nos alerta para o fato de que, como hoje, nem todos do primeiro século ficavam entusiasmados com o ministério profético na igreja e o apoiavam. Paulo não nos disse o porquê, mas suponho que as pessoas daquela época ficaram desencantadas com os dons de revelação pela mesma razão que muitas pessoas ficam desencantadas hoje. Talvez alguns de Tessalônica estivessem apontando para o seu dom profético como base para promoção na igreja ou como uma razão pela qual deveriam receber maior autoridade e aclamação. Suponho que alguns ficaram desiludidos quando uma palavra profética não se concretizou da maneira que esperavam. Ou talvez alguns estivessem fazendo uso do seu dom para manipular e controlar os outros. Qualquer que tenha sido a situação ocorrida, é bastante marcante, considerando-se o fato de que Paulo havia falado tão bem da igreja de Tessalônica e a havia considerado uma das congregações mais santas e maduras em que ele havia ministrado (cf. 1Tessalonicenses 1:1-10).

É um lembrete vital a todos nós o fato de que jamais podemos desprezar ou minimizar a importância da profecia na igreja com base apenas no fato de que alguns abusaram ou aplicaram mal o dom. Se eu tiver a permissão de dizê-lo tão forçosamente quanto creio que Paulo o disse: *é pecado desprezar a profecia*! Não temos a permissão de tratar as palavras proféticas com desprezo ou de legislar a remoção do dom da vida da igreja local. O que vemos em 1Tessalonicenses é semelhante ao conselho de Paulo aos coríntios no capítulo 14 da sua primeira carta, isto é, que a solução ao abuso não é o desuso. Precisamos trazer correções sábias aos que tendem a desprezar a profecia ou tendem deixar de pesar e avaliar apropriadamente as coisas que são faladas. Uma abertura

JULGANDO AS PALAVRAS PROFÉTICAS E O DOM ESPIRITUAL DE DISCERNIMENTO

desqualificada não é a solução, mas a supressão cínica do dom também não é. Precisamos empregar um discernimento biblicamente embasado.

Precisamos também determinar o que Paulo tinha em mente ao falar sobre "profecias" ou "palavras proféticas" (*prophēteia*). Será que ele estava falando sobre a *pessoa* que profetiza, o *charisma* da profecia em si ou as *expressões verbais* do profeta? Muito provavelmente trata-se da última alternativa, como sugerem o uso do plural e a ausência do artigo definido. Isso é confirmado no versículo 21a, em que a alternativa para tratar com desprezo as "profecias" é que "todas as coisas" deveriam ser postas à prova. Uma vez mais, o plural "todas as coisas" que precisam ser postas à prova tem como seu antecedente as "profecias" no versículo imediatamente anterior. Para a nossa grande consternação, Paulo "[não] especificou quais critérios deveriam ser usados na determinação de algo ser bom ou ruim, mas presumivelmente ele esperava que os seus leitores pesassem as palavras e as ações supostamente inspiradas pelo Espírito em contraposição às normas doutrinárias e éticas que haviam recebido dele".[1] Gordon Fee crê que a resposta encontra-se em dois textos paulinos adicionais. Sabemos que muitos da igreja de Tessalônica ficaram perturbados com um falso relatório em relação à chegada do dia do Senhor (2Tessalonicenses 2:2). Em resposta, Paulo os admoestou a "permanecerem firmes e a apegarem-se às tradições que foram ensinadas a vocês, quer de viva voz, quer por carta nossa" (v. 15). Talvez, então, "o primeiro teste seja a proclamação apostólica de ensino sobre Cristo. É um teste que diz respeito ao conteúdo teológico ou doutrinário da palavra dada".[2] O segundo teste origina-se no ensino de Paulo em 1Coríntios 14:3 em que ele disse que a profecia tem como seu propósito a "edificação, o encorajamento e a consolação". "Isso", diz Fee, "é o teste do propósito, assim como do conteúdo, e diz respeito a sua utilidade à comunidade de cristãos".[3]

---

[1]Charles A. Wanamaker, *The Epistles to the Thessalonians: a commentary on the Greek Text* (Grand Rapids: Eerdmans, 1990), p. 203.

[2]Gordon D. Fee, *The First and Second Letters to the Thessalonians* (Grand Rapids: Eerdmans, 2009), p. 222.

[3]Fee, p. 222.

1CORÍNTIOS 14:29[4]

Precisamos analisar brevemente 1Coríntios 14:29, o outro texto principal sobre o julgamento de palavras proféticas. Paulo descreveu qual pode muito bem ter sido a dinâmica de um culto de igreja do primeiro século. Ele disse: "Tratando-se de profetas, falem dois ou três, e os outros julguem cuidadosamente o que foi dito".

Será que a afirmação de Paulo de que devemos deixar que "falem dois ou três profetas" numa reunião subentende que mais profetas estariam em violação da Palavra de Deus? Em caso afirmativo, o seu objetivo seria limitar o número a três, para que os que têm esse dom não dominassem a reunião. Instruções semelhantes podem ser encontradas no versículo 27 em relação aos que falam em línguas. Já os versículos 24 e 31 parecem sugerir que muitos poderiam profetizar numa reunião. Nesse caso, não deveria haver mais do que três de cada vez antes que os outros pesassem cuidadosamente o que é dito. Em outras palavras, o versículo 29 pode ter o objetivo de restringir quantos podem falar em sequência, mas não o número total de profecias que podem ser proferidas em um culto.

Nessa passagem, quem são os "outros" que devem julgar ou pesar o que é dito? Alguns insistem que "os outros" são os outros profetas. No entanto, o termo que Paulo usou para "outros" (*hoi alloi*) geralmente significa "outros diferentes do assunto", ou seja, outros além dos profetas cuja palavra deve ser avaliada (isto é, pelos outros que compõem o grupo maior, ou seja, a congregação como um todo). Se Paulo quis dizer "o restante" dos profetas presentes na reunião, teria mais provavelmente usado um termo diferente, *hoi loipoi*, que tem o significado de "o restante da mesma classe".

Como observei brevemente no início deste capítulo, poderia ser que Paulo estivesse se referindo aos que tinham o dom de discernimento de espíritos (1Coríntios 12:10). Em 1Coríntios 12:10, a palavra traduzida por "habilidade de discernir" é o substantivo *diakrisis*. Em 14:29, a palavra traduzida por "julgar" (NASB) é a forma verbal relacionada *diakrinō*. Assim, "a capacidade de

---

[4]Uma boa parte da minha análise sobre essa passagem depende do excelente livro de Wayne Grudem, *The gift of prophecy in the New Testament and today*, ed. rev. (Wheaton: Crossway, 2000) [edição em português: *O dom de profecia* (São Paulo: Vida, s.d.)]; cf. espec. p. 54-62.

discernimento de espíritos" em 12:10 parece estar acoplada ao dom de profecia muito semelhantemente à maneira que "interpretação" está acoplada ao dom de línguas. Considerando-se o fato de que o dom de falar em línguas é seguido imediatamente pelo dom de interpretação de línguas, pode muito bem ser que Paulo quisesse que víssemos a profecia e o discernimento de espíritos semelhantemente, como um par.

Mas, então, por que Paulo não teria simplesmente dito "e os que discernem espíritos julguem", se de fato ele tinha esse grupo em mente? Além disso, se acharmos que "os outros" se referem a um grupo especial de profetas ou aos que têm o dom de discernimento de espíritos, o que a maioria da congregação faz quando as profecias estão sendo proferidas e avaliadas? Parece que seriam compelidos a ficar sentados passivamente, esperando que a profecia acabasse e fosse julgada antes de saberem se deveriam crer nela ou não. Além disso, essas duas primeiras visões exigiriam que acreditássemos que mestres, pastores e outros líderes de igreja sem o dom de profecia ou de discernimento de espíritos teriam que ficar sentados passivamente, aguardando o veredicto de um grupo de elite. Nada disso parece plausível. Grudem explica:

> Enquanto um profeta estivesse falando, cada membro da congregação ouvia cuidadosamente, avaliando a profecia à luz das Escrituras e do ensino com autoridade que ele já sabia que era verdadeira. Logo haveria uma oportunidade para ele falar na resposta, com os sábios e maduros indubitavelmente dando a maior contribuição. Mas nenhum membro do corpo teria tido a necessidade de se sentir inútil, pois todos os membros pelo menos silenciosamente pesariam e avaliariam o que foi dito.[5]

---

[5]Grudem, p. 57. Max Turner concorda: "Aqui [em 1Coríntios 14:29], obviamente, não é uma questão de decidirmos se é uma profecia *verdadeira* ou *falsa*, e então apedrejarmos o profeta (ou pelo menos o seu exorcismo) na segunda alternativa. É uma questão de decidirmos o que é de Deus, e como se aplica, e de separamos isso do que é meramente inferência humana. De fato, o elemento humano e o erro humano parecem ter sido tão evidentes, que em 1Tessaloncenses 5:20,21 Paulo teve que admoestar a congregação: 'Não tratem com *desprezo* as profecias, mas *ponham à prova todas as coisas* e fiquem com o que é bom' [grifo original]. Argumentativamente, então, a profecia do Novo Testamento é, portanto, um fenômeno misturado" (Max Turner, *The Holy Spirit and spiritual gifts* [Peabody: Hendrickson, 1998], p. 214).

A exortação de Paulo para "pesarmos" (*diakrinō*) o que é dito pelos profetas muito provavelmente significa que todos os cristãos têm uma responsabilidade de peneirar a palavra e identificar o que é de Deus e o que é a mistura humana e, portanto, falível. Anthony Thiselton fornece a seguinte explicação útil:

> Os OUTROS devem DISTINGUIR ENTRE (i) *fala profética, dada por Deus e coerente com o evangelho de Cristo e a situação pastoral, e* (ii) *fala que é meramente uma retórica autogerada, refletindo disfarçadamente interesses próprios, enganos próprios ou erros da pessoa que fala,* não obstante sob o disfarce de suposta "profecia". Temos argumentado [...] que isso inclui uma alegação de comunicar uma *pregação do evangelho pastoralmente contextualizada.* O autêntico deve ser PENEIRADO do inautêntico ou espúrio, à luz das Escrituras do Antigo Testamento, do evangelho de Cristo, das tradições de todas as igrejas e de reflexões críticas. Em nenhum lugar Paulo dá insinuações de que a pregação ou "profecia" alcança um status privilegiado que a coloca acima de uma reflexão analítica à luz do evangelho, do Espírito e das Escrituras. *Ela jamais é infalível.*[6]

Acho difícil acreditar que Paulo teria ordenado esse tipo de avaliação se todas as palavras proféticas fossem, por definição, uma revelação de Deus com o mesmo valor autoritativo das Escrituras, além de ser inerrantes. Assim, David Garland provavelmente está correto em sua avaliação do que Paulo quer dizer:

> A suposição é a de que os profetas não falam com autoridade divina inquestionável. A congregação não deve aceitar tudo o que é dito pelo simples fato de alguém alegar que está falando sob a influência do Espírito. As palavras do profeta convidam a uma avaliação e debate acerca do que foi dito [...] É bem diferente de verificar se o indivíduo é um profeta verdadeiro ou falso. Presumivelmente, os profetas residem em seu meio, e a congregação não precisaria examiná-los semana após semana, mas ela de fato precisa avaliar o que dizem [...] Os profetas precisam permitir que o conteúdo de suas revelações seja

---

[6]Anthony C. Thiselton, *The First Epistle to the Corinthians: a commentary on the Greek text* (Grand Rapids: Eerdmans, 2000), p. 1140 (grifo original).

testado na comunidade e talvez eles precisem ser relembrados de que sua "profecia" é somente parcial e temporária (1Coríntios 13:9,10).[7]

Assim, qual é então a natureza desse julgamento a ser feito? Não é apurar se a palavra é do Espírito ou do diabo, mas se o que foi dito é compatível com o que o Espírito já disse (nas Escrituras, na tradição apostólica etc.). Se a profecia congregacional do Novo Testamento costuma ser uma mistura de revelação divina e inter-pretação e aplicação humanas (cf. Atos 21:4-6,10-14,27-35), é essencial que a igreja avalie e analise o que é dito, rejeitando o que é errado e aceitando o que é certo (cf. 1Tessalonicenses 5:19-22; cf. tb. 1João 4:1-6). É somente com base na suposição de que parte do que os profetas dizem é a sua própria contribuição — e, portanto, possivelmente errônea ou enganosa — que Paulo poderia ordenar que suas palavras fossem avaliadas.[8]

OS CRITÉRIOS PARA JULGARMOS AS PALAVRAS PROFÉTICAS

Não estou fazendo nenhuma alegação de estar tratando o assunto por completo aqui, mas sugiro que os seis critérios ou padrões de julgamento seguintes deveriam ser levados em consideração em qualquer palavra profética:

1. A igreja primitiva deveria avaliá-la à luz das tradições apostólicas (2Tessalonicenses 2:15) a eles transmitidas por Paulo. A referên-cia aos que foram "ensinados [...] por palavra de boca" (NASB)

---

[7]David E. Garland, *1 Corinthians*, Baker Exegetical Commentary on the New Testament (Grand Rapids: Baker Academic, 2003), p. 662.

[8]Concordo com Roy E. Ciampa e Brian S. Rosner que "Paulo poderia querer dizer a avaliação dos próprios profetas, mas mais provavelmente ele tem em mente a avaliação das mensagens dadas por eles" (Roy E. Ciampa; Brian S. Rosner, *The First Letter to the Corinthians* [Grand Rapids: Eerdmans, 2010], p. 715). Carson concorda, salientando que "a palavra *diakrinō* [...] sugere que a profecia seja avaliada, e não simplesmente aceita como sendo totalmente verdadeira ou totalmente falsa" (D. A. Carson, *Showing the Spirit: a theological exposition of 1 Corinthians 12—14* (Grand Rapids: Baker, 2019 (1987)], p. 122). Ele também nos dirige a atenção a Grudem, que demonstra que o verbo *diakrinō* comumente (ainda que não sistematicamente) tem no grego helenístico a conotação de "peneirar, separar, avaliar", ao passo que o simples *krinō* é usado para julgamentos em que há opções nitidamente diferentes ("culpado ou inocente, verdadeiro ou falso, certo ou errado"), e nunca para distinções avaliativas (Carson).

ENTENDENDO OS DONS ESPIRITUAIS

obviamente faz alusão às instruções orais recebidas de Paulo durante a sua estada em Tessalônica. A "carta" que ele mencionou é provavelmente uma referência a 1Tessalonicenses ou 2Tessalonicenses.

2. Para nós, hoje, todas as palavras proféticas precisam estar em absoluta conformidade com as Escrituras. No deserto, Jesus testou as "palavras" de Satanás em contraposição ao que o restante das Escrituras dizia e expôs como ele estava aplicando erroneamente os textos (Mateus 4:1-11). Eu estava presente numa reunião quando uma mulher conhecida pelo seu dom profético disse o seguinte: "Tenho um sentimento do Senhor nesta noite de que ele se sente sozinho. Ele anseia por sua comunhão e amor". Ora, não é necessário que tenhamos uma formação num seminário para saber que isso é biblicamente enganoso. Deus nunca se sente sozinho! O nosso grande Deus trino e uno é totalmente autossuficiente e não tem necessidade de nada (cf. Atos 17:24,25). A comunhão e o amor entre as pessoas da Trindade nos asseguram que Deus nunca conheceu a solidão ou precisou de qualquer coisa que nós, humanos, possamos suprir. Não era desejo dessa mulher enganar a congregação. O seu intuito era enfatizar como Deus se deleita quando nos aproximamos dele e quão abundante e efusivo ele fica por derramar a sua afeição por nós. Deus nos criou para a comunhão com ele, e não porque ele esteja em necessidade; em vez disso, ele nos criou para glorificar a si mesmo, fornecendo de forma generosa ao nosso coração desesperadamente necessitado o que somente ele pode fornecer. Quando isso foi salientado à mulher, ela humildemente recebeu a correção e afirmou à congregação que, em seu desejo de abençoá-los, não havia falado sempre em concordância com a infalível revelação das Escrituras.

3. Também medimos as palavras proféticas por sua tendência de edificar (1Coríntios 14:3). Precisamos perguntar sempre: ela edifica, fortalece? Ou destrói e cria falta de unidade, temor, dúvida e desprezo próprio? A palavra tem uma tendência de exortar e encorajar (v. 3)? A palavra tem uma tendência de consolar (v. 3), ou leva a um desespero? Se a palavra for preditiva, um exame empírico estará em disponível para determinar se ela se concretizará conforme o profetizado.

4. Também precisamos aplicar o teste do amor (1Coríntios 13), por meio do qual todos os dons espirituais devem ser medidos e

subordinados. Paulo não parecia dar muito crédito a qualquer dom do Espírito que violasse os ditames do amor. Sempre faça a pergunta: "Essa palavra profética parece ser motivada por egoísmo e uma tentativa por parte de quem fala de agarrar poder e prestígio, ou vem com a sensação de ser abnegada e com o objetivo de abençoar e encorajar a pessoa a quem foi endereçada?".

5. O teste de comunidade também é importante. A sabedoria exige que sempre analisemos a palavra por meio de outros que tenham a habilidade e a experiência na avaliação de revelações proféticas.

6. Finalmente, há o teste da experiência pessoal. Quando Paulo recebeu uma palavra sobre o perigo que o aguardava em Jerusalém (Atos 21:3,4,10-14), ele avaliou e respondeu à luz do que Deus já lhe havia dito e mostrado (20:22,23). Com efeito, Paulo disse: "Sim, todos nós recebemos a mesma revelação, de que sofrimentos me aguardam em Jerusalém, mas diferimos em sua interpretação e aplicação".

Isso significa que há uma vasta diferença entre profetizar falsamente e ser um falso profeta. Todos nós, numa ocasião ou outra, alguns mais, outros menos, profetizamos falsamente. Falamos palavras que achávamos que eram de Deus e que, na verdade, não eram. Mas isso não nos transforma em falsos profetas. Só nos deixa humanos! Os falsos profetas do Novo Testamento eram inimigos não cristãos do evangelho (cf. Mateus 7:15-23; 24:10,11,24; 2Pedro 2:1-3; 1João 4:1-6).

O que aprendemos com isso é simples. Todas as vezes em que você for receptor de uma palavra profética, abra a sua Bíblia e cuidadosamente avalie o que foi dito. Fazer isso não é um sinal de incredulidade, cinismo ou orgulho, muito menos de suspeitas quanto à pessoa que proferiu a profecia. É a sua obrigação cristã. A minha esperança é que cada um de nós determine em seu coração não ser um cético que acabe apagando o fogo do Espírito, nem um tolo que ingenuamente acredita em tudo o que lhe é falado.

ALGUMAS DIRETRIZES PRÁTICAS

Por vezes, você experimentará uma cutucada ou hesitação imediata em seu coração em relação à autenticidade de uma palavra

ENTENDENDO OS DONS ESPIRITUAIS

supostamente de Deus. Não significa que você seja cínico por natureza ou que você tenha dúvidas em relação à validade do dom de profecia em nossos dias. Mais provavelmente indica que o seu conhecimento das Escrituras, somado ao bom senso, detectou algo errado no que foi dito. Se isso ocorrer, sugiro os seguintes passos:

Primeiro, algumas supostas "palavras" proféticas precisam de correções imediatas, especialmente em especial se forem biblicamente enganosas. Em todos os casos, seja gentil, dócil e encorajador. Não esmague o espírito da pessoa nem responda de uma maneira que a deixe temerosa e hesitante em profetizar novamente. Se a sua palavra for contrária ao que é claramente ensinado nas Escrituras, será difícil trazer correção sem incorrer, até certo ponto, em desconfortos relacionais.

Não raro haverá ocasiões em que uma "palavra profética" é genérica ou vaga ou é meramente uma repetição de algum texto ou princípio bíblico já bem conhecido. Mas isso não é razão alguma para descartá-la ou considerá-la totalmente inútil. Nem todas as revelações proféticas precisam ser tão específicas e obviamente sobrenaturais como a palavra falada a mim por aquele homem em Anaheim. Às vezes a melhor maneira é comprometermo-nos como grupo, orarmos sobre o que foi dito e revisitar esses dizeres posteriormente.

Se a palavra for esquisita, ininteligível ou embaraçosa à pessoa, diga simplesmente: "Obrigado por compartilhar. Vamos tratar disso a sós mais tarde. Não tenho certeza se esse é o direcionamento em que o Espírito está nos levando agora". Mas não fique surpreso se, a seguir, você descobrir que a palavra "esquisita" ou ligeiramente "embaraçosa" foi genuinamente de Deus, provando ser ela benéfica às pessoas a quem ela foi objetivada.

Eu também o encorajaria a não empregar a profecia como uma maneira de criticar ou corrigir a liderança da igreja publicamente por nome. Leve essas palavras privativamente aos presbíteros: "Não aceite acusação contra um presbítero, se não for apoiada por duas ou três testemunhas" (1Timóteo 5:19).

Tenha cuidado em relação a profetizar assuntos pessoais, como casamentos, bebês, mudanças de locais ou de empregos. Parece razoável que, se Deus deseja revelar algo dessa natureza a alguém, ele comunicará isso de alguma maneira diretamente ao próprio indivíduo. Também deveríamos ser cautelosos ao "profetizar" desastres públicos, políticos e naturais. Não é necessário um dom profético para declarar que a Califórnia ou o Alaska passarão por um terremoto devastador em algum ponto do futuro!

Se Deus lhe revelar o sofrimento físico de uma pessoa, não presuma automaticamente que a vontade dele é curá-la lá mesmo e na mesma hora. Deus pode ter lhe revelado isso a fim de que você possa vir em sua assistência e realizar tarefas que ela não consiga realizar sem ajuda. Ou talvez seja para informar e energizar a sua intercessão por ela.

Sempre é sábio evitar usar a profecia para estabelecer doutrinas, práticas ou princípios éticos que careçam de apoio bíblico explícito. O propósito da profecia não é fornecer aos outros direcionamentos sobre que roupas deveriam usar, quais filmes deveriam assistir ou não, ou se deveriam beber bebidas alcoólicas com moderação. E não precisamos de revelação profética para saber que a embriaguez é proibida ao cristão!

Finalmente, seja cauteloso em relação a uma dependência excessiva de palavras proféticas para tomar decisões rotineiras, cotidianas em sua vida. Há, obviamente, certas exceções a essa "regra". "Avalie" as circunstâncias de qualquer situação (1Coríntios 6:5; Filipenses 2:25), considere as necessidades das pessoas, os princípios das Escrituras e o conselho de pessoas sábias. Faça uma avaliação sóbria do que é apropriado ou aconselhável. Em alguns textos, Paulo recorreu ao "conhecimento", "discernimento", à "sabedoria e ao entendimento espiritual" (Filipenses 1:9,10a; Colossenses 1:9) como essenciais no processo de tomada de decisões. O discernimento e a revelação do Senhor podem ser vitais nessas deliberações, mas Deus não quer que fiquemos paralisados na ausência deles.[9]

O DOM DE DISCERNIMENTO DE ESPÍRITOS

A nossa abordagem ao dom de discernimento de espíritos será bem semelhante à nossa tentativa de definir a *palavra de conhecimento* e a *palavra de sabedoria*. De modo semelhante a esses dois dons, o único lugar no Novo Testamento em que esse dom é explicitamente

---

[9]Para uma apresentação mais detalhada de como julgarmos palavras proféticas, cf. o meu livro *The beginner's guide to spiritual gifts* (Minneapolis: Bethany, 2012), p. 135-50.

ENTENDENDO OS DONS ESPIRITUAIS

mencionado é 1Coríntios 12:8-10. A English Standard Version o traduz assim: "a habilidade de distinguir entre espíritos" (v. 10). A preposição "entre" é a tentativa do tradutor de dar sentido ao que os especialistas em gramática do grego chamam de "genitivo objetivo". No sentido mais literal possível, o dom é a "distinção de espíritos". Isso provavelmente seria a capacidade dada pelo Espírito de não simplesmente reconhecermos a existência de "espíritos" (quer sejam demoníacos ou outros), mas também a habilidade de diferenciar entre eles.

Estou inclinado a crer que esse dom é a habilidade de distinguir entre o que o Espírito Santo faz e o que outro "espírito" (demoníaco), ou talvez até mesmo o espírito humano, faz. Nem todos os milagres ou demonstrações sobrenaturais são produzidos pelo Espírito Santo. Ainda que todos os cristãos sejam responsáveis por "examinar os espíritos para ver se procedem de Deus" (1João 4:1), Paulo tem em mente aqui uma habilidade especial que é fundamentalmente *intuitiva* ou *subjetiva* por natureza. Considerando-se o fluir contextual de 1João, todos deveriam examinar os espíritos, avaliando sua mensagem; especificamente, será que confessam que "Jesus Cristo veio em carne" (4:2)? Isso não exige nenhum dom especial. Mas o dom espiritual de discernimento de espíritos é provavelmente uma *sensação* ou *sentimento* com capacitação sobrenatural em relação à natureza e fonte do "espírito".

Somos uma vez mais direcionados a analisar o livro de Atos para encontrar algumas possíveis ocasiões em que esse dom está em operação. No capítulo 8, sobre a palavra de conhecimento e a palavra de sabedoria, sugeri que esses textos podiam muito bem descrever esses dois dons. Mas eles podem tão prontamente também ser descritivos da capacidade de distinguir entre os espíritos.

- Em Atos 16:16-18, Paulo discerniu que o poder de certa jovem escrava era na verdade um espírito demoníaco.
- Em Atos 13:8-11, Paulo discerniu que Elimas, o mágico, havia sido demoniacamente energizado em sua tentativa de opor-se à apresentação do evangelho.
- Em Atos 14:8-10, uma vez mais Paulo discerniu ("viu") que um homem tinha fé para ser curado.
- Esse dom também está em operação quando alguém consegue discernir se um problema na vida de uma pessoa é demoníaco,

ou se é meramente a consequência de outros fatores emocionais e psicológicos, ou talvez de uma complexa combinação de ambos.

- As pessoas que têm esse dom em geral conseguem detectar ou discernir a presença de espíritos demoníacos num ambiente ou local.
- Em Atos 8:20-24, lemos que Pedro "viu" (não fisicamente, mas "percebeu" ou sentiu) que Simão, o Mago, estava cheio de amargura e iniquidade.
- Aparentemente, Jesus exerceu algo semelhante a esse dom ao olhar para Natanael e descrevê-lo como um homem "em quem não há falsidade" (João 1:47). João 2:25 diz que Jesus "sabia o que havia no homem". Era um dom de "discernimento" ou de "distinção de espíritos"?

Se identificamos apropriadamente esse dom como, de um lado, a habilidade ou capacidade de diferenciar entre quando, onde e o que o Espírito Santo está fazendo ou dizendo, e, de outro lado, o que os espíritos demoníacos ou meramente humanos estão fazendo ou dizendo, aparentemente esse dom é extremamente necessário na vida da igreja local hoje. Posso muito bem imaginar que os conselheiros cristãos estejam com uma grande necessidade desse poder de discernimento.

Alguns argumentam que o plural "espíritos" de 1Coríntios 12:10 é sinônimo de *pneumatikōn*, de 12:1; 14:1,37, e tem em mente os próprios *charísmata*. Assim, discernir entre "espíritos", dizem eles, é a habilidade de verificar quais dons específicos foram distribuídos a quais pessoas, ou talvez a habilidade de determinar "as variadas maneiras com que o Espírito de Deus está operando, de forma tal a distinguir várias consequências e padrões".[10] Nessa visão, é a capacidade de discernir ou rastrear os caminhos do Espírito, o que ele está fazendo, por que, e o que pode em última análise ser o fruto da sua atividade.

A oposição a essa visão que adotei aqui se baseia na observação de que Paulo quase nunca usava *pneuma* ou a sua forma plural para referir-se a entidades demoníacas. Mas isso de forma nenhuma

---

[10]Thiselton, *First Epistle to the Corinthians*, p. 967.

indica que o próprio Paulo não via os seres demoníacos como "espíritos". Além disso, quando Paulo pregou em Filipos, discerniu que a jovem escrava "tinha um espírito [*pneuma*] pelo qual predizia o futuro". Embora tenha sido Lucas que usou a palavra, obviamente Paulo sabia com o que ele estava lidando. Na verdade, no versículo 18, Lucas registrou Paulo como que dizendo "ao espírito: 'Em nome de Jesus Cristo eu ordeno que saia dela!'" (Atos 16:18). Vemos algo bem semelhante em Atos 19:11-20, em que "os milagres extraordinários" de Paulo (v. 11) são descritos. A linguagem de "espíritos malignos" (ou o singular, "espírito maligno") é usada nada menos que quatro vezes no espaço de seis versículos. Obviamente, essa linguagem referindo-se a seres demoníacos era bem familiar tanto a Lucas como a Paulo. Também não deveria ser surpresa alguma que Paulo escolhesse não se referir regularmente aos demônios como "espíritos", dada a sua preferência pela terminologia padrão de "governos", "autoridades", "tronos", "domínios" etc. (cf. Efésios 1:21, Colossenses 1:16; 2:15). Eu também deveria salientar que 2Tessalonicenses 2:2 também parece ser uma clara ocasião em que Paulo usou a palavra "espírito" para referir-se a um ser demoníaco.

Uma última pergunta que precisa ser feita, até mesmo se estivermos incertos quanto à resposta, é como essa sensação ou convicção de discernimento de fato opera. Em outras palavras, o que o cristão vê, percebe, sente ou sabe? Tem havido consideráveis especulações sobre esse ponto, e não pretendo unir-me ao coro na tentativa de fornecer uma resposta. No entanto, algumas observações especulativas estão em pauta.

Em Atos 13:9, lemos que Paulo "olhou firmemente" para Elimas e então chegou à conclusão em relação aos seus propósitos malignos. Será que Paulo "viu" algo por meio de uma visão ou talvez "ouviu" a voz do Espírito? Ou será que ele simplesmente teve uma avassaladora convicção interna em relação a esse homem? Não sabemos.

Mais tarde, em Atos 14:9, Paulo é descrito com a mesma linguagem: ele "olhou firmemente" para o homem aleijado. Mas Lucas também registrou que Paulo de alguma maneira "viu" que ele tinha fé para ser curado. Nada indica que o próprio homem tenha sinalizado a Paulo para esse efeito. Na verdade, como alguém poderia revelar que tinha "fé para ser curado"? Mais provavelmente, o verbo traduzido por "vendo" deveria ser considerado como descritivo de alguma percepção espiritual ou conhecimento interno. Talvez o Espírito Santo tenha colocado uma impressão no coração de Paulo, de maneira inegavelmente poderosa e inescapável, de que esse homem acreditava que poderia ser curado.

Quando lemos que Pedro "viu" que Simão, o Mago, estava "cheio de amargura e preso pelo pecado" (Atos 8:23), isso pode simplesmente significar que a conclusão do apóstolo se baseou nas próprias palavras de Simão (nos v. 18,19), quando este tentou adquirir o poder do Espírito com dinheiro. Também pode facilmente ser que o Espírito Santo tenha transmitido a Pedro o dom de discernimento de espíritos, por meio do qual ele entendeu o que estava no coração de Simão, o Mago.

Tudo isso é para mostrar quão subjetivo é esse fenômeno espiritual específico. Talvez somente os que têm sido receptores desse dom, seja na igreja primitiva ou hoje, possam explicar adequadamente como sentem ou sabem que um acontecimento ou intenção sobrenatural em particular é de Deus ou do inimigo.

Talvez um exemplo pessoal ajude. Durante o tempo em que estive na equipe de uma igreja em Kansas City, era comum que os membros da igreja se envolvessem em "caminhadas de oração". Não há nada especificamente incomum em relação a essa prática. Dividíamo-nos em grupos de quatro ou cinco pessoas e orávamos pelas nossas vizinhanças, escolas e por outras igrejas da região. Certo dia, eu estava orando na companhia de outros três indivíduos. Quando nos aproximamos de uma escola de ensino fundamental, subitamente senti a presença do mal. "Como?", você perguntaria. Não sei. Mas havia uma conscientização inconfundível, bem tangível e desconcertante de que atividades ocultistas de algum tipo haviam ocorrido na área da qual estávamos nos aproximando. Contei aos que estavam comigo o que estava sentindo, e uma irmã confirmou que também estava começando a se sentir nauseada e desorientada. Quando viramos a esquina do prédio da escola, vimos: símbolos satânicos pichados nos muros da escola, com os remanescentes e a parafernália do que pareciam ser rituais ocultistas. É desnecessário dizer que passamos um tempo considerável orando pelas crianças dessa escola, para que nenhuma delas fosse adversamente afetada pelo que havia acontecido numa proximidade tão grande assim das suas salas de aula.

ENTENDENDO OS DONS ESPIRITUAIS

Será que essa poderia ter sido uma ocasião em que Deus transmitiu a mim (e a uma mulher do nosso grupo) o dom de discernimento de espíritos? Acho que sim. Tenho tido alguns encontros semelhantes desde esse dia e tenho crescido em minha conscientização do que o Espírito está indicando em tais circunstâncias. Alguns de vocês talvez fiquem desconfortáveis com a inescapável subjetividade desse dom espiritual. Entendo a sua preocupação. Mas estamos lidando com dons "espirituais", e não com ciência empírica. Talvez você preferisse que tivéssemos algum tipo de padrão objetivo e verificável, pelo qual pudéssemos julgar a realidade e precisão desses fenômenos. Pelo que eu possa dizer, o único prumo objetivo, por assim dizer, é a Palavra de Deus. Mas as próprias Escrituras não nos dizem quando esses "sentimentos" ou "sensações" são do Espírito. São inevitavelmente elusivos e difíceis de definir. Não consigo explicar por que o Espírito me comunicaria a reação emocional que tive naquele dia como uma indicação de atividades demoníacas. Só posso testemunhar a ocorrência e orar para que eu não seja desviado por ela. Nem todos que são receptores do dom de discernimento de espíritos o experimentarão sempre exatamente da mesma maneira que eu experimentei. Como foi observado, em nenhum lugar das Escrituras nos é dito como esse dom opera ou de que maneira o Espírito nos alertaria quanto à presença do mal. Outros podem ser capacitados a "discernir" atividades demoníacas de maneiras que são claramente diferentes de como o Espírito me desperta para isso. Em todos os casos, obviamente, a "experiência" de alguém com esse dom não deve violar o que é explicitamente ensinado nas Escrituras em relação à pessoa do Espírito Santo e aos princípios que governam o exercício de todos os dons espirituais.

QUARTA PARTE

O FALAR EM
línguas

CAPÍTULO DOZE

Decifrando o dom de falar em línguas[1]

O cessacionista insiste que todas as manifestações orais realizadas em línguas, quer sejam do século 1 ou do século 21, são sempre uma língua humana legítima falada em algum lugar do mundo, mas anteriormente desconhecida pela pessoa que fala. Essa conclusão baseia-se na natureza do falar em línguas no Dia de Pentecoste. Praticamente, todos os comentaristas reconhecem que as "línguas" faladas no Dia de Pentecoste foram um exemplo de xenolalia, que significa a habilidade de falarmos línguas humanas verdadeiras. A variedade de nações representadas (Atos 2:8-11) certamente sugeriria isso. A palavra traduzida por "língua" (*glōssa*) refere-se ao órgão literal em nossas bocas ou a uma linguagem humana verdadeira. A palavra traduzida por "língua" em Atos 2:6,8 é *dialektō* (dialeto), muito provavelmente uma referência a línguas humanas conhecidas em todo o mundo (cf. Atos 1:19; 21:40; 22:2; 26:14).

Dado o fato de que os peritos em linguística insistem que as "línguas" faladas pelos cristãos em nossos próprios dias não são línguas

---

[1]Tanto o material deste capítulo quanto o que segue foram adaptados do meu livro *The language of heaven: crucial questions about speaking in tongues* (Lake Mary: Charisma House, 2019), e são usados aqui com permissão. Se você deseja cavar mais profundamente no vasto conjunto de questões relacionadas ao dom de línguas, recomendo muito que obtenha o *The language of heaven*, em que abordo com consideráveis detalhes trinta perguntas cruciais em relação a esse tópico polêmico.

ENTENDENDO OS DONS ESPIRITUAIS

verdadeiras, a conclusão, de acordo com os cessacionistas, parece óbvia: o dom espiritual de línguas não existe mais na vida da igreja local. Em outras palavras, todos os discursos realizados em línguas do Novo Testamento eram alguma forma de língua humana, mas as falas em línguas contemporâneas não são; portanto, o falar em línguas contemporâneas não é bíblica, e sim uma emotividade psicológica ou tagarelice sem sentido. Essa posição baseia-se na suposição de que o fenômeno de Atos 2 deve servir de parâmetro a todas as outras ocasiões desse dom espiritual. Toda e qualquer coisa que for verdadeira em Atos 2 em relação às línguas deve ser verdadeira em todos os outros casos de sua ocorrência.

A resposta continuacionista é que as línguas podem ocorrer numa variedade de espécies ou expressões, tanto línguas humanas conhecidas quanto linguagem celestial que é criada pelo Espírito Santo para aqueles crentes a quem o dom é dado. Para que o argumento cessacionista seja verdadeiro, seus adeptos precisariam nos mostrar que as outras ocorrências de línguas em Atos (e em 1Coríntios) são paralelas a Atos 2 e demonstram as mesmas características. O problema é que exatamente as mesmas características de Atos 2 não são encontradas nesses outros textos.

O FALAR EM LÍNGUAS EM ATOS E 1CORÍNTIOS

Várias linhas de evidências sugerem que o dom de línguas possa ser mais do que a habilidade de falarmos em línguas humanas verdadeiras. Primeiro, se o falar em línguas é sempre numa língua estrangeira com o objetivo de ser um sinal para não cristãos ou uma ferramenta evangelística, por que as línguas de Atos 10 e Atos 19 são faladas na presença de cristãos somente? Se as línguas são sempre uma língua humana verdadeira para que possam servir para comunicar o evangelho a não cristãos, por que em Atos 10 e Atos 19 não havia nenhum não cristão presente? Por que o Espírito energizaria ou levaria os cristãos a falarem em línguas na ausência das próprias pessoas para as quais essa suposta ferramenta evangelística foi planejada?

Em segundo lugar, Paulo descreveu vários "tipos" ou "espécies" de línguas em 1Coríntios 12:10 e 12:28. Suas palavras sugerem que há diferentes categorias do falar em línguas, talvez línguas humanas, dialetos angelicais e línguas celestiais que são singularmente formadas pelo Espírito para cada pessoa a quem o dom é concedido.

DECIFRANDO O DOM DE FALAR EM LÍNGUAS

Os que insistem que todas as manifestações orais realizadas em línguas são necessariamente uma língua humana de algum tipo repetem e argumentam que Paulo, ao dizer que as línguas vêm numa variedade de tipos ou espécies, aludia ao fato de que há uma variedade de línguas humanas, como inglês, francês, japonês, mandarim, e assim por diante. Mas ninguém, que eu saiba, jamais sugeriu que todas as manifestações orais realizadas em línguas eram uma língua humana específica. Já sabemos por meio de Atos 2 que, quando as línguas apareceram no Pentecoste, vieram como dialetos humanos diferentes. Parece muito improvável que Paulo houvesse se esforçado tanto para salientar que as línguas nunca são apenas uma língua humana, e sim uma multiplicidade delas.

Os inúmeros dialetos ou línguas que os seres humanos ao redor do mundo falam ao comunicarem-se uns com os outros poderiam ser considerados como pelo menos um "tipo" ou "espécie" de línguas — a saber, as línguas humanas. Outro tipo ou espécie seriam as línguas não humanas, como a variedade de maneiras como os anjos poderiam comunicar-se entre si ou com Deus. Acho que é quase impossível acreditar que, entre as miríades e miríades de anjos, eles todos falem uma única língua. Contudo, independentemente de quantas línguas os anjos empreguem, todas elas seriam classificadas sob o título de uma só "espécie" ou "tipo", a fala angelical.

Outra "espécie" ou "tipo" de línguas refere-se ao Espírito Santo criar ou capacitar um ser humano a falar no decorrer da sua oração e louvor a Deus. Cada uma dessas expressões de línguas seria singular a cada indivíduo. Todas elas, no entanto, constituiriam outro "tipo" ou "espécie" de línguas.

Em terceiro lugar, talvez o argumento mais persuasivo contra as línguas serem línguas humanas conhecidas é o que Paulo falou em 1Coríntios 14:2. Ele afirmou que todo aquele que fala numa língua "não fala aos homens, mas a Deus". Vamos considerar isso. O que é uma língua humana, quer seja russo, alemão ou norueguês? Por acaso não é um meio pelo qual um ser humano se comunica ou fala com outro ser humano? Mas Paulo muito claramente negou que isso é o que está acontecendo quando alguém fala em línguas. Essa pessoa muito certamente *não* está fazendo o que a língua humana tipicamente faz. Falar em línguas *não* é falar com outros seres humanos, mas é uma maneira de falar diretamente com Deus. Portanto,

247

ENTENDENDO OS DONS ESPIRITUAIS

a "espécie" ou o "tipo" de línguas que Paulo tinha em mente em 1Coríntios 12—14, diferentemente da espécie que Lucas descreveu em Atos 2, não é uma língua humana.

Em quarto lugar, e muito relacionado ao ponto anterior, se o falar em línguas sempre é uma língua humana, como Paulo poderia dizer que, quando alguém fala em línguas, "ninguém o entende" (1Coríntios 14:2)? Se as línguas são línguas humanas, muitos poderiam potencialmente entendê-las, como entenderam no Dia de Pentecoste (Atos 2:8-11). Isso seria especialmente verdadeiro em Corinto, uma cidade portuária cosmopolitana multilinguística que era frequentada por pessoas de inúmeros dialetos. Assim, "se Paulo viesse falando em línguas, numa língua não grega ou não latina, ele certamente teria conseguido comunicar-se com alguém".[2]

Tente imaginar um cenário em que alguém que tenha o dom de línguas em Corinto se levanta para falar, utilizando a sua habilidade dada pelo Espírito, digamos, para falar na língua dos partos (cf. Atos 2:9). Paulo poderia aproveitar a situação para ensinar sobre o assunto. "O que vocês acabaram de ouvir", diz ele, "é uma expressão do dom de línguas. E já que o que Paulo acabou de falar é misterioso e incoerente na ausência da interpretação, ele obviamente não estava falando com vocês e comigo, mas com Deus somente". Nesse ponto, um visitante no culto poderia levantar-se e dizer: "Espere um minuto, Paulo. Com todo o devido respeito, você está errado. O que ele disse não foi misterioso ou incoerente. Entendi perfeitamente o que ele disse. Ele estava, afinal de contas, falando a minha própria língua nativa!".

Esse cenário hipotético não é absolutamente tão hipotético assim. Na verdade, se as línguas em Corinto fossem sempre uma língua humana conhecida, isso poderia imaginavelmente acontecer vez após vez todas as vezes que uma pessoa que falasse essa língua específica estivesse presente. O que quero dizer é simplesmente que Paulo estaria repetidas vezes errado ao dizer que "ninguém entende" a pessoa que está falando em línguas. É concebível, e não hipoteticamente, que numerosos indivíduos entenderiam o que estava sendo dito, assim como fizeram no Dia de Pentecoste. Obviamente, então, as línguas que Paulo via sendo dadas a cristãos de Corinto (ou de

---

[2]David E. Garland, *1 Corinthians*, Baker Exegetical Commentary on the New Testament (Grand Rapids: Baker Academic, 2003), p. 584.

qualquer outra cidade daqueles dias e época) não eram idênticas às línguas dadas no Pentecoste. Eram, na verdade, uma espécie ou tipo diferente de línguas, o tipo que não pode ser entendido por nenhum ser humano, a menos que sobrenaturalmente capacitado a entender por meio do dom espiritual de interpretação.

Em quinto lugar, uma razão pela qual ninguém entende o que está sendo dito em línguas é que a pessoa "em espírito fala mistérios". Os que se opõem à legitimidade das línguas hoje argumentam que a palavra "mistérios" em 1Coríntios 14:2 refere-se ao que Paulo tinha em mente em Efésios 3:2-6, quando falou do "mistério de Cristo", ou seja, que "os gentios são coerdeiros com Israel, membros do mesmo corpo, e coparticipantes da promessa em Cristo Jesus mediante o evangelho". É inconfundível o fato de que a palavra "mistério" (singular) aqui em Efésios 3 é um termo técnico referente à verdade em relação à salvação dos gentios, algo amplamente oculto durante o tempo do Antigo Testamento, mas agora revelado a Paulo e a nós. Ou, como Anthony Thiselton define, a palavra denota "o que outrora estava oculto, mas agora foi revelado na era do cumprimento escatológico" (cf. 1Coríntios 2:1,7; 4:1; 15:51).[3] Mas Thiselton também prossegue e salienta que "todo escritor usa uma terminologia de maneiras dependentes do contexto que podem modificar um significado mais usual", e foi isso evidentemente o que Paulo estava fazendo aqui.[4] Em outras palavras, precisamos analisar primeiro e mais do que tudo como um autor usou uma palavra num contexto específico, para determinar o seu significado. E há várias razões pelas quais o uso por Paulo dessa palavra em 1Coríntios 14:2 é diferente de como ele a usou em Efésios 3.

Observamos primeiro que no versículo 2 a palavra está no plural, "mistérios", e não no singular, como em Efésios 3. Um mistério singular e muito profundo foi revelado a Paulo em relação à salvação e à igualdade dos gentios no corpo de Cristo. Mas há muitos "mistérios" para os quais os que falam em línguas entregam uma palavra. A minha conclusão é que esse uso da palavra significa algo ininteligível, algo incompreensível, algo que não é conhecido por nós,

---

[3]Anthony C. Thiselton, *The First Epistle to the Corinthians: a commentary on the Greek text* (Grand Rapids: Eerdmans, 2000), p. 1085.

[4]Thiselton, p. 1085.

a menos que seja trazido ao nosso vernáculo por meio do dom de interpretação. O conteúdo do falar em línguas permanece um "mistério" a todos, porque é uma espécie de língua celestial evocada pelo Espírito Santo e dirigida exclusivamente ao próprio Deus.

Contudo, outra importante observação é que nenhuma informação descritiva assim, em relação ao conteúdo dos "mistérios", é dada em 1Coríntios 14. Em Efésios 3, lemos explicitamente o que era o "mistério". Era o "mistério de Cristo" (v. 4) e a maneira pela qual a sua morte, ressurreição e inauguração da nova aliança introduziu os gentios numa mesma posição nas alianças da promessa. Mas isso é muito diferente de 1Coríntios 14:2, em que encontramos "mistérios" que "ninguém entende". "Entendemos" o mistério de Cristo, mas "ninguém entende os "mistérios" verbalizados pela pessoa que fala em línguas. Obviamente estamos lidando com dois diferentes sentidos em que a palavra *mistério* pode ser usada. Paulo não estava falando de verdades doutrinárias ou éticas que constituem o fundamento sobre o qual a igreja de Jesus Cristo é edificada, mas simplesmente de palavras que são desconhecidas aos que as ouvem, porque são faladas numa língua que "ninguém entende".

Finalmente, deveríamos considerar outros textos em que "mistério" é usado no sentido de algo desconhecido, algo cujo significado é difícil de decifrar ou compreender, algo cujo significado está além de nós, a menos que seja revelado. Paulo escreveu em 1Coríntios 13:2 em relação à profecia, e disse que embora ele pudesse "entender todos os mistérios", o seu entendimento seria inútil sem amor. João falou do "mistério das sete estrelas", que em seguida ele explicou aos seus leitores como uma referência aos "anjos das sete igrejas" (Apocalipse 1:20). Semelhantemente, ele mencionou o "mistério da mulher" ou a "grande prostituta" que oprime o povo de Deus. A sua identidade era um "mistério" ou algo desconhecido até o tempo em que João a explicou.

Paul Gardner também salienta que a essência de 1Coríntios 14:2 "é simplesmente que a pessoa que fala numa 'língua' [...] não pode ser entendida por pessoas normais, mas somente por Deus, porque o que ela fala é um 'mistério' que lhe foi dado pelo Espírito de Deus".[5]

---

[5]Paul Gardner, *1 Corinthians*, Zondervan Exegetical Commentary on the New Testament (Grand Rapids: Zondervan, 2018), p. 591.

DECIFRANDO O DOM DE FALAR EM LÍNGUAS

Mas, se as línguas são sempre uma língua humana conhecida, então inumeráveis "pessoas normais" conseguiriam entender o que está sendo falado. Qualquer um que falasse a língua específica que está sendo verbalizada pela pessoa que fala em línguas reconheceria instantaneamente o seu próprio dialeto nativo e o seu significado lhe faria sentido. Dificilmente seria um "mistério" para ele.

Agora voltamos à sexta razão para acreditar que nem manifestações orais realizadas em línguas são uma língua humana. Se o falar em línguas sempre é numa língua humana, então o dom de interpretação seria um dom para o qual nenhuma obra especial, capacitação ou manifestação do Espírito seriam necessárias. Qualquer pessoa que fosse multilinguística, como Paulo, poderia interpretar o que está sendo dito em línguas simplesmente por seu talento educacional. Nenhum dom do Espírito sobrenaturalmente energizado foi necessário aos que estavam presentes em Jerusalém no Dia de Pentecoste. Já que as línguas de Atos 2 eram humanas, qualquer pessoa e todos os que falavam uma língua específica poderiam instantaneamente reconhecer o que estava sendo dito. Mas Paulo claramente descreveu o dom de interpretação de línguas como um dom que é soberana e sobrenaturalmente dado a alguns cristãos (1Coríntios 12:8-10).

Uma vez mais, tente imaginar esse não improvável cenário na Corinto do primeiro século. Numa reunião da igreja, uma pessoa levanta-se e começa a falar em línguas. Ao terminar, outra pessoa levanta-se e fornece uma clara e inteligível interpretação ou tradução do significado do que foi dito. Um dos presbíteros de Corinto então poderia responder, dizendo: "Vamos louvar a Deus pela maneira que seu Espírito Santo transmitiu um dom de interpretação sobrenatural e milagroso para que pudéssemos nos beneficiar e ser edificados pelo que foi dito em línguas". Nesse momento, o homem que forneceu a interpretação poderia concebivelmente levantar-se e dizer: "Bem, não exatamente. Sei falar várias línguas. Eu as estudei atentamente e já morei numa variedade de lugares. Assim, quando ouvi o irmão falando numa língua, reconheci instantaneamente o que ele estava dizendo, em virtude da minha excepcional educação".

Mas é isso o que lemos em 1Coríntios em relação à interpretação? Pareceria que Paulo acreditava que fosse um dom miraculoso por meio do qual um homem (ou mulher) é capacitado pelo Espírito Santo a entender e comunicar a verdade de uma palavra que de outra

ENTENDENDO OS DONS ESPIRITUAIS

forma não compreenderia. No entanto, se todos os discursos em línguas são alguma língua humana falada em algum lugar do mundo, muitas pessoas que as ouvem conseguiriam entender o que é dito sem absolutamente nenhuma ajuda ou dom do Espírito. Além disso, se o falar em línguas sempre é uma língua humana, não faria sentido algum que Paulo sugerisse que orassem pela interpretação, uma vez que a capacidade de traduzir uma língua estrangeira vem por meio da instrução e da prática habitual, e não da oração (cf. 1Coríntios 14:13).

Em sétimo lugar, em 1Coríntios 13:1, Paulo mencionou "as línguas dos homens e dos anjos". Ainda que ele pudesse estar usando uma hipérbole, exatamente da mesma forma ele poderia estar se referindo a dialetos celestiais ou angelicais pelos quais o Espírito Santo dá a palavra. Pare e faça a si mesmo a seguinte pergunta: "Que língua falam os anjos?", ou, uma vez mais: "Será que todos os anjos falam a mesma língua?". Certamente você não crê que os anjos só falam inglês! Quando o anjo falou com Daniel em Daniel 10, ele teria que ter falado em hebraico ou aramaico. Quando o anjo falou com Pedro em Atos 12, foi provavelmente em grego. Aparentemente, os anjos sabem falar em qualquer língua humana que for necessária para se comunicarem com o ser humano a quem estão se dirigindo.

Ora, quantos anjos há? Não sabemos, mas vários textos bíblicos falam em miríades de miríades, ou milhões de milhões. Se cada cristão tem um anjo "da guarda" (e isso de maneira nenhuma é uma certeza; veja, no entanto, Hebreus 1:14), e há, como dizem alguns estudiosos, 2,2 bilhões de cristãos no mundo, isso significaria que há pelo menos 2,2 bilhões de anjos. Não posso provar isso, mas suspeito de que provavelmente haja ainda mais. Todos nós concordaríamos que os anjos se comunicam. Ouvem de Deus, interagem com os seres humanos e interagem entre si. Presumindo-se que os anjos sejam diferentes em poder, graduação e função,[6] não parece bem provável que se comuniquem numa variedade de diferentes dialetos adequados à sua identidade e ao seu posto como seres angelicais? Assim, em relação ao que Paulo falou sobre as "línguas dos anjos" em 1Coríntios 13:1, não deveríamos absolutamente ficar surpresos. Seria possível, então, que ele na verdade visse as línguas angelicais

---

[6]Para evidências disso, cf. o meu capítulo "What can we know about angels?", in: *Tough Topics* (Wheaton: Crossway, 2013), p. 120-36.

como uma espécie ou tipo de línguas com que o Espírito capacita os seres humanos a falarem quando oram e louvam a Deus?

Gordon Fee cita evidências de certas fontes judaicas antigas em que se acreditava que os anjos tivessem suas próprias línguas ou dialetos celestiais, e que por meio do Espírito as pessoas poderiam falar essas línguas.[7] Especificamente, observamos o Testamento de Jó 48-50, em que suas três filhas vestem-se com faixas celestiais que lhes foram dadas como uma herança de seu pai, pelas quais são transformadas e capacitadas a louvarem a Deus com hinos em línguas angelicais.

Alguns têm questionado essa narrativa, no entanto, salientando que essa seção do Testamento de Jó pode ter sido obra de um autor cristão posterior. Contudo, como Christopher Forbes salienta, "o que o Testamento de fato fornece [...] é uma clara evidência de que o conceito de línguas celestiais como um modo de louvor a Deus era aceitável dentro de certos círculos. Como tal, é o nosso paralelo mais próximo da glossolalia".[8] O fato de dizerem que as línguas cessarão na segunda vinda de Cristo (1Coríntios 13:8,9) leva Anthony Thiselton a concluir que não pode ser uma fala angelical, pois por que uma língua celestial terminaria no eschaton?[9] Mas não seria a fala celestial em si que termina, mas a fala celestial por parte de "seres humanos" com o propósito de compensar "agora" as limitações endêmicas à nossa condição caída e pré-consumada.

Craig Keener cita vários documentos de Cunrã em que diferentes anjos conduzem a adoração celestial em sábados sucessivos, fazendo uso de diferentes línguas. Ele sugere que, uma vez que esses anjos são chamados de "príncipes", é possível que sejam os que Deus designou para supervisionar as nações cujas línguas empregam (cf. Daniel 10:13,20,21; 12:1).[10]

---

[7]Gordon Fee, *The First Epistle to the Corinthians*, ed. rev. (Grand Rapids: Eerdmans, 2014), p. 69 [edição em português: *1Coríntios* (São Paulo: Vida Nova, s.d.)]. Cf. tb. Richard B. Hays, *First Corinthians* (Louisville: John Knox, 1997), p. 223.

[8]Christopher Forbes, *Prophecy and inspired speech: in early Christianity and its Hellenistic environment* (Peabody: Hendrickson, 1997), p. 185-6. *Glossolalia* corresponde ao falar em línguas, que deriva da palavra grega *glossa* ("língua, linguagem"), *laleō* ("falar ou conversar") ou *lalia* ("o que é dito; maneira da fala").

[9]Thiselton, *First Corinthians*, p. 937, 1061-2.

[10]Craig S. Keener, *Acts: an exegetical commentary* (Grand Rapids: Baker Academic, 2012), vol. 1, p. 808.

ENTENDENDO OS DONS ESPIRITUAIS

Em oitavo lugar, alguns dizem que a referência em 1Coríntios 14:10,11 a línguas terrenas estrangeiras prova que todos os falares em línguas também são línguas humanas. Mas o que Paulo quer mostrar é que as línguas funcionam *como* línguas estrangeiras, e não que as línguas *sejam* línguas estrangeiras. O que ele quer mostrar é que o ouvinte não consegue entender línguas não interpretadas mais do que consegue entender a pessoa que está falando uma língua estrangeira. Se as línguas fossem uma língua estrangeira, não haveria necessidade alguma de uma analogia.

Em nono lugar, se o falar em línguas sempre é uma língua humana, a declaração de Paulo em 1Coríntios 14:23 não seria necessariamente verdadeira. O seu argumento nessa passagem é que, se as línguas forem usadas na reunião do povo de Deus, deve haver interpretações que as acompanhem. Caso contrário, se "alguns não instruídos ou descrentes entrarem, não dirão que vocês estão loucos?". A minha resposta é "não necessariamente". Em outras palavras, se as línguas que estão sendo faladas são conhecidas em todo o mundo da época, qualquer não cristão que conhecesse a língua que está sendo falada provavelmente concluiria que a pessoa que está falando é muito instruída, em vez de ser "louca" ou de estar "fora de si".

A minha conclusão, então, é que o dom espiritual de línguas de 1Coríntios *não* era a habilidade de falarmos numa língua humana conhecida. O que, então, são as línguas?

EXPLORANDO O PROPÓSITO DO FALAR EM LÍNGUAS

Como foi observado acima, há uma variedade de diferentes espécies de línguas. Em algumas ocasiões, como no Pentecoste, são línguas humanas verdadeiras, faladas em algum lugar do mundo; dialetos como os empregados pelos partos, medas, elamitas e povos da Capadócia, para mencionar apenas alguns (cf. Atos 2). Em outras ocasiões, principalmente na experiência diária de igrejas locais de todo o mundo antigo e dos nossos dias também, pode ser um dos muitos dialetos falados pelos exércitos angelicais.

Mas suspeito de que, na maioria dos casos, as línguas que Paulo tinha em mente em 1Coríntios 12—14, as línguas em que regularmente falo e oro hoje, são uma língua celestial, que se origina da capacitação sobrenatural do Espírito Santo. Essas línguas não são uma língua que qualquer pessoa da terra poderia estudar num curso de pós-graduação ou encontrar numa viagem missionária a um país remoto do terceiro mundo. Assim, as línguas não estão na mesma categoria desses fenômenos, como inglês, alemão ou sueco, mas funcionam para comunicar desejos, pedidos, declarações de louvor e ações de graças que Deus plenamente entende. Portanto, podemos dizer que as línguas são linguísticas, no sentido de que são uma fala genuína que comunica informações. Ou como Robert Graves disse, as línguas são "uma fala estruturada e articulada".[11] Lembre-se: Paulo disse que a pessoa que está falando em línguas está falando com Deus, e posteriormente ele argumentaria que as línguas não interpretadas são uma forma de darmos graças a Deus (1Coríntios 14:16,17). Assim, há um conteúdo substancial no que está sendo falado. Mas vem na forma singular e especialmente criada ou moldada pelo Espírito Santo, que é a sua fonte. Assim, a única maneira de qualquer outro ser humano saber o que está na verdade sendo falado é se o mesmo Espírito Santo fornecer a interpretação.

Não há dúvida nenhuma, então, de que o falar em línguas transmite um significado. Se o falar em línguas não tivesse significado, seria uma experiência fútil e infrutuosa. O propósito do falar em línguas é comunicarmo-nos com Deus (1Coríntios 14:2). O fato de que nem o que fala nem os que ouvem entendem o que está sendo dito (a menos, obviamente, que o dom de interpretação o acompanhe) não é nenhuma objeção à legitimidade das línguas. Só importa que Deus entenda, que a fala "codificada" do cristão contenha verdades significativas e substanciais que são conhecidas por Deus, porque têm a sua fonte em Deus. Portanto, concordo com David Garland, quando ele diz que "Paulo entende [que as línguas] sejam uma língua inspirada pelo Espírito, e não uma palavra não cognitiva, não linguagem. Não são simplesmente uma balbuciação incoerente no Espírito [...]. As línguas consistem em palavras [...] as quais, ainda que indecifráveis, não são sílabas enfileiradas sem significado".[12]

---

[11]Robert W. Graves, *Praying in the Spirit* (Tulsa: Empowered Life Academic, 2016), p. 122.

[12]Garland, *1 Corinthians*, p. 584. Mark J. Cartledge fornece uma pesquisa extremamente útil sobre o status de uma pesquisa de peritos sobre a natureza das línguas, em seu artigo "The nature and function of New Testament glossolalia", *Evangelical Quarterly* 72.2 (2000): 135-50. A sua conclusão, com a qual concordo

ENTENDENDO OS DONS ESPIRITUAIS

O nosso foco aqui será no que Paulo disse em 1Coríntios 12—14 em relação ao dom espiritual de línguas. Quando analisamos de perto o que o apóstolo disse, descobrimos que as línguas funcionam de maneiras variadas.

Todos os dons espirituais, mesmo as línguas, servem para edificar o corpo de Cristo. Paulo disse claramente que esses dons, até mesmo os que têm uma natureza mais milagrosa, são manifestações do Espírito "visando o bem comum" (1Coríntios 12:7). O que fica bem claro em 1Coríntios 14 é que, no caso do falar em línguas, a única maneira pela qual isso pode acontecer é se houver uma interpretação fornecida. Uma fala ininteligível não pode edificar outra pessoa. Se vamos aprender, ser encorajados e crescer na maturidade espiritual, precisamos ser capazes de compreender o que está sendo dito por outro cristão. Isso é o que explica a insistência de Paulo de que as línguas sejam seguidas por interpretação (1Coríntios 14:27). "Se não houver intérprete, fique calado [isto é, o que tem o dom de línguas] na igreja, falando consigo mesmo e com Deus" (v. 28).

Essa verdade é a razão pela qual Paulo anteriormente afirmou a sua preferência pelo dom de profecia quando a igreja local se reúne para a adoração. "Quem fala em língua", diz Paulo, "a si mesmo se edifica, mas quem profetiza edifica a igreja" (1Coríntios 14:4). Não significa que Paulo se opusesse ao dom de línguas. Na verdade, ele seguiu no versículo 4 imediatamente com um lembrete de que queria que "todos" de Corinto "falassem em línguas" (v. 5a). Mas a profecia permanece uma maneira mais eficaz de edificar outros cristãos, porque, diferentemente das línguas, ela não requer interpretação. No entanto, se "alguém interpretar" a palavra dada em línguas, "a igreja pode ser edificada" nada menos do que se alguém profetizar (v. 5).

Paulo obviamente acreditava que o falar em línguas era algo bom. "Quem fala em línguas a si mesmo se edifica" (1Coríntios 14:4a). Não é uma acusação contra as línguas, mas uma confirmação delas. A edificação própria é uma coisa boa. Simplesmente não é a melhor coisa.

---

em geral, é a de que "Lucas considerava a glossolalia como sendo línguas humanas verdadeiras não aprendidas (xenolalia), ao passo que Paulo entendia que glossolalia fosse ou línguas humanas verdadeiras não aprendidas (xenolalia) ou um tipo misterioso de língua celestial que ele chamou de 'língua dos anjos'" (149). Cf. tb. Mark J. Cartledge, *Charismatic glossolalia: an empirical-theological study*, Ashgate New Critical Thinking in Theology and Biblical Studies (Aldershot, Reino Unido: Ashgate, 2002).

DECIFRANDO O DOM DE FALAR EM LÍNGUAS

É um efeito indireto desse dom espiritual específico. Mas a meta mais imediata e principal de todos os dons é edificar os outros. Espero que a razão pela qual você esteja lendo este livro é edificar a si mesmo. Se a edificação própria fosse pecaminosa, você deveria colocar de lado este livro e nunca ler nenhum outro livro. Memorizamos as Escrituras para edificar a nós mesmos. Envolvemo-nos em várias disciplinas espirituais, como o jejum, a oração e a meditação, para que sejamos edificados. E Judas deixa isso explícito: "Edifiquem-se, porém, amados, na santíssima fé que vocês têm, orando no Espírito Santo. Mantenham-se no amor de Deus" (Judas 20,21a). Todo cristão deveria esperar que todos os outros cristãos estivessem trabalhando na graça de Deus para edificarem-se, porque cada um de nós é beneficiado grandemente com sua maturidade, revelação e esforços pelo Espírito para nos encorajar e nos instruir no sentido de nos tornarmos mais semelhantes a Jesus.

Assim, precisamos pôr de lado para sempre a ideia de que a edificação espiritual que ganhamos ao falar em línguas seja ruim. O que Paulo quer mostrar é simplesmente que isso é inapropriado na reunião do povo de Deus se não houver ninguém que interprete. Paulo reconfirmou isso mais tarde no capítulo ao descrever a sua própria prática de falar ou orar em línguas. Se alguém tem o dom de línguas, deveria orar para que Deus também conceda o dom de interpretação, a fim de que o que está sendo falado possa ser entendido pelos outros, para que eles também sejam edificados (1Coríntios 14:13). Paulo disse o seguinte: "Pois, se oro em uma língua, meu espírito ora, mas a minha mente fica infrutífera" (v. 14). A sua mente ficava "infrutífera" no sentido de que ele não entendia o que estava dizendo, tampouco qualquer outra pessoa (a menos que fosse interpretado). À primeira vista, muitos achariam que essa seria uma excelente razão para nunca falarmos ou orarmos em línguas. Afinal de contas, que bem espiritual possível poderia vir de orarmos palavras que a nossa mente não compreende? Mas Paulo não chegou a essa conclusão. Longe disso. O que ele disse que faria é o seguinte:

> Então, que farei? *Orarei* com o espírito [isto é, orarei em línguas], mas também *orarei* com o entendimento [isto é, em minha língua normal que tanto eu quanto os outros entendamos]; cantarei com o espírito [uma referência, sem dúvida nenhuma, ao cantar em línguas],

ENTENDENDO OS DONS ESPIRITUAIS

mas também cantarei com o entendimento [numa língua que eu e os outros entendamos] (v. 15, grifo na citação).

Sabemos que, ao dizer: orando e cantando "com" o seu "espírito", Paulo estava descrevendo a oração e o cântico em línguas, porque prosseguiu e observou que, se alguém fosse dar graças "com" o seu "espírito", ninguém presente entenderia. Os ouvintes não conseguiriam "dizer 'Amém'" à "ação de graças" da pessoa, porque não saberiam o que a pessoa estava dizendo (1Coríntios 14:16). Tudo isso, obviamente, supondo-se que não haja ninguém presente para interpretar. Mas não significa que a pessoa que está falando, orando ou cantando em línguas não esteja proclamando algo significativo e espiritualmente substancial. Como sabemos isso? Sabemos isso porque Paulo disse imediatamente que "pode ser que você esteja dando graças muito bem, mas o outro não é edificado" (v. 17). O seu falar em línguas, quer seja em oração ou louvor, é uma gratidão autêntica e genuína a Deus. Faz sentido perfeitamente a Deus, e ele é honrado pela sua expressão de ação de graças, até mesmo se a sua mente ficar infrutífera.

Mais um ponto importante deveria ser observado. Não nos esqueçamos de que estamos tentando determinar se a oração em línguas não interpretada é benéfica a quem a fala. Certamente não é benéfica aos que estão ao seu redor, quando a igreja se reúne para congregar. Para isso, ela precisa ser interpretada. Mas Paulo estava resolutamente determinado a orar, a louvar e a dar graças a sós em línguas não interpretadas. Sabemos isso pelo que ele disse nos versículos imediatamente seguintes: "Dou graças a Deus por falar em línguas mais do que todos vocês. Todavia, na igreja prefiro falar cinco palavras compreensíveis para instruir os outros a falar dez mil palavras em uma língua" (1Coríntios 14:18,19).

Paulo tinha o dom de línguas. Ele exercitava seu dom regularmente; na verdade, com mais frequência e fluência que todos os coríntios combinados. Mas, se ele se recusava a falar em línguas não interpretadas na igreja, insistindo, em vez disso, em falar somente "com" o seu "entendimento", para que os outros fossem instruídos, onde ele orava em línguas? Onde ele cantava e dava graças em línguas? A única resposta viável é que ele o fazia a sós, no contexto da sua própria vida de oração pessoal. Ao fazer isso, como ele disse no versículo 4, ele "se edificava". Mas, se era para edificar os outros, tinha que falar de uma maneira que pudessem entender.[13]

Estamos agora preparados para sumarizar as várias funções ou propósitos do falar em línguas. Já vimos que Paulo as descreveu como uma forma de oração. Ele disse em 1Coríntios 14:2 que a pessoa "que fala em uma língua não fala aos homens, mas a Deus". Isso, afinal de contas, é exatamente o que a oração é: falarmos com Deus. Ele disse explicitamente no versículo 14 que, quando orava numa língua, o seu "espírito [orava]". Ele estava determinado a "orar" com o seu "espírito" (v. 15). Assim, não há como escapar do fato de que, ainda que Paulo não soubesse o que estava dizendo, quando ele

---

[13]Outra tentativa de negar que Paulo falava em línguas a sós ou que ele encorajava os outros a fazerem isso é que, quando falava em línguas fora da reunião pública da igreja, ele o fazia da mesma maneira que os primeiros discípulos o fizeram em Atos 2. Esse argumento propõe que há múltiplos cenários em que Paulo se encontrava que eram como o que ocorreu no Dia de Pentecoste. Assim, estão nos pedindo para acreditar que, nas inúmeras ocasiões em que Paulo se encontrasse numa multidão de pessoas reunidas ao redor do mundo habitado, com todas elas falando somente em suas línguas nativas, Paulo declarava a cada uma delas em seu próprio dialeto os "poderosos atos de Deus" (Atos 2:11, NASB). Essa visão tem vários problemas insuperáveis. Um deles é que teríamos de ignorar todas as outras evidências que forneci neste capítulo que demonstram o uso legítimo das línguas como uma linguagem de oração particular que também serve para louvarmos e darmos graças a Deus. Outro problema é que ela deixa de explicar a língua de Paulo em 1Coríntios 14:18 que ele declarou, e deu graças a Deus pelo fato, que falava em línguas "mais do que todos eles". Parece que estão nos pedindo para acreditar que Paulo falava em línguas em cenários idênticos ao de Atos 2 muito mais frequentemente do que os coríntios o faziam em suas devoções particulares ou em suas reuniões de igreja. Acho que isso é muito improvável, se não impossível, de acreditar. Além disso, Paulo havia acabado de descrever a sua fala em línguas como sendo oração, louvor (cantando em línguas) e ação de graças. Assim, agora nos pedem para acreditar que, quando Paulo se encontrava no meio de inúmeras pessoas que não falavam a sua língua, ele orava em línguas publicamente na frente delas, cantava louvores a Deus em línguas na frente delas e expressava a sua gratidão pessoal sincera a Deus em línguas na frente delas, tudo isso com o objetivo de conduzi-las a Cristo? Acho que não. E não nos esqueçamos de que Paulo expressou o seu desejo de que todos os coríntios (e todos os cristãos) falassem em línguas (1Coríntios 14:5). Estão então nos pedindo para acreditar que o que Paulo desejava para o povo de Corinto (ou de qualquer outra igreja) é que todos eles semelhantemente se encontrassem em cenários como o de Atos 2, para que então pudessem falar em línguas em outro lugar que não fosse a reunião da igreja? Eu também salientaria que não há um único versículo, nem uma sílaba sequer no Novo Testamento, que sugira que Paulo falava em línguas em contextos públicos ou propostos por essa teoria. Onde no Novo Testamento, em Atos ou em qualquer outro lugar que descreva o ministério público de Paulo, obtemos pelo menos uma insinuação de que ele falava em línguas na presença de pessoas de terras estrangeiras da maneira que lemos em Atos 2? Uma vez que o próprio Paulo disse que falava em línguas mais do que todos os felizes coríntios que falavam em línguas combinados, você não pensaria que teríamos pelo menos um exemplo dele dirigindo-se a multidões de estrangeiros numa fala em línguas? Não havendo um único exemplo solitário que corrobore algo que Paulo disse que era uma característica regular da sua vida espiritual, é simplesmente demais para eu crer.

"orava" em línguas, estava articulando pedidos e petições bem reais e bem substanciais a Deus. Quanto a Paulo, só era importante que Deus soubesse o que ele estava dizendo.

Paulo também nos disse que as línguas podem ser uma forma de cantar os nossos louvores a Deus. Em outras palavras, o cântico em línguas é adoração. Paulo estava determinado não somente a cantar com o seu entendimento, ou seja, com palavras que ele e os outros entendessem, mas também a "cantar louvores" com o seu "espírito" (isto é, em línguas). Os que têm o dom de línguas testificam do fato de que muitas vezes aproveitam a oportunidade de colocar o seu falar em línguas numa forma mais melodiosa e musical. Eles "cantam louvores" com o seu "espírito" (v. 15b).

Finalmente, o dom de línguas também é uma forma com a qual o cristão pode expressar a sua gratidão a Deus. Quando fala em línguas, disse Paulo, "pode ser que você esteja dando graças muito bem" (1Coríntios 14:17). Não é necessário que você entenda exatamente como a sua gratidão está sendo expressa. No que se refere a Paulo, evidentemente só importa o fato de que Deus sabe. Mas a falta de compreensão de Paulo não era barreira alguma à sua determinação de orar e cantar em línguas, e, ao fazer isso, de dizer "obrigado" a Deus. Obviamente, se não for interpretado, isso precisa ser feito somente a sós. Se for feito em público, na reunião do povo de Deus, alguém que possa interpretar precisa estar presente. É somente dessa maneira que "alguém na posição de estrangeiro" (v. 16) entenderá o que você estiver dizendo e será edificado com o resultado.

Concluindo, permita-me dizer o seguinte: O argumento anterior ainda poderá parecer esquisito a muitos. Depois que tudo for dito e feito, as línguas não raro continuarão parecendo-lhe estranhas e não atraentes. Isso é compreensível. Mas jamais nos esqueçamos do que Paulo firmemente declarou na conclusão de 1Coríntios 14. Não importa o quanto possamos ter dificuldades para que esse dom espiritual nos faça sentido, o apóstolo é bem claro: "Não proíbam o falar em línguas" (v. 39).

O DOM DE LÍNGUAS É UM "SINAL"? EM CASO AFIRMATIVO, SINAL DE QUÊ?

Muitos creem que as línguas foram dadas ao povo de Deus para capacitá-lo a evangelizar os perdidos. Mas não há nenhuma evidência de que o falar em línguas de Atos 2 (ou de qualquer outro lugar) servisse a um propósito evangelístico. Em nenhum lugar nenhum autor bíblico encoraja o uso das línguas quando não cristãos estiverem presentes a fim de ganhá-los à fé salvadora em Cristo. Em Atos 10, uma de apenas duas outras ocasiões de fala em línguas em todo livro de Atos, Lucas usou a forma verbal relacionada, que é traduzida por "exaltar a Deus" (Atos 10:46; cf. 19:17, em que nos é dito que o Senhor Jesus foi "exaltado"). Além disso, contrário à noção de que as línguas eram evangelísticas é o fato de que, quando foram faladas no Pentecoste, os ouvintes ficaram completamente confusos, com alguns abertamente ridicularizando o fenômeno.

Quando as línguas ocorreram no Pentecoste, as pessoas presentes não ouviram uma mensagem evangelística, mas doxologia ou adoração. Isso condiz com o que Paulo disse em 1Coríntios 14, em que descreveu as línguas como uma comunicação vertical com Deus. Como já vimos, as línguas são oração a Deus, louvor a Deus, ou uma maneira que o cristão dá graças a Deus. Em Atos 2, foi somente a pregação de Pedro que trouxe salvação (cf. v. 22-41). Assim, vemos que o propósito principal do falar em línguas é *dirigirmo-nos a Deus* (seja em louvor ou oração; cf. 1Coríntios 14:2,14), e não aos homens.

Outros insistem que as línguas eram principalmente um dom/ sinal evangelístico para os judeus incrédulos ou tinham o propósito de comunicar o evangelho a não cristãos. Em caso afirmativo, por que em duas das suas três ocorrências em Atos, somente *cristãos* estavam presentes? Permita-me fazer a mesma pergunta em termos ligeiramente diferentes. Em Atos 10, as únicas pessoas presentes quando Cornélio e seus companheiros falaram em línguas foram os judeus cristãos que haviam acompanhado Pedro a Cesareia. Simplesmente não houve nenhuma ocasião para que as línguas servissem a um propósito evangelístico em razão da óbvia ausência de não cristãos. O mesmo se aplica a Atos 19. A única pessoa explicitamente identificada como estando presente quando os discípulos de João Batista falaram em línguas foi o apóstolo Paulo. Até mesmo se houvesse companheiros de viagem com ele, teriam sido seguidores de Jesus. Assim, uma vez mais vemos que as línguas estão presentes, mas os não cristãos não estão. Simplesmente não estaria à altura de um escrutínio dizer que as línguas são um instrumento evangelístico.

ENTENDENDO OS DONS ESPIRITUAIS

Além disso, se as línguas são sempre uma língua estrangeira planejada por Deus para ser usada no compartilhamento do evangelho com não cristãos, por que Paulo descreveu o seu exercício desse dom em suas devoções a sós quando ninguém mais estava presente para ouvi-lo (cf. 1Coríntios 14:14-19)? Anteriormente, analisamos de perto 1Coríntios 14:2. Esse versículo tem aplicação para essa questão também: se as línguas houvessem sido planejadas por Deus para capacitar os cristãos a falarem com outras pessoas em sua própria língua, por que ele diria em 14:2 que a pessoa que fala em línguas não fala aos homens, mas a Deus? Evangelismo significa falar com homens. Mas o falar em línguas significa falar com Deus.

AS LÍNGUAS SÃO UM SINAL PARA OS JUDEUS INCRÉDULOS?

Todos os livros escritos contra a validade das línguas na igreja de hoje apelam para a ideia de que o propósito principal (se não único) das línguas era declarar o juízo de Deus contra os judeus, por haverem rejeitado a Jesus como Messias. A passagem a que recorreriam para apoio seria 1Coríntios 14:20-25[14] onde lemos o seguinte:

> Irmãos, deixem de pensar como crianças. Com respeito ao mal, sejam crianças; mas, quanto ao modo de pensar, sejam adultos. Pois está escrito na Lei: "Por meio de homens de outras línguas e por meio de lábios de estrangeiros falarei a este povo, mas, mesmo assim, eles não me ouvirão", diz o Senhor. Portanto, as línguas são um sinal para os descrentes, e não para os que creem; a profecia, porém, é para os que creem, não para os descrentes. Assim, se toda a igreja se reunir e falar em línguas e alguns não instruídos ou descrentes entrarem, não dirão que vocês estão loucos? Mas, se entrar algum descrente ou não instruído quando todos estiverem profetizando, ele por todos será convencido de que é pecador e por todos será julgado, e os segredos do seu coração serão expostos. Assim, ele se prostrará, rosto em terra, e adorará a Deus, exclamando: "Deus realmente está entre vocês!"

---

[14]Para uma interação extensa e respostas às várias interpretações dessa passagem admitidamente difícil, recomendo muito D. A. Carson, *Showing the Spirit: a theological exposition of 1Corinthians 12—14* (1987; reimpr., Grand Rapids: Baker, 2019), p. 140-52 [edição em português: *A manifestação do Espírito* (São Paulo: Vida Nova, s.d.)].

Paulo começou citando um texto da profecia de Isaías. Em Isaías 28:11, Deus declarou: "Por meio de homens de outras línguas e por meio de lábios de estrangeiros falarei a este povo, mas, mesmo assim, eles não me ouvirão, diz o Senhor" (1Coríntios 14:21). Para determinar o significado desse texto, precisamos voltar um pouco mais no Antigo Testamento, a uma admoestação que Deus deu a Israel em Deuteronômio 28:49. Deuteronômio 28 é o capítulo que cita as muitas maldições ou juízos que Deus trará contra o seu povo, Israel, se ele deixar de "obedecer à voz" de Deus e recusar-se a "seguir cuidadosamente todos os seus mandamentos e decretos" (v. 15). Se Israel violasse a aliança, Deus os castigaria, enviando um inimigo estrangeiro que falava uma língua estrangeira: "O Senhor trará de um lugar longínquo, dos confins da terra, uma nação que virá contra vocês como a águia em mergulho, nação cujo idioma não compreenderão" (v. 49). Assim, uma fala confusa serviria como um sinal do juízo de Deus contra um povo rebelde. Esse é o juízo que Isaías disse que havia vindo sobre Israel no século 8 a.C., quando os assírios invadiram e conquistaram os judeus (cf. tb. o que aconteceu no século 6 a.C.; Jeremias 5:15).

Muitos cessacionistas argumentam que Deus está julgando os judeus incrédulos do primeiro século, e o sinal desse julgamento é uma língua que não conseguem entender (isto é, línguas). O propósito das línguas, portanto, é significar o juízo de Deus contra Israel, por rejeitar o Messias, e assim chocá-lo e levá-lo ao arrependimento e à fé. As línguas, conforme diz o argumento, são um dom de sinal evangelístico. Uma vez que as línguas cessaram de operar nessa função quando Israel foi disperso em 70 d.C., o dom foi válido somente para o primeiro século.

Mas há inúmeros problemas com essa visão. Primeiro, precisamos ficar alertas quanto ao engano do reducionismo. É a tendência de pegar um propósito de um dom, talvez até mesmo o mais importante e principal propósito de um dom, e *reduzir* o dom a *nada além* desse propósito específico. Vamos aplicar isso ao nosso texto aqui em 1Coríntios 14. O que estou querendo mostrar é que, até mesmo se as línguas servissem como um dom de sinal evangelístico (um ponto que não creio que seja verdadeiro, mas vou assumir aqui para fins argumentativos), em nenhum lugar o Novo Testamento restringe ou reduz o dom a esse único propósito. Simplesmente porque

ENTENDENDO OS DONS ESPIRITUAIS

dizem que as línguas servem a um determinado objetivo não significa que não possam servir para outros. Dizer que a minha tarefa principal é pregar e ensinar a Palavra de Deus não significa que isso seja tudo o que faço. A minha responsabilidade não pode ser *reduzida* ao ministério da Palavra. Eu também aconselho as pessoas, lidero uma grande equipe, evangelizo os perdidos e assumo inúmeras outras tarefas. É importante que entendamos os dons espirituais de maneira bem semelhante. Já observamos que as línguas também visam o "bem comum" do corpo de Cristo (1Coríntios 12:7) e, quando usadas de forma apropriada, podem edificar espiritualmente a pessoa que está falando ou orando (cf. 1Coríntios 14:4).

Em segundo lugar, se o falar em línguas não fosse absolutamente um dom espiritual para a igreja, por que Paulo permitiria que ela fosse exercitada e usada na igreja? Se interpretada, o falar em línguas era inteiramente permitido. Mas isso parece difícil de explicar se o seu propósito único ou principal fosse declarar juízo contra os judeus incrédulos.

Em terceiro lugar, se as línguas não interpretadas tivessem o propósito de pronunciar o juízo de Deus contra os judeus e talvez incitá-los ao arrependimento, por que Deus teria disponibilizado o dom complementar da interpretação? A interpretação, aparentemente, serviria apenas para solapar esse suposto propósito das línguas na declaração de juízo contra os integrantes da comunidade judaica que haviam rejeitado a Jesus como Messias. O dom espiritual de interpretação faz sentido somente se o falar em línguas for útil e benéfico aos cristãos reunidos na igreja.

Certifiquemo-nos de que compreendemos a importância dessa questão. Considere uma vez mais o que o cessacionista está dizendo. Línguas ininteligíveis foram dadas por Deus para servir como um sinal do seu juízo contra os judeus, principalmente pelo pecado de haverem rejeitado a Jesus como Messias. Mas, se esse for o propósito das línguas, não há razão alguma para que Deus também desse o dom complementar de interpretação. Para que as línguas alcancem o seu propósito, precisam permanecer sem interpretação e, portanto, confusas. Em palavras simples, essa visão do cessacionista simplesmente não consegue explicar por que Deus concede o dom de interpretação.

Em quarto lugar, se Deus quisesse que o falar em línguas servisse como um sinal aos judeus incrédulos, Paulo não teria aconselhado

DECIFRANDO O DOM DE FALAR EM LÍNGUAS

contra o seu uso quando os incrédulos estivessem presentes (1Coríntios 14:23). Contudo, foi exatamente isso que ele fez. Falar em línguas não interpretadas quando não cristãos estiverem presentes simplesmente o expõe à acusação de estar "louco" (v. 23b). Foi por isso que Paulo recomendou que a profecia, e não as línguas, fosse empregada quando não cristãos frequentassem suas reuniões.

Finalmente, os contrastes nesse contexto são entre o cristão e o não cristão, e não entre o judeu e o gentio. De fato, a maioria dos comentaristas concorda que o não cristão (1Coríntios 14:23,24) é provavelmente um gentio, e não um judeu.

Por todas essas razões, concluo que a visão de que as línguas são apenas (ou meramente principalmente) um sinal de juízo sobre os judeus incrédulos do primeiro século não é convincente. Qual é, então, o princípio que Paulo encontrou em Isaías 28:11 que se aplicava a Corinto e se aplica a nós? É o seguinte: uma maneira pela qual Deus traz punição sobre as pessoas por sua incredulidade é falando com elas numa língua ininteligível. Uma fala que não pode ser entendida é uma maneira que Deus demonstra a sua ira. Uma língua incompreensível não guiará, nem instruirá, nem levará à fé e ao arrependimento, mas somente confundirá e destruirá.

Agora, vamos aplicar isso à situação imaginada na Corinto do primeiro século. Se os estrangeiros ou não cristãos visitarem a reunião da sua igreja e você falar numa língua que não conseguem entender, você simplesmente vai afastá-los. Estará dando um "sinal" negativo aos não cristãos que é inteiramente errado, porque a dureza de coração deles não alcançou o ponto em que merecem esse severo sinal de juízo. Assim, quando vocês se reunirem (1Coríntios 14:26), se alguém falar em uma língua, certifiquem-se de que haja interpretação (v. 27). Caso contrário, o que fala em línguas deve ficar em silêncio na igreja (v. 28). Já a profecia é um sinal da presença de Deus com os cristãos (v. 22b), e assim Paulo incentivou seu uso quando não cristãos estiverem presentes, a fim de que possam ver esse sinal e, por meio dele, vir à fé cristã (v. 24,25).

Portanto, em 1Coríntios 14:20-25, Paulo não estava falando sobre a função do dom de línguas em geral, mas somente sobre o resultado *negativo* de um *abuso* específico do falar em línguas (a saber, o seu uso sem interpretação na reunião pública). Portanto, não permita o falar em línguas sem interpretação na igreja, pois, ao fazer isso,

ENTENDENDO OS DONS ESPIRITUAIS

você corre o risco de comunicar um sinal negativo às pessoas, que somente as afastará.[15]

O dom espiritual de falar em línguas já tem levado certa surra nas mãos dos cessacionistas. Mas, neste capítulo, vimos que é um dom maravilhoso por meio do qual o Espírito capacita o cristão a orar, dar graças e adorar a Deus de maneiras que transcendem o que é possível se falarmos somente em nossa língua nativa. Uno-me ao apóstolo Paulo em dar graças a Deus por haver me concedido esse maravilhoso dom.

---

[15]Fui muito ajudado em meu entendimento sobre esse texto pelos comentários de Wayne Grudem em seu *The gift of prophecy in the New Testament and today*, ed. rev. (Wheaton: Crossway, 2000), p. 145-54 [edição em português: *O dom de profecia* (São Paulo: Vida, s.d.)]. Cf. tb. minha abordagem desse texto em *The language of heaven: crucial questions about speaking in tongues* e em *The beginner's guide to spiritual gifts* (Minneapolis: Bethany House), p. 167-70.

CAPÍTULO TREZE

Deus quer que todos os cristãos falem em línguas? E o dom de interpretação?[1]

Deus quer que todos os cristãos falem em línguas? Essa pergunta provoca respostas acaloradas e dogmáticas tanto dos que dizem "sim" como dos que dizem "não". A maioria dos cristãos evangélicos não carismáticos acha que nem sequer vale a pena fazer a pergunta. Para eles, o fato de que milhões de cristãos nascidos de novo não falam em línguas é uma confirmação experimental de que a resposta é inescapavelmente "não". Como pode ser "vontade" de Deus que todos falem em línguas se, ao longo de dois mil anos de história da igreja, tantos e tantos milhões de seguidores de Jesus nascidos de novo e que creem na Bíblia nunca falaram em línguas? Será que estão vivendo em desobediência a algo que Deus tão claramente requer e ordena em sua Palavra?

---

[1]Lidei com essa questão detalhadamente em duas outras publicações, e de ambas extraí muitas coisas do que se segue. Cf. "Should all christians speak in tongues?" em meu livro *Tough topics: biblical answers to 25 challenging questions* (Wheaton: Crossway, 2003), p. 276-82; e *The language of heaven: crucial questions about speaking in tongues* (Lake Mary: Charisma House, 2019), p. 178-87.

Entretanto, a maioria dos carismáticos que responde "sim" à nossa pergunta fica perplexa se qualquer um discordar. Acreditam que a declaração de Paulo em 1Coríntios 14:5 resolva o debate de uma vez por todas. O apóstolo disse: "Gostaria que todos vocês falassem em línguas". Então vamos começar aí, em 1Coríntios 14:5, fazendo a pergunta da seguinte maneira: O "desejo" expresso de Paulo é um reflexo do seu entendimento de que a "vontade" de Deus é a mesma?

NÃO

Os que insistem que as línguas não foram planejadas por Deus para todos os cristãos recorrem a vários textos de 1Coríntios. Por exemplo, dirigem a nossa atenção a 1Coríntios 7:7 em que Paulo usa uma linguagem idêntica ao que se encontra em 14:5. Paulo disse o seguinte sobre o seu próprio celibato: "Gostaria que todos os homens fossem como eu; mas cada um tem o seu próprio dom da parte de Deus; um de um modo, outro de outro". Poucos (ou talvez ninguém) argumentariam que Paulo estava insistindo que todos os cristãos permanecessem solteiros como ele. O seu "desejo", portanto, não deveria ser considerado como a expressão de um desejo não qualificado e universal. O mesmo entendimento, conforme argumentam, deveria ser aplicado ao "desejo" expresso de Paulo em 1Coríntios 14:5 de que todos os cristãos falem em línguas.

Contudo, outro argumento dos que creem que as línguas são um dom concedido somente a alguns cristãos é a expressão que Paulo empregou em 1Coríntios 12:7-11. Ali ele disse que as línguas, semelhantemente aos outros oito dons mencionados, são concedidas a indivíduos conforme o Espírito Santo deseja. Se Paulo quis dizer que "todos" os cristãos devem experimentar esse dom, por que ele empregou a terminologia de "a um é dada [...] e a outro [...] a outro"? Em outras palavras, Paulo parece ter sugerido que o Espírito soberanamente diferencia entre os cristãos e distribui um ou mais dons a uma pessoa, e dá outro dom diferente a outra pessoa, e outro dom ainda a outra pessoa, e assim por diante.

Os que respondem "não" à nossa pergunta insistem que não há escapatória do que Paulo falou em 1Coríntios 12:28-30. Eles creem que nesse texto o apóstolo claramente argumentou que nem todos falam em línguas, assim como nem todos têm o dom de curas ou são mestres ou apóstolos. Vamos analisar de perto como Paulo estruturou a sua pergunta: "São todos apóstolos? São todos profetas? São todos mestres? Têm todos o dom de realizar milagres? Têm todos os dons de curar? Falam todos em línguas? Todos interpretam? Entretanto, busquem com dedicação os melhores dons. Passo agora a mostrar a vocês um caminho ainda mais excelente" (v. 29-31).

É difícil, se não impossível, escapar da conclusão de que Paulo esperava que respondêssemos dizendo "não". Isso é reforçado quando observamos como essas perguntas foram colocadas no grego. Mas, primeiro, considere como fazemos perguntas em português quando já sabemos a resposta. Quem fala português tem um jeito de enfatizar certas palavras, ou de elevar a voz, e até mesmo de utilizar certas expressões faciais quando sua intenção é de que a pessoa que esteja ouvindo saiba que a resposta à sua pergunta é inescapavelmente "não". Por exemplo:

"Você não vai pular dessa plataforma e morrer, vai?"

"Nem todo mundo é fã dos Dallas Cowboys, não é verdade?"

Em cada um desses casos, esperamos uma resposta negativa: "Não".

Mas no grego há uma estrutura gramatical específica, planejada para extrair uma resposta negativa à pergunta que está sendo feita. Foi exatamente isso que Paulo empregou aqui em 1Coríntios 12. A tradução fornecida pela New American Standard Bible deixa isso ligeiramente mais explícito do que a tradução da English Standard Version.

Nem todos são apóstolos, não é? Nem todos são profetas, não é? Nem todos são mestres, não é? Nem todos têm o dom de realizar milagres, não é? Nem todos têm dons de curar, não é? Nem todos falam em línguas, não é? Nem todos interpretam, não é?

Você pode ver claramente, pela maneira como as perguntas são expressas, que o autor queria que você respondesse dizendo: "Não, é claro que não".

SIM

Muitos acham que essa passagem de 1Coríntios 12 resolve o argumento para sempre. Mas os que insistem em responder "sim" à nossa pergunta são rápidos em relembrar-nos que 1Coríntios 7:7 não é o único lugar em que Paulo usou a terminologia "eu quero" ou "eu gostaria". Também precisamos abordar passagens como:

> Porque não quero, irmãos, que vocês ignorem o fato de que todos os nossos antepassados estiveram sob a nuvem e todos passaram pelo mar [...] (1Coríntios 10:1; na verdade, uma tradução mais literal seria algo parecido a: "Porque não desejo que vocês sejam ignorantes, irmãos...").

> Quero, porém, que entendam que o cabeça de todo homem é Cristo, o cabeça da mulher é o homem e o cabeça de Cristo é Deus (1Coríntios 11:3).

> Irmãos, quanto aos dons espirituais, não quero que vocês sejam ignorantes (1Coríntios 12:1).

Em cada um desses três textos é usado o mesmo verbo grego que encontramos em 1Coríntios 14:5 ("eu quero" ou "eu gostaria"), e em todos eles o que o apóstolo tinha em mente como desejo aplica-se igual e universalmente a todos os cristãos. Além disso, em 1Coríntios 7 Paulo prosseguiu e nos disse explicitamente por que o seu "desejo" por um celibato universal não poderia e não deveria se cumprido. É porque "cada um tem o seu próprio dom da parte de Deus" (1Coríntios 7:7b). Mas, em 1Coríntios 14, nenhuma dessas insinuações contextuais é encontrada sugerindo que o "anelo" ou "desejo" de Paulo de que todos falem em línguas não possa ser satisfeito. Então, uma vez mais, o uso por Paulo de *thelō* em 14:5 pode sugerir somente que esse era o *desejo* de Paulo, sem dizer-nos se ele (ou nós) poderia considerar o desejo dentro do terreno das possibilidades. No mínimo, podemos concluir que Paulo ficaria satisfeito se todos falassem em línguas. Mas não significa necessariamente que todos devessem falar.

Os que creem que a resposta à nossa pergunta é "sim" fazem ainda outra pergunta. "Por que", perguntam, "Deus não desejaria que cada cristão tivesse esse dom específico?". Em outras palavras, perguntam: "Por que Deus reteria de qualquer um dos seus filhos um dom que o capacita a orar e a louvá-lo tão eficazmente assim, um dom que também funciona para edificá-lo em sua fé?". Mas será que essa mesma pergunta não poderia ser feita em relação a todos os outros dons espirituais? Por que Deus não desejaria que todo o seu povo fosse capaz de orar pela cura com grande sucesso, ou ensinar, ou mostrar misericórdia, ou servir, ou dar generosamente, ou evangelizar? Em qualquer caso, acho que deveríamos evitar especulações sobre o que achamos que Deus talvez "queira" ou não para todos nós, a menos que tenhamos instruções bíblicas explícitas para esse efeito.

A afirmação de Paulo em 1Coríntios 14:23 também leva em consideração o debate: "Assim, se toda a igreja se reunir e falar em línguas e alguns não instruídos ou descrentes entrarem, não dirão que vocês estão loucos?". A pergunta de Paulo revela um cenário da igreja de Corinto que o apóstolo achou bem problemático. Os que tinham o dom de línguas estavam todos falando em voz alta, sem o benefício da interpretação. Se faziam isso simultânea ou sucessivamente, não sabemos. Mas o problema que isso criava para os visitantes não regenerados era óbvio. Não faziam ideia alguma do que estava sendo dito e provavelmente concluiriam que os que estavam falando estavam loucos, perturbados ou, em certo sentido, dementes, um cenário nada conducente a um evangelismo eficaz! Isso bem provavelmente explica a exigência posterior de Paulo de que somente dois ou três falassem em línguas e que sempre houvesse uma interpretação em seguida. Mas independentemente dessa questão, o argumento é que Paulo pelo menos imaginava a *situação hipotética* de que todos os cristãos de Corinto pudessem falar em línguas, até mesmo se ele aconselhasse contra isso na reunião da igreja. Ou será que simplesmente ele estivesse falando numa linguagem deliberadamente exagerada ao dizer "que todos falem em línguas"?

Uma visão que muitos carismáticos apoiam atualmente é que 1Coríntios 12:7-11 e 12:28-30 referem-se ao dom de línguas no *ministério público*, ou seja, o ministério exercido durante a reunião de toda a igreja, ao passo que 1Coríntios 14:5 está descrevendo o dom nos *devocionais a sós*. Em 12:28, Paulo especificamente disse que ele estava descrevendo o que acontece "na igreja" ou "na reunião" (cf. 1Coríntios 11:18; 14:19,23,28,33,35). Nem todos são dotados pelo Espírito para

ENTENDENDO OS DONS ESPIRITUAIS

falar em línguas durante o momento em que o povo de Deus se reúne como igreja. Mas existe o potencial, diga-se de passagem, para que todos os cristãos orem em línguas a sós. No entanto, não são dois dons diferentes, mas dois diferentes contextos em que o mesmo dom pode ser empregado. A pessoa que ministra à igreja inteira em línguas é alguém que já usa as línguas em sua vida de oração.

O bem conhecido pastor pentecostal Jack Hayford argumenta de forma bastante semelhante, usando termos diferentes. Ele sugere que o *dom* de línguas é (1) limitado na distribuição (1Coríntios 12:11,30) e que (2) seu exercício público deve ser acompanhado de perto pela liderança (1Coríntios 14:27,28), ao passo que a *graça* das línguas está tão amplamente disponível, que Paulo desejava que todos desfrutassem da sua bênção (14:5a), o que inclui (1) comunicação clara com Deus (14:2), (2) edificação da vida privativa do cristão (14:4) e (3) adoração e ação de graças com beleza e propriedade (14:15-17).[2] A diferença entre essas operações do Espírito Santo é que *nem todos* os cristãos têm razões para dar como certo que necessariamente exercitarão o *dom* público, ao passo que *qualquer* cristão pode ter a expectativa da *graça* particular da língua espiritual em seu tempo pessoal de comunhão com Deus por meio da oração (14:2), de louvor e adoração *diante de* Deus (14:15-17) e de oração intercessória *a* Deus (Romanos 8:26,27), acolhendo essa graça na sua experiência.

O que Paulo queria mostrar no final de 1Coríntios 12 é que nem todos os cristãos contribuirão ao corpo exatamente da mesma maneira. Nem todos ministrarão uma palavra profética, nem todos ensinarão, e assim por diante. Mas, se todos poderiam orar privativamente em línguas é outra questão, que não faz parte do escopo de Paulo até o capítulo 14.

Precisamos observar, no entanto, que em nenhum lugar Paulo ou qualquer outro autor do Novo Testamento diferenciou explicitamente entre línguas como "dom" ou como "graça". Todos os "dons" são expressões da "graça" de Deus a nós por meio do Espírito Santo. Na verdade, como a maioria dos meus leitores indubitavelmente está ciente, a palavra grega referente a "dom" espiritual (*charisma*) está claramente relacionada à palavra grega referente à "graça" (*charis*). Todos os dons espirituais, e não somente as línguas, são expressões

---

[2]Jack Hayford, *The beauty of spiritual language* (Dallas: Word, 1992), p. 102-6.

DEUS QUER QUE TODOS OS CRISTÃOS FALEM EM LÍNGUAS? E O DOM DE INTERPRETAÇÃO?

da graça divina. Preciso confessar um desconforto da minha parte no estabelecimento de uma distinção entre duas expressões de línguas com base numa suposta diferença nas palavras que não se encontra em nenhum lugar do Novo Testamento.

Os que adotam essa visão encontram o que acham que seja um paralelo na perspectiva de Paulo sobre quem pode profetizar: "Nem todos são profetas, não é?" (1Coríntios 12:29, NASB). Não, claro que não. Mas Paulo foi rápido em dizer que o potencial existe para que "todos" profetizem (14:1,31). Por que o mesmo não poderia aplicar-se às línguas? Será que Paulo não estaria dizendo que, ainda que nem todos falem em línguas como uma expressão de ministério coletivo público, é possível que todos falem em línguas como uma expressão de louvor e oração a sós? Exatamente como a pergunta retórica de Paulo em 12:29 não tinha o propósito de inviabilizar a possibilidade de que todos profiram uma palavra profética, também a sua pergunta retórica em 12:30 não tinha o propósito de excluir qualquer pessoa de exercer o dom de línguas em sua experiência devocional privativa.

Um problema com a visão que Hayford defende é que, quando Paulo disse "Deus estabeleceu *na igreja* primeiro apóstolos, em segundo lugar profetas, em terceiro lugar mestres" (grifo na citação) e assim por diante, não estava se referindo ao que acontecia na reunião "da igreja" ou na reunião coletiva. As palavras "na igreja" significam "no corpo de Cristo" de forma geral (seja em Corinto, em Tessalônica, em Roma ou em qualquer outro lugar em que o povo de Deus se encontre). No entanto, em vários outros textos, Paulo claramente tinha em mente a reunião pública do povo de Deus (cf. 1Coríntios 11:18; 14:19,23,28,33,35). Mas, na única passagem em que Paulo negou que todos receberam o dom de línguas, ele estava se referindo ao "corpo de Cristo" (12:27), do qual somos "membros individualmente". Max Turner também salienta:

> As outras funções denotadas em 12:28-30 certamente não estão restritas ao que acontece quando os cristãos de Corinto se reuniam formalmente. Precisamos presumir que profecia, ensino, curas, milagres, liderança e administração estavam todos dentro e fora da "reunião" formal. Mas tudo isso, por sua vez, significa que a questão de 12:30, "nem todos falam em línguas, não é? ("Não!"), não pode ser restrita a significar "nem todos têm um dom especial para falar em

ENTENDENDO OS DONS ESPIRITUAIS

línguas 'na reunião', não é?". Isso precisa significar que, sem dúvida alguma, somente alguns falam em línguas, quer de forma privativa ou na reunião.[3]

A minha percepção, então, é a de que Paulo não estava fazendo uma distinção entre as línguas que são exercitadas em público e as que permanecem como base da oração devocional privativa. Embora haja certamente uma variedade ou "tipos"/"espécies" de línguas, a diferença não está entre as línguas privativas e as línguas públicas.

Como você pode ver, existem bons argumentos em ambos os lados da cerca quando a questão é responder à pergunta a respeito de Deus querer ou não que todos os cristãos falem em línguas. Preciso confessar que parece improvável que Deus tenha retido o dom de línguas de qualquer um dos seus filhos que apaixonada e sinceramente o desejasse. A minha suspeita é que, em condições normais, se você deseja profundamente esse dom, é provavelmente (mas não certamente) porque o Espírito Santo moveu o seu coração a buscá-lo. E ele moveu o seu coração a buscá-lo porque é vontade dele concedê-lo. Assim, se você anseia pelo dom de línguas, persevere em suas orações. A minha intuição (sem nenhuma garantia) é que Deus lhe responderá em seu devido tempo com um satisfatório "sim".

Contudo, é importante lembrar que, até onde podemos dizer, não há nenhum outro dom espiritual que já tenha sido descrito, definido ou retratado no Novo Testamento como um dom que Deus concede, ou quer conceder, a todo e qualquer cristão. Em outras palavras, como apontei anteriormente, poucos argumentariam que Deus quer que todos tenham o dom de ensino, ou o dom de misericórdia, ou o dom de liderança, ou o dom de evangelismo. Por que, então, as línguas seriam singulares, as únicas dentre os muitos *charismata* que Deus quer que todos os cristãos exercitem?

Na análise final, fico inclinado a concluir que não é necessariamente a vontade de Deus que todos os cristãos falem em línguas. Mas estou aberto a ser convencido do contrário![4]

---

[3]Max Turner, "Early Christian experience and theology of 'tongues': a New Testament perspective", in: *Speaking in tongues: multi-disciplinary perspectives*, ed. Mark J. Cartledge (Waynesboro, GA: Paternoster, 2006), p. 27.

[4]Para os que desejam aprofundar-se mais, uma análise entre estudiosos e bem útil sobre essa questão pode ser encontrada no *Asian Journal of Pentecostal Studies*. Cf. Max Turner, "Tongues: an experience for all in the Pauline churches?", *Asian Journal of Pentecostal Studies* 1.2 (1998): 231-53; Simon K. H. Chan, "A response to Max Turner",

A INTERPRETAÇÃO DE LÍNGUAS

Quando Paulo delineou nove dos dons do Espírito em 1Coríntios 12:8-10, o último da sua lista foi "a interpretação de línguas". Posteriormente, nesse capítulo, ele mencionou mais uma vez o dom de interpretação de línguas em sua argumentação de que não existe um dom que seja concedido a todos os cristãos (v. 30b). Em suas instruções sobre como os cristãos devem chegar a qualquer reunião coletiva específica, ele disse que, ainda que alguém venha com um salmo, outro com uma palavra de instrução, outro com uma revelação de Deus e outro com uma palavra em uma língua, alguém poderia também aparecer com "uma interpretação" (1Coríntios 14:26).

Paulo imaginava que, em qualquer reunião do povo de Deus, "dois, ou no máximo três", falassem em línguas, "cada um por sua vez", ou seja, não simultaneamente, mas um depois do outro. Uma vez que houvessem concluído, ele insistia que "alguém interpretasse" (1Coríntios 14:27b). Ainda que o apóstolo não houvesse dito isso explicitamente, talvez imaginasse que somente uma pessoa fornecesse a interpretação de todas as três palavras em línguas. É inteiramente possível, no entanto, que cada palavra em línguas tivesse o seu próprio intérprete individual. Se ninguém com o dom de interpretação estivesse presente em qualquer reunião coletiva específica, ninguém deveria falar em línguas.

Já observamos a exortação de Paulo à pessoa que deseja falar em línguas em público, sugerindo que ela "ore para que a possa interpretar" (1Coríntios 14:13). Não há nenhuma indicação no que Paulo disse de que essa pessoa jamais houvesse interpretado uma palavra dada em línguas antes. Talvez sim, mas é provável que essa fosse a sua primeira experiência com esse dom espiritual. Paulo não nos disse quando a oração deveria ser verbalizada, mas parece provável que isso devesse ocorrer antes que a palavra em línguas fosse dada. Afinal de contas, se não houver nenhuma interpretação, nunca deveria ter havido uma palavra em línguas, para começo de conversa. Parece razoável, então, que a pessoa que está se sentindo

---

Asian Journal of Pentecostal Studies 2.2 (1999): 279-81; Robert P. Menzies, "Paul and the university of tongues: a response to Max Turner", *Asian Journal of Pentecostal Studies* 2.2 (1999): 283-95; e Max Turner, "A response to the responses of Menzies and Chan", *Asian Journal of Pentecostal Studies* 2.2 (1999): 297-308.

direcionada a falar em voz alta em línguas deveria primeiro orar para que Deus lhe conceda a interpretação. Se Deus não responder a uma oração assim, dando a interpretação, a pessoa deveria abster--se totalmente de falar em línguas.

Esse procedimento parece claro o suficiente, embora nem todas as nossas perguntas tenham recebido do apóstolo respostas totalmente claras. Mas o que permanece para nós fazermos é determinar, da melhor maneira possível, exatamente como o dom de interpretação funciona. Que tipo de informações ele produz? Qual é a relação que uma interpretação mantém com uma palavra dada em línguas? A essas perguntas voltamos agora a nossa atenção.[5]

O QUE O DOM DE INTERPRETAÇÃO DE LÍNGUAS NÃO É

Jamais deveríamos confundir o dom de interpretação de línguas com a capacidade de uma pessoa de interpretar revelações divinas num espectro amplo. A pessoa com esse dom não seria necessariamente capaz ou habilitada de forma extraordinária na interpretação de textos bíblicos. A ciência da hermenêutica tem princípios de interpretação que são facilmente aprendidos por qualquer um que tenha o tempo e o compromisso de estudá-los. Mas estudarmos as regras que determinam a maneira de entendermos, por exemplo, o texto de João 3:16, não é o que Paulo tinha em mente ao falar sobre o dom de interpretação. Esse dom é a habilidade, dada pelo Espírito, de interpretarmos o que é falado em *línguas*. Não há indicação nas Escrituras de que a pessoa que tem esse *charisma* seja capaz de interpretar sonhos, visões ou outros fenômenos de revelação.

Ainda que não mencionado no Novo Testamento, é bem possível que haja um dom espiritual de *interpretação* que deve ser compreendido de modo mais abrangente. Abordei essa possibilidade no capítulo 3, no qual lidamos com a questão de quantos dons espirituais poderíamos esperar que Deus nos dê. Dirijo a sua atenção de volta a essa questão para mais detalhes sobre isso.

---

[5]O que se segue é uma versão revisada do que pode ser encontrado em meu livro *The language of heaven*. Uma versão um tanto quanto abreviada também se encontra em meu livro *The beginner's guide to spiritual gifts* (Minneapolis: Bethany House, 2015), p. 193-8.

O dom de interpretação de línguas precisa ser distinguido da capacidade, adquirida por meio dos estudos, de traduzirmos uma língua estrangeira. Eu consigo traduzir grego e boa parte de hebraico e latim para o inglês, mas não é isso que Paulo tinha em mente. Todos nós estamos familiarizados com cenas nas Nações Unidas ou em uma conferência política internacional na qual tradutores são empregados para interpretar palestras para os representantes de vários países. É uma capacidade impressionante, mas é uma habilidade humana natural, aprendida. Eles adquiriram essa habilidade por meio de uma extensa educação e prática. Já o dom a que Paulo se referiu é sobrenatural, não aprendido, e é uma "manifestação" do Espírito Santo nada inferior (1Coríntios 12:7) ao dom de milagres ou profecia.

Um fenômeno um tanto quanto relacionado é descrito em Daniel 5, em que uma "mão" sobrenaturalmente inscreveu uma mensagem ao Rei Belsazar, a qual nenhum dos seus servos conseguiu interpretar. Ele mandou chamar Daniel, que prosseguiu em interpretar o significado. Ainda que a inscrição fosse reveladora, a interpretação não era. Era mais semelhante a uma tradução, uma vez que foi escrita em aramaico, uma língua com a qual Daniel já tinha grande facilidade. Se a interpretação de línguas fosse meramente a habilidade de traduzir uma língua que já conhecêssemos previamente, esse seria o único dom espiritual que não exigiria nenhuma contribuição ou atividade do Espírito Santo.

Ficaria praticamente parecendo que o entendimento de Anthony Thiselton sobre as línguas é uma função da sua conclusão a respeito da natureza da interpretação. Num estudo anterior,[6] e uma vez mais em seu comentário sobre 1Coríntios, Thiselton argumenta que o substantivo "interpretação" em 1Coríntios 12:10 e o verbo "interpretar" em 14:5 e 14:13 referem-se à habilidade de colocarmos algo de outra maneira, informe e não falado, numa fala articulada. Ele recorre ao uso desses termos, tanto em Fílon quanto em Josefo, denotando "a capacidade de expressar em *palavras* ou *fala articulada* maravilhas que deixariam alguém sem palavras, ou capaz de reagir apenas emotivamente com perplexidade ou alegria".[7]

---

[6]Anthony Thiselton, "The 'interpretation' of tongues: a new suggestion in the light of Greek usage in Philo and Josephus", *JTS* 30 (1979): 15-36.

[7]Thiselton, *First Corinthians*, p. 976.

ENTENDENDO OS DONS ESPIRITUAIS

As línguas, diz Thiselton, são, portanto, expressões verbais que "jorram em experiências de estupefação e louvor à medida que o Espírito Santo libera inibições e censores, de maneiras que refletem anseios pré-conscientes, pré-cognitivos, suspiros ou um 'acúmulo', que evadem a objetificação e formulação cognitiva".[8] Esses anseios e impulsos inarticulados de louvor incitados pela atividade do Espírito (Romanos 8:26) "ainda estão 'não trabalhados' e precisando de uma comunicação transmitida oralmente, inteligível e consciente".[9] É o último item que o dom de interpretação supostamente fornece.

Essa explicação aparentemente implicaria a conclusão de que ninguém tem o dom de interpretação sozinho. Em vez disso, alguns têm línguas, ao passo que outros têm *tanto* línguas *como* interpretação. Em outras palavras, alega Thiselton,

> é por isso que alguns têm o dom de línguas (os quais liberam e desprendem os mais profundos suspiros a Deus), e outros [além do seu dom de línguas] têm um dom *adicional* de capacitação que lhes permite refletir e colocar o conteúdo da experiência que havia gerado o sinal inarticulado do Espírito em operação, transformando-o num sinal comunicativo articulado com o qual todos poderiam beneficiar-se. Presumivelmente, apenas os que não estavam satisfeitos em usar as línguas somente a sós eram os que Paulo especificamente mandou que orassem por esse dom adicional [cf. 1Coríntios 14:13], ou, caso contrário, que permanecessem autodisciplinados na adoração pública.[10]

É bem possível que o modelo de línguas (e o dom complementar de interpretação), o qual Thiselton argumenta que é, usando a sua própria terminologia, uma dentre várias *espécies* ou *tipos* de línguas (1Coríntios 12:10), é imaginado por Paulo como estando em operação na igreja. Uma cuidadosa e detalhada resposta à sua exegese está além do escopo deste livro, mas nesse ponto não vejo nada em seu entendimento que necessariamente impossibilite as *espécies* de línguas e a interpretação a favor das quais tenho argumentado ou que sugira que as línguas estivessem restritas à era apostólica.

---

[8]Thiselton, p. 1.108. Para essa visão, cf. tb. a obra de Gerd Thiessen, *Psychological aspects of Pauline theology* (Edinburgh: T&T Clark, 1987), p. 74-114, 292-341.

[9]Thiselton, *First Corinthians*, p. 1.061.

[10]Thiselton, p. 1110.

Em outras palavras, se for provado que o entendimento de Thiselton está correto, isso não teria relação alguma com a questão prolongada da perpetuidade de ambos os dons.

O QUE O DOM DE INTERPRETAÇÃO DE LÍNGUAS É

Assim, se o dom espiritual de interpretação de línguas não é a mesma coisa que a interpretação das Escrituras ou o entendimento de sonhos, o que é? Eu o definiria como *a capacidade dada pelo Espírito de entendermos e comunicarmos uma palavra proferida em línguas publicamente, que, se não fosse pela interpretação, seria ininteligível, para o benefício espiritual da congregação como um todo.* Estou hesitante em usar a palavra *traduzir* para descrever esse dom, considerando o fato de que esse termo pode fazer com que as pessoas concluam que sempre haverá uma tradução literal ou palavra por palavra da palavra proferida em línguas para o vernáculo do povo. Mas há um espectro a partir da tradução literal num extremo até uma ampla totalização no outro extremo sempre que o dom de interpretação for exercitado. A interpretação de uma palavra proferida em línguas poderá assumir qualquer uma dentre várias formas.

Por exemplo, alguém com esse dom *talvez* forneça uma tradução literal, palavra por palavra, que corresponda de todas as maneiras concebíveis ao conteúdo da língua. Seria a mesma em sua extensão e ênfase. Se palavra proferida em línguas foi entregue no que parece ser cinco frases e durou quarenta e cinco segundos, assim também seria a interpretação.

Também pode haver uma tradução um tanto quanto mais livre, com mais fluidez, que capture a essência da palavra proferida. Os que se envolvem na tradução do texto original das Escrituras para outra língua costumam se referir a isso como uma "equivalência dinâmica". A totalidade do que foi falado em línguas é transferida às palavras do intérprete, mas talvez não seja num formato de palavra por palavra.

Em outras ocasiões, algo de um comentário é fornecido em que o intérprete explica (e talvez até mesmo faça uma exegese) a palavra proferida em línguas. Afinal de contas, o que é dito em línguas talvez seja enigmático, parabólico ou simbólico, e, portanto, precisa de uma explicação. É um tanto quanto semelhante ao que acontece num museu de arte quando um perito ou historiador "interpreta" uma pintura. Ele pode fornecer um comentário sobre o humor e o pano de fundo do artista, e até mesmo a sua intenção percebida ao criar a pintura ou escultura.

Portanto, obviamente, a interpretação pode ser mais próxima do que chamamos de "paráfrase" do que a palavra proferida em línguas significa. Se eu puder uma vez mais recorrer à disciplina da tradução bíblica, aqui eu tenho em mente o que a The Living Bible nos fornece em contraposição à tradução da New American Standard. A segunda versão é uma tradução essencialmente rígida, bem literal de cada palavra, tanto quanto possível, ao passo que a primeira é o próprio esforço do tradutor de inserir o texto original no mundo do leitor, de tal forma que o leitor possa entender melhor o que o texto está dizendo.

Finalmente, suponho que alguém possa interpretar uma palavra proferida em línguas dando-nos um sumário da essência do que foi dito. Não se faz nenhuma tentativa de fornecer uma palavra na interpretação que corresponda a uma palavra exata na língua. O intérprete pega a palavra proferida em uma língua e a reduz a uma declaração muito mais breve e sumarizada.

Não há nada no que Paulo disse sobre o dom de interpretação que exclua a possibilidade de que o Espírito Santo capacite alguém a interpretar uma palavra proferida em línguas em qualquer lugar ao longo desse espectro. Por exemplo, a pessoa com o dom de línguas poderia falar durante cinco minutos enquanto o intérprete poderia falar durante somente três minutos. Não há nada que impeça que uma única palavra proferida em línguas seja interpretada por duas pessoas cujas "traduções" difiram em extensão e foco. Uma pessoa poderia fornecer uma interpretação um tanto quanto extensa, aparentemente palavra por palavra, ao passo que outra poderia sumarizar o seu conteúdo básico ou fornecer uma aplicação mais prática do que foi falado em línguas. De qualquer forma, o movimento sempre é da obscuridade e ininteligibilidade da palavra proferida em línguas para a clareza e inteligibilidade da interpretação, de tal forma que todos da igreja possam dizer "amém" ao que foi dito (1Coríntios 14:16). Dessa maneira, o corpo inteiro é edificado.

Pense nisso da seguinte forma. Se eu tivesse que ler em voz alta João 3:16 no decorrer de um culto de igreja, e então pedisse que outros interpretassem o significado e aplicassem suas verdades em nossa vida, as respostas poderiam ser notadamente diferentes. Uma pessoa poderia apossar-se da palavra "amou" e desenrolar a dinâmica da afeição de Deus por nós, a qual o impulsionou a enviar-nos o seu Filho. Outra pessoa poderia escolher falar sobre o "mundo" e a sua necessidade de um salvador. Outro indivíduo seria dirigido a falar sobre o que significa "crer" em Jesus, ou talvez o que João quis dizer com "vida eterna". Finalmente, outra pessoa escolhe falar sobre como esse versículo poderia ser usado para compartilharmos o evangelho com um amigo não cristão. Em cada um, e em todos os casos, no entanto, a verdade é comunicada inteligivelmente com base em algo do texto de João 3:16. Semelhantemente, quando há uma palavra proferida em línguas, diferentes indivíduos com o dom de interpretação poderiam concebivelmente fixar a sua atenção num elemento, palavra ou frase específica, ao passo que outro é dirigido a fazer uma aplicação prática à vida dos que estão presentes.

Embora o próprio Paulo não dissesse isso em 1Coríntios, parece razoável acharmos que a interpretação de uma língua deveria estar sujeita ao julgamento do restante dos que estão presentes, de maneira bem semelhante a como uma palavra profética deve ser julgada ou avaliada (cf. 1Coríntios 14:29).

O CONTEÚDO DA INTERPRETAÇÃO

Aparentemente seria razoável concluir que o conteúdo da interpretação dependeria inteiramente do conteúdo da verbalização em línguas. Portanto, devemos fazer outra pergunta primeiro: *O que é dito quando falamos em línguas?* Anteriormente observamos que as línguas podem ser qualquer um dos seguintes itens:

- oração (1Coríntios 14:2; súplicas, petições, intercessão etc.);
- louvor (1Coríntios 14:16; cf. Atos 2:11; 10:46);
- ação de graças (1Coríntios 14:16).

Se a interpretação precisa corresponder à palavra proferida, a interpretação virá na forma de orações, louvores e expressões de gratidão a Deus. A interpretação será uma palavra *dirigida a Deus*, nada menos do que a palavra proferida em línguas sobre a qual se baseia.

O princípio relaciona-se diretamente com a questão polêmica a respeito de haver qualquer coisa semelhante a uma *mensagem* em línguas, isto é, uma mensagem direcionada *horizontalmente* às pessoas, e não *verticalmente* a Deus. A visão-padrão entre a maioria dos cristãos carismáticos é que, quando uma palavra proferida em línguas é interpretada, ela se torna equivalente à profecia. Como tal, é horizontal em sua orientação, o que significa dizermos que é direcionada a outros indivíduos da igreja. Mas, se as línguas forem sempre oração, louvor ou ação de graças, a interpretação não seria a mesma coisa? Se uma interpretação pretendida não for uma adoração sincera ou alguma expressão de petição ou louvor, poderíamos justificadamente nos perguntar se ela é realmente de Deus.

Tendo dito isso, talvez eu esteja enganado em colocar esse tipo de restrição no conteúdo do falar em línguas. Embora Paulo claramente a imaginasse como uma forma de oração e como uma maneira em que tanto louvamos a Deus quanto expressamos a nossa gratidão a ele, será que isso significa que as línguas *jamais* podem servir a outro propósito? Será que precisamos necessariamente limitar o falar em línguas a essas três expressões dirigidas a Deus e excluir toda e qualquer palavra *dirigida aos homens*? Em outras palavras, será que Paulo, em 1Coríntios 14, estava nos fornecendo um retrato *completo* do que poderia ser comunicado quando falamos em línguas? Ou será que poderia haver outros propósitos ou funções aos quais elas servem?[11]

O assunto do falar em línguas e do dom de interpretação provavelmente permanecerá polêmico até que Cristo volte. O mesmo também poderia ser dito em relação à cura divina, para a qual dirigimos agora a nossa atenção.

---

[11]Essa é uma questão que eu exploro em consideráveis detalhes em meu livro *The language of heaven.*

QUINTA·PARTE

Fé,
CURA E
MILAGRES

CAPÍTULO CATORZE

O dom espiritual de fé e sua relação com a cura

O dom espiritual de fé pode muito bem ser o mais enigmático e mal-entendido de todos os *charismata*. É semelhante à palavra de sabedoria, à palavra de conhecimento e ao discernimento de espíritos, pelo menos uma vez que o único lugar em que é explicitamente mencionado é na lista de dons de 1Coríntios 12:8-10 onde lemos que, "a outro" cristão, "fé" é dada "pelo mesmo Espírito" (v. 9). Isso imediatamente nos soa como algo esquisito, já que todos os cristãos têm fé, de uma forma ou de outra. Assim, Paulo deve estar se referindo a uma manifestação singular e bem extraordinária de fé que somente alguns cristãos experimentam.

Uma vez que 1Coríntios 12:9 é a única menção da fé como um dom espiritual, somos forçados a procurar em outras partes do Novo Testamento possíveis expressões semelhantes. Mas primeiro vamos relembrar os três tipos de fé que um cristão pode exercer ou, melhor ainda, as três circunstâncias em que a fé poderia expressar-se.

Há, antes de mais nada, a fé, crença ou confiança que todo indivíduo nascido de novo exercita ao voltar-se a Cristo para a salvação. Alguns chamariam isso de *fé de conversão*. Essa fé é mencionada

ENTENDENDO OS DONS ESPIRITUAIS

inúmeras vezes no Novo Testamento, como em Atos 15:9, em que Pedro declarou que Deus "purificou" o coração dos gentios da mesma maneira que purificou os judeus: "pela fé". Ou poderíamos nos referir a ela como *fé salvadora* ou *justificadora*, pois Paulo disse que "fomos salvos por meio da fé" (Efésios 2:8; cf. tb. Romanos 1:16,17; 3:28; 5:1). Isso certamente não era o que Paulo tinha em mente em 1Coríntios 12:9. Nesse último texto, ele falou de uma fé que é dada "a outro" dentre os muitos que vieram a conhecer a Jesus como Salvador, mas claramente nem todos receberam essa fé.

Uma segunda expressão de fé na experiência do cristão é a confiança diária, contínua, momento a momento, que colocamos em Jesus. É provavelmente o que Paulo tinha em mente ao dizer: "Fui crucificado com Cristo. Assim, já não sou eu quem vive, mas Cristo vive em mim. A vida que agora vivo no corpo, vivo-a pela fé no Filho de Deus, que me amou e se entregou por mim" (Gálatas 2:20). Aqui o apóstolo tinha em mente uma "fé" que ele "agora" experimentava à medida que desempenhava o ministério que lhe havia sido dado por Deus. Poderíamos mencionar que essa expressão de fé é *constante* ou *contínua*, à medida que confiamos, cremos e dependemos de Cristo ao longo de cada dia e em todas as circunstâncias. Ou talvez devêssemos chamá-la de *fé santificadora*. Essa fé é o fruto do Espírito (Gálatas 5:22), a fé que é exaltada em Hebreus 11. Embora ela se encontre em diversos níveis de intensidade em cada pessoa, nenhum cristão é totalmente desprovido dela.

O que quero mostrar é que eu posso ter fé, a qualquer hora, em relação à minha condição de filho adotado de Deus (Romanos 8:14-17). Posso saber e crer, a qualquer hora e em todas as circunstâncias, que Deus jamais me deixará nem me abandonará (Hebreus 13:5). A verdade de Romanos 8:28, de que Deus está orquestrando todas as coisas, até mesmo o sofrimento, para o meu bem maior e a sua maior glória, é algo que garante a minha fé durante todo o decorrer da minha vida. Mas não consigo crer por vontade própria, isto é, pela *minha* vontade própria, de que ele vai curar alguém por quem eu orar. É uma oração que somente conseguirei fazer quando *Deus* quiser isso e me capacitar a vencer toda hesitação e dúvida sobre crer nisso.

Talvez devêssemos então chamá-la *dom espiritual de fé, fé carismática*, uma vez que Paulo diz que ela é um dos muitos *charismata* que o Espírito soberanamente concede somente a algumas pessoas. Ou, uma vez mais, *fé sobrenatural* poderia ser uma designação mais precisa. Alguns talvez desejem pensar nessa fé como uma *fé espontânea*, uma vez que provavelmente acontece somente nas ocasiões em que o Espírito escolhe concedê-la. Em outras palavras, o dom espiritual de fé provavelmente não é algo que o cristão experimenta de modo sistemático, mas é concedido nas ocasiões especiais em que um nível extraordinário de confiança na atividade de Deus é necessário.

Jesus pode muito bem ter tido em mente o dom espiritual de fé ao falar as seguintes palavras aos seus discípulos: "Tenham fé em Deus. Eu asseguro que, se alguém disser a este monte: 'Levante-se e atire-se no mar', e não duvidar em seu coração, mas crer que acontecerá o que diz, assim lhe será feito. Portanto, eu digo: Tudo o que vocês pedirem em oração, creiam que já o receberam, e assim sucederá" (Marcos 11:22-24). Ainda que o "dom espiritual" de fé provavelmente tenha aparecido pela primeira vez após o Dia de Pentecoste, o que Jesus descreveu aqui pode ser análogo ao que Paulo estava falando em 1Coríntios 12.

Mover ou lançar uma montanha para dentro do mar era proverbial naquela época em relação a milagres. Afinal de contas, por que qualquer cristão desejaria fazer com que uma montanha caísse dentro do mar? O propósito de nosso Senhor era destacar o fato de que coisas humanamente impossíveis, coisas que requerem poder sobrenatural e milagroso, podem ocorrer quando a oração é cheia de fé.

A destruição instantânea e milagrosa da figueira (Marcos 11:12-14,20,21) serviu como uma lição prática aos discípulos sobre o que pode ser realizado pela fé no poder de Deus. Pedro apontou para a árvore e disse: "Mestre! Vê! A figueira que amaldiçoaste secou!" (v. 21). Por sua vez, Jesus disse a Pedro: "O seu comentário me diz que você ficou maravilhado porque a figueira secou-se repentina e sobrenaturalmente. Mas, se você tiver fé em Deus, todas as coisas serão possíveis por meio da oração".

Deveríamos observar várias coisas aqui que nos ajudam a evitar um mal-entendido a respeito do que o dom espiritual de fé é e não é. Primeiro, reconheça que a "crença" ou "fé" que Jesus descreveu não é um caso de um cristão forçando-se a crer no que ele realmente não crê. Não é uma torção em nosso cérebro, uma coerção da nossa vontade, uma contorção das nossas expectativas a fim de adotarmos como real e verdadeiro algo que a nossa sincera convicção nos diz o contrário. Jesus não estava nos dizendo que, quando as dúvidas começam a infiltrar-se, deveríamos colocar as nossas mãos sobre os ouvidos, fechar os olhos, e dizer a essas dúvidas, vez após vez: "Lalalalala, não estou te ouvindo. Lalalalala, não estou te ouvindo!". Isso não é fé. Isso é "faz de conta". É fingimento espiritual.

No entanto, somos responsáveis por dar passos que facilitem o aprofundamento da fé em nossos corações. Podemos fazer coisas, pela graça de Deus, que expandirão a nossa confiança na bondade de Deus e na sua grandeza, e que ajudarão a diminuir, se não a expulsar, as nossas dúvidas. À medida que leio, estudo e medito no caráter de Deus, a minha confiança no que ele pode fazer aumenta. À medida que reflito e pondero sobre a graça e a generosidade de Deus, a minha confiança em sua bondade cresce e intensifica-se.

Obviamente, outros fatores têm que ser levados em consideração quando pedimos coisas a Deus em oração. A fé não é a única condição para ter as nossas orações respondidas. (1) Temos que pedir-lhe com as motivações corretas (cf. Tiago 4:1ss.). (2) Temos que tratar as nossas esposas com gentileza, bondade e compreensão (1Pedro 3:7). (3) Temos que recomeçar a vida com ficha limpa em nossos relacionamentos com os outros. Esse é o ponto de Marcos 11:25. Se você nutre uma falta de perdão em seu coração para com os outros, não é provável que Deus responda às suas orações, não importa quanta fé você alega ter ou acha que tenha (cf. tb. Mateus 6:14,15). (4) E temos que pedir de acordo com a vontade de Deus. Não importa se de alguma forma eu conseguir banir todas as dúvidas da minha mente e convencer a mim mesmo que já recebi o que pedi: se o que estou pedindo não for condizente com a vontade e o caráter de Deus, a resposta será "não".

Também é importante lembrar que, por maior que seja a nossa fé, isso não forçará a mão de Deus a fazer algo que seja contrário ao nosso bem-estar. Não importa quão convencido você esteja ou quanta fé você tenha, você simplesmente não quer que Deus responda todas as orações que você faz! Olhe em retrospectiva para algumas das coisas que outrora você achava que precisava e que você estava convencido de que Deus lhe daria. Graças ao Senhor por dizer "não" a muitas dessas orações. Teria sido devastador se ele houvesse dito "sim". Às vezes Deus diz "não" às orações que são oferecidas em fé, porque ele tem algo ainda melhor nos aguardando, que ele planeja dar numa hora mais apropriada.

O que quero dizer é que é simplesmente irresponsável e insensível sugerir, com base nessa passagem, que se alguém não recebe de Deus o que pediu, é porque está errado em não ter fé suficiente. A ausência de fé pode muito bem ser um fator, mas não é o único fator. Há outras coisas que podem mais prontamente explicar a oração não respondida.

Estou convencido de que a única maneira pela qual alguém pode satisfazer as condições estabelecidas por Jesus é se o próprio Deus escolher nos transmitir a fé que ele requer. A fé, em última análise, é um dom de Deus. Quando Deus quiser nos abençoar com uma resposta milagrosa à nossa oração, ele tomará a iniciativa de cultivar e desenvolver em nosso coração o cumprimento das condições que ele requer. Isso pode ser exatamente o que Paulo tinha em mente em 1Coríntios 12.

Outro exemplo da "fé" operando dessa maneira encontra-se em 1Coríntios 13. Nessa passagem, Paulo insistiu na presença penetrante do amor em nossos relacionamentos uns com os outros em nosso exercício de todos os dons espirituais. Ele disse: "Ainda que eu tenha o dom de profecia, saiba todos os mistérios e todo o conhecimento e tenha uma fé capaz de mover montanhas, se não tiver amor, nada serei" (v. 2). Dada a proximidade dessa passagem com o capítulo 12 de 1Coríntios, a referência do apóstolo ao tipo de "fé" que consegue "mover montanhas" bem provavelmente tem em mente o dom espiritual de fé.

Observe, também, que a referência de Tiago à "oração feita com fé" (Tiago 5:15) também pode ser uma alusão ao dom carismático da fé. Uma vez que não é o caso que todos por quem oramos são curados, apesar da presença contínua da fé em nossos corações, Tiago provavelmente estava falando sobre o tipo de fé que é espontânea e soberanamente concedida pelo Espírito quando é da vontade de Deus curar os enfermos. Não é a fé que é fácil ou regularmente experimentada por todo e qualquer cristão, mas o tipo que está sujeito ao tempo e aos propósitos de Deus.

Concluindo, ainda que nem todos os membros do corpo de Cristo recebam o "dom espiritual de fé" como uma realidade regular e normativa, qualquer membro do corpo de Cristo é um candidato em potencial a essa manifestação específica do Espírito. É um dom, como os demais, que deveríamos "buscar com dedicação" (1Coríntios 14:1), mas não um que está, em qualquer sentido, em última análise, sob nosso controle ou a ser exercido por nós. D. A. Carson diferencia entre a fé salvadora e essa fé espontânea, sobrenatural:

> A fé salvadora, em última análise, baseia-se na graciosa e pública autorrevelação de Deus em Cristo Jesus e nas Escrituras; embora a obra do Espírito Santo seja necessária para esse tipo de fé, o objeto da fé encontra-se em acontecimentos e palavras de revelação que estão na arena pública. Essa fé especial, no entanto [isto é, o dom espiritual de fé], capacita o cristão a confiar que Deus produzirá certas coisas pelas quais esse cristão não pode reivindicar alguma promessa divina registrada nas Escrituras, ou algum estado de coisas com base na própria estrutura do evangelho. Pensamos, por exemplo, em George Muller de Bristol.[1]

Uma vez mais, diz Carson, "[o dom da fé] parece ser a capacidade dada por Deus, sem falsificações ou exortações banais, de acreditarmos no que de fato não acreditamos, de confiarmos em Deus por certa bênção *não* prometida nas Escrituras".[2] Os que testificam que receberam esse dom falam em geral de uma onda ou erupção dinâmica e inexplicável de certeza, em seus corações, de que Deus não somente *pode* fazer algo poderoso numa situação particularmente desafiadora, mas que ele também o *fará*. É desnecessário dizer que frequentemente há uma linha fina entre essa extraordinária certeza e um triunfalismo presunçoso.

SERÁ QUE HÁ UM TAL DOM ESPIRITUAL DE CURA?

Não. Não há um tal de *dom* espiritual de cura. Nunca houve e jamais haverá. Obviamente, isso exige alguma explicação. Muitos cristãos, talvez até mesmo a maioria, pensam na cura de forma bem

---

[1] D. A. Carson, *Showing the Spirit: a theological exposition of 1 Corinthians 12—14* (1987; reimpr., Grand Rapids: Baker, 2019), p. 48 [edição em português: *A manifestação do Espírito* (São Paulo: Vida Nova, s.d.)].
[2] Carson, p. 48n65.

semelhante a como pensam sobre os dons espirituais de ensino, misericórdia, evangelismo ou encorajamento. Em outras palavras, imaginam uma pessoa com o dom de cura como capaz de curar todas as enfermidades, a qualquer hora, sempre que quiserem. A pessoa com o dom de ensino pode ensinar num piscar de olhos. Assim também com os dons, por exemplo, de misericórdia e serviço, só para mencionar dois deles. São dons que estão em nossa posse e sob o nosso controle. Esse é o erro mais grave quando a questão é entender o dom espiritual de cura.

Em inúmeras ocasiões ouvi pessoas dizendo: "Bem, se o dom espiritual de cura ainda for válido e estiver em operação em nossos dias, deveríamos visitar a ala de câncer mais próxima e esvaziá-la dos seus pacientes". Esse tipo de pensamento revela um conceito errôneo fundamental sobre como esse dom espiritual é descrito e como ele na verdade funciona no Novo Testamento.

Vamos começar com a maneira que Paulo mencionou esse dom em 1Coríntios 12:9, e uma vez mais em 12:28 e 12:30. Esses são os únicos três lugares em que o dom de cura é mencionado. Note bem. Eu não disse que são os únicos três textos em que a cura é mencionada. A cura encontra-se difusamente nos quatro evangelhos e no livro de Atos. Mas o "dom" ou *charisma* de cura é retratado em somente três textos, e, em todas essas três ocasiões, tem-se a mesma terminologia: "dons de curas". Todas as versões em português traduzem a expressão como "dons de cura" (singular), mas Paulo muito explicitamente empregou o plural de ambos os substantivos: "dons [plural] de curas [plural]" (*charismata iamathōn*). Isso não pode ser insignificante ou meramente estilístico. Além disso, dos nove dons mencionados nesse parágrafo, somente a cura é mencionada com a palavra "do(m)(ns)". O que isso poderia implicar?

Como já escrevi em outro lugar,[3] evidentemente Paulo não imaginava um indivíduo sendo dotado com um dom de cura que pudesse operar a toda hora para todas as enfermidades. A sua linguagem sugere muitos diferentes dons ou poderes de cura, com cada um sendo apropriado e eficaz para a sua enfermidade relacionada, ou

---

[3]Cf. o meu livro *Practicing the power: welcoming the gifts of the Holy Spirit in your life* (Grand Rapids: Zondervan, 2017), p. 73-5; tb. *The beginner's guide to spiritual gifts* (Minneapolis: Bethany House, 2015), p. 67-71.

ENTENDENDO OS DONS ESPIRITUAIS

com cada ocorrência de cura constituindo-se um dom específico por seu próprio direito. Já tive a oportunidade, em inúmeras ocasiões, de conhecer indivíduos que têm o que parece ser uma unção de cura para uma enfermidade específica. Alguns são capazes de orar mais eficazmente por aqueles que têm problemas nas costas, ao passo que outros são mais bem-sucedidos ao orar por enxaquecas. Isso pode ser o que Paulo tinha em mente ao falar de múltiplos ou de uma pluralidade de "dons" de "curas".

Como eu disse acima, um dos principais obstáculos a um entendimento apropriado da cura é a suposição errônea de que, se alguém puder curar *alguma vez*, então essa pessoa poderia curar *sempre*. Mas, em vista da enfermidade persistente de Epafrodito (Filipenses 2:25-30), Timóteo (1Timóteo 5:23), Trófimo (2Timóteo 4:20) e talvez do próprio Paulo (2Coríntios 12:7-10; Gálatas 4:13), é melhor vermos esse dom como estando sujeito à vontade de Deus, e não à vontade das pessoas. Portanto, alguém pode ser dotado para curar muitas pessoas, mas nem todas. Outra pessoa talvez seja dotada para curar somente uma pessoa numa ocasião específica de uma enfermidade específica. Quando pedem a alguém para orar pelos enfermos, com frequência a sua resposta é: "Não posso. Não tenho o dom de cura". Mas, se a minha leitura de Paulo estiver correta, não há um tal de *dom* de cura, se com isso queremos dizer a capacidade dada por Deus de curarmos a todos de todas as enfermidades em todas as ocasiões. O Espírito soberanamente distribui um *charisma* de cura para uma ocasião específica, embora orações anteriores por restauração física sob circunstâncias semelhantes talvez não tenham sido respondidas, e embora orações posteriores pela mesma enfermidade talvez não sejam respondidas. Em suma, os "dons de curas" são esporádicos e estão sujeitos aos propósitos soberanos de Deus.[4]

Poucos duvidam de que Paulo tivesse um "dom" de cura. Mas as suas orações por Epafrodito não foram respondidas, pelo menos não

---

[4] D. A. Carson concorda. Ele menciona "esses notáveis plurais [dons de curas]" sugerindo "que havia *diferentes* dons de curas: nem todos estavam sendo curados por uma só pessoa, e talvez certas pessoas com *um* desses dons de cura pudesse, pela graça do Senhor, curar certas enfermidades ou uma variedade de enfermidades, mas somente em certas ocasiões [...] Se um cristão recebeu o *charisma* [...] de curar um indivíduo específico de uma enfermidade específica, numa ocasião específica, esse cristão não deveria ter a presunção de achar que *o* dom de cura lhe foi concedido, estimulando a fundação de um 'ministério de cura'" (Carson, *Showing the Spirit*, p. 49).

a princípio (cf. Filipenses 2:25-30). Obviamente, Paulo não conseguia curar pela sua própria vontade. Além de Jesus, ninguém mais conseguiria! E há dúvidas se até mesmo Jesus conseguia (leia Marcos 6:5,6; João 5:19). Alguns concluiriam isso pelo fato de que Paulo não curou o seu amigo que estava definhando (apesar do fato de que, no fim do seu ministério, em Atos 28:9, Paulo aparentemente curou todos da Ilha de Malta que vieram até ele). Parece melhor concluirmos que a cura, sempre e onde quer que ocorresse, estava sujeita não à vontade do homem, mas à vontade de Deus. Ninguém, nem mesmo Paulo, conseguia sempre curar todas as enfermidades. Se Paulo estava angustiado sobre a enfermidade de Epafrodito, que o levava quase até a morte, e sobre inicialmente suas orações pelo amigo terem sido ineficazes, duvido seriamente se o apóstolo teria chegado às mesmas conclusões que os cessacionistas de hoje chegam. Paulo entendia a natureza esporádica ou circunstancial dos dons de curas.

O fato de que a cura é uma expressão da "misericórdia" divina (Filipenses 2:27) significa que jamais deveria ser vista como um "direito" ou como algo que o cristão possa reivindicar. Não há lugar algum na vida do cristão ou da igreja local para a presunçosa abordagem à cura que encontramos nos que advogam o evangelho da cura e da riqueza, ou no movimento Palavra da Fé.[5] A cura não é o pagamento de uma dívida. Deus não nos *deve* a cura. Não merecemos a cura. Creio que deveríamos ter fé para a cura. Mas há uma vasta diferença entre a fé na misericórdia divina e a presunção baseada num suposto direito. Deus teve "misericórdia" de Epafrodito (v. 27), a mesma palavra usada nos evangelhos para descrever por que Jesus curava as pessoas enquanto estava na terra. O motivo de Deus para a cura não mudou! A razão principal pela qual Deus curava por intermédio de Jesus antes do Pentecoste era o fato de ele ser um Deus misericordioso e compassivo. E a razão principal pela qual Deus continua curando depois do Pentecoste é que ele é um Deus misericordioso e compassivo. Deus não é nada menos misericordioso, nada menos compassivo, nada menos solícito (quando a questão é a condição física do seu povo depois do Pentecoste) do que era antes do Pentecoste.

---

[5]Para uma análise a respeito de haver "cura na expiação", cf. meu livro *Tough topics: biblical answers to 25 challenging questions* (Wheaton: Crossway, 2013), p. 295-302.

ENTENDENDO OS DONS ESPIRITUAIS

É bem possível que haja uma grande conexão entre os dons de curas e o dom da fé, o qual imediatamente os precede na lista dos *charismata* apresentada por Paulo. Como vimos acima, o dom espiritual da fé é uma capacidade singular e extraordinária de crer que Deus vai fazer algo muito notável, para o qual não temos uma promessa bíblica explícita.

Um exemplo pessoal ajudará a ilustrar o que estou dizendo. Num domingo, um casal veio conversar comigo antes do culto de adoração e pediu que os presbíteros da nossa igreja ungissem o seu bebê e orassem pela sua cura. Depois do culto, reunimo-nos em meu escritório e eu o ungi com óleo. Não me lembro do nome médico exato da sua enfermidade, mas, aos seis meses, ele tinha uma grave doença no fígado que exigia uma cirurgia imediata, possivelmente até mesmo um transplante, se algo não mudasse. Ao orarmos, algo muito incomum aconteceu. Enquanto impúnhamos as mãos sobre esse bebê e orávamos, encontrei-me repentinamente cheio de uma confiança avassaladora e inescapável de que ele seria curado. Foi totalmente inesperado. Lembro-me, na verdade, de haver tentado duvidar, mas não consegui. Orei confiantemente, cheio de uma fé inabalável e inegável. Disse a mim mesmo: "Senhor, certamente o Senhor vai curá-lo". Ainda que a família houvesse saído do escritório incerta, eu tinha absoluta certeza de que Deus o havia curado. Na manhã seguinte o médico concordou. Ele foi totalmente curado, e hoje é um jovem saudável e feliz, com quase trinta anos.

Talvez, então, "a oração da fé" que Tiago mencionou (Tiago 5:15) não é só qualquer oração que pode ser feita voluntariamente, mas uma oração singular e divinamente motivada, impulsionada pela convicção operada pelo Espírito de que Deus pretende curar a pessoa por quem a oração está sendo oferecida. A fé necessária para a cura é em si mesma um dom de Deus, soberanamente concedido quando ele quiser. Quando Deus escolhe curar, ele produz no coração dos que estão orando a fé ou confiança de que essa é exatamente a intenção dele. O tipo específico de fé que Tiago mencionou, em resposta ao qual Deus cura, não é o tipo que podemos exercitar segundo a nossa vontade. É o tipo de fé que exercitamos somente quando Deus quer. Assim, não há razão alguma para acharmos que, se eu tivesse orado por algum outro bebê enfermo naquele dia, ele necessariamente teria sido curado. O fato de que recebi um dom para a cura nessa única ocasião não é nenhuma garantia de que posso orar com o mesmo sucesso em outra ocasião.

Muitos da igreja hoje dizem que creem que Deus ainda cura, mas vivem como deístas funcionais, que nem sequer raramente, talvez nunca, de fato impõem as mãos sobre os enfermos e oram com qualquer nível de expectativa. Jesus impunha as suas mãos sobre os enfermos (Lucas 4:40), como o fazia a igreja primitiva (Atos 9:17; 28:7,8; cf. Marcos 16:18). E nós também deveríamos fazê-lo.

As pessoas muitas vezes confundem o orar com expectativas e o orar presunçosamente. A oração é presunçosa quando a pessoa reivindica a cura sem uma garantia por revelação, ou com a presunção não bíblica de que Deus sempre quer curar. Isso, então, requer que ela explique a ausência de cura, por meio de uma alegação de falha moral ou deficiência de fé (geralmente na pessoa por quem a oração foi oferecida). As pessoas oram com expectativas quando fazem humildemente uma petição a um Deus misericordioso por algo que não merecem, mas que ele se alegra em dar (Lucas 11.9-13; cf. Mateus 9:27-31; 20:29-34; Lucas 17:13,14). A oração com expectativas flui do reconhecimento de que Jesus curava as pessoas porque ele as amava e sentia compaixão por elas (Mateus 14:13,14; 20:34; Marcos 1:41,42; Lucas 7:11-17), uma disposição que nada nas Escrituras indica que haja mudado.

TIAGO 5 E A CURA

Tenho três comentários adicionais a fazer sobre essa passagem de Tiago 5. Primeiro, Tiago tece vários pontos-chave sobre a relação da enfermidade com o pecado no versículo 15. Ele escreveu: "A oração feita com fé curará o doente; o Senhor o levantará. E, *se* [o homem enfermo] houver cometido pecados, ele será perdoado" (v. 15, NASB). Tiago estava em harmonia com Jesus (João 9:1-3) e Paulo (2Coríntios 12:1-10) no que se refere ao fato de que nem toda enfermidade é um resultado direto de pecado. Às vezes é (1Coríntios 11:27-30; Marcos 2:1-12), mas nem sempre. O "se" no versículo 15 não tem o propósito de sugerir que a pessoa que está enferma talvez *nunca* tenha pecado. O significado é que, se Deus o curou em resposta à oração, isso indica que qualquer pecado do enfermo, que pode ter sido responsável por essa enfermidade específica, foi perdoado. Em outras palavras, se algum pecado foi responsável pela sua enfermidade, o fato de que Deus o curou fisicamente seria uma evidência de que Deus o perdoou espiritualmente.

Em segundo lugar, o pecado que Tiago tinha em mente pode ter sido o pecado de amargura, ressentimento, inveja, ira, falta de perdão em nossos relacionamentos uns com os outros, ou concebivelmente qualquer pecado que possamos ter cometido contra Deus. Portanto, Tiago nos aconselhou a "confessarmos [os nossos] pecados uns aos outros" (Tiago 5:16). Ele provavelmente tinha em mente a confissão à pessoa contra quem pecamos ou a confissão, a outro cristão, das nossas transgressões ou violações mais genéricas das leis bíblicas. O que isso nos diz é que Deus escolheu suspender a misericórdia da cura com base no arrependimento do seu povo. Quando os enfermos não são curados, pode ser um resultado de teimosia e insensibilidade espiritual mais do que o fato de que "Deus não faz mais esse tipo de coisa".

Por fim, deveríamos observar cuidadosamente o exemplo de Elias (veja cf. Tiago 5:17,18). Como já observamos num capítulo anterior, alguns cessacionistas acreditam que os milagres bíblicos estavam agrupados, ou concentrados, em somente três períodos principais da história: os dias de Moisés e Josué, a época de Elias e Eliseu, e o tempo de Cristo e dos apóstolos. A ênfase desse argumento é que Elias e Eliseu, por exemplo, eram indivíduos especiais, extraordinários, singulares, que não podem servir como exemplos para nós quando oramos.

Mas Tiago disse exatamente o oposto! O propósito dos versículos 17 e 18 é contradizer o argumento de que Elias era de alguma forma singular ou que, considerando o período em que viveu, ele poderia orar com um sucesso milagroso, mas nós não. Tiago queria que os leitores soubessem que Elias era exatamente como você e eu. Ele era um ser humano com fraquezas, temores, dúvidas, falhas — nada menos do que nós. Em outras palavras, Tiago disse: "Não permita que ninguém lhe diga que Elias era de uma classe *sui generis*. Ele não era. Ele é exatamente como você. Você é exatamente como ele. Portanto, ore como ele orava!".

Não se esqueça do contexto: Tiago recorreu ao exemplo de Elias para nos encorajar quando oramos pelos enfermos! O que ele estava dizendo é que deveríamos orar pela cura milagrosa com a mesma fé e expectativa com que Elias orou pelo término de uma seca de três anos e meio.

SE EU TIVER FÉ SUFICIENTE, SEMPRE SEREI CURADO?

Quando a questão é a relação da nossa fé com a cura física, os cristãos muitas vezes gravitam de um extremo a outro. Alguns argumentam que o tipo de fé que Deus honra, concedendo-nos a cura, é totalmente isento de dúvidas. O cristão é chamado a retirar do seu pensamento consciente qualquer possibilidade de que Deus não queira fornecer a cura. Precisamos crer, sem hesitação nem temor, que a vontade de Deus sempre é curar. É somente então que ele fará isso em resposta às nossas orações. Outros consideram essa perspectiva como se estivesse beirando a presunção pecaminosa e, assim, eles, pendendo para a outra extremidade do espectro, minimizam totalmente a importância da fé. Se Deus curará, a fé é totalmente irrelevante. Ele é soberano e fará o que deseja independentemente da nossa fé ou da falta dela.

A primeira coisa que devemos considerar é a maneira pela qual a fé é realmente descrita no Novo Testamento e no ministério de Jesus. Em certas ocasiões, a cura ocorria na ausência da fé. Em João 5:1-9, lemos sobre o homem que havia sido inválido durante 38 anos. Não vemos nenhuma evidência de fé da parte dele, nem da vontade de Deus em relação à sua enfermidade, nem da capacidade de Jesus de restaurar a sua saúde. Ainda assim, Jesus o curou. Na verdade, é surpreendente o fato de que a fé nunca é mencionada em nenhum lugar no Evangelho de João como um pré-requisito para a cura.

Deixando esse incidente de lado, a maioria dos casos em que Jesus curou foi em resposta à fé de alguém. Eis alguns exemplos: No caso de um paralítico específico, foi somente quando Jesus "viu" a "fé" dos seus amigos que ele curou o homem (Mateus 9:1-8). Jesus restaurou a visão de dois homens cegos "segundo" a "fé" deles (v. 28,29). O interessante sobre esse incidente é que Jesus não lhes perguntou se tinham fé na vontade dele de curar, mas somente se acreditavam que ele fosse "capaz" de curar. Quando a mulher cananeia clamou a Jesus para curar a sua filha que estava gravemente oprimida por um demônio, a resposta foi notável: "Mulher, grande é a sua fé! Seja conforme você deseja" (Mateus 15:28).

Quanta fé é necessária? Essa talvez seja a pergunta errada a fazer. Talvez devêssemos nos concentrar no tipo ou na qualidade de fé, ou, melhor ainda, no objeto ou foco da nossa confiança. Quando o pai de um menino pediu que Jesus expulsasse um demônio do seu filho, nosso Senhor respondeu, dizendo: "Tudo é possível àquele que crê" (Marcos 9:23). Imediatamente, "o pai do menino exclamou: 'Creio, ajuda-me a vencer a minha incredulidade!'" (v. 24). Embora certa medida de fé estivesse presente no coração desse homem, ela foi claramente qualificada pela sua própria confissão de incredulidade. Ainda assim, Jesus respondeu expulsando o demônio (v. 25).

Toda dúvida sobre o papel da fé deveria ser silenciada ao lermos textos como este: "Então ele lhe disse: 'Filha, a sua fé a curou! Vá em paz e fique livre do seu sofrimento'" (Marcos 5:34).

Quando abordado por Jairo, cuja filha estava para morrer, Jesus lhe disse: "Não tenha medo; tão somente creia" (Marcos 5:36). Mas crer no quê? Que era vontade de Cristo curá-la? Que Cristo tinha o poder de curá-la? Que Jesus de fato a curaria? Jesus disse algo bem semelhante ao leproso que voltou para agradecer a sua cura: "A sua fé o salvou" (Lucas 17:19). Uma vez mais, Jesus falou ao cego Bartimeu e disse: "Vá; a sua fé o curou" (Marcos 10:52).

É muito instrutivo o fato de que em nenhum lugar dos evangelhos ou do Novo Testamento nos é dito para crer que sempre é vontade de Deus curar os enfermos. Jesus nunca perguntou isso aos que ele curou. Ele só estava interessado em que cressem que ele era capaz de curar. À luz disso, podemos identificar várias expressões de fé, e nem todas operam no mesmo nível de confiança. Em outras palavras, a fé nunca é monolítica na Bíblia, como se toda experiência de confiança em Deus fosse a mesma.

Se perguntássemos por que a fé aparece para assumir um papel tão vital assim em nossa resposta a Deus, não é porque Deus esteja deficiente e a nossa fé lhe fornecesse o incentivo ou poder para que ele faça por nós o que pedimos. A fé é necessária porque a fé glorifica a Deus. Ela redireciona a nossa energia espiritual e emocional para longe do nosso ego e para o Deus que nos sustém. A fé não é uma força que compele Deus a agir; em nenhum sentido ela "cria a nossa própria realidade". É uma expressão de fraqueza e de total dependência. O foco da fé não está em nossa capacidade de crer, mas na capacidade de Deus de fazer o que seria impossível sem ele. Não é o mero fato de possuir fé; é o foco da fé que traz resultados.

Sabemos que a fé pode ter como foco a realidade da bondade de Deus e da sua provisão para nós diariamente. Encontramos essa expressão de fé nas palavras do salmista:

Mas o Senhor protege aqueles que o temem,
    aqueles que firmam a esperança no seu amor,
para livrá-los da morte
    e garantir-lhes vida, mesmo em tempos de fome.

Nossa esperança está no Senhor;
    ele é o nosso auxílio e a nossa proteção.
Nele se alegra o nosso coração,
    pois confiamos no seu santo nome.
Esteja sobre nós o teu amor, Senhor,
    como está em ti a nossa esperança (Salmos 33:18-22;
        cf. tb. Salmos 147:10,11).

Como já observado, parece que Jesus sempre responde positivamente a uma confissão de fé em sua capacidade de curar (cf. Mateus 9:28,29). Não podemos negligenciar o que Jesus não falou em relação a isso. Ele não perguntou aos dois homens cegos, nem a qualquer outra pessoa, no decorrer do seu ministério, se acreditavam que era da vontade dele curá-los. Ele só perguntava se acreditavam que ele fosse capaz de fazer isso. O leproso de Mateus 8 não teve nenhuma presunção sobre a vontade do nosso Senhor, mas em fé declarou a sua confiança em seu poder: "Senhor, se quiseres, podes purificar-me!" (v. 2). A crença do leproso é que Jesus *tinha poder* para fazê-lo, e não necessariamente que ele o *faria*, o que resultou em sua cura.

É essencial que em todo o tempo tenhamos fé na compaixão de Deus e em seu amor pelos enfermos. Em outras palavras, a nossa confiança está na bondade de Deus e em seu compromisso de fazer o que é melhor para os seus filhos. "Se vocês", disse Jesus, "apesar de serem maus, sabem dar boas coisas aos seus filhos, quanto mais o Pai que está nos céus dará o Espírito Santo a quem o pedir!" (Lucas 11:13). É simplesmente uma questão de confiança inabalável na bondade e misericórdia do coração do nosso Pai Celestial.

Crer, hoje, que Deus de fato cura é vital. Não se espera de nós, em nenhum lugar, que acreditemos que ele sempre o fará. Mas, se você não crer que a cura hoje ainda faz parte da graciosa e miseri-cordiosa provisão de Deus para o seu povo, é improvável (mas não impossível) que você seja o receptor do poder dele em relação a isso. Citando um exemplo óbvio, não creio que seja plano de Deus discer-nir sua vontade por meio do lançamento de sortes (cf. Atos 1:24-26). Portanto, não devotarei a minha energia a fazer isso, tampouco terei qualquer nível de confiança na possibilidade de que, se eu escolher tirar sortes, Deus certamente responderá, revelando a sua vontade por meio de meios como esse. Semelhantemente, se você não crê que Deus ainda cura, a probabilidade é baixa de que você passe muito tempo em oração pedindo-lhe para fazer isso.

Mas será que poderia haver certas ocasiões em que você e eu seja-mos movidos pelo Espírito Santo a acreditar que é vontade de Deus curar alguém *neste exato momento*? Sim. Esse tipo de fé, no entanto, não é o tipo que podemos estimular pela nossa própria iniciativa ou pela nossa própria força. É provavelmente o tipo de fé que Paulo tinha em mente ao falar disso como um dom espiritual (1Coríntios 12:9) e que Tiago mencionou como "oração da fé" (Tiago 5:15). É o tipo de fé que somos sobrenaturalmente capacitados a exercer pela von-tade de Deus, não pela nossa. Eu não posso escolher de forma autô-noma ter esse tipo de fé. Posso crer que é da vontade de Deus curar alguém neste exato momento somente quando o Espírito me move e me capacita com esse nível de confiança inabalável. Quando Deus deseja curar, ele produz em nosso coração a avassaladora e inabalá-vel certeza de que isso é exatamente o que está para ocorrer.

SE DEUS AINDA CURA, POR QUE NEM SEMPRE O FAZ?

Deus amava o apóstolo Paulo. Contudo, Deus soberanamente orquestrou o seu doloroso espinho na carne, e então recusou-se a removê-lo, apesar da oração apaixonada de Paulo para ser curado. Não somos apóstolos. Contudo, como seus filhos, Deus nos ama também, e não nos ama menos do que a Paulo. Não sabemos a natureza do espinho de Paulo,[6] mas cada um de nós indubitavel-

---

[6]No entanto, esforço-me para identificar o "espinho na carne" de Paulo em meu livro *Tough topics*, p. 283-94.

mente já sofreu de forma semelhante, e alguns de forma consideravelmente pior. Nós, como Paulo, oramos incessantemente para sermos curados. Ou, talvez sabendo do "espinho" de um ente querido, temos orado por ele. E, uma vez mais, como foi com Paulo, Deus recusou-se a removê-lo. Por quê?

É difícil imaginar um tópico mais difícil, confuso e polêmico do que a razão pela qual Deus escolhe não curar em resposta às súplicas intercessórias do seu povo. Não professo ter todas as respostas, mas creio que tenho algumas. Tenho certeza de que essas respostas provocarão ira e frustração em muitos, ao passo que outros, oro, encontrarão certo consolo.[7]

Na análise final, tudo sobre a cura permanece um mistério. Não me importo em dizer que estou cansado dos que alegam reduzir a cura a uma fórmula ou a um fenômeno causa-efeito administrável no qual podemos saber com certeza por que alguns são curados e outros não. Esforcei-me neste capítulo para evitar cair nessa armadilha. Dito isso, gostaria de sugerir que a razão pela qual muitos não são curados provavelmente pode ser explicada de uma dentre sete maneiras.

Primeiro, ainda que tenhamos de ter cuidado ao darmos mais peso ao papel da fé do que o próprio Novo Testamento o faz, também precisamos estar dispostos a reconhecer que por vezes a cura não ocorre por causa da falta desse tipo de fé que Deus se deleita em honrar. Não significa que todas as vezes que alguém não é curado seja por causa de uma fé defeituosa, ou que, se ao menos uma fé mais robusta e livre de dúvidas estivesse sendo exercitada, a cura inevitavelmente viria. Mas significa, sim, que a fé é muito importante. Como podemos concluir o contrário em vista dos diversos textos em que a cura está muito ligada à fé da pessoa? Espero que você tome um tempo de pausa, a fim de ler as seguintes passagens: Mateus 9:22,28,29; 15:28; Marcos 2:5,11; 5:34; 9:17-24; 10:52; Lucas 17:19; Atos 3:16; 14:8-10; Tiago 5:14-16.

Em segundo lugar, às vezes a cura não ocorre por causa da presença de pecado pelo qual não houve nenhuma confissão ou arrependimento. Tiago 5:15,16 claramente nos instrui a confessar os nossos

---

[7]O texto seguinte foi adaptado de um capítulo do meu livro *Tough topics*, intitulado "Why doesn't God always heal the sick?", p. 303-8.

pecados uns aos outros e a orar uns pelos outros para que sejamos curados. Uma vez mais, por favor, não conclua com isso que, em todas as vezes que alguém não foi curado, é porque a pessoa cometeu algum pecado específico do qual se recusa a arrepender-se. Mas, em *alguns* casos (não necessariamente todos), indiscutivelmente é o que acontece. Temos que levar em consideração a possibilidade de que a persistente amargura, a ira, o ressentimento, a inveja, a falta de perdão em nosso coração e nossa recusa de confessar e nos arrepender desses pecados constituem a razão pela qual Deus retém a cura física dos nossos corpos.

Em terceiro lugar, conquanto pareça esquisito para muitos à primeira vista, a cura talvez não aconteça porque o enfermo não quer que isso aconteça. Jesus perguntou ao paralítico em João 5:6: "Você quer ser curado?". O que na superfície pode parecer uma pergunta ridícula é, em um exame mais pormenorizado, considerado profundamente revelador.

Algumas pessoas que sofrem de alguma enfermidade crônica ficam acostumadas com ela e ao padrão de vida que ela requer. A sua identidade é em grande parte envolta por sua incapacidade física. Entendo que isso pareça estranho àqueles de nós que apreciamos uma saúde robusta. Por que alguém preferiria continuar doente? Quem não agarraria a oportunidade de ser curado? Mas eu na verdade já conheci um punhado de pessoas que, em sentido bem real, gostam da sua dependência de outros e da atenção especial que isso lhes traz. Estão convencidas de que a única razão pela qual as outras pessoas as notam e lhes mostram bondade e compaixão é a sua enfermidade. Temem que, se fossem curadas, perderiam o amor do qual passaram a depender. O fato de continuarem enfermas, segundo a sua forma de pensar, é um preço baixo a ser pago para reter a bondade e o envolvimento dos que as ignorariam.

Então, obviamente, em alguns casos os enfermos não querem as responsabilidades que viriam com o fato de ficarem saudáveis. Segundo a sua forma de pensar, é mais fácil (e talvez até mesmo mais rentável) continuar sendo o objeto da beneficência e boa vontade dos outros do que seria o fato de ser saudáveis e assim ter de lidar com a expectativa dos outros de arrumarem um emprego e nele comparecer das nove da manhã às cinco da tarde diariamente. Não é um fenômeno comum, mas realmente acontece.

Em quarto lugar, também precisamos considerar o princípio articulado em Tiago 4:2, em que nos é dito: "Vocês não têm, porque não pedem". O simples fato é que alguns não são curados porque não oram. Talvez orem uma vez ou duas, e então permitem que o desânimo paralise suas petições. A oração pela cura em geral precisa ser feita muita vezes, de modo disciplinado e constante, com perseverança e aliada ao jejum.

Em quinto lugar, alguns não são curados porque a causa demoníaca da enfermidade não foi abordada. Por favor, não se apresse a conclusões injustificadas. Não estou sugerindo que toda enfermidade física seja demonicamente induzida. Não é interessante que, no caso de Paulo, Deus usou "um mensageiro de Satanás" para infligir o espinho? Também há o caso da mulher de Lucas 13 "que tinha um espírito que a mantinha doente havia dezoito anos. Ela andava encurvada e de forma alguma podia endireitar-se" (v. 11). De acordo com Jesus, "Satanás" a tinha "presa" (Lucas 13:16; cf. tb. Atos 10:38). É preciso muito discernimento, tempo e paciência para determinar se uma doença tem uma causa demoníaca, acompanhado de um compromisso ainda maior de orar por esse indivíduo e levá-lo a abordar as razões de sua opressão espiritual. Quando esses fatores são ignorados, a cura talvez não esteja a caminho.

Em sexto lugar, também precisamos considerar o mistério da providência divina. Há tempos e estações nos propósitos de Deus durante os quais o seu poder de cura é removido ou, pelo menos, muito diminuído. Deus pode ter várias razões para isso, sobre as quais não fomos confidencialmente informados, seja para disciplinar uma igreja desobediente e rebelde, criar um desespero maior pelo seu poder, nos desabituar de uma dependência excessiva de conforto físico e conveniência, ou qualquer outra dentre inúmeras possibilidades. Se isso o deixa confuso, é por isso que é chamado de "mistério"!

Mas o que devemos dizer quando o problema não é a falta de fé, a presença de um demônio, a recusa ao arrependimento, a falta de oração ou uma falta de desejo? De que forma, então, explicamos a enfermidade física contínua, como no caso de Paulo? Insisto muito que você leia o próximo parágrafo cuidadosamente.

Em sétimo lugar, é frequente haver dimensões de crescimento espiritual, desenvolvimento moral e aumento no conhecimento de

Deus em nós que ele deseja *mais* do que a nossa saúde física; são experiências que, em sua sabedoria, ele determinou que podem ser alcançadas *somente* por meio, em meio ou em resposta a uma saúde física inferior à perfeita. Em outras palavras, curar os enfermos é algo *bom* (e jamais deveríamos parar de orar por isso), mas muitas vezes há algo *melhor* que somente pode ser alcançado por meio de uma enfermidade física.

Mais importante para Deus do que a nossa saúde física é a nossa santidade espiritual. Não estamos dizendo que o corpo não é importante. Deus não é um gnóstico! Ele valoriza os nossos corpos, tanto que os redimiu e agora habita dentro deles como seu templo eterno. Mas, enquanto vivemos neste mundo corrupto e decadente, a conformidade interna e espiritual à imagem de Cristo vem somente à custa, ou ao menos simultaneamente, à deterioração física e ao sofrimento (cf. 2Coríntios 4:16-18).

Permita-me personalizar esse princípio. Se eu creio em Romanos 8:28 — que Deus soberanamente está orquestrando todos os acontecimentos da minha vida para o meu bem espiritual final (e preeminentemente para a sua maior glória) —, só posso concluir que, em condições normais, se não sou curado, *é porque Deus valoriza algo em mim mais do que o meu conforto físico e a minha saúde física* que ele, em sua infinita sabedoria e bondade, sabe que somente podem ser alcançados por meio da minha enfermidade física e das lições que aprendo através da submissão, dependência e confiança em Deus.

Em última análise, talvez nunca saibamos por que uma pessoa não é curada. Qual, então, deveria ser a nossa resposta? Para começo de conversa, não pare de orar! Algumas pessoas acham isso difícil de engolir. Muitas vezes me perguntaram: "Por que Paulo deveria incomodar-se em orar pela liberação de algo que Deus quer infligir?". A resposta é que *Paulo não sabia* qual era vontade de Deus nesse caso específico até a hora em que Deus escolheu revelá-la. Tampouco você e eu sabemos a vontade de Deus em relação a qualquer enfermidade específica que possamos sofrer.

Se o Senhor nunca houvesse dito em resposta à oração de Paulo: "Não, não é a minha vontade que você seja aliviado desse espinho", Paulo teria sido justificado, na verdade *exigido*, a continuar orando pela sua cura. Certa vez ouvi meu amigo Jack Taylor expressar isso com as seguintes palavras: "Jamais cesse de orar pela cura até que lhe seja mostrado o contrário, seja por revelação divina ou por meio da morte!". Se você consegue discernir, como Paulo, por meio de alguma revelação ou outro meio bíblico legítimo, que não é vontade de Deus, agora ou jamais, curá-lo, você poderá cessar de pedir que ele faça isso. Caso contrário, exceto pela própria morte, você deve perseverar em oração. Nunca sabemos quando a vontade de Deus, em última análise e em longo prazo, é a cura completa depois que, por algum tempo, ele tenha realizado o seu propósito santificador em curto prazo.

No caso de Paulo, a única razão pela qual ele cessou de pedir a libertação foi que Deus, efetivamente, disse-lhe para calar a boca! "Não, Paulo, não vou curá-lo. Não é minha vontade nesta ocasião que você seja liberto desta enfermidade. Tenho um propósito maior em mente: a sua humildade e a glória do meu Filho sendo manifesta no contexto da sua contínua fraqueza". Paulo, efetivamente, respondeu: "Ok, Senhor. Vou calar a boca e submeter-me ao teu misericordioso propósito em minha vida. Sei que me amas e desejas o que, em última análise, é para o bem maior do meu crescimento espiritual. Portanto, a minha oração agora é que tu maximizes em mim os efeitos benéficos dessa dor. Não permitas que eu perca nenhum bem espiritual que possa vir a meu encontro por causa dessa enfermidade. Ensina-me tudo o que preciso saber e sustenta-me para que eu seja uma plataforma para a glória de Cristo e uma fonte de consolo a outros santos que estejam sofrendo".

Tenho certeza de que há outras maneiras de explicarmos a razão pela qual Deus escolhe não curar, mas espero que isso tenha provado ser útil. Há muito que não sei sobre esse assunto, mas disso tenho muita certeza: a graça de Deus é suficiente em todas as circunstâncias, a fim de que, "por amor a Cristo" (2Coríntios 12:10a), possamos aprender que, em nossa fraqueza, seu poder é aperfeiçoado.

CAPÍTULO QUINZE

Os milagres e o dom espiritual de milagres

Enquanto coloco diante de você o espectro de crenças sobre os milagres, fique ciente de que cada uma dessas visões é adotada por cristãos professos. Não estou falando de ateístas, mas de pessoas que alegam conhecer a Jesus como Salvador e que alegam crer que a Bíblia é a Palavra de Deus.

Primeiro, em uma extremidade do espectro encontram-se os que argumentam que os milagres não ocorrem mais. Ocorreram outrora, nos tempos bíblicos, durante o Antigo Testamento, durante a vida e o ministério de Jesus, e durante a igreja primitiva, como é visto no livro de Atos. Mas Deus não executa mais milagres. Qualquer coisa que pareça ser milagrosa pode ser explicada cientificamente, com tempo e análise suficientes. Deus sempre e somente opera por meio de causas e efeitos normais. Essas pessoas não negam a realidade do mundo sobrenatural, mas bem que poderiam, porque qualquer coisa que qualquer um pudesse sugerir que é um milagre muitas vezes evoca deles um desprezo. Assim, a resposta deles a alegações a favor dos milagres é o *cinismo*.

Em segundo lugar, indo um pouco mais ao longo desse espectro, encontramos os que acreditam que os milagres ainda *possam* ocorrer hoje, mas são extremamente, e não consigo enfatizar de modo suficiente a palavra *extremamente*, raros. Até mesmo se os milagres ocorrerem hoje, você não deveria buscá-los; você não deveria orar por eles; e a sua resposta deveria ser de um *ceticismo* intensificado. Há uma diferença entre cinismo e ceticismo. Os cínicos são maliciosos e sarcásticos, e não raro tratam com desdém qualquer um que creia em milagres hoje em dia. Os céticos são simplesmente, bem, céticos. Não são necessariamente maldosos ou repugnantes, e normalmente não zombam dos que creem em milagres.

A terceira perspectiva é a que afirma que os milagres ainda acontecem, mas, quando realmente acontecem, ocorrem independentemente de qualquer envolvimento humano. Em outras palavras, Deus soberanamente opera milagres, mas sem a agência de nenhum ser humano. São pessoas que acreditam em milagres, mas negam que o dom espiritual de operação de milagres ainda esteja em funcionamento em nossos dias. Não há ninguém que realize milagres. Essas pessoas não são cínicas, nem são céticas, mas são *duvidosas*. É necessário um grande esforço para convencê-las de que ocorreu um milagre. É a visão que adotei durante os primeiros 25 anos da minha vida.

A quarta opção é a que adoto hoje. Creio que os milagres ainda acontecem. Creio que o dom espiritual de milagres ainda está em operação na igreja. Creio que esse dom é o que chamo de *dom circunstancial* ou *esporádico*. Significa dizermos que nenhum cristão pode operar milagres voluntariamente, sempre que quiser, a qualquer hora. Qualquer cristão pode receber o poder para operar um milagre numa dada ocasião, dependendo da vontade soberana de Deus e do seu propósito. Devemos, portanto, orar pelos milagres. O dom espiritual de operação de milagres é um dom que todos nós deveríamos buscar. Se é dado ou não, depende inteiramente de Deus. O simples fato de você ter recebido um dom de operação de um milagre em certa ocasião não significa que você sempre operará ou ministrará nesse nível de poder sobrenatural. Essa visão não é cínica, não é cética, nem duvidosa, mas *esperançosa* (e repleta de oração).

A quinta e última opção encontra-se na extremidade oposta da primeira visão no espectro. A primeira visão é que os milagres nunca ocorrem. Deus nunca quer realizar demonstrações sobrenaturais de poder. A opção final argumenta que Deus *sempre* deseja realizar milagres em nosso meio. Não somente Deus sempre deseja realizá-los, mas ele sempre *os realiza*, e, se não o fizer, a falha é sempre nossa. Como essas pessoas respondem à alegação da ocorrência

ENTENDENDO OS DONS ESPIRITUAIS

de um milagre? Não são cínicas, nem céticas, nem duvidosas, nem mesmo esperançosas. Volta e meia são *ingênuas*. Têm a tendência de ser singelas e de aceitar sem questionar toda e qualquer reivindicação de milagres.

JOÃO 14:12

Sempre que o assunto dos milagres ou do dom espiritual de milagres é levantado, as pessoas imediatamente recorrem às palavras de Jesus em João 14:12. Ele disse aos seus discípulos: "Digo a verdade: Aquele que crê em mim fará também as obras que tenho realizado. Fará coisas ainda maiores do que estas, porque eu estou indo para o Pai".

A maioria das interpretações de João 14:12 origina-se da disparidade que as pessoas observam entre, de um lado, o que Jesus disse que aconteceria e, de outro lado, o que suas próprias experiências demonstram. Elas leem esse versículo e dizem: "Algo está errado. Não creio que os seguidores de Jesus têm feito as mesmas obras que Jesus fazia, e muito menos têm feito coisas ainda maiores do que ele. Assim, como posso navegar ao redor do problema que isso gera para aqueles de nós que cremos na inspiração da Bíblia?".

A interpretação mais popular em nossos dias é de que as palavras de Jesus referem-se a outra coisa além de obras milagrosas e cura física. As obras "maiores" que os seguidores de Jesus fazem são uma referência ao *sucesso evangelístico* no número de almas salvas. Afinal de contas, ainda que Jesus realizasse muito em seu ministério terreno, o número de pessoas que vieram à fé salvadora enquanto ele ainda estava presente fisicamente foi bem pequeno.

Muito semelhante a isso é a ideia de que as obras são "maiores" porque Jesus operou somente numa terra, ao passo que seus seguidores operam em toda parte ao redor do mundo. Ou talvez sejam "maiores" porque, a partir desse ponto, não estão mais confinadas, nem fluem de uma só pessoa. Ou, uma vez mais, são "maiores" porque Jesus ministrou num período de apenas três anos e meio, ao passo que seus seguidores estão ministrando há vários séculos. Há um sentido em que todas essas coisas são verdadeiras, mas será que realmente explicam o que ele disse? Acho que não.

Uma visão que eu adotava refere-se ao fato de que, se as "obras" que Jesus fazia, e prometeu que os cristãos fariam, são uma referência aos atos milagrosos e às curas físicas, talvez o completo cumprimento dessa palavra *ainda* esteja no *futuro*. Se o que Jesus disse é verdadeiro — e *tudo* o que ele disse era verdadeiro —, então certamente essa promessa ainda não teve o seu cumprimento consumado. Seria possível o cumprimento dessa promessa ocorrer em nossa geração? É possível, e certamente espero que seja verdade. Mas a resposta talvez esteja em outro lugar.

Uma quarta interpretação recorre a Mateus 11:11, em que Jesus disse que "o menor no Reino dos céus é maior do que ele [isto é, maior do que João Batista]". Por que você e eu somos "maiores" do que João Batista? A resposta é que, por maior que João fosse, ele nunca experimentou a plenitude das bênçãos do Reino do Céu que vieram por intermédio da morte e especialmente da ressurreição de Jesus. O ministério de João veio cedo demais na história da redenção para permitir que ele participasse da glória do novo tempo que Jesus inaugurou. Assim, as obras realizadas *depois* que Jesus ascendeu à destra do Pai e enviou o Espírito serão "maiores" porque ocorrerão numa fase diferente e mais avançada do plano de Deus de salvação, com base na obra consumada de redenção realizada por Jesus.[1]

Em apoio a essa visão temos a última frase de João 14:12. Jesus parece ter atribuído a capacidade dos seus seguidores de fazer obras "maiores" ao fato de que ele estava "indo para o Pai". No contexto do discurso do cenáculo (João 13—17), isso claramente nos direciona ao dom do Espírito Santo, que dependia da sua ascensão à destra do Pai (cf. João 14:16,26; 15:26; 16:7).

Creio que há certa medida de verdade nisso. Até a hora em que Jesus falou essas palavras no cenáculo, ninguém havia sido perdoado dos seus pecados com base na obra consumada de Jesus na cruz e na sepultura vazia. Toda salvação até esse ponto havia sido uma prévia do que aconteceria mais tarde. A salvação baseava-se na fé na promessa de uma expiação vindoura que removeria o pecado para sempre. Mas, desde que Jesus morreu e ressuscitou dentre os mortos, foi para o seu Pai e enviou o Espírito Santo, a salvação baseia-se na fé depositada no evento histórico consumado da expiação pelo pecado.

---

[1]Essa é a visão defendida por D. A. Carson em dois dos seus comentários. Cf. D. A. Carson, *The Gospel according to John* (Grand Rapids: Eerdmans, 1991), p. 495-6; e Carson, *Matthew*, Expositor's Bible commentary (Grand Rapids: Zondervan, 1984), p. 263-8.

ENTENDENDO OS DONS ESPIRITUAIS

Portanto, o que torna as obras que fazemos "maiores" é que são feitas nos resultados da realização final da redenção e do derramamento do Espírito Santo. São "maiores" porque são feitas em uma era ou época que não espera o pagamento de um resgate pelo pecado, mas olha para trás. A mensagem que você prega será a mensagem não de um resgate prometido, mas de um resgate pago; não de um futuro pagamento pelo pecado, mas de um pagamento pelo pecado já consumado. As obras são "maiores" porque são realizadas na era do cumprimento, a era da nova aliança, uma era que transcende qualquer coisa que já veio antes nos propósitos redentores de Deus.

Diferentemente de qualquer coisa que já tenha acontecido até agora, disse Jesus, vocês farão "obras" que direcionam as pessoas a uma obra consumada de expiação, de uma sepultura vazia e de um Salvador ressurreto e glorificado, e vocês o farão na plenitude da presença e do poder do Espírito. Nessa visão, essas obras são "maiores" por causa de *quando* acontecem, e não por causa do *que* são. Ocorrem na era do Espírito. Pertencem a uma era de clareza e poder com a ascensão de Jesus, a descida do Espírito e a instituição da nova aliança.

Creio que isso faça sentido, especialmente quando percebemos que ninguém pode fazer milagres "maiores" do que ressuscitar os mortos, andar sobre as águas e transformar um punhado de peixes e pães em comida suficiente para alimentar 5 mil pessoas. Assim, a palavra "maiores" precisa ser explicada da perspectiva de um movimento da era da expectação para a era do cumprimento.

E AS MESMAS OBRAS
(OU OBRAS EQUIVALENTES)?

Mas isso não resolve tudo. Ainda precisamos explicar a primeira metade de João 14:12. Vamos deixar de lado por um momento o debate sobre o significado das obras "maiores" e abordar o que Jesus quis dizer quando afirmou que faríamos as "mesmas" obras ou obras equivalentes.

Várias coisas precisam ser observadas. Primeiro, quem realiza essas obras é descrito como "aquele que crê em mim". Esse segmento de frase específica no grego, no Evangelho de João, sempre se refere a *todos* os cristãos, a *qualquer* pessoa que confia em Cristo, quer seja um apóstolo ou um seguidor comum (cf. João 3:15,16,18,36; 6:35,40,47; 7:38; 11:25,26; 12:44,46; 14:12).

É crucial que entendamos isso. Você não precisa ser um apóstolo ou um missionário para fazer as obras de Jesus. Não precisa ser um pastor, um presbítero ou um autor. Você não precisa ser bem conhecido ou financeiramente bem-sucedido. Não é um gênero à custa do outro. Você não precisa ter certa idade ou certa etnia. Você só precisa ser cristão.

Em segundo lugar, olhe de perto o contexto imediato. Jesus disse o seguinte em João 14:11: "Creiam em mim quando digo que estou no Pai e que o Pai está em mim; ou pelo menos *creiam por causa das mesmas obras*" (grifo na citação). As palavras "creiam" e "obras" ocorrem juntas no versículo 11, exatamente como ocorrem no versículo 12. As obras de Jesus têm o propósito de ajudar as pessoas a crer. "Crer por causa das obras." Na verdade, Jesus disse: "Se o meu ensino, a mensagem que tenho proclamado ou como tenho interagido com o povo está deixando dúvidas em sua mente sobre quem eu sou, olhe para as minhas obras. Olhe para as minhas ações. Permita que as obras se unam às minhas palavras e o levem à fé". As "obras" que levam à fé, portanto, são algo mais do que "palavras". São atos visíveis de algum tipo que têm o potencial de levar alguém à fé em Cristo. O que poderiam ser essas "obras"? Isso me leva ao meu terceiro ponto.

Em terceiro lugar, as "obras" que o texto diz que os crentes realizariam podem muito bem ser *mais do que* atos milagrosos e curas físicas, mas certamente não são *menos do que* atos milagrosos e curas. Digo isso porque a palavra grega traduzida por "obra(s)" é usada 27 vezes no Evangelho de João. Cinco delas referem-se à obra de Deus-Pai em e por meio de Jesus. Algumas delas referem-se ao propósito geral de Deus em Cristo, como trazer a salvação à humanidade (João 17:4), ao passo que outras incluem os milagres que ele realizou. Seis das 27 ocorrências referem-se às obras ou aos atos de obediência ou de desobediência pelos seres humanos. Todas as demais 16 ocorrências referem-se aos milagres de Jesus. Talvez seja possível argumentar que algumas referem-se a mais do que milagres, mas todas elas certamente não se referem a nada menos do que milagres. Em outras palavras, os milagres estão sempre incluídos.

Assim, se Jesus estava se referindo a cristãos comuns, e não apenas a apóstolos, e se as "obras" que ele tinha em mente são milagres, o que devemos fazer dessa promessa? Antes de responder isso, permita-me salientar mais um fato importante. A promessa de Jesus aqui não é incondicional. Simplesmente o fato de alguém crer em

ENTENDENDO OS DONS ESPIRITUAIS

Jesus não significa que essa pessoa fará invariavelmente os mesmos atos milagrosos que ele fez. O que Jesus quis dizer é que o potencial para esses atos de poder sobrenatural existe para qualquer um que é um cristão verdadeiro. Mas, se alguém não crê nesse texto, se alguém duvida da realidade dos milagres em nossos dias, se alguém nega a operação contínua dos dons do Espírito Santo, se alguém tem falta de qualquer fé ou tem expectativas excessivamente baixas do que Deus poderia fazer por meio de nós hoje, se alguém não ora apaixonada e regularmente por essas obras de grande poder, é muito improvável que as obras que Jesus fez estejam presentes na vida e no ministério dessa pessoa.

Também precisamos nos lembrar de que o apóstolo Paulo claramente ensinava que o dom espiritual de milagres não é dado a todo e qualquer cristão. "São todos apóstolos? São todos profetas? São todos mestres? Têm todos o dom de realizar milagres? Têm todos os dons de curar? Falam todos em línguas? Todos interpretam?" (1Coríntios 12:29,30).

A resposta que Paulo estava procurando era "não, nem todos têm cada um desses dons". Somente alguns. Assim, qualquer pessoa que crê em Jesus tem o potencial de fazer as obras que ele fez, mas nem todo cristão necessariamente fará milagres. A possibilidade de fazer essas obras existe para qualquer um que crê em Jesus, mas, se o farão, em última análise, depende de Deus.

Assim, se Jesus disse que os que creem nele farão as mesmas obras que ele fez, por que isso não tem acontecido? Ouça-me com atenção: *Tem acontecido!* A maioria das pessoas argumenta que Jesus não poderia querer dizer o que parece que ele quis dizer, porque sabemos que não tem acontecido. Os cristãos, os que creem em Jesus, na verdade, não têm feito as mesmas obras que ele fez. Discordo. *Tem* acontecido. E *está* acontecendo.

A PESQUISA DO DR. CRAIG KEENER[2]

O dr. Craig Keener, que obteve seu PhD pela Duke University [Universidade Duke], é um dos estudiosos evangélicos do Novo Testamento mais respeitados do mundo. É professor do Novo Testamento

---

[2]Craig Keener, *Miracles: the credibility of the New Testament accounts* (Grand Rapids: Baker Academic, 2011), 2 vols.

no Asbury Theological Seminary [Seminário Teológico de Asbury] e escreveu o que é amplamente considerado o tratado definitivo sobre os milagres. São dois volumes, totalizando 1.172 páginas, e ele usa as primeiras 250 para defender a confiabilidade das narrativas de milagres na Bíblia; depois, então, responde extensivamente aos argumentos filosóficos e teológicos que alguns têm usado para negar a possibilidade dos milagres.

Contudo, de longe, a maior parte desses dois volumes é devotada ao registro e à descrição de milagres de todos os tipos ao redor do mundo durante a época atual, com atenção especial dada aos últimos 150 anos aproximadamente. Ele cita milagres documentados de cura e libertação em lugares como Filipinas, Tailândia, Vietnã, Singapura, Malásia, Mianmar e Camboja. Dezenas e dezenas de exemplos documentados de fontes fidedignas são citados.

Ele tem centenas e centenas de exemplos procedentes de igrejas na Índia, Sri Lanka, Nepal, Indonésia, Coreia do Sul, Ilhas Salomão, Samoa, Fiji, Papua Nova Guiné, Nova Zelândia e China. O notável crescimento da igreja na China é devido em grande parte à realidade do sobrenatural, à medida que as pessoas são confrontadas com o que simplesmente não conseguem negar: que há um Deus sobrenatural que responde às orações do seu povo.

Os casos que Keener cita envolvem curas de todos os tipos imagináveis: tumores cancerígenos, cegueiras congênitas, casos de surdez, paralisias, doenças cardíacas, doenças renais, tuberculose e diabetes, só para mencionar algumas. Ele relata até mesmo vários casos documentados de pessoas que foram ressuscitadas dentre os mortos.

Keener prossegue devotando vários capítulos e umas duzentas ou trezentas páginas para relatar vários milagres ocorridos na África, em toda a América Latina e no Caribe. Ele foca especificamente o trabalho de Reinhard Bonnke na Nigéria e de Heidi Baker em Moçambique, assim como na República do Congo.

As narrativas que Keener registra de todos os países da América do Sul são estonteantes, especialmente do Equador e Chile. Ele também descreve dezenas de milagres em Cuba.

Nesse ponto do livro, ele volta a sua atenção aos milagres em todo o decorrer da história cristã, começando no tempo imediatamente posterior à era dos apóstolos. As pessoas que argumentam que, quando os apóstolos morreram, os milagres cessaram, simplesmente não têm observado as evidências. Keener tem as evidências e as descreve com muitos detalhes. Ele registra crônicas de milagres durante toda a Idade Média e entra até mesmo na época da Reforma. Ele descreve inúmeros milagres nos séculos 17, 18 e 19, dentre uma ampla variedade de tradições protestantes. Os seus exemplos são de praticamente todas as denominações protestantes, mesmo a batista, a presbiteriana, a do nazareno, a metodista e a pentecostal, assim como de todas as tradições teológicas.

Keener devota várias centenas de páginas para documentar uma ampla variedade de milagres de cura durante todo o século 20 e o século 21. Numa sequência de dez páginas, ele documenta muito detalhadamente nada menos do que 95 milagres notáveis de uma ampla variedade, e então chega a uma conclusão, dizendo: "Esses relatos representam apenas uma pequeníssima amostra das alegações".[3]

Keener volta então a sua atenção a curas de cegueira, e documenta mais de 350 casos. Ele também foca uma variedade de tipos de paralisias que foram curadas e várias dezenas de casos de ressurreições dentre os mortos. E isso se encontra apenas no volume 1!

Será que todas as centenas e centenas de alegações de milagres citadas por Keener são autênticas? Provavelmente não. E ele abertamente concorda com esse ponto. Mas a sua pesquisa foi feita com o máximo cuidado possível, e somente os mais rigorosos padrões de documentações médicas e de testemunhas oculares foram utilizados. Até mesmo se houver muitos casos que em última análise provem ser falsos, simplesmente não podemos ignorar ou negar os milhares de casos que Keener cita. E essa é apenas a pesquisa de um só homem. Eu não ficaria surpreso se dezenas de volumes da obra milagrosa de Deus pudessem ser escritos se houvesse tempo suficiente e pessoas disponíveis para registrar todos os milagres. Não baseio a minha interpretação de João 14:12 na obra de Keener ou de nenhuma outra pessoa. Simplesmente cito a obra de Keener como confirmação evidencial do que creio que João 14:12 claramente afirma.

O QUE É UM MILAGRE?

Que acontecimentos da vida se qualificariam como milagres? Quando você vai até um shopping center superlotado, numa Black Friday, depois do Dia de Ação de Graças, e descobre que um espaço

---

[3]Keener, 2:505.

de estacionamento repentinamente ficou vago para você, em frente à loja na qual você estava planejando fazer as compras, será que *isso* é um milagre? E se mencionássemos o majestoso e maravilhoso desenvolvimento de um ser humano no útero de sua mãe como um milagre (Salmos 139:13)? Será que algo que acontece continuamente com tamanha *regularidade* pode qualificar-se como milagre?

Considere o seguinte cenário: você está com um pneu furado, voltando do trabalho para casa, à meia-noite de sexta-feira, e então descobre que deixou seu celular em casa. É mais do que um pouco assustador ficar sozinho e sem transporte. De repente, um dos seus melhores amigos simplesmente passa por você por acaso e o vê. Ele lhe diz que às 23h50 teve uma vontade súbita e irresistível de tomar sorvete e saiu correndo para comprá-lo antes que a mercearia fechasse à meia-noite. Será que *isso* é um milagre?

Quando a sua amiga íntima foi diagnosticada curada de um câncer, após um rigoroso tratamento de radioterapia e quimioterapia após uma cirurgia, ao mesmo tempo que ela foi o foco de centenas de pedidos de fervorosas orações para ser curada, será que isso é um milagre? Se concluíssemos que foi Deus que fez com que a radioterapia e a quimioterapia que ela recebeu fossem eficazes, e que sem esse tratamento médico ela teria morrido, será que chamamos a *isso* de milagre?

O que esses exemplos nos mostram é que a palavra *milagre* é usada um tanto quanto promíscua e livremente para descrever tudo o que vai desde a cura de uma pessoa cega de nascimento até uma simples resposta à oração, a uma coincidência providencial, quando, por exemplo, você se depara, no aeroporto, com um velho amigo que não via há vinte anos. Assim, qual é uma definição boa e biblicamente prática de um milagre? Max Turner usa o termo *milagre* para descrever qualquer acontecimento que combine as seguintes características:

> (1) É um acontecimento extraordinário ou surpreendente que pode ser observado, (2) não pode ser racionalmente explicado segundo as habilidades humanas ou outras forças conhecidas no mundo, (3) é percebido como um ato direto de Deus, e (4) é geralmente entendido como tendo um valor simbólico ou diretivo (por exemplo, apontando para Deus como redentor, juiz e salvador).[4]

---

[4]Max Turner, *The Holy Spirit and spiritual gifts: then and now* (Carlisle: Paternoster, 1996), p. 272n31.

Um fator que tem contribuído à nossa confusão em relação aos milagres é a crença não bíblica por parte de incontáveis cristãos professos de que Deus está bastante afastado dos afazeres rotineiros da vida diária. Ainda que talvez não afirmem publicamente o que conhecemos como *deísmo*, vivem como se Deus estivesse alienado do mundo e raramente envolvido com as minúcias da nossa existência diária. Basta lermos os salmos 104 e 139 para ver quão íntima e diretamente Deus está envolvido em tudo, desde o crescimento de uma lâmina de grama até o desenvolvimento de um feto no útero de sua mãe. É "em" Deus que "vivemos, nos movemos e existimos" (Atos 17:28). De fato, "nele tudo subsiste" (Colossenses 1:17b). Estritamente falando, então, Deus não *intervém* nos afazeres deste mundo. Ele está ativamente orquestrando e providencialmente dirigindo tudo o que acontece (Efésios 1:11; Hebreus 1:3). Assim, precisamos olhar em outro lugar para encontrar uma definição apropriada de um milagre.

Talvez um milagre ocorra quando Deus opera diretamente e independentemente de qualquer meio ou instrumento para realizar os seus propósitos. Baseados nisso, apontaríamos para acontecimentos como a ressurreição de Jesus dentre os mortos. Sim, isso foi indubitavelmente um milagre, mas Deus parece mais satisfeito em fazer uso de meios ou causas intermediárias para produzir resultados extraordinários. Ele certamente poderia ter produzido comida suficiente, *ex nihilo*, para alimentar os 5 mil, mas preferiu fazer uso do conteúdo do almoço de um menino.

Uma vez que o próprio Deus é o autor de todas as chamadas "leis naturais", não deveríamos pensar nos milagres como o desafio dele, ou a suplantação delas, ou o agir dele de certo sentido contrário a elas. Não há nenhuma força no Universo que opere fora do controle e da supervisão providencial de Deus.

Wayne Grudem propôs uma definição simples, porém útil, que creio que é fiel às Escrituras: "Um milagre", diz Grudem, "é um tipo menos comum das atividades de Deus em que ele suscita a admiração e o maravilhamento das pessoas e dá testemunho de si mesmo".[5] Não importa como definamos um milagre, não devemos achar

---

[5]Wayne Grudem, *Systematic theology: an introduction to biblical doctrine* (Grand Rapids: Zondervan, 1994), 355 [edição em português: *Teologia sistemática*, 2. ed. (São Paulo: Vida Nova, s.d.)]. É uma definição que o próprio Grudem ouviu de John Frame.

que significa que uma divindade geralmente ausente e não envolvida escolheu intervir e envolver-se nos afazeres puramente humanos para variar. Como Grudem sugeriu, o Deus que é sempre onipresente soberanamente escolhe revelar o seu poder de maneiras que nos surpreendem e nos conscientizam da sua glória e grandeza.

SERÁ QUE OS "MILAGRES" CONTINUAM, MAS NÃO O "DOM" DE MILAGRES?

Vamos continuar nossa abordagem sobre o dom espiritual de milagres observando Gálatas 3:1-5. Aqui o apóstolo Paulo claramente descreveu tanto o recebimento inicial do Espírito no momento da salvação (v. 2) como o fornecimento e a provisão contínuos do Espírito durante todo o decorrer da vida cristã (v. 5). O dom inicial do Espírito aos gálatas (e a nós também) foi descrito no versículo 2: "Gostaria de saber apenas uma coisa: foi pela prática da Lei que vocês receberam o Espírito, ou pela fé naquilo que ouviram?". O fornecimento diário e contínuo do Espírito durante todo o decorrer da vida cristã foi descrito no versículo 5: "Aquele que dá o seu Espírito e opera milagres entre vocês realiza essas coisas pela prática da Lei ou pela fé com a qual receberam a palavra?". Várias observações importantes estão em diante de nós aqui.

Primeiro, em momento algum Deus decidiu nos dar seu Espírito porque fizemos algo bom que o deixasse em dívida conosco. Paulo estava eliminando qualquer forma de legalismo ou de abordagens baseadas em obras para a nossa experiência com o Espírito. Duas vezes nesse parágrafo, primeiramente no versículo 2, e depois novamente no versículo 5, Paulo eliminou as "obras da lei" como razão ou instrumento por meio do qual temos a nossa experiência com o Espírito de Deus, quer seja no momento da nossa conversão ou em qualquer ocasião durante nossa vida cristã.

Por quais meios, então, ou com base em que Deus nos dá o seu Espírito? Isso me leva à segunda observação. Tão claramente quanto Paulo eliminou as obras como razão pela qual recebemos o Espírito de Deus, assim também ele afirmou que a fé é a causa, o instrumento e a base da nossa experiência com o Espírito. Uma vez mais, tanto no versículo 2 como no versículo 5, é "pela fé naquilo que ouvimos" que Deus concede o seu Espírito. É quando cremos e confiamos em Deus e em suas promessas que ele se agrada em derramar

ENTENDENDO OS DONS ESPIRITUAIS

o seu Espírito não somente com o propósito de nos salvar e fazer com que o seu Espírito habite em nós permanentemente (v. 2), mas também com o propósito de operar milagres em nosso meio.

Em terceiro lugar, a fé a que Deus responde com a concessão do seu Espírito vem pelo "ouvir". Ouvir o quê? Obviamente "ouvimos" a Palavra de Deus quando ela é proclamada, ensinada, lida, comunicada e ou tornada conhecida por diversos outros meios. Todas as vezes em que a verdade sobre Deus e o evangelho de Jesus Cristo é ouvida, crida, confiada, entesourada e adotada, Deus responde derramando o seu Espírito.

Em quarto lugar, o mero "ouvir" não é suficiente. Precisamos ter "fé" no que ouvimos. O simples fato de ouvir um sermão, ler a Bíblia ou memorizar as Escrituras não é suficiente. Se você não crê no que memorizou, isso não serve para nada de bom. Deus não nos recompensa com o Espírito simplesmente porque somos espertos ou muito instruídos. Tanto em Gálatas 3:2 como em 3:5, Paulo disse que o nosso ouvir precisa ser do tipo que leva à fé. Em outras palavras, temos que "crer", "confiar" e "entesourar" em nosso coração o que Deus nos ensinou ou nos disse em sua Palavra. É isso que agrada a Deus. É isso que serve como o instrumento por meio do qual ele derrama o seu Espírito.

Em quinto lugar, Deus é retratado no versículo 5 como "aquele que dá o seu Espírito". É um tempo verbal no particípio presente. Deus é, por sua própria natureza (quem ele é) e também pela sua escolha (o que ele faz), um Deus que ama dar mais do seu Espírito ao seu povo quando ele se humilha e confia na verdade da sua Palavra. Isso é quase *um sinal de identificação*. Deus está dizendo: "Esse é quem sou. Isso é o que faço. Continuamente forneço o Espírito ao meu povo".

Em sexto lugar, precisamos nos lembrar de que Paulo estava escrevendo a cristãos. Essas pessoas da Galácia já haviam confiado em Cristo para a sua salvação. Anteriormente, no versículo 2, Paulo mencionou a provisão do Espírito que Deus lhes fez quando primeiro confiaram em Jesus para a salvação. Mas agora, no versículo 5, ele estava dizendo que Deus continua fazendo provisão para os homens e as mulheres que creem.

Enfatizo esse ponto simplesmente porque esse é um versículo que deveria concluir em definitivo o debate a respeito de Deus continuar, após a nossa conversão, fornecendo-nos cada vez mais do Espírito. Paulo não chamou essa experiência em Gálatas 3:5 de "batismo no

Espírito" ou "enchimento com o Espírito". Ele não usou a palavra *unção*. Tudo o que importa é que Deus é o tipo de Deus cuja própria natureza e propósito é dar mais do seu Espírito diária e continuamente ao seu povo (cf. tb. Filipenses 1:19; 1Tessalonicenses 4:8).

Em sétimo lugar, em quê especificamente Deus quer acreditemos? Qual é o conteúdo ou objeto da nossa "fé" ao qual Deus responde com o extraordinário fornecimento e provisão do seu Espírito? Paulo provavelmente tinha várias coisas em mente.

Em razão do contexto e do propósito maior da carta aos gálatas, ele por certo tinha em mente a nossa fé na finalidade da morte e ressurreição de Cristo e a nossa confiança nessa obra graciosa de Deus como única esperança para a salvação. Crer que somos justificados pela fé somente, por meio da graça somente e em Cristo somente são pontos centrais ao que precisamos crer. Isso é óbvio quando lemos Gálatas 3:6, em que Paulo falou de Abraão "crendo" em Deus e sendo justificado em seguida.

Também penso que Paulo tinha em mente a nossa fé e confiança no caráter de Deus. Você crê que Deus é o tipo de Deus que ama fazer coisas maravilhosas para o seu povo? Você crê que Deus é o tipo de Deus que se alegra em edificar, restaurar e curar? Você crê que Deus é de tal caráter e natureza, que tem compaixão do seu povo e se regozija em fazer o bem para ele o tempo todo? Crer nisso sobre Deus é decisivo para experimentar a obra sobrenatural do Espírito.

Relacionado ao primeiro ponto está algo que vimos no capítulo anterior: refere-se à nossa fé de que Deus é *poderoso* para fazer essas coisas. Eu simplesmente o relembraria de que Jesus sempre respondia a esse tipo de fé com cura, libertação e bênção (cf. espec. Mateus 8:2; 9:28,29). A mulher com a hemorragia, em Marcos 5, foi curada ao simplesmente tocar no manto de Jesus. "A sua fé a curou" (v. 34), disse o mestre. Em outras palavras, "o que gosto e aquilo a que respondo é a sua simples confiança em meu poder de fazer diferença em sua vida".

Em linguagem simples, precisamos trabalhar para crer, confiar e proteger nossa alma com base em toda a verdade que Deus disse em sua Palavra. Foi isso o que Paulo quis dizer ao falar sobre "termos fé no que ouvimos", em Gálatas 3.

Em oitavo lugar, Deus estava operando milagres entre esses cristãos gálatas e por meio deles na ausência de qualquer influência apostólica.

Pelo que sabemos, não havia nenhum apóstolo presente na Galácia quando Paulo escreveu isso. Assim, contrariamente ao que diz a maioria dos cessacionistas, os milagres não eram exclusivamente nem principalmente obra dos apóstolos, mas encontravam-se tipicamente entre cristãos comuns, medianos, como aqueles do primeiro século.

Em nono lugar, observe a estreita e entrelaçada conexão entre crer na Palavra de Deus e experimentar a obra sobrenatural do Espírito. Muitos hoje querem criar uma linha divisória entre a mente e o ministério do Espírito. Acreditaram numa mentira terrivelmente destrutiva, que diz: "Se você quer mais do Espírito Santo, coloque a sua mente em ponto morto. Não bagunce a sua vida com um monte de reflexão e teologia. Abra-se ao Espírito, suspendendo ou até mesmo suprimindo suas atividades mentais e intelectuais. Sua mente só atrapalha. Pensar não faz bem algum".

Não foi isso o que Paulo disse. Ele disse que é somente quando "ouvimos" a Palavra de Deus, e respondemos com "fé" ao que ouvimos e aprendemos, que Deus fornece o Espírito para operar milagres em nosso meio. Uma boa teologia é o solo em que o sobrenatural se arraiga e floresce em milagres.

O DOM ESPIRITUAL DE MILAGRES

A tradução mais literal das palavras de Paulo em 1Coríntios 12:10 é "operações de poderes" (*energēmata dunameōn*). Embora todos os dons sejam "operações" (*energēmata*) ou "energizações" pelo poder divino (cf. v. 6,11), a palavra é usada aqui com "poderes" (*dunamis*) para um dom específico. A palavra muitas vezes traduzida por "milagres" em 1Coríntios 12:10 é na verdade a palavra grega correspondente a poderes (*dunamis*). Assim, uma vez mais temos um plural duplo, "operações de poderes", que provavelmente aponta para certa variedade nessas operações.

O que são essas "operações", "efetuações" ou "produções" de "poderes"? Ainda que todos os dons mencionados em 1Coríntios 12:8-10 certamente sejam miraculosos, o dom de milagres precisa sobretudo englobar os outros fenômenos sobrenaturais também. Em linguagem simples, ainda que todas as curas e palavras proféticas sejam demonstrações de poder, nem todas elas resultam em curas ou palavras proféticas. Portanto, que tipo de demonstrações de poder sobrenatural Paulo poderia ter tido em mente aqui?

Deveríamos provavelmente incluir as raras ocasiões em que alguém foi ressuscitado dentre os mortos, como visto, por exemplo, em Atos 9:40, em que Pedro ressuscitou Tabita dentre os mortos. A declaração profética de juízo que Paulo fez sobre Elimas, deixando-o temporariamente cego (Atos 13:8-11), e as mortes instantâneas de Ananias e Safira (Atos 5:1-11), poderiam muito bem ser inclusas no que o apóstolo tinha em mente. Embora eu nunca tenha ouvido de ninguém mais transformando água em vinho ou acalmando as ondas de um mar revolto, esse poder sobre a natureza poderia referir-se claramente a ocasiões de atividades milagrosas. Não estou inclinado a incluir aqui a libertação de espíritos demoníacos, considerando-se o fato de que isso é privilégio, poder e autoridade que Jesus aparentemente concedeu a todos os seus seguidores (Lucas 10:17-20). A fervorosa oração de Elias "para que não chovesse" (Tiago 5:17), com sua oração posterior para que a chuva recomeçasse, também seria uma boa candidata para o dom de milagres (apesar do fato de que Elias viveu sob a antiga aliança, antes da era da nova aliança, em que os dons espirituais foram dispersos no meio do povo de Deus).

Costumamos ouvir o argumento de que, ainda que os milagres ocorram depois do tempo dos apóstolos originais, o dom espiritual de milagres cessou ou foi removido pelo Espírito da experiência da igreja. Será que essa é uma distinção válida? Posso apreciar o desejo da maioria dos cessacionistas de afirmar que Deus é soberano e pode realizar milagres de acordo com a sua vontade, a qualquer hora, em qualquer era da igreja. Mas o que acho que é inaceitável (porque não é bíblico) é a negação de que Deus ainda pode transmitir o *charisma* de milagres, ou o que Paulo citou, literalmente, como "operações de poderes" (1Coríntios 12:10).

Anteriormente descrevi o que creio ser a razão principal pela qual a maioria dos cessacionistas é relutante em concordar que os dons miraculosos do Espírito ainda estejam em operação na igreja. Simplificando, eles não veem presentes hoje dons que sejam equivalentes em poder e eficácia aos descritos no Novo Testamento. Em inúmeras ocasiões, eu os ouvi dizendo: "Se o dom espiritual de milagres e o dom de cura (só mencionando dois dos *charismata*) foram planejados por Deus para continuar na vida da igreja, mostre-me um homem ou uma mulher que possa curar qualquer enfermidade voluntariamente; mostre-me uma pessoa que opere milagres como Paulo ou Pedro faziam". Na ausência dessas demonstrações de poder com a qualidade do Novo Testamento, a única conclusão razoável é que Deus não está mais abençoando a igreja com esses indivíduos dotados. Subjacentemente a essa conclusão encontramos a noção de que, se qualquer um *jamais* pudesse curar ou realizar um milagre, essa pessoa poderia *sempre* fazer isso. E, uma vez que todos nós reconheçamos que essa última afirmação não prevalece, esses dons devem ter cessado no início da vida da igreja, muito provavelmente logo após a morte do último apóstolo.

Mas esse argumento revela um equívoco fundamental sobre como os dons espirituais operam. Quero apresentar as minhas razões para uma distinção na maneira de concebermos os muitos dons do Espírito. Admito francamente que a terminologia que emprego na diferenciação dos dons não se encontra nas Escrituras. Mas a natureza desses dons e como na verdade funcionavam na vida da igreja primitiva são fatos que justificam essa linguagem. Alguns dons são o que chamo de *permanentes* ou *residentes*: estão sempre presentes na pessoa que os recebeu. Residem no cristão e podem ser exercitados a qualquer hora em que ele os utilizar. O ensino é um exemplo perfeito de um dom permanente ou residente. Posso ensinar a qualquer hora que eu quiser. O uso desse dom está submisso à minha vontade. Outros dons residentes incluem servir, liderar, mostrar misericórdia e evangelizar, só mencionando alguns. Os que operam nesses dons lhe dirão que podem ministrar aos outros o tempo todo.

Há, no entanto, o que chamo de dons do Espírito *circunstanciais* ou *esporádicos*. Esses dons são usados somente quando Deus assim o deseja. Não estão à nossa disposição ou sujeitos à nossa determinação. São fornecidos pelo Espírito em ocasiões específicas, especialmente em ocasiões de necessidades, mas não em todas. Milagres, curas, fé e profecia são exemplos de dons circunstanciais. A razão pela qual alguém pode às vezes curar os enfermos, mas nem sempre, é que o fato de alguém ser curado está sujeito à vontade soberana e ao tempo de Deus. A razão pela qual Paulo não curou imediatamente a Epafrodito (Filipenses 2:25-30), Trófimo (2Timóteo 4:20), Timóteo (1Timóteo 5:23) e talvez a ele próprio (2Coríntios 12:1-10) não se devia ao fato de o dom de cura não estar mais em operação.

OS MILAGRES E O DOM ESPIRITUAL DE MILAGRES

Simplesmente não era vontade de Deus nessa ocasião que esses indivíduos fossem curados de suas enfermidades.

O fato de que a profecia era esporádica ou circunstancial é visto em como é retratada por Paulo em 1Coríntios 14. Ali nos é dito que, se uma pessoa deve profetizar, deve ser receptora de uma revelação do Espírito, uma revelação que na maioria dos casos é concedida espontaneamente (v. 30). Ninguém anda por aí com as verdades de revelação ou dos discernimentos no seu bolso traseiro, sendo capaz de entregá-la como palavra voluntariamente. É por isso que existe o potencial para que qualquer um profetize (cf. v. 24,31). Qualquer cristão é potencialmente receptor de uma palavra de revelação de Deus que, de acordo com as diretrizes estabelecidas por Paulo, pode falar para edificação, encorajamento e consolação de outros (v. 3). Ninguém tem o dom de profecia como se pudesse decidir quando, onde e para quem profetizará. Isso está inteiramente sujeito à vontade e ao tempo de Deus, e não à nossa decisão. Ele determina quando, onde e para quem uma revelação será dada. O mesmo provavelmente se aplicaria aos dons de palavra de conhecimento, palavra de sabedoria, fé e discernimento de espíritos.

Se essa distinção entre os dons que são permanentes ou residentes e os que são esporádicos ou circunstanciais for válida, não haverá necessidade alguma de o cessacionista afirmar que os milagres ainda podem ocorrer, mas ao mesmo tempo negar que o dom de milagres (ou cura, profecia etc.) foi retirado. Esses dons não estão em nossa autoridade para ser usados quando oramos ou a qualquer hora que desejemos. A ocorrência infrequente dos milagres não diz nada sobre o plano de Deus para a cessação de certos dons. É a natureza intrínseca dos próprios milagres, como que estando sujeitos à soberana vontade e ao tempo de Deus, que explica por que eles ocorrem ou não ocorrem.

Portanto, a minha leitura do Novo Testamento, conforme atestada pela experiência, indica que não podemos fazer uma rígida distinção entre uma pessoa dotada que ministra no *charisma* de poder sobrenatural e a alegada ocorrência isolada de um milagre produzido por um Deus soberano. Essa é a razão.

Como acabamos de ver, ninguém nas Escrituras (exceto Jesus) ministrava voluntariamente no poder milagroso do Espírito. Além disso, a maioria dos casos de milagres verificáveis em nossos dias

ENTENDENDO OS DONS ESPIRITUAIS

acontece por consequência das orações de homens e mulheres cristãos. As curas (como a de Tiago 5) ou outras manifestações milagrosas tipicamente ocorrem por meio de um cristão que está buscando a Deus e suplicando-lhe em oração. Isso de forma alguma nega que Deus possa realizar um milagre diretamente e sem o uso de causas secundárias. Mas, quando a questão é a cura ou especificamente o exercício de dons de revelação, é muito mais comum que um "dom" para a cura, ou uma palavra de revelação, ou expressão de poder, seja transmitido a uma pessoa específica (ou pessoas específicas).

Raramente ouço sobre um milagre que ocorre independentemente de algum homem cristão ou mulher cristã (ou de um grupo deles) orando e suplicando a Deus por uma demonstração do seu poder sobrenatural. Isso, creio, é o que Paulo tinha em mente ao falar sobre o "dom de milagres" (1Coríntios 12:10). O Espírito Santo, o qual é o único que tem autoridade para conceder ou recusar todos os dons espirituais (v. 11), capacita uma pessoa numa dada circunstância para abordar uma necessidade singular, a fim de realizar qualquer que seja o propósito que Deus deseje.

Uma comparação de 1Coríntios 12:10 com Gálatas 3:5 indicará que ambos os textos têm o mesmo fenômeno em mente. No primeiro texto, Paulo referiu-se ao dom de milagres como "operações de poderes" (*energēmata dunameōn*). Na segunda passagem, Deus "opera milagres" (*energon dunameis*) quando o seu povo ouve a sua palavra e responde com fé. Assim, é o Espírito que opera milagres em nosso meio, transmitindo um *charisma* de poder. Portanto, quando alguém pergunta: "Tanto Deus quanto homens e mulheres 'operam milagres' em nosso meio?", a resposta é indubitavelmente "sim"!

Quando combinamos esse entendimento da natureza do "dom de milagres" com a operação circunstancial ou esporádica desses fenômenos milagrosos, como curas físicas e experiências de revelações, não há mais necessidade de *negarmos* que esses "dons" continuam na vida da igreja enquanto *afirmamos* que os milagres ainda continuam. A maioria dos cessacionistas não quer se encontrar na desconfortável posição de duvidar — muito menos negar — que o onipotente Deus do Universo *pode* fazer algo. Querem poder justificar a oração por um milagre quando alguém estiver doente, sem conceder esse debate aos continuacionistas. Mas esse problema desaparece quando reconhecemos que Deus continua concedendo o "dom de milagres" da mesma maneira que o fazia na igreja primitiva: raramente, esporadicamente e mais frequentemente (mas nem sempre) por meio de um cristão específico que estava buscando a Deus, dependendo de Deus e intercedendo por um rompimento sobrenatural específico. E, assim, essa insistência por parte dos cessacionistas de que os milagres podem certamente ocorrer (mas não por intermédio do "dom de milagres") ou de que as curas podem ocorrer (mas não por intermédio dos "dons de curas") é uma distinção desnecessária, que serve apenas para confundir as pessoas e enlamear as águas do debate.

SEXTA PARTE

OUTROS
dons
E O
APOSTOLADO

CAPÍTULO DEZESSEIS

E os dons espirituais de Romanos 12:6-8 e de Efésios 4:11?

O nosso foco neste livro tem estado, em grande parte, nos dons citados por Paulo em 1Coríntios 12. Mas não devemos negligenciar duas outras listas, uma em Romanos 12 e outra em Efésios 4. Começamos com Romanos 12:3-8.

OS DONS ESPIRITUAIS DE ROMANOS 12:3-8

Esta é a passagem que nos interessa:

> Por isso, pela graça que me foi dada digo a todos vocês: Ninguém tenha de si mesmo um conceito mais elevado do que deve ter; mas, ao contrário, tenha um conceito equilibrado, de acordo com a medida da fé que Deus lhe concedeu. Assim como cada um de nós tem um corpo com muitos membros e esses membros não exercem todos a mesma função, assim também em Cristo nós, que somos muitos, formamos um corpo, e cada membro está ligado a todos os outros. Temos diferentes dons, de acordo com a graça que nos foi dada. Se alguém tem o dom de profetizar, use-o na proporção da sua fé. Se o seu dom é

servir, sirva; se é ensinar, ensine; se é dar ânimo, que assim faça; se é contribuir, que contribua generosamente; se é exercer liderança, que a exerça com zelo; se é mostrar misericórdia, que o faça com alegria (Romanos 12:3-8).

O nosso foco principal está nos versículos de 6 a 8, mas sempre é útil vermos uma passagem em seu cenário contextual mais amplo.

Antes de nos aprofundarmos no texto, precisamos estar cientes do ponto de vista expresso por Gordon Fee.[1] Fee questiona se os *charismata* de Romanos 12:6-8 referem-se principalmente ao que conhecemos como "dons espirituais". Ele alega que

> não está totalmente claro se Paulo pretendia que tudo o que ele chama de *charismata* em 12:6b-8 fosse entendido como dons especiais *do Espírito*, pelo menos não da mesma maneira que ele expressamente iguala esse termo às manifestações do Espírito em 1Coríntios 12. A lista nos versículos de 6b a 8 é muitíssimo heterogênea e cobre uma faixa muitíssimo grande de comportamentos, de modo que parece muito mais provável que, para Paulo, a ênfase esteja na "graça de Deus" aqui sendo operada entre eles de maneiras concretas, e não na capacitação do Espírito para esses comportamentos ou no "dom do Espírito" como tal. Assim, a lista inclui itens como profecia, ensino e exortação/encorajamento, que, em 1Coríntios 12, vêm no âmbito dos *charismata* do Espírito, assim como várias formas de servir aos outros dentro da comunidade de cristãos (serviço, contribuição com as necessidades dos outros, conceder apoio e mostrar misericórdia), que nunca são em outra parte atribuídos diretamente ao Espírito como *dons concedidos por ele*. Esses últimos itens afastam-se da ideia de "dons" em si, pelo menos no que se refere às manifestações do Espírito, e se aproximam de um comportamento ético apropriado, em que o fruto do amor encontra uma expressão concreta em seu meio. Que isso é de fato a operação externa do Espírito na teologia paulina não precisa ser duvidado. O que é duvidoso é se a nossa tradução "dons *do Espírito*" é um entendimento adequado do uso paulino. Ainda que ambas as enumerações sejam chamadas de *charismata*,

---

[1]Gordon D. Fee, *God's empowering presence: the Holy Spirit in the letters of Paul* (Peabody: Hendrickson, 1994).

somente a de 1Coríntios 12:8-10 foi ligada especificamente pelo próprio Paulo às atividades do Espírito na comunidade.[2]

Em outras palavras, de acordo com Fee, "essas são expressões concretas da graça de Deus em operação na vida dos indivíduos pelo bem dos outros; mas, para ele, não seriam 'dons Espirituais', mas *dons de Deus* que são *eficazmente introduzidos na vida da comunidade pelo Espírito*".[3]

Por mais que eu respeite Fee, não vejo nada no texto que nos leve a crer que o seu uso do termo *charismata* (Romanos 12:6) deva ser considerado em sentido diferente da maneira em que Paulo em geral o usou em 1Coríntios 12—14. A menos que haja evidências convincentes apontando numa outra direção, deveríamos presumir que o seu uso do termo ao escrever a Roma seja o mesmo que o seu uso do termo ao escrever a Corinto. O fato de que Paulo escreveu a sua epístola aos romanos enquanto estava em Corinto não reforçaria esse ponto. O fato de Paulo mencionar expressões da "graça" de Deus (v. 6) que não mencionou em nenhum outro lugar em seu ensino sobre os dons espirituais dificilmente seria um bom fundamento para negar que são *charismata* genuínos, planejados para ser entendidos como "manifestações" do Espírito (v. 7). No raciocínio de Fee, também seríamos obrigados a rejeitar o evangelismo e os pastores-mestres de Efésios 4 como dons espirituais, já que eles, como cinco dos dons de Romanos 12, não são apresentados em nenhum outro lugar nas cartas de Paulo como "dons espirituais". Além disso, considerando o fato de que Paulo mencionou aqui dois dons, profecia e ensino, que estão inegavelmente citados em 1Coríntios 12 como "manifestação ou manifestações do Espírito" (v. 7), a conclusão presumível é que os outros cinco de Romanos 12 devem ser entendidos da mesma maneira.

Mais uma observação está em pauta. Sabemos que esses dons são o fruto da graça de Deus, pois Paulo declarou que "estão de acordo com a graça que nos foi dada" (Romanos 12:6). Assim, como Schreiner corretamente observa, "os dons exercidos não podem ser atribuídos à excelência moral dos seres humanos. São evidência da

---

[2]Fee, p. 34-5.
[33]Fee, p. 607.

ENTENDENDO OS DONS ESPIRITUAIS

graça de Deus, que forneceu à igreja dons para fortalecer a comunidade".[4] Estamos agora preparados para examinar cada dom.

Pouco precisa ser dito sobre a profecia, pois já a examinamos de forma extensiva neste livro anteriormente. Uma coisa, no entanto, deveria ser observada. A profecia deve ser exercida "na proporção da nossa fé" (Romanos 12:6). Recorrendo à referência anterior de Paulo à "medida da fé que Deus concedeu" (v. 3), Schreiner conclui que Paulo está falando sobre a fé do profeta. Wayne Grudem concorda com Schreiner e alega que Paulo está dizendo que "alguns que tinham o dom de profecia tinham uma maior medida de fé (ou seja, uma confiança de que o Espírito Santo operaria ou estivesse operando neles para trazer uma revelação que seria a base de uma profecia)".[5] Em outras palavras, sempre haverá níveis maiores e menores de capacidade profética e consequentemente níveis maiores e menores de precisão profética (que, parece razoável presumir, poderá aumentar ou diminuir, dependendo das circunstâncias da vida dessa pessoa). Assim, os profetas devem falar na proporção da confiança e certeza que têm de que o que dizem é verdadeiramente de Deus. Os profetas não devem falar além do que Deus revelou; devem ter cuidado para jamais falar com a sua própria autoridade ou a partir dos seus próprios recursos.[6]

Outros, no entanto, têm argumentado que "a fé" (*hē pistis*) refere-se às verdades objetivas personificadas na tradição do evangelho. Thomas Gillespie recorre a três outros textos paulinos em que ele crê que *pistis* com o artigo definido aponta para o conteúdo da fé (embora Romanos 10:8 seja questionável). Ele conclui que "conjuntamente, Gálatas 1:23, Romanos 10:8 e Filipenses 1:27 sugerem que, quando Paulo usa *hē pistis* para denotar o conteúdo da crença cristã, ele tem em mente a substância e estrutura do evangelho. Isso significa que, em Romanos 12:6b, a profecia é (1) introduzida na órbita da proclamação do evangelho e (2) submissa ao padrão fornecido pelo

---

[4]Thomas R. Schreiner, *Romans*, Baker Exegetical Commentary on the New Testament, 2. ed. (Grand Rapids: Baker Academic, 2018), p. 637.

[5]Wayne Grudem, *The gift of prophecy in the New Testament and today* (Wheaton: Crossway, 2000), p. 176 [edição em português: *O dom de profecia* (São Paulo: Vida, s.d.)].

[66]Adaptado de Sam Storms, "A third wave view", in: *Are miraculous gifts for today? Four views*, ed. Wayne Grudem (Grand Rapids: Zondervan, 1995), p. 210 [edição em português: *Cessaram os dons espirituais?* (São Paulo: Vida, s.d.)].

conteúdo dessa mensagem".[7] No entanto, se esse fosse o significado de Paulo, seria um uso excepcionalmente raro de *pistis*.

O dom de "serviço" é a tradução do termo comum referente a "ministério" (*diakonia*), que poderia concebivelmente ser uma referência a qualquer ou a toda forma de darmos de nós mesmos para o benefício dos outros. Schreiner acha que isso provavelmente faz referência a "prestar assistência financeira e material".[8] Será que Paulo poderia ter em mente aqui o cargo do diácono? Possivelmente, mas ainda que *todos* os diáconos sirvam, não há nada que sugira que *somente* os diáconos sirvam. Pedro provavelmente tinha em mente esse mesmo dom ao falar de servirmos "com a força que Deus provê" (1Pedro 4:11). Os que têm o dom de serviço e veem uma necessidade, uma fraqueza, uma pessoa em crise ou uma tarefa que exija uma ação imediata, instantaneamente sentem um impulso do Espírito de entrar em cena e devotar suas energias para ajudar a trazer uma resolução. Tipicamente ficam fora dos holofotes de propósito, preferindo trabalhar de forma anônima, pelo bem dos membros do corpo de Cristo.

O ensino, em contraposição à profecia, "depende de uma explicação da tradição que já está escrita, se essa tradição eram as Escrituras do Antigo Testamento, as palavras e obras de Jesus ou um material catequético".[9] Também possa talvez incluir qualquer passagem bíblica que já tenha sido escrita e que foi reconhecida como inspirada (cf. 2Pedro 3:15,16). Paulo incentivou Timóteo a dedicar-se a outros homens fiéis "que sejam capazes de ensinar a outros" (2Timóteo 2:2; cf. 3:10 e Tito 2:1). O ensino parece ser o único dom espiritual exigido dos que desejam qualificar-se para servir como presbíteros (1Timóteo 3:2; Tito 1:9). Uma vez mais, ainda que todos os presbíteros precisem ser capazes de ensinar, raramente é o caso que *somente* os presbíteros ensinem. Alguém pode ter esse dom, mas, por qualquer razão, talvez não ser qualificado para ser presbítero, ou talvez simplesmente escolha não buscar o cargo. As mulheres também podem receber e utilizar esse dom (Tito 2:3).

---

[7]Thomas Gillespie, *The first theologians: a study in early Christian prophecy* (Grand Rapids: Eerdmans, 1994), p. 61.

[8]Schreiner, *Romans*, p. 639.

[9]Schreiner, p. 640. Para uma excelente análise que ressalta as diferenças entre o ensino e a profecia, cf. Grudem, *The gift of prophecy in the New Testament and today*, p. 113-24 [edição em português: *O dom de profecia* (São Paulo: Vida, s.d.)].

ENTENDENDO OS DONS ESPIRITUAIS

Os que têm esse dom são capazes de entender e articular verdades bíblicas e de defendê-las contra as incursões de enganos teológicos. Os mestres amam estudar e são, na maioria dos casos, razoavelmente eloquentes, pelo menos em um nível no qual os outros consigam seguir as suas instruções e ser convencidos das verdades que comunicam.

O dom de "exortação" está ligado, em outros trechos, ao ensino (1Tessalonicenses 2:11-13; 1Timóteo 4:13), mas aqui provavelmente enfatiza a aplicação de verdades comunicadas no ensino ou a apaixonada insistência e encorajamento às pessoas para viverem na prática o que sabem que é verdadeiro. A palavra usada aqui pode até mesmo incluir a ideia de apelo, em que as verdades que são ensinadas são comunicadas de forma que a pessoa seja chamada à ação e encorajada a aplicar a doutrina bíblica de maneiras práticas.

Quanto ao "dar" ou "contribuir", isso deve ser feito "em [ou com] generosidade", embora a palavra aqui também possa significar "simplicidade". Se esse último termo estiver em mente, Paulo estaria se referindo a uma pessoa que é cuidadosa, no sentido de que a sua motivação seja singela e espiritual, totalmente para a glória de Deus e o bem da(s) pessoa(s) a quem a sua contribuição é direcionada, assim como desprovida de qualquer desejo de ganhar influência, de obter poder na igreja ou de fazer com que as pessoas fiquem lhe devendo algo (cf. Mateus 6:2-4). Já a "generosidade" é o que se tem em mente quando a palavra é usada em 2Coríntios 8:2 e 9:11,13.

A pessoa que "lidera" provavelmente tem diz respeito a supervisão administrativa (cf. 1Tessalonicenses 5:12; 1Timóteo 3:4,5,12; 5:17). Isso deveria ser feito com diligência, e não com preguiça. Uma vez que Paulo não especificou sobre quem ou o que deveríamos liderar, não deveríamos restringir esse dom aos que são presbíteros ou pastores. Embora os presbíteros da igreja local certamente liderem (cf. 1Tessalonicenses 5:12; 1Timóteo 5:17), não precisamos ser presbíteros para deter e exercer fiel e frutuosamente este dom.[10]

O dom de misericórdia encontra expressão em qualquer contexto, mas provavelmente se refere ao ministério aos enfermos ou aos que

---

[10]Fee sugere que essa palavra, traduzida por "lidera", refere-se mais a cuidar dos outros do que a um governo ou supervisão por autoridade. Situada como está entre o dar e o mostrar misericórdia, ele crê que a ênfase esteja na dimensão pastoral que os que estão na liderança demonstram (Fee, *God's empowering presence*, p. 604n395).

334

estejam desanimados e deprimidos, talvez até mesmo sofrendo de dificuldades financeiras. Os que têm esse dom geralmente são profundamente compassivos e empáticos com os que estão sofrendo. Paulo os encorajou a cumprir esse ministério "com alegria", uma palavra que ele também empregou em 2Coríntios 9:7 para enfatizar a atitude apropriada em nossa administração financeira. Precisamos demonstrar misericórdia alegremente, e não de má vontade ou relutantes, como se estivéssemos quitando uma dívida ou agindo somente por um senso de dever moral.

EFÉSIOS 4:11-16

E ele designou alguns para apóstolos, outros para profetas, outros para evangelistas, e outros para pastores e mestres, com o fim de preparar os santos para a obra do ministério, para que o corpo de Cristo seja edificado, até que todos alcancemos a unidade da fé e do conhecimento do Filho de Deus, e cheguemos à maturidade, atingindo a medida da plenitude de Cristo. O propósito é que não sejamos mais como crianças, levados de um lado para outro pelas ondas, nem jogados para cá e para lá por todo vento de doutrina e pela astúcia e esperteza de homens que induzem ao erro. Antes, seguindo a verdade em amor, cresçamos em tudo naquele que é a cabeça, Cristo. Dele todo o corpo, ajustado e unido pelo auxílio de todas as juntas, cresce e edifica-se a si mesmo em amor, na medida em que cada parte realiza a sua função (Efésios 4:11-16).

Aqui vemos que Deus não apenas dá "graça" (Efésios 4:7) às pessoas, mas também dá pessoas às pessoas que são "agraciadas" com a habilidade de edificar e fortalecer umas às outras. Nada precisa ser dito aqui sobre os apóstolos e profetas, pois já examinamos esses dons detalhadamente em outras partes deste livro.

As únicas duas outras ocorrências do substantivo traduzido por "evangelistas" (plural de *euangelistēs*) encontram-se em Atos 21:8 (Filipe é chamado de "evangelista") e 2Timóteo 4:5 (em que Paulo exortou o seu filho espiritual a fazer a obra de um "evangelista"). Será que esses indivíduos eram ministros itinerantes engajados na plantação de igrejas, ou será que eram indivíduos dotados que residiam permanentemente em sua igreja local? Parece que não há nenhuma razão para escolher uma opção ou outra. De qualquer forma, eram

ENTENDENDO OS DONS ESPIRITUAIS

capacitados pelo Espírito para trabalhar na proclamação do evangelho e provavelmente eram os que, em média, viam mais conversões genuínas do que os outros cristãos que compartilhavam a sua fé.

Deveria ser observado que o artigo definido ("os") aparece antes de cada um dos primeiros três: apóstolos, profetas e evangelistas, ao passo que "pastores" (ESV) e "mestres" estão ligados por um único artigo. Alguns especialistas em gramática argumentam que isso significa que constituem um só dom, e não dois, e, por isso, são *pastores-mestres*.[11] No mínimo, deveríamos reconhecer algum tipo de sobreposição entre os dois. Isso na verdade levanta a questão a respeito de alguém poder ser "pastor" sem ser também "mestre" (um cenário improvável; é difícil vermos como alguém que não consegue ensinar poderia ser pastor do povo de Deus). Certamente alguns poderiam ter o dom de ensino (como vimos em Romanos 12:7, em que ele está sozinho) sem servir como pastor.

É o único lugar do Novo Testamento em que o substantivo *poimēn*, "pastor", é usado. No entanto, a forma verbal cognata é usada em Atos 20:28 e 1Pedro 5:1-4 (cf. tb. João 21:16), em que os presbíteros têm o mandamento de "pastorear" o povo de Deus. Se Paulo pretendia que entendêssemos o "pastoreio" mais como um dom espiritual e menos como um cargo na igreja, talvez estejamos certos em tirar as seguintes conclusões:

> Todos os pastores são mestres,
> mas nem todos os mestres são pastores.

> Todos os presbíteros são pastores,
> mas nem todos os pastores são presbíteros.

> Todos os presbíteros são mestres,
> mas nem todos os mestres são presbíteros.

Duas perguntas relacionadas precisam ser respondidas. Primeiro, "essas pessoas recebem o nome que receberam simplesmente porque exercem certas funções de vez em quando, ou também porque

---

[11]Cf. a análise em Daniel B. Wallace, *Greek grammar beyond the basics: an exegetical syntax of the New Testament* (Grand Rapids: Zondervan, 1996), p. 284.

ocupam alguma posição claramente definida dentro das comunidades?".[12] Em segundo lugar, se a segunda opção for o caso, esses quatro ou cinco "dons oficiais" devem ser vistos como incluindo algum tipo de autoridade eclesiástica singular, sem a qual a igreja local não pode funcionar plenamente, ou será que são citados aqui simplesmente como representantes aleatórios dos muitos e vários dons espirituais concedidos pelo Espírito?

Estou inclinado a adotar a segunda opção. Contrariamente à opinião de muitos, especialmente na ala pentecostal e carismática da família evangélica, não vejo nada aqui que indique que Paulo está nos fornecendo um plano para o governo da igreja local, como se estivesse dizendo que, para que uma igreja esteja apropriadamente alinhada e funcionando em um alto nível de eficácia, é preciso que haja sempre pelo menos um desses quatro ou cinco indivíduos presentes e ministrando em todas as igrejas locais. Assim, não vejo razão alguma para não vermos essa lista exatamente da mesma maneira que lemos as listas de 1Coríntios 12:8-10, 28-30 e de Romanos 12:6-8, a saber, como representantes. Em outras palavras, Paulo poderia facilmente ter incluído em Efésios 4:11 dons como exortação, liderança, contribuição ou falar em línguas; ao fazer isso, ele teria garantido o mesmo resultado.

Uma breve palavra é necessária em relação à função ou ao propósito desses dons. Efésios 4:12 consiste em três expressões preposicionais: (1) "para preparar os santos", (2) "para a obra do ministério" e (3) "para que o corpo de Cristo seja edificado". Há duas maneiras de interpretar essas expressões e, portanto, o propósito desses dons no versículo 11. Gramaticalmente falando, qualquer uma delas é possível.

A visão mais popular é que a primeira e a segunda expressão devem ser consideradas conjuntamente, como que anunciando uma só ideia. Portanto, pessoas dotadas do versículo 11 foram dadas para equipar os santos para a obra do ministério. Em outras palavras, todos os cristãos são os que fazem a obra do ministério, tendo sido equipados para fazer isso pelas pessoas dotadas do versículo 11. Isso então contribuirá para a edificação do corpo de Cristo. Nessa visão, o

---

[12]Andrew T. Lincoln, *Ephesians*, Word Biblical Commentary (Dallas: Word, 1990), p. 252.

ENTENDENDO OS DONS ESPIRITUAIS

versículo 12 está declarando que todos os cristãos, e não apenas uns poucos seletos com dons especiais, receberam graça para o ministério.

Outra interpretação é a de que todas as três expressões preposicionais descrevem o que os indivíduos dotados do versículo 11 fazem na igreja. Apóstolos, profetas, evangelistas, pastores e mestres (ou pastores-mestres) foram dados à igreja para que os indivíduos dotados do versículo 11 equipassem os santos, a fim de que os indivíduos dotados do versículo 11 fizessem a obra do ministério, de modo que os indivíduos dotados do mesmo versículo edificassem o corpo de Cristo. Andrew Lincoln defende essa visão e diz: "Todos os cristãos devem ser levados a um estado de completamento, e são os ministros que Cristo concedeu à igreja que são o meio para esse fim, à medida que exercem os seus ministérios de proclamação, ensino e liderança".[13]

Se essa segunda visão estiver correta, não precisamos temer que todos os outros cristãos sejam relegados ao *status* de "leigos" na igreja. Uma vez mais, ambos os versículos, o 7 e o 16, afirmam explicitamente que todos os cristãos foram dotados para que servissem, ministrassem e contribuíssem para o crescimento e bem-estar do corpo de Cristo.

O que precisa ser observado é que o uso apropriado dos dons espirituais pode reduzir muito a imaturidade espiritual do corpo, retratada aqui pela palavra traduzida como "crianças" (v. 14a), um termo colocado em contraste com a "maturidade" do versículo 13. Devemos imitar as crianças em sua humildade e inocência, mas não em sua ignorância e instabilidade. Para Paulo, "a imaturidade é evidenciada na instabilidade, na falta de raízes, na falta de direcionamento, na vacilação doutrinária e na suscetibilidade a manipulações e enganos".[14] A imaturidade é especialmente evidente quando os cristãos são facilmente enganados por falsos ensinamentos, e sempre parecem adotar qualquer nova moda teológica que estiver sendo promovida. "Todo vento de doutrina", no versículo 14, está num óbvio contraste com a "unidade da fé", no versículo 13. Em outras palavras, *no coração da imaturidade infantil encontra-se a falta de discernimento teológico.* E é o exercício apropriado dos dons espirituais na igreja local que fornece um remédio para essa enfermidade da qual sofrem muitíssimos cristãos.

---

[13]Lincoln, *Ephesians*, p. 254.
[14]Lincoln, *Ephesians*, p. 257.

CAPÍTULO DEZESETE

O apostolado é um dom espiritual, um cargo ou ambos?

maioria das pessoas simplesmente presume que o apostolado seja um dom espiritual que funciona de modo bem semelhante à profecia, ao ensino ou à misericórdia. Contudo, em nenhum lugar do Novo Testamento o termo charisma é aplicado à palavra apóstolo. Um mesmo número de pessoas, talvez maior, insiste que, dentre todos os dons espirituais mencionados no Novo Testamento, certamente há pelo menos um dom que foi removido da vida da igreja local: o apostolado. Os cessacionistas creem que isso pode muito bem abrir a porta para o reconhecimento de que outros dons espirituais foram semelhantemente temporários.

Mas será que o apostolado é um dom espiritual?[1] Ainda que não seja um cessacionista rigoroso, Robert Saucy salienta que os apóstolos "são citados com os profetas e mestres, os quais todos concordam que eram indivíduos que regularmente exerciam os dons

---

[1]Parte deste capítulo foi adaptada de "A third wave view", a minha contribuição ao livro *Are miraculous gifts for today? Four views*, ed. Wayne Grudem (Grand Rapids: Zondervan, 1995), p. 156-9 [edição em português: *Cessaram os dons espirituais?* (São Paulo: Vida, s.d.)], e foi usada aqui com permissão.

correspondentes da profecia e do ensino (cf. 1Coríntios 12:28,29; Efésios 4:11). Assim como os profetas e mestres eram o que eram por meio dos dons espirituais correspondentes que expressavam, também eram os apóstolos".[2]

É fácil entender isso em relação a profetas, mestres e outros dons semelhantes. Os exortadores são os que exortam, os mestres ensinam, os que têm o dom de cura, curam, os que têm o dom da fé exercem uma fé extraordinária, e assim por diante. Mas como um "apóstolo" (substantivo) "apostola" (verbo)? Ainda que Saucy insista que o apostolado é um dom espiritual, ele nunca o define. O mais perto que ele chega de fornecer uma definição é quando diz que, "ainda que os apóstolos exercessem vários dons comuns aos outros (como a profecia e o ensino), eles também eram dotados com um dom espiritual singular que os capacitava a ministrar como apóstolos".[3]

Mas o que significa ministrar como um apóstolo? Como discernidores de espíritos, ministrando discernindo espíritos. Como contribuintes, ministramos contribuindo. No entanto, dizer que somos capacitados a ministrar como apóstolos não me diz o que é o dom de apostolar (inventando um termo). Como Jack Deere explica,

> é praticamente impossível definirmos o "dom" do apostolado da mesma maneira que os outros dons podem ser definidos. Podemos facilmente conceber alguém exercendo o dom de profecia sem ser profeta. O mesmo se aplica para todos os outros dons. Mas como poderemos ir a uma reunião de uma igreja local e exercermos o dom do apostolado nessa reunião sem na verdade sermos apóstolos? O apóstolo numa reunião poderia ensinar, ou profetizar, ou curar, ou liderar, ou administrar. Mas o que significaria exercer o dom do apostolado? Simplesmente não conseguimos pensar em apostolado independentemente dos apóstolos históricos. No Novo Testamento, o apóstolo não é um dom espiritual, mas uma pessoa que tinha uma comissão e um ministério divinamente concedidos.[4]

---

[2]Robert Saucy, "An open but cautious view", in: *Are miraculous gifts for today? Four views*, ed. Wayne Grudem (Grand Rapids: Zondervan, 1995), p. 101.

[3]Saucy, p. 102.

[4]Jack Deere, *Surprised by the power of the Spirit* (Grand Rapids: Zondervan, 1993), p. 242 [edição em português: *Surpreendido pelo poder do Espírito* (Rio de Janeiro: CPAD, s.d.)].

Como vimos num capítulo anterior, os dons espirituais, da forma descrita em 1Coríntios 12:7-10, são obras realizadas através de um poder concedido por Deus. Mas como alguém exerce o dom de apostolar? Não tenho nenhum problema com a maneira que alguém fala profeticamente, demonstra misericórdia ou fornece encorajamento a outro cristão. Mas o apostolado, aparentemente, não é uma obra interna do Espírito Santo por meio de um vaso humano, e sim um cargo ou uma posição de autoridade para o qual alguém é chamado pelo próprio Jesus Cristo.

Isso levanta a questão dos critérios para o apostolado, o que inescapavelmente o diferencia de todos os dons espirituais. Vamos lidar com esse ponto no capítulo seguinte. Mas, se o apostolado fosse um charisma, seria o único pelo qual a pessoa precisaria satisfazer certos padrões de qualificação. Paulo descreveu os charismata como se o potencial sempre existisse para qualquer indivíduo ser o receptor de qualquer dom, dependendo da vontade soberana do Espírito (1Coríntios 12:11). Não é assim com o apostolado. Embora o apostolado esteja sob um escrutínio cada vez mais rigoroso (veja o próximo capítulo), muitos continuam a acreditar que, para qualificar-se como apóstolo, a pessoa precisa ser "uma testemunha ocular e auricular da ressurreição de Cristo" e receber uma comissão pessoal do próprio Jesus (Atos 1:22-26; 1Coríntios 9:1,2; 15:7-9; cf. também Romanos 1:1,5; 1Coríntios 1:1; 2Coríntios 1:1; Gálatas 1:1). Portanto, se esses são requisitos absolutos (algo sobre o que cada vez mais passei a duvidar), diferentemente dos outros charismata, somente uns poucos seletos que satisfazem condições específicas poderiam até mesmo ser considerados como possíveis apóstolos.

Há ainda outra razão pela qual é improvável que Paulo achasse que o apostolado fosse como um dom espiritual. Tenho em mente a sua repetida exortação para "buscarmos com dedicação os melhores dons" (1Coríntios 12:31; cf. 14:1,12). Os charismata devem ser buscados com dedicação, e devemos orar por eles (1Coríntios 14:13). Na verdade, devemos especialmente buscar com dedicação os dons que são mais eficazes na edificação da igreja (em relação a isso, cf. 1Coríntios 14:12). A maioria dos estudiosos acredita que a lista de 1Coríntios 12:28,29, no topo da qual encontra-se o apostolado, é priorizada de acordo com esse princípio. Mas, se o apostolado é um dom, como a profecia ou o ensino, Paulo estaria na estranha posição de encorajar a todos os cristãos a buscarem com dedicação, acima de tudo o mais, ser apóstolos! Contudo, como foi observado acima, se a visão tradicional dos requisitos para o apostolado for mantida, isso não é algo pelo qual poderíamos orar ou desejar, ou em qualquer sentido buscar com dedicação. Ou você é uma testemunha ocular e auricular da ressurreição de Cristo, ou você não é. Ou você recebeu uma comissão pessoal de Jesus, ou não recebeu. Obviamente, se descobríssemos que esses foram os requisitos somente para os Doze originais (além de Paulo e talvez Barnabé, Silas e Tiago), o problema não seria tão crucial.

Numa palavra, ainda que os próprios apóstolos certamente recebessem charismata, como a habilidade de profetizar, curar, mostrar misericórdia, e assim por diante, o apostolado em si não seria um charisma. O apostolado não é um poder capacitador; é uma posição eclesiástica.

Não é difícil ver a razão pela qual muitos desejam classificar o apostolado como um dom espiritual. Robert Saucy escreve: "Se o charisma de ser apóstolo não continuou na igreja, então precisamos reconhecer que nem todos os dons espirituais operantes na igreja neotestamentária continuaram por toda a história. Além disso, esse fato cria a possibilidade de que outros charismata também tenham cessado ou mudado".[5] Fico feliz por admitir a possibilidade de que todos os charismata tenham cessado. Mas é uma possibilidade que cogitarei somente se algo nas Escrituras explicitamente afirmar que eles são temporários ou definir esses dons de tal maneira que necessariamente os exclua da vida posterior da igreja. Não há, no entanto, nada inerente em nenhum dos dons que ou sugira ou implique que sejam temporários. Eu também deveria salientar que essa lógica pode ser aplicada a ambos os sentidos. Se o cessacionista quer argumentar que a cessação do apostolado abre a porta para que outros dons tenham sido temporários, o continuacionista pode argumentar que a continuação do ensino, da misericórdia ou do evangelismo abre a porta para que outros dons tenham sido permanentes. É um argumento fraco em ambos os sentidos.

Além disso, esse tipo de argumento refere-se a dizermos que existe a possibilidade de que nenhuma prática da igreja primitiva

---

[5]Saucy, "An open but cautious view", p. 102.

seja válida hoje simplesmente porque reconhecemos que algumas não são. Mas todos nós admitimos que um cenário hipotético desses não tem nenhuma relação teológica ou prática, em última análise, com a validade contínua de qualquer atividade específica. Cada prática precisa ser avaliada pelo que ela é e porque Deus a ordenou. Portanto, se o Novo Testamento explicitamente define um dom espiritual como estando exclusivamente ligado ao primeiro século e sendo consequentemente inválido para qualquer cristão em qualquer período posterior da história da igreja, eu serei o primeiro a me declarar um cessacionista (à medida que se refira a esse dom somente). No entanto, nada do que qualquer cessacionista tenha escrito me leva a crer que qualquer um dos charismata se enquadre nessa categoria.

Espero que tenhamos uma clareza maior a respeito dessa questão assim que determinarmos quais sejam as qualificações necessárias para que alguém seja apóstolo. Teremos essa questão consideravelmente esclarecida se concluirmos que o apostolado é um dom espiritual, um cargo ou, em algum sentido, ambos. A essa altura, fico inclinado a ver o apostolado como algo relacionado a um cargo, apesar do fato de que nenhuma terminologia assim jamais foi aplicada a ele no Novo Testamento. No entanto, os apóstolos são pessoas que foram designadas para essa posição (Marcos 3:13,16). Nesses versículos, Jesus usa o verbo poieō, que pode significar qualquer coisa, até mesmo "fazer", "realizar", "designar" (cf. tb. Hebreus 3:2, em que poieō é usado para descrever a Jesus como tendo sido "constituído" para a sua tarefa pelo Pai). Não há nada técnico em relação ao termo, e deveríamos ser relutantes em investir uma importância eclesiástica exagerada nele. Há, obviamente, vários lugares em que os apóstolos são descritos como "chamados" e "enviados" (Romanos 1:1; cf. 1Coríntios 1:1 em que Paulo descreveu a si mesmo como tendo sido "chamado pela vontade de Deus para ser apóstolo"). Em 1Timóteo 1:1, Paulo usou a palavra "mandado" ou "injunção" (epitagē) para sustentar a base do seu apostolado.

A tradução da English Standard Version de 1Timóteo 3:1 leva a uma conclusão equivocada. Nela lemos que, "se qualquer um aspira ao cargo de supervisor, deseja uma incumbência nobre". A palavra "cargo" aqui não está representada por nenhuma palavra no texto em grego. Os tradutores obviamente entendem a posição do bispo, supervisor ou presbítero como uma posição que implica alguma medida de autoridade — daí a inserção da palavra "cargo" no texto. Não é

ENTENDENDO OS DONS ESPIRITUAIS

irracional achar que os autores do Novo Testamento vissem o apostolado de forma bem semelhante. É uma "obra", uma "missão" ou uma
"posição de autoridade" à qual alguém pode ser chamado por Deus.

Ainda que seja o caso de que Deus tenha dado graciosamente
apóstolos à igreja, para seu direcionamento e edificação (Efésios
4:11), o apostolado em si não parece qualificar-se como um charisma da mesma maneira que as outras manifestações do Espírito
o fazem. Muito semelhantemente à maneira de considerarmos os
presbíteros e diáconos, os apóstolos são os que foram chamados,
comissionados e designados a uma posição ("cargo"?) de autoridade
para a edificação do corpo de Cristo.

UMA DEFINIÇÃO

Então, como poderíamos definir o apóstolo? Será que há uma definição uniforme que se aplicaria a todos do Novo Testamento (e talvez
dos nossos dias) que foram chamados ou designados a esse cargo?
J. B. Lightfoot, em sua amplamente respeitada dissertação sobre o
apostolado, argumentou que o apóstolo era "não somente o mensageiro, mas também o delegado da pessoa que o enviava. Uma missão
lhe foi confiada, [e] ele tem poderes a ele conferidos".[6]

Alguns constroem a sua definição baseados no significado léxico
do verbo grego apostellō, e assim presumem o substantivo grego
apostolos signifique "alguém que é enviado". Outros, no entanto,
passaram a reconhecer que qualquer definição precisa incluir a
noção de ser comissionado como um representante autorizado ou
um delegado daquele que o enviou.[7] Assim, o apóstolo é alguém que,
de uma certa maneira, recebeu uma procuração. O que ele diz e faz
é liberado em nome daquele que o enviou ou o comissionou. Dessa
forma, diz Frank Chan,

---

[6]J. B. Lightfoot, "The name and office of an apostle", in: Lightfoot, *The Epistle of
St. Paul to the Galatians* (Grand Rapids: Zondervan, 1975), p. 92.

[7]Frank Chan salienta que alguns, como Lightfoot, argumentam que o *apostolos*
cristão "funcionava de uma maneira paralela ao *shaliach* ('agente') judaico — na
sociedade judaica, o representante legalmente comissionado que agia em lugar do seu
cliente (m. Ber. 5:5). Embora alguns estudiosos tenham rejeitado a conexão *apostolos-
shaliach* de Lightfoot como sendo anacrônica, a analogia serve bem para transmitir
a 'autoridade divinamente delegada' como característica central do apostolado, como
sempre tem sido entendido (mesmo pelos cessacionistas)". ("The apostleship of Jesus
as the basis for redefining apostleship along non-cessationist lines", comunicação
apresentada na 58ª reunião anual da Evangelical Theological Society [Sociedade
Teológica Evangélica], Nov. 17, 2006).

qualquer ação que ele executar em nome do seu cliente é como se houvesse sido executada pelo próprio cliente, isto é, ela tem autoridade e é obrigatória. Os apóstolos de Jesus Cristo, de forma análoga, executam os seus ministérios designados como representantes de Jesus Cristo. Em assuntos do Espírito, têm a autoridade de Cristo à medida que são fiéis à comissão que receberam.[8]

Chan prossegue e define os apóstolos como

líderes notáveis enviados por Deus para estabelecer novas esferas de ministério, constituindo estruturas governamentais chave, necessárias para esses ministérios [...] A ideia de "envio", com a ideia de "estruturas governamentais", enfatiza a maneira pela qual os apóstolos são desbravadores e pioneiros, visionários e empreendedores. Por "esferas de ministério" reconhecemos, como Paulo o fez (2Coríntios 10:13), que o dom espiritual do apostolado não é uma autoridade divina ilimitada, mas é uma autoridade divina dentro dos limites designados.[9]

QUALIFICAÇÕES OU REQUISITOS PARA ALGUÉM SER APÓSTOLO

Questiono se haveria muita polêmica sobre o assunto do apostolado se não fosse pela emergência do que é chamado de Nova Reforma Apostólica.[10] Sem entrar em detalhes em relação a esse movimento, ele tem provocado diálogos acalorados sobre os apóstolos: se ainda

---

[8]Frank Chan, de uma dissertação não publicada, "The office of apostle", Aug. 2001, usada aqui com permissão.

[9]Frank Chan, dissertação não publicada, "Apostles and prophets as the foundation of the church: rethinking a popular cessationist argument from ephesians 2:20", usada aqui com permissão.

[10]Para mais informações sobre a NRA, cf. dois livros de C. Peter Wagner: *Churchquake! How the New Apostolic Reformation is shaking up the church as we know it* (Ventura: Regal, 1996); e *Apostles and prophets: the foundation of the church* (Ventura: Regal, 2000). Além disso, deveríamos consultar David Cartledge, *The apostolic revolution: the restoration of apostles and prophets in the Assemblies of God in Australia* (Chester Hill, NSW, Australia: Paraclete Institute, 2000); Donald E. Miller, *Reinventing american protestantism: Christianity in the new millennium* (Berkeley: University of California Press, 1996). Para uma crítica rigorosa do movimento, cf. os livros de R. Douglas Geivett e Holly Pivec, *A new apostolic reformation? A biblical response to a worldwide movement* (Wooster: Weaver, 2014), e *God's super-apostles: encountering the worldwide prophets and apostles movement* (Wooster: Weaver, 2014).

ENTENDENDO OS DONS ESPIRITUAIS

estão ativos na igreja hoje e, em caso afirmativo, qual poderia ser a natureza e extensão da sua autoridade.

O Novo Testamento é claro em relação ao grupo original dos doze apóstolos escolhidos por Jesus (Marcos 3:13-19) "para que estivessem com ele" (v. 14). Lucas registrou que Jesus "chamou seus discípulos e escolheu doze deles, a quem também designou apóstolos" (Lucas 6:13). Após a morte de Judas Iscariotes, tirando sortes (Atos 1:21-26), Matias foi selecionado para substituí-lo. Esses homens são provavelmente aqueles cujos nomes estão inscritos nos doze fundamentos do muro da Nova Jerusalém (Apocalipse 21:14). Embora os Doze originais constituam um grupo singular e imutável, outros são inegavelmente identificados como apóstolos. Dentre esses, incluiríamos Paulo, cujo chamado ao apostolado é claramente descrito no Novo Testamento (cf. Romanos 1:1; Colossenses 1:1). Paulo descreveu a si mesmo como "apóstolo, não da parte de homens, nem por meio de pessoa alguma, mas por Jesus Cristo e por Deus-Pai" (Gálatas 1:1).

Mas, à medida que prosseguimos adiante de Paulo, encontramos polêmicas consideráveis. As perguntas que precisam ser respondidas são: Quem mais no Novo Testamento é identificado como apóstolo? O que isso nos diz sobre as qualificações ou critérios para sermos apóstolos? É possível que Deus ainda pretenda que apóstolos estejam ativos na igreja hoje?

Parece evidente, por meio de Efésios 2:19,20, que alguns apóstolos serviram numa função fundacional. Como Paulo explicou, "a família de Deus", ou a igreja, é "edificada sobre o fundamento dos apóstolos e profetas, tendo Jesus Cristo como pedra angular". Esses apóstolos falaram e escreveram verdades teológicas e éticas que são moralmente obrigatórias nas crenças e nos comportamentos de todos os cristãos de todas as eras. Mas aparentemente houve outros, que são legitimamente chamados de "apóstolos", que não exerceram essa função.

Barnabé era muito provavelmente um apóstolo, como parece claro com a maneira em que é descrito em Atos 11:22ss; 13:1-3; 1Coríntios 9:1-6 e Gálatas 2:1. Na verdade, Barnabé é explicitamente chamado de "apóstolo" em Atos 14:14. Vários textos sugerem que Silas (também conhecido como Silvano) era apóstolo (cf. Atos 15:22ss; 16:19ss; 1Tessalonicenses 1:1). Em 1Tessalonicenses 2:4-7, Paulo parece incluir tanto Silas quanto Timóteo dentre aqueles a quem ele descreveu como apóstolos. A razão principal para excluir Timóteo foi a crença de que, para ser apóstolo, a pessoa teria que ter sido testemunha ocular do Cristo ressurreto. Mas, se essa qualificação somente se aplicava aos Doze originais e a Paulo (mais sobre isso mais tarde), não teria relação alguma com o chamado de Timóteo ao apostolado. Paulo explicitamente chamou Tiago, o irmão de Jesus, de "apóstolo" em Gálatas 1:19.

Tito também é muitas vezes mencionado como um possível apóstolo, considerando-se o seu proeminente papel ao lado de Paulo. Ainda que não explicitamente chamado de "apóstolo", a sua autoridade como alguém que colaborou com Paulo sugere que ele, também, era considerado como tal (cf. espec. 2Coríntios 2:12,13; 7:6,13,14; 8:6,16; Gálatas 2:1ss; 2Timóteo 4:10; Tito 1:5). Paulo também falou de "nossos irmãos" que eram "representantes [literalmente apóstolos] das igrejas" (2Coríntios 8:23). Muitos insistem que aqui a palavra "apóstolo" é usada em sentido não técnico, referindo-se a alguém que servia como embaixador de uma igreja local específica. Uma vez mais, no entanto, isso parece ser o resultado de uma crença anterior de que o apóstolo teria que ter sido uma testemunha ocular e auricular do Cristo ressurreto. O mesmo argumento é usado para excluir Epafrodito como apóstolo, embora o termo seja especificamente aplicado a ele (Filipenses 2:25).

Uma referência fascinante e instrutiva encontra-se em 2Coríntios 11:13, em que Paulo admoestou a igreja sobre os "falsos apóstolos" que se disfarçam de "apóstolos de Cristo". Se ver o Cristo ressurreto era uma qualificação para que qualquer pessoa alegasse ser apóstolo, teríamos esperado que Paulo os excluísse com base nisso. Mas ele apontou para os seus caminhos "enganosos" (v. 13) e as suas "ações" que merecem juízo (v. 15).

Nas saudações de Paulo aos santos de Roma, ele incluiu o seguinte: "Saúdem Andrônico e Júnias [ou Júnia], meus parentes que estiveram na prisão comigo. São notáveis aos apóstolos, e estavam em Cristo antes de mim" (Romanos 16:7). Algumas versões traduzem isso assim: "notáveis entre os apóstolos", implicando portanto que tanto Andrônico quanto Júnia(s) eram apóstolos. Várias perguntas precisam ser respondidas.

Em primeiro lugar, Júnia(s) é masculino ou feminino? Se for feminino, então muito provavelmente são marido e mulher. Recentes

ENTENDENDO OS DONS ESPIRITUAIS

exames de ampla literatura grega fora da Bíblia pouco ajudam. A palavra Junias apareceu apenas duas vezes como nome de mulher e somente uma vez como nome de homem. Se Júnia(s) era uma mulher, será que temos uma referência aqui a uma mulher que era apóstolo? Em caso afirmativo, seria difícil restringir as mulheres quanto a terem autoridade governamental titular na igreja local uma vez que o cargo de apóstolo no Novo Testamento era o pináculo da autoridade espiritual.

Em segundo lugar, como deveríamos traduzir a passagem: "notáveis aos apóstolos" ou "notáveis entre os apóstolos"? A segunda opção sugeriria que Andrônico e Júnia(s) eram eles próprios apóstolos, bem conhecidos nesse círculo singular de cristãos. A primeira opção sugeriria que os apóstolos, como Paulo, conheciam essas duas pessoas muito bem. Tem sido explicado que, "uma vez que Andrônico e Júnia(s) eram cristãos antes que Paulo fosse, talvez o seu duradouro ministério (que se iniciara antes que o de Paulo) é precisamente o que Paulo poderia ter em mente ao dizer 'notáveis entre os apóstolos'. Eles podem muito bem ter sido conhecidos entre os apóstolos até mesmo antes que Paulo se convertesse".[11] No entanto, uma recente análise da gramática desse texto sugeriu que essa construção específica deveria ser traduzida por "notáveis aos apóstolos".[12] Há, portanto, um apoio questionável para a ideia de que Júnia(s), quer seja homem ou mulher, fosse apóstolo.[13] Uma passagem especialmente instrutiva encontra-se em 1Coríntios 4:9, em que Paulo disse que "Deus nos pôs a nós, os apóstolos, em último lugar", uma referência que muito provavelmente incluiria Apolo (cf. tb. 1Coríntios 1:12; 3:4ss; 16:12). As oposições a essa conclusão são as evidências quase inescapáveis de que Apolo não havia visto o Cristo ressurreto. Ele é descrito em Atos 18:24 como

---

[11]John Piper; Wayne Grudem, "An overview of central concerns: questions and answers", *Recovering biblical manhood and womanhood: a response to evangelical feminism*, ed. John Piper; Wayne Grudem (Wheaton: Crossway, 1991), p. 80.

[12]Cf. M. H. Burer; D. B. Wallace, "Was Junias really an apostle? A reexamination of Romans 16:7", *New Testament Studies* 47 (2001): 76-91. Esse artigo foi seguido por outro, de autoria de Burer: "*episēmoi em tois apostolois* em Romanos 16:7 como *notáveis aos apóstolos*; defesas adicionais e novas evidências", *JETS* 58.4 (2015): 731-55.

[13]Os que estão inclinados a identificar Júnia(s) como apóstolo também sugerem que ela ou ele teria sido designado(a) como tal da maneira que os embaixadores ou representantes em 2Coríntios 8:23 e Epafrodito em Filipenses 2:25 eram "apóstolos".

"natural de Alexandria". A maioria também argumenta que a sua conversão tardia excluía a possibilidade de que ele houvesse visto o Senhor ressurreto. Alguns insistiriam que, se Paulo de fato o considerasse um apóstolo, somente poderia ser porque ele acreditava que Apolo houvesse realmente visto o Cristo ressurreto. Mas isso parece muito improvável.

A maneira mais prudente de seguirmos adiante seria pausar a nossa investigação de quem era ou não era apóstolo e nos voltarmos à questão das supostas qualificações para o cargo. Se ter sido uma testemunha ocular e auricular do Cristo ressurreto era uma condição *sine qua non* do chamado apostólico, teríamos que excluir tanto Apolo quanto Timóteo desse grupo. Mas as evidências para essa visão talvez sejam menos convincentes do que se imaginava anteriormente. Assim, a isso voltamos agora a nossa atenção.

CAPÍTULO DEZOITO

Quais as qualificações para o apostolado? Há apóstolos na igreja hoje?

A visão mais popular entre os evangélicos é a de que, para nos qualificarmos como apóstolos, dois critérios específicos precisam ser satisfeitos. Primeiro, o indivíduo precisa ter sido uma testemunha ocular e auricular do Cristo ressurreto.[1] Isso se baseia em três textos. O primeiro é Atos 1:21,22: "Portanto, é necessário que escolhamos um dos homens que estiveram conosco durante todo o tempo em que o Senhor Jesus viveu entre nós, desde o batismo de João até o dia em que Jesus foi elevado dentre nós às alturas. É preciso que um deles seja conosco testemunha de sua ressurreição". Dos dois homens que satisfaziam esses critérios, Matias e Barsabás, o primeiro tendo sido selecionado por sorteio.

---

[1]Muito frequentemente se recorre à clássica dissertação de J. B. Lightfoot, "The name and office of an apostle", in: *The Epistle of St. Paul to the Galatians* (Grand Rapids: Zondervan, 1975), p. 92-101.

No segundo texto, Paulo falou sobre o seu apostolado da seguinte maneira: "Não sou livre? Não sou apóstolo? Não vi Jesus, nosso Senhor? Não são vocês resultado do meu trabalho no Senhor? Ainda que eu não seja apóstolo para outros, certamente o sou para vocês! Pois vocês são o selo do meu apostolado no Senhor" (1Coríntios 9:1,2). Finalmente, Paulo apontou para o fato de que o Cristo ressurreto "apareceu também a ele" (15:8).

Uma segunda qualificação subentendida é ter sido pessoalmente chamado e comissionado por Cristo a esse cargo. Esse critério não é tão claro como o anterior, mas parece estar implícito em textos como Marcos 3:14, 16, em que é dito que Jesus "designou" os Doze apóstolos. Paulo descreveu a si mesmo como tendo sido "chamado para ser apóstolo, separado para o evangelho de Deus" (Romanos 1:1; cf. tb. 1Coríntios 1:1; Gálatas 1:1,11,12,15-17).

Se essas duas qualificações (especialmente a primeira) são essenciais para o apostolado, então nem Apolo nem Timóteo podem ser incluídos nesse grupo. Ou, se estão incluídos, seriam apóstolos de uma ordem de importância e autoridade diferente e um tanto quanto inferior. Mas será que esses textos citados acima são decisivos?

Alguns também insistem que uma parte essencial do apostolado é a autoridade para escrever Escrituras inspiradas. Há três problemas com essa visão. Primeiro, as Escrituras não afirmam em nenhum lugar que todos os apóstolos podiam escrever as Escrituras simplesmente pelo fato de serem apóstolos. Em segundo lugar, vários dos apóstolos, por sinal, não escreveram as Escrituras. Será que isso os desqualifica quanto a terem essa posição? Em terceiro lugar, indivíduos que não eram apóstolos de fato escreveram as Escrituras: Marcos, Lucas, o autor de Hebreus e muito provavelmente Judas.[2] Não há evidência explícita ou conclusiva de que o apostolado em si implicava a autoridade de escrever as Escrituras ou a exigência de que o indivíduo fizesse isso. Portanto, é concebível que Deus pudesse levantar apóstolos após o encerramento do cânon bíblico sem ameaçar essa finalidade e suficiência. O cânon está concluído não porque Deus parou de falar, nem porque não há mais apóstolos,

---

[2]Alguns rejeitariam Judas como apóstolo à luz do seu comentário em Judas 17,18: "Todavia, amados, lembrem-se do que foi predito pelos apóstolos de nosso Senhor Jesus Cristo. Eles diziam a vocês: 'Nos últimos tempos haverá zombadores que seguirão os seus próprios desejos ímpios'".

ENTENDENDO OS DONS ESPIRITUAIS

mas porque Deus soberanamente o encerrou. Deus simplesmente cessou de inspirar e preservar revelações canônicas. Basear o encerramento do cânon na cessação do apostolado é desastroso. Como a ausência de apóstolos garante o encerramento do cânon se indivíduos que não eram apóstolos escreveram as Escrituras? Uma visão assim exigiria que afirmássemos, absurdamente, que, enquanto houver cristãos que não sejam apóstolos, o cânon está aberto!

1CORÍNTIOS 9:1-6

Começamos a nossa avaliação da visão tradicional com 1Coríntios 9. Lemos o seguinte:

> Não sou livre? Não sou apóstolo? Não vi Jesus, nosso Senhor? Não são vocês resultado do meu trabalho no Senhor? Ainda que eu não seja apóstolo para outros, certamente o sou para vocês! Pois vocês são o selo do meu apostolado no Senhor. Essa é minha defesa diante daqueles que me julgam. Não temos nós o direito de comer e beber? Não temos nós o direito de levar conosco uma esposa crente como fazem os outros apóstolos, os irmãos do Senhor e Pedro? Ou será que só eu e Barnabé não temos direito de receber sustento sem trabalhar? (v. 1-6).

O que devemos fazer com isso? Não posso fazer nada melhor do que citar Andrew Wilson e a sua resposta ao argumento de que Paulo estava apresentando uma condição necessária para que qualquer um alegasse ser apóstolo.[3] Ele escreve:

> O ponto em questão em 9:1,2 não é "o que qualifica qualquer indivíduo a ser apóstolo", mas "o que garante que Paulo é um apóstolo", e, como tal, tem mais o que fazer com condições *suficientes* para o apostolado do que com as *necessárias*.[4] Em 9:1, por exemplo, Paulo afirma a sua liberdade (1a) com base em seu apostolado (1b); o seu apostolado é

---

[3]Cf. Andrew Wilson, "Apostle Apollos?", *JETS* 56.2 (2013): 325-35.

[4]Aqui Wilson aponta para 2Coríntios 11:7-13, "onde ele indica que a recusa [de Paulo] em aceitar dinheiro dos coríntios, em contraste aos superapóstolos, que o aceitam de bom grado, solapa a alegação deles ao apostolado e reforça a dele. Ele não considera isso, no entanto, uma condição necessária para um apostolado genuíno (1Coríntios 9:3-14)" (Wilson, 332n24).

uma condição suficiente para a sua liberdade cristã, mas não é uma condição necessária, pois (para Paulo) todos os cristãos são livres, quer sejam apóstolos ou não. Semelhantemente, o apostolado de Paulo (1b) baseia-se tanto em seu comissionamento pelo Jesus ressurreto (1c) como também nos próprios coríntios (1d), os quais, pela sua própria existência como cristãos, autenticam o ministério apostólico de Paulo (2). No contexto, Paulo não está dizendo que qualquer uma dessas coisas seja condição *necessária* para *todo* apostolado; ele pode crer ou não nisso, mas não é o que ele está dizendo aqui. Ele está dizendo que, entre elas, há aquelas que constituem condições *suficientes* para o *seu* apostolado. Na verdade, no conhecimento dos dias de hoje, geralmente se concorda que o ponto de Paulo aqui tem relação com o estabelecimento da sua liberdade, e não com o fornecimento de qualificações para todos os apóstolos de todos os lugares de todos os tempos.[5]

Não devemos negligenciar a realidade de que Paulo simplesmente não recorreu ao fato de haver visto a Jesus depois da sua ressurreição. Ele também disse "Não sou livre?" (v. 1a), por meio do qual ele quis dizer "financeiramente independente". "Contudo, ninguém infere com isso que a autossuficiência monetária seja um requisito para o apostolado! Aparentemente, Paulo está citando itens que são relevantes ao apostolado em sua época e circunstâncias, e não itens que sejam uma definição para isso".[6]

Também deveríamos levar em consideração os versículos de 3 a 6, que sugerem que Paulo estava igualmente solícito em afirmar os direitos apostólicos de Barnabé; contudo, nada é dito sobre Barnabé haver visto o Jesus ressurreto. Alguns respondem, sugerindo que Barnabé estava entre os "mais de 500 irmãos" a quem Jesus apareceu, ou talvez esteja incluído entre "todos os apóstolos" que semelhantemente viram Jesus após a sua ressurreição (cf. 1Coríntios 15:6,7). Mas é impossível provarmos que essa seja a causa, a menos que leiamos todos esses textos por meio das lentes de uma suposição anterior de que ver o Cristo ressurreto fosse essencial ao cargo apostólico.

---

[5]Wilson, 332-33.

[6]Frank Chan, "The apostleship of Jesus as the basis for redefining apostleship along non-cessationist lines", unpublished paper delivered at the 58th annual meeting of the Evangelical Theological Society, Nov. 17, 2006, p. 6, nota 25.

Também há a possibilidade de que o objetivo de Paulo em 1Coríntios 9 fosse simplesmente estabelecer o fato de que ele não era de nenhuma maneira um apóstolo inferior aos que *haviam* visto o Cristo ressurreto, especificamente os Doze. O seu objetivo seria mostrar que ele tinha os mesmos direitos e a mesma autoridade que Pedro, Tiago e João. Talvez alguém de Corinto estivesse questionando a alegação de Paulo ao apostolado com base no fato de ele ser um apóstolo secundário, com menos autoridade do que os que andaram e ministraram com Jesus durante três anos e meio. Se esse for o caso, os comentários de Paulo aqui em 1Coríntios 9 não seriam tanto uma afirmação sobre as qualificações para todos os apóstolos, porém seriam mais uma afirmação de que os seus próprios direitos eram iguais aos de Pedro e aos dos outros onze.

Em outras palavras, o ministério apostólico de Paulo não deveria ser questionado, pois havia sido comissionado por Jesus e tinha um registro sistemático e frutífero por haver estabelecido a igreja de Corinto e por ser o principal responsável pela conversão dos seus membros. Esses dois fatores são suficientes para justificar a *sua* autoridade apostólica, mas não têm o propósito de apresentar as condições absolutamente necessárias para qualquer outro que alegue ser apóstolo.

Frank Chan sugeriu que a linguagem de Paulo aqui talvez reflita a perspectiva do cargo apostólico da forma que existia em Jerusalém, mas não necessariamente em outras regiões geográficas numa época posterior do desenvolvimento da igreja primitiva. Paulo, então, podia muito bem estar prestando um "culto de lábios" a esse conceito do apostolado em 1Coríntios 9:1 "em parte porque os seus oponentes em Corinto, que tinham vínculos com Jerusalém e que provavelmente foram eles mesmos testemunhas oculares da ressurreição (cf. 2Coríntios 5:16), tinham essa visão".[7] Talvez, na época em que Paulo mencionou Andrônico e Júnia(s) como apóstolos em Romanos 16:7 (com base na dúbia presunção de que ele na verdade

---

[7]Frank Chan, "'Apostles' in 1Cor 12:28,29 and 1Cor 4:9: founding fathers of the universal church or foundation-building leaders at Corinth?", unpublished paper delivered at the 61st Annual Meeting of the Evangelical Theological Society ["'Apóstolos' em 1Coríntios 12:28,29 e 1Coríntios 4:9: pais fundadores da igreja Universal ou líderes da edificação dos fundamentos em Corinto?", dissertação não publicada entregue na 61.ª reunião anual da Sociedade Teológica Evangélica], 19 de novembro de 2009, p. 3, nota 8.

o fez), "ele havia abandonado esse conceito inicial de 'apóstolo governante' e adotou um conceito de 'apóstolo missionário' baseado em Antioquia, um conceito que *não* requeria que os apóstolos fossem testemunhas oculares da ressurreição, mas que na verdade requeria que os apóstolos estivessem dispostos a se sacrificar e sofrer pelo seu chamado".[8] Na verdade, é com base nesse argumento que podemos justificar considerarmos Timóteo como apóstolo.

ATOS 1:21-26

Mas o que poderia ser dito em relação a Atos 1 e à escolha de Matias para substituir Judas?

> "Portanto, é necessário que escolhamos um dos homens que estiveram conosco durante todo o tempo em que o Senhor Jesus viveu entre nós, desde o batismo de João até o dia em que Jesus foi elevado dentre nós às alturas. É preciso que um deles seja conosco testemunha de sua ressurreição." Então indicaram dois nomes: José, chamado Barsabás, também conhecido como Justo, e Matias. Depois oraram: "Senhor, tu conheces o coração de todos. Mostra-nos qual destes dois tens escolhido para assumir este ministério apostólico que Judas abandonou, indo para o lugar que lhe era devido". Então tiraram sortes, e a sorte caiu sobre Matias; assim, ele foi acrescentado aos onze apóstolos (Atos 1:21-26).

Uma vez mais, Wilson fala de forma contundente em relação a essa questão:

> As estipulações para o ministério apostólico dadas em Atos 1:22,23, são aplicadas ao último membro dos doze, e não aos outros, como Paulo — e elas obviamente teriam excluído o próprio Paulo, se houvessem sido aplicadas [...], [pois] o último membro dos doze teria que ter estado com os discípulos "durante todo o tempo em que o Senhor Jesus viveu entre nós, desde o batismo de João", é um requisito que, obviamente, Paulo não satisfazia. Assim, ler 1Coríntios 9:1 através das lentes de Atos 1:21,22, como se ambos estivessem dizendo mais ou menos a mesma coisa, significa ignorar uma diferença entre esses

---

[8]Chan, p. 3, nota 8.

textos que é tão grande, que teria excluído o próprio autor de 1Coríntios. Não parece, portanto, que o material de Lucas nos dê uma boa razão para negar que Paulo considerava Apolo como apóstolo, pois o contexto de Atos 1:21,22 é substancialmente diferente do texto de 1Coríntios 9:1.[9]

Frank Chan concorda: "É inteiramente concebível que Lucas pudesse ter considerado a estipulação da testemunha ocular como um requisito adequado para o ministério apostólico no *início* da missão cristã (uma *descrição*), mas *não* necessariamente um requisito adequado para *todos* os tempos (uma *prescrição*), especialmente à luz das novas circunstâncias enfrentadas pela missão cristã à medida que se expandia".[10] O que Chan diz é que, nos primeiros dias da existência da igreja em Jerusalém e ao seu redor, a autenticidade do testemunho dado pelos apóstolos era muito importante. Mas, diz Chan, "à medida que a igreja se afastava cada vez mais de Jerusalém geograficamente e da ressurreição cronologicamente, não é difícil assumir que a autoridade espiritual para pregar o evangelho, curar os enfermos e estabelecer igrejas (o que os apóstolos fazem) não exigisse um conhecimento de primeira mão de um acontecimento em 30 d.C., mas um conhecimento de primeira mão do próprio Cristo ressurreto da forma manifesta no poder do Espírito Santo?".[11]

Assim, a mim me parece muito provável que os critérios apresentados em Atos 1 tinham o propósito de ser uma categoria especial de apóstolo, a saber, a categoria dos Doze, cujos nomes devem aparecer nos fundamentos do muro da Nova Jerusalém (Apocalipse 21:14). As evidências que examinamos no capítulo anterior, e agora neste capítulo, indicam que, embora os Doze *talvez* tivessem de ter visto o Cristo ressurreto, há poucas razões para pensarmos que essa qualificação teria se estendido a todos os outros apóstolos.

A razão para concluir que qualquer candidato em potencial para substituir Judas Iscariotes dentre os Doze teria de ter sido uma

---

[9]Wilson, "Apostle Apollos?", p. 333.

[10]Frank Chan, "Flaws in J. B. Lightfoot's cessationist concept of apostleship: a critique of the so-called 'eyewitness of the resurrection' requirement", artigo inédito apresentado na 60º Encontro anual da Evangelical Theological Society [Sociedade Teológica Evangélica], 18 de novembro de 2008, p. 6 (grifo original).

[11]Chan, n. 23.

testemunha ocular do Cristo ressurreto está implícita em algo que lemos em Atos 1:21,22. De acordo com Pedro, seja lá quem fosse que o Senhor escolhesse para essa posição, tinha de ter estado "conosco durante todo o tempo em que o Senhor Jesus viveu entre nós, desde o batismo de João até o dia em que Jesus foi elevado dentre nós às alturas" (o que, como já foi observado, teria excluído Paulo). Se fosse necessário que esse indivíduo estivesse presente com os apóstolos até a ascensão de Jesus, ele obviamente teria, em algum ponto, visto o próprio Cristo ressurreto. Ele teria assim se unido aos Onze no testemunho da "sua ressurreição" (Atos 1:22b). Isso, obviamente, é uma referência ao que os apóstolos fariam em seu ministério posterior. Ser uma "testemunha da sua ressurreição" significa dar testemunho ou proclamar aos outros que Jesus está de fato vivo dentre os mortos. Todos nós, até mesmo hoje, somos chamados para ser "testemunhas da sua ressurreição". Você não pode "tornar-se" uma testemunha de algo que já ocorreu. O máximo que você pode fazer é receber e transmitir o testemunho, o que significa dizer: pregue isso e proclame aos outros. Qualquer um que tenha conhecido a Jesus como Cristo, Senhor e Salvador pode fazer isso. Para esclarecer, o texto não diz explicitamente que essa pessoa foi uma testemunha ocular da ressurreição no sentido de que ela viu o Cristo ressurreto. Ainda que certamente implícito, o ponto é que essa pessoa precisa tornar-se uma testemunha dessa verdade, em nome ou a respeito da verdade da ressurreição de Jesus. Portanto, o que temos aqui é uma declaração do que *aconteceria* no *futuro*. De qualquer forma, como foi argumentado, ainda que o requisito de ter visto o Cristo ressurreto fosse essencial para tornar-se um dos Doze, vai além do que é declarado em Atos insistir que isso também era um requisito para todos os apóstolos posteriores.

1CORÍNTIOS 15:7-9

Resta-nos, finalmente, 1Coríntios 15:7-9. Lemos:

> Depois apareceu a Tiago e, então, a todos os apóstolos; depois destes apareceu também a mim, como a um que nasceu fora de tempo. Pois sou o menor dos apóstolos e nem sequer mereço ser chamado apóstolo, porque persegui a igreja de Deus.

O entendimento mais comum é que a palavra traduzida por "depois destes" significa que uma vez que Jesus, depois de sua ressurreição, apareceu a Paulo, depois disso ele não apareceu a mais ninguém.[12] E já que ver o Cristo ressurreto é supostamente uma condição necessária para ser apóstolo, Paulo estava efetivamente fechando o apostolado a toda e qualquer alegação posterior ao cargo. Semelhantemente, Paul Barnett argumenta, a partir disso, que "o próprio Paulo buscou estabelecer a extensão limitada dos números de apóstolos. As suas cuidadosas palavras de que Cristo 'depois destes apareceu também a mim' [...] servem para mostrar que, ainda que houvesse apóstolos antes dele, não houve nenhum apóstolo depois dele. De acordo com Paulo, ele é tanto 'o menor' como também 'o último' dos apóstolos".[13]

Suponhamos, para fins de argumentação, que Paulo estivesse alegando ser o último que experimentou uma aparição pós-ressurreição de Jesus. Mesmo assim, "não é absolutamente claro se ele acreditava que fosse, portanto, o último *apostolos*".[14] Essa última argumentação só pode ser sustentada se, contrariamente ao que vimos, ser uma testemunha ocular e auricular do Cristo ressurreto era uma condição necessária para que *qualquer um* fosse apóstolo.

Mas esse versículo pode ser entendido de outro modo. Como observado, Paulo estava citando aqueles a quem Jesus apareceu, a fim de provar a sua ressurreição física. Uma razão pela qual sabemos que Cristo foi ressurreto fisicamente dentre os mortos é que havia centenas de testemunhas oculares que testificaram o fato. Paulo era uma delas. *Ele mencionou que ele próprio estava entre essas pessoas que haviam visto o Cristo vivo — não para provar que ele era apóstolo, mas para demonstrar que Cristo verdadeiramente foi ressuscitado.* Jesus apareceu a Pedro, e então aos Doze; depois disso, a mais de quinhentos irmãos, e em seguida a Tiago; depois, a outros apóstolos e, em último lugar — isto é, último dentre todos os mencionados aqui, a quem ele apareceu após a sua ressurreição —, a Paulo. Paulo foi o último a quem Jesus havia aparecido até esse ponto da história, mas nada no texto sugere que Jesus não poderia ou não apareceria

---

[12]Essa é a conclusão a que chegou Peter Jones, "1Corinthians 15:8: Paul the last apostle", *TynBul* 36, 1985, p. 3-34.

[13]"Apostle", in: *Dictionary of Paul and his letters* (Downers Grove: IVP, 1993), p. 50.

[14]Wilson, "Apostle Apollos?", p. 334.

a alguém depois de Paulo. Em outras palavras, Paulo não estava descrevendo as aparições pós-ressurreição de Jesus a fim de provar o seu apostolado ou o apostolado de qualquer outra pessoa, mas para provar que Jesus na verdade ressuscitou dentre os mortos. Afinal de contas, ele mencionou a sua aparição a mais de quinhentas pessoas, e nenhuma delas era apóstolo. Seja dito, no entanto, que até mesmo se essa interpretação de "o último de todos" estiver incorreta, nada do que Paulo disse exclui a possibilidade de haver apóstolos depois dele na história da igreja.

CHAMADO E COMISSIONAMENTO PESSOAL DE CRISTO

Em relação ao suposto "chamado pessoal" realizado por Cristo ou ao "comissionamento" feito por ele como uma qualificação necessária para sermos apóstolos, não há nenhuma dúvida de que Paulo baseou o seu apostolado, pelo menos parcialmente, no fato de tê-los recebido. Não é preciso repetir os muitos textos em que isso é afirmado ou está subentendido (cf. Atos 9:15; 26:12-18; Romanos 1:1; 1Coríntios 1:1; Gálatas 1:1; 1Timóteo 1:1).

Mas por quais meios o "chamado" ou "comissionamento" pessoal ao cargo de apóstolo veio aos outros? Não vejo razão alguma pela qual deveríamos restringi-lo a uma visitação pessoal de Cristo (como a que foi experimentada por Paulo no caminho a Damasco) ou a uma "voz" do céu. Afinal de contas, parece que Matias foi designado ao cargo sem nenhuma dessas coisas, sendo separado somente pelo sorteio (Atos 1:21-26). O segundo item, obviamente, teria constituído um chamado decisivo e inequívoco ao cargo. De qualquer forma, teria havido algum sentimento, no coração da pessoa, de que Cristo a estava comissionando para essa tarefa, por mais subjetivo que isso seja. Em outras palavras, o chamado realizado por Cristo talvez pudesse ser discernido por meio do que é conhecido como *testemunho interior do Espírito*. Isso dificilmente seria suficiente para investir uma pessoa com autoridade apostólica. Precisaria haver uma confirmação ou alguma forma de validação pela igreja, especialmente pelos presbíteros, ao reconhecerem os dons e o caráter do indivíduo e colocarem a sua bênção sobre ele. Além desse ponto, só podemos especular.

Até aqui examinamos a natureza do cargo apostólico, especificamente as qualificações dispostas no Novo Testamento para o apóstolo.

ENTENDENDO OS DONS ESPIRITUAIS

Eu trouxe um sério questionamento quanto à visão evangélica tradicional de que, para sermos apóstolos, precisamos ter visto o Cristo ressurreto, ainda que certamente seja o caso de que precisamos ter sido receptores, de alguma forma, de um chamado ou comissionamento pessoal do próprio Cristo. Agora voltamos a nossa atenção à pergunta dupla a respeito de homens como Apolo, Timóteo e Tito poderem ter se qualificado como apóstolos, e se esses apóstolos ainda existem na igreja hoje.

O CASO DE APOLO (COMO TAMBÉM DE TIMÓTEO E TITO)

Os comentários de Paulo em 1Coríntios 4:6-9 sugerem que ele considerava Apolo como apóstolo? Creio que a resposta é *sim*. Eis o que Paulo escreveu:

> Irmãos, apliquei essas coisas a mim e a Apolo por amor a vocês, para que aprendam de nós o que significa: "Não ultrapassem o que está escrito". Assim, ninguém se orgulhe a favor de um homem em detrimento de outro. Pois quem torna você diferente de qualquer outra pessoa? O que você tem que não tenha recebido? E, se o recebeu, por que se orgulha, como se assim não fosse?
>
> Vocês já têm tudo o que querem! Já se tornaram ricos! Chegaram a ser reis — e sem nós! Como eu gostaria que vocês realmente fossem reis, para que nós também reinássemos com vocês! Porque me parece que Deus nos pôs a nós, os apóstolos, em último lugar, como condenados à morte. Viemos a ser um espetáculo para o mundo, tanto diante de anjos como de homens.

Em primeiro lugar, quando Paulo falou sobre Deus ter exibido "a nós, apóstolos" em último lugar (v. 9), "o contexto maior de 3:5—4:21 indica que os sujeitos" de "nós" são Paulo e Apolo, e possivelmente Cefas (Pedro) também.[15] O "nós" de 1Coríntios 3:9 e o "nós" de 4:1 certamente incluem Paulo e Apolo, e não há nenhuma indicação de que isso tenha mudado quando chegamos ao 4:9. Em segundo lugar, no versículo 6, Paulo estava claramente incluindo Apolo no

---

[15]Wilson, p. 329.

"nós" pelo qual os coríntios haviam aprendido "a não ultrapassar o que está escrito". Por que não concluiríamos, então, que o "nós" do versículo 8a e o "nós" do versículo 8b incluem Apolo? E se incluem, e apenas um pedido especial sugeriria o contrário, parece razoável que Paulo tivesse Apolo em mente no versículo 9 quando falou explicitamente sobre "nós, apóstolos".

Em terceiro lugar, já que os coríntios haviam se dividido em facções, alinhando-se a Paulo, Cefas (Pedro) ou Apolo (1Coríntios 3:4-9), parece razoável concluirmos que eles consideravam Apolo, de forma nada inferior aos outros dois, como apóstolo. Se Paulo acreditava que os coríntios estivessem errados ao chegarem a essa conclusão,

> se, nessa visão, Apolo não era apóstolo porque não havia visto o Jesus ressurreto — então Paulo provavelmente não teria raciocinado da maneira que o fez, afirmando as semelhanças entre ele e Apolo em todo 1:10—4:21, e ininterruptamente passando do fato de falar sobre os dois homens para falar sobre "nós, apóstolos". Parece, portanto, provável: (a) que os coríntios acreditavam que Apolo fosse apóstolo [...] e (b) que Paulo não tentou corrigir a visão deles. A única explicação óbvia para isso é que ele concordava com ela.[16]

Quais, então, são as possíveis conclusões que poderíamos chegar a partir dessa passagem? Creio que Andrew Wilson as identificou. "Ou (1) Paulo não considerava Apolo como apóstolo; ou (2) Paulo acreditava que Apolo houvesse testemunhado o Jesus ressurreto; ou, (3) para Paulo, o ter testemunhado o Cristo ressurreto não era uma condição necessária para qualquer candidato a apóstolo".[17] Quando vemos 1Coríntios 4 à luz de todas as outras evidências que examinamos, fico inclinado a acreditar que a terceira dessas opções é a mais provável.

Um caso semelhante pode ser analisado em Timóteo e Tito como apóstolos, embora nenhum dos dois houvesse testemunhado o Cristo ressurreto nem recebido um comissionamento pessoal dele. E, semelhantemente a Apolo, nenhum dos dois escreveu as Escrituras.

Quanto a Timóteo, há uma disputa entre os estudiosos a respeito de a primeira pessoa do plural — "nós [...] como apóstolos

---

[16]Wilson, p. 331.
[17]Wilson, p. 325.

ENTENDENDO OS DONS ESPIRITUAIS

de Cristo" em 1Tessalonicenses 2:6,7 — incluir, além de Paulo, Silvano (Silas) e Timóteo, ou somente Silas. Em 1Tessalonicenses 3:2, Paulo disse que "nós" enviamos "Timóteo, nosso irmão e cooperador de Deus no evangelho de Cristo". Claramente o "nós" desse texto, bem como de 3:6, não inclui Timóteo. Semelhantemente, em 2:2, Paulo disse: "Apesar de termos sido maltratados e insultados em Filipos", uma afirmação que teria incluído Silas, mas não Timóteo (cf. Atos 16:19). No entanto, não há indicação contextual explícita em 2:6,7 de que Paulo estivesse se referindo somente a si mesmo, ou a si mesmo e a Silas, excluindo Timóteo. Dado o fato de que a epístola é de "Paulo, Silvano e Timóteo" (1:1), a suposição mais natural é a de que todos os três estejam incluídos no "nós [...] como apóstolos de Cristo" de 2:6b. Mas seria falta de sabedoria sermos dogmáticos nesse ponto.[18]

Em um artigo não publicado, a mim disponibilizada pelo autor, Frank Chan salienta que Timóteo

> claramente teve um papel de estabelecimento dos fundamentos da igreja de Corinto (2Coríntios 1:19). Ainda que não haja nenhuma evidência de um comissionamento direto de Deus ou Cristo, houve uma ocasião durante a qual Paulo e outros presbíteros impuseram as mãos sobre Timóteo, transmitindo-lhe algum dom espiritual (2Timóteo 1:6; cf. 1Timóteo 4:14). Em Éfeso, Timóteo está servindo em autoridade *sobre os presbíteros*, aparentemente no lugar de Paulo, com a autoridade de Paulo, assegurando que os presbíteros-mestres sejam pagos (1Timóteo 5:17), avaliando acusações contra os presbíteros (1Timóteo 5:18), impondo as mãos sobre novos presbíteros (1Timóteo 5:22) e ordenando a certos homens (provavelmente presbíteros) a pararem com os seus falsos ensinos (1Timóteo 1:3). Insistir que Timóteo não é apóstolo porque ele é um líder da igreja primitiva de *segunda geração* parece arbitrário.[19]

---

[18]Wayne Grudem argumentou extensivamente que Timóteo não era apóstolo. Cf. suas evidências em *Systematic theology: an introduction to biblical doctrine* (Grand Rapids: Zondervan, 1994), p. 905-12 [edição em português: *Teologia sistemática* (São Paulo: Vida Nova, s.d.)].

[19]Chan explora essa perspectiva sobre Timóteo com mais detalhes em seu artigo não publicado, "Flaws in J. B. Lightfoot's cessationist concept of apostleship", p. 13-5.

Ainda assim, no entanto, uma possível indicação de que Timóteo não era apóstolo é a forma que Paulo regularmente o excluía do título nas saudações de abertura de suas epístolas. Em várias delas, Paulo identificou-se como "apóstolo", mas citava Timóteo somente como "nosso irmão" (cf. 2Coríntios 1:1; Colossenses 1:1; Filemom 1). Em Filipenses 1:1, ele fez a abertura com as seguintes palavras: "Paulo e Timóteo, servos de Cristo Jesus". De qualquer forma, se Timóteo não era apóstolo, não teria sido pelo fato de ele não haver visto o Cristo ressurreto, mas pelo fato de que Cristo simplesmente não o havia chamado para esse cargo.[20]

Como foi observado anteriormente, Paulo também falou de outros homens que eram "representantes das igrejas" (2Coríntios 8:23). A English Standard Version traduz *apostoloi* como "mensageiros", na suposição de que esses homens não teriam satisfeito as condições necessárias para ser apóstolos. Uma vez mais, vemos como essa suposição anterior em relação às qualificações para alguém ser apóstolo exerciam uma influência controladora não somente sobre a interpretação do texto, mas também sobre a sua tradução. O fato é que, das oitenta ocasiões em que a palavra *apóstolo* é usada no Novo Testamento, somente quatro poderiam possivelmente referir-se a "mensageiros" que não eram apóstolos (cf. João 13:16; Filipenses 2:25; 2Coríntios 8:23; e possivelmente Romanos 16:7). E, dessas quatro, somente o texto de João 13:16 com toda certeza faz isso.

Também devemos considerar o que Paulo disse em 1Coríntios 12:28. Os que argumentam que havia poucos apóstolos na igreja primitiva, talvez não mais do que 15 (os Doze, além de Paulo, Barnabé e Tiago), não conseguem explicar a referência de Paulo aos apóstolos como dados às igrejas locais para a sua edificação. Até mesmo se o número de apóstolos for aumentado a 20 ou mais, Paulo parece ter imaginado cada igreja local beneficiando-se espiritualmente com o ministério e a liderança de pelo menos um apóstolo. Em outras palavras, se os apóstolos estão entre os muitos dons (ou cargos) que Deus concedeu a todas as suas igrejas, haveria necessariamente uma multidão deles, talvez chegando às centenas. Frank Chan, então, faz a seguinte pergunta:

---

[20]No entanto, é inteiramente possível que Paulo tenha mencionado a si mesmo e a Timóteo dessa maneira para atrair a atenção à diferença entre o autor principal da carta (Paulo) e um contribuinte secundário (Timóteo).

> Por que Paulo citaria os "apóstolos" em 1Coríntios 12:28 como um dos dons espirituais que edificam o corpo, se ele não via o dom sendo operado e tendo algum efeito, "visando o bem comum" no nível da congregação *local*? Seria possível que Paulo presumisse que os apóstolos normalmente eram conhecidos pelas igrejas locais e eram intimamente conectados a elas, o que é uma ideia difícil de entender se houvesse apenas quinze deles em todo o mundo cristão conhecido?[21]

E não podemos nos esquecer de que o grupo original de apóstolos ministrou cerca de trinta anos na Judeia, antes da época em que Paulo escreveu aos coríntios. É viável que foram somente esses poucos apóstolos que Paulo tinha em mente ao encorajar os cristãos de Corinto a adotarem os "apóstolos" como uma das principais bênçãos e fontes de encorajamento e edificação dadas por Deus à igreja?

De modo semelhante, a mesma pergunta pode ser feita em relação às palavras de Paulo em Efésios 4:11. Paulo referiu-se aqui somente a meros quinze a vinte indivíduos? O seu objetivo nessa passagem é citar cinco (ou talvez somente quatro, se o pastor e mestre são um só dom) ministérios dos quais os cristãos individuais de todas as igrejas locais podem depender para o tipo de treinamento e encorajamento que os capacitará a crescer até à maturidade semelhante à de Cristo. Se respondermos, dizendo que *apóstolos* em Efésios 4:11 diz respeito somente a mensageiros, missionários ou embaixadores, por que Paulo citaria os apóstolos tanto aqui como em 1Coríntios 12:28 como os primeiros ou "mais altos" dentre os muitos ministérios da igreja? E há também a referência de Paulo em 1Coríntios 15:5,7 a "todos os apóstolos", os quais muito provavelmente eram separados dos Doze, de Tiago e dele mesmo. Quem poderiam ser? Esse texto, com a referência de Paulo aos "outros apóstolos" em 1Coríntios 9:5, fortemente sugere que havia consideravelmente mais apóstolos na igreja primitiva do que meros quinze ou vinte.

O que poderíamos concluir, então, em relação à tendência dentro do evangelicalismo conservador de dividir o cargo apostólico em dois tipos? Em um artigo que escrevi há muitos anos, defendi a noção de que havia apóstolos chamados *A* maiúsculo que deveriam ter sido

---

[21]Chan, "The apostleship of Jesus as the basis for redefining apostleship along non-cessationist lines".

testemunhas oculares e auriculares do Cristo ressurreto. Incluídos nesse grupo estariam os Onze, além de Matias, Tiago, Barnabé, possivelmente Silas e, definitivamente, Paulo. Também argumentei que havia os chamados apóstolos com *a* minúsculo, os quais desempenhavam um papel de autoridade significativamente inferior, como emissários, embaixadores ou mensageiros que representavam igrejas locais. Os únicos indivíduos que poderiam ser incluídos nessa segunda categoria são Epafrodito, os mencionados em 2Coríntios 8:23 e possivelmente Andrônico e Júnia(s) (embora, como foi observado, os últimos dois provavelmente não foram designados como "apóstolos" em Romanos 16:7). Esses apóstolos com *a* minúsculo não tinham a exigência de terem visto o Cristo ressurreto nem de terem sido pessoalmente comissionados por ele. Era suficiente que uma igreja local os designasse aos seus ministérios específicos.

Mas, como Wilson tão convincentemente argumentou,

> Apolo faz essa abordagem muito elegante e de certa forma menos direta. Aqui aparentemente temos um homem que não testemunhou a ressurreição nem recebeu um comissionamento pessoal de Jesus, e que nunca escreveu as Escrituras [...]; contudo, teve um papel substancial no estabelecimento da igreja de Corinto, e foi colocado no mesmo grupo de apóstolos tolos, cruciformes, escória da terra, como o próprio Paulo. Ele claramente não teve a mesma experiência ou comissionamento que Paulo ou os doze; contudo, tampouco parece ser um mero "mensageiro das igrejas".[22]

A designação de Apolo como apóstolo dessa forma não somente aponta para a diversidade de maneiras como a palavra é usada no Novo Testamento, mas também reforça a clara possibilidade (probabilidade?) de que, ainda que as aparições do Cristo ressurreto possam ter acabado com a experiência de Paulo no caminho para Damasco, o apostolado não acabou.

APÓSTOLOS NA IGREJA HOJE?

Se o haver sido testemunha ocular do Cristo ressurreto não é um requisito para o cargo de apóstolo, exceto para os que constituíam

---

[22]Wilson, "Apostle Apollos?", p. 335.

ENTENDENDO OS DONS ESPIRITUAIS

os Doze originais, quais são então as qualificações que precisamos satisfazer, ou talvez as características na vida e no ministério que precisamos demonstrar? Ainda que a presença das características observadas abaixo não nos transforme em apóstolos, a sua ausência pode muito certamente questionar a autenticidade da nossa alegação a esse cargo. Seria uma pressão muito grande encontrar um apóstolo no Novo Testamento cuja vida não tivesse as seguintes características:

1. Sucesso no ministério (1Coríntios 9:2; cf. 2Coríntios 3:1-3; mas os que não são apóstolos também têm um grande sucesso evangelístico; cf. Filipe, em Atos 8).
2. Ter recebido um chamado pessoal de Cristo ou comissionamento ao cargo (seja face a face, como os Doze originais, por revelação, ou por outro meio subjetivo; ainda que a designação de Matias ao cargo seja descrita sem nenhuma referência a esse chamado pessoal, podemos presumir que tenha acontecido de alguma forma antes dos acontecimentos de Atos 1).
3. Sinais e maravilhas (Atos 5:12; Romanos 15:19; 2Coríntios 12:12; mas os que não eram apóstolos também operavam sinais e maravilhas; cf. Estêvão, em Atos 6, e Filipe, em Atos 8).
4. Sofrimentos extremos (2Coríntios 4:7-15; 11:23-33; Colossenses 1:24; e, uma vez mais, inúmeros outros também sofreram).
5. Vida e humildade semelhantes às de Cristo (2Coríntios 1:12; 2:17; 3:4-6; 4:2; 5:11; 6:3-13; 7:2; 10:13-18; 11:6,23-28).
6. Relacionada ao ponto anterior é a questão do caráter moral e espiritual que parece ser crítica na determinação de quem foi ou não foi designado ao cargo de apóstolo. No Novo Testamento, os que são chamados de apóstolos são constantemente elogiados por serem bons homens, cheios do Espírito e cheios de fé (como com Barnabé; cf. Atos 11:24). Os apóstolos precisam ter um coração de servo (1Coríntios 3:5; 2Coríntios 12:15), sempre prontos a entregar a vida pelo bem das ovelhas.
7. Embora nada jamais tenha sido dito a respeito de que nenhum dom espiritual específico seja essencial ao ministério apostólico, só podemos presumir que o apóstolo teria sido capaz de ensinar. Apolo é retratado como "homem culto e que tinha grande conhecimento das Escrituras", que "falava e ensinava com exatidão acerca de Jesus" (Atos 18:24,25). Paulo, e talvez também Silas

e Timóteo, "exortavam" e "encorajavam" os cristãos de Tessalônica sobre como "viverem de maneira digna de Deus" (1Tessalonicenses 2:12; cf. tb. Atos 11:23,26). E é difícil imaginarmos a execução de um ministério apostólico bem-sucedido sem o dom espiritual de liderança (Romanos 12:8) e talvez também da administração (1Coríntios 12:28).

8. Um estigma orquestrado por Deus (1Coríntios 4:9-13; 2Coríntios 6:3-10; 12:1-10).

Se fôssemos concluir que o apostolado é em certo sentido um dom espiritual (ainda que eu continue tendo as minhas dúvidas), deveríamos provavelmente defini-lo como a presença empoderadora do Espírito que capacita o indivíduo a fazer o tipo de trabalho ou executar o tipo de ministério que vemos em Paulo, Barnabé, Silas e, talvez, também em Timóteo e Tito. Isso incluiria fazer com que a sabedoria se desenvolva numa igreja local em qualquer questão ou crise que ela enfrente. Os apóstolos evangelizam onde o evangelho ainda não foi oferecido (Atos 16:11ss.). Plantam igrejas, exortam, instruem e admoestam os cristãos da igreja local (20:31). Fornecem sabedoria e direcionamento espiritual para a tomada de decisões e a adjudicação da disciplina na igreja. Responsabilizam os presbíteros e os membros das igrejas locais em relação aos padrões doutrinários que foram estabelecidos nas Escrituras. Não significa que o apóstolo poderia anular a autoridade devidamente designada dos presbíteros. Mas significa na verdade que, se os presbíteros de uma congregação local reconhecerem um chamado apostólico de Deus sobre uma pessoa, eles estão livres para buscar a sua orientação, direcionamento e instrução. O apóstolo estaria ativo ajudando a esclarecer a doutrina bíblica e sua aplicação apropriada.

Finalmente, o que poderíamos concluir em relação à *duração* do cargo apostólico? Nada nas qualificações para sermos apóstolos requer que limitemos a sua validade ao primeiro século. Em nenhum outro lugar do Novo Testamento nos é dito que o apostolado foi restrito à igreja primitiva. É inegavelmente o caso de que certas expressões do ministério apostólico, como a autoridade concedida a alguns de estabelecer os fundamentos teológicos e éticos para a igreja Universal, foram necessariamente limitadas ao tempo. Mas, uma vez que os apóstolos deixaram de desempenhar esse papel, não significa que deixaram de desempenhar uma variedade de outros papéis.

Efésios 4:11-13 é bem explícito no sentido de que o Cristo ressurreto abençoou o seu povo não apenas com profetas, evangelistas, pastores e mestres, mas também com apóstolos, "com o fim de preparar os santos para a obra do ministério, para que o corpo de Cristo seja edificado, *até que* todos alcancemos a unidade da fé e do conhecimento do Filho de Deus, e cheguemos à maturidade, atingindo a medida da plenitude de Cristo" (grifo na citação). Enquanto a imaturidade permanecer, assim também permanecerão os dons e/ou os cargos ministeriais que Deus nos deu para vencê-la. Até o tempo em que alcançarmos "a medida da plenitude de Cristo", e ouso dizer que não acontecerá até que o próprio Cristo apareça para consumar a nossa salvação, os cinco dons de Efésios 4:11 (e, por uma implicação estendida, todos os outros dons também), estarão presentes e operacionais na vida das pessoas que compõem o povo de Deus.

Alguns argumentariam contra isso, afirmando que o ministério ou a influência dos apóstolos originais continua na vida da igreja nos séculos posteriores por meio dos seus escritos. Os *documentos inspirados* do apostolado são a maneira de seu ministério ser perpetuado. Obviamente, há certo sentido em que isso é verdadeiro. Mas, por mais convincente que isso possa inicialmente parecer, o fato é que Paulo não falou de documentos ou epístolas nessa passagem, mas de homens reais, que foram designados ou dotados para desempenharem o papel de apóstolos, de maneira bem semelhante à que ele via *pessoas* que eram profetas, evangelistas, pastores e mestres estando ativamente presentes na igreja até o tempo em que a igreja alcançar a sua plena maturidade.

O papel exato e a extensão da autoridade apostólica que essas pessoas expressariam na igreja dos dias atuais é algo que vai além dos limites do que posso abordar neste livro. Mas deveríamos nos lembrar de que nem mesmo os apóstolos do Novo Testamento tinham uma autoridade universal. Na verdade, Paulo disse aos coríntios: "Ainda que eu não seja apóstolo para outros, certamente o sou para vocês! Pois vocês são o selo do meu apostolado no Senhor" (1Coríntios 9:2). Semelhantemente, em 2Coríntios 10:13-18, Paulo recusou-se a "gloriar-se além do limite adequado", mas se gloriaria somente em relação à "esfera de ação que Deus lhe designou" (v. 13).

Uma vez que Paulo era um autor inspirado das Escrituras, sua influência era abrangente, mas, no que se refere à supervisão pessoal de igrejas locais específicas, a sua autoridade era limitada.

E não vejo razão alguma para vivermos com mais medo da autoridade apostólica do que da autoridade que Deus outorgou aos que servem como pastores e presbíteros na igreja local (cf. Atos 20:28; 1Tessalonicenses 5:12,13; Hebreus 13:17; 1Pedro 5:1-5). O fato de que alguém possa ir além da sua autoridade e abusar dela em detrimento do povo de Deus é, em si mesmo, dificilmente uma razão para rejeitarmos a realidade e a necessidade de uma autoridade espiritual apropriadamente reconhecida na vida da igreja local.

• • •

CONCLUSÃO

A variedade de questões teológicas sobre as quais os cristãos têm se dividido, não raro com menos caridade e paciência, é muito chocante. Podemos prontamente apontar para os complementaristas e seu desacordo com os igualitaristas, ou para os que adotam um arrebatamento pré-tribulação e seu debate com os que afirmam uma volta de Cristo pós-tribulação. Os criacionistas que creem numa terra jovem disputam as conclusões dos que creem numa terra antiga, e os pedobatistas e os credobatistas regularmente encontram novas maneiras de refutar a perspectiva uns dos outros. Os calvinistas e os arminianos, os pré-milenaristas e os amilenaristas continuam lançando livros a uma taxa alarmante, alegando terem demonstrado inquestionavelmente os enganos do lado opositor.

E então há o debate que sustenta uma grande parte do que escrevi neste livro. As línguas são para hoje? Deus ainda concede dons de cura? O dom de milagres é um dom que Deus continua distribuindo ao seu povo? A Bíblia é suficiente? Em caso afirmativo, como poderíamos defender a validade contemporânea dos dons de revelação do Espírito? O meu alvo neste livro certamente não foi derramar mais combustível no fogo que já está ardente de desacordos sobre esse assunto (embora alguns concluam que foi isso exatamente o que fiz!). Não sou ingênuo nem otimista o suficiente para achar que o que escrevi resolverá a questão para todos. Mas realmente espero que contribua de alguma pequena forma para amenizar a tensão sobre os dons espirituais que tão frequentemente têm a tendência de colocar os continuacionistas e os cessacionistas nas gargantas uns dos outros.

A minha forte crença na continuação de todos os dons espirituais até os dias atuais só se intensificou com a pesquisa e reflexão que contribuíram para o que você acabou de ler. Não significa que os meus amigos cessacionistas não tenham bons argumentos. Eles têm. É só que eu não acho que sejam convincentes. Mas, no final das contas, a respeito de quaisquer desacordos que permaneçam, e tenho muita certeza de que permanecerão, oro para que não se tornem a causa de acrimônia ou de severas críticas, que Deus nos livre, pois é o tipo de amarga cisma que só serve para trazer opróbrio ao nome do nosso Senhor Jesus Cristo.

Por mais que eu valorize todos os dons espirituais e ore para o seu uso biblicamente baseado, que exalte a Cristo, no corpo de Cristo, quero relembrar a todos nós de algo que o meu amigo Craig Keener, um defensor apaixonado e articulado da visão que desvendei neste livro, escreveu num artigo que apareceu em seu site em 29 de abril de 2019 (www.craigkeener.com). Suas palavras sóbrias são um lembrete de que os dons espirituais não configuram a coisa mais importante ou mais duradoura do mundo; tampouco devem ser tratados com indiferença ou desdém. "Os dons passarão na volta de Jesus ([1Coríntios] 13:8,10,12)", ele sabiamente observa, mas "não porque sejam ruins ou, no presente, desnecessários. Passarão porque serão sobrepujados por algo infinitamente mais maravilhoso".[23] Assim, à medida que juntos aguardamos com ávida expectativa a chegada do "perfeito", que possamos amar, encorajar, instruir e orar uns pelos outros para a glória de Deus-Pai, em nome do nosso Senhor Jesus Cristo, por meio do poder do seu Espírito Santo.

---

[23]Craig Keener, "Spiritual gifts in 1 Cor 12—14 (part 2)", April 2019, disponível em: www.craigkeener.com/spiritual-gifts-in-1-cor-12-14-part-2/.

APÊNDICE A

Deus dá dons espirituais a não cristãos?

A sua resposta imediata a essa pergunta pode muito bem ser: "É claro que não! Você está brincando?". Parece evidentemente óbvio que o propósito dos dons espirituais se refere somente a cristãos. Afinal de contas, como já vimos, são expressões da graça de Deus, são manifestações do Espírito Santo, e o seu propósito é principalmente encorajar e edificar outros cristãos do corpo de Cristo. Portanto, como é possível que alguém chegue a sugerir que Deus poderia conceder um dom espiritual a alguém que permaneça em incredulidade e rebeldia contra o evangelho?

É uma pergunta razoável. Mas há mais em relação a isso do que a maioria das pessoas está ciente. Por exemplo, o que devemos fazer com os comentários de Jesus na conclusão do Sermão do Monte? Ele disse o seguinte em relação aos incrédulos:

"Nem todo aquele que me diz: 'Senhor, Senhor', entrará no Reino dos céus, mas apenas aquele que faz a vontade de meu Pai que está nos céus. Muitos me dirão naquele dia: 'Senhor, Senhor, não profetizamos em teu nome? Em teu nome não expulsamos demônios

e não realizamos muitos milagres?' Então eu lhes direi claramente:
'Nunca os conheci. Afastem-se de mim vocês que praticam o mal!'"
(Mateus 7:21-23).[1]

Nesse texto,então, temos as palavras de Jesus no Discurso do Monte das Oliveiras. Ele emitiu a seguinte admoestação referente à emergência de falsos profetas: "Pois aparecerão falsos cristos e falsos profetas que realizarão grandes sinais e maravilhas para, se possível, enganar até os eleitos" (Mateus 24:24; cf. Marcos 13:22).

Paulo mencionou a "vinda do perverso", evidentemente uma referência ao anticristo, e disse que a sua aparição seria "segundo a ação de Satanás, com todo o poder, com sinais e com maravilhas enganadoras" (2Tessalonicenses 2:9). Esses "sinais e maravilhas" são chamados de "enganadores" porque não são, na verdade, sinais e maravilhas sobrenaturais reais? Em outras palavras, são um truque de mãos, truques mágicos com o propósito de parecer com a coisa verdadeira, mas que de fato são facilmente explicados recorrendo-se às leis da física? É interessante que, imediatamente após essa descrição das atividades do "perverso", Paulo levantou a questão do "engano da injustiça" (v. 10) perpetrado por Satanás. Ou será que esses falsos sinais e maravilhas referem-se a enganar e promover doutrinas heréticas? A mensagem que promovem pode ser sobre o que é "falso", e não necessariamente a realidade de sua origem sobrenatural.

Esse assunto levanta várias questões adicionais: por exemplo, se Satanás pode executar atos sobrenaturais genuínos. Alguns negam que ele possa, pois temem que isso comprometa a capacidade dos sinais e das maravilhas de Cristo de prestar testemunho da sua identidade. Parece que não há nenhum argumento de que os anjos, bem como os demônios, possam fazer coisas sobrenaturais

---

[1]Eu também deveria mencionar de passagem o caso da mulher Jezabel em Apocalipse 2:20-23. Aqui lemos que ela "se diz profetisa" (v. 20). Não consigo imaginar Jesus usando essa linguagem se o dom profético dela era do Espírito Santo. Alguns argumentam que ela era uma cristã nascida de novo e que simplesmente havia se desviado, mas sugiro que o seu comportamento e crença são uma indicação de que, quaisquer que sejam as alegações que ela fez de ser salva e proficamente dotada, eram espúrias. Não significa dizer que ela não tivesse um poder sobrenatural, mas, como este capítulo indica, a segunda opção nem sempre precisa ser proveniente de Deus.

quando capacitados e comissionados por Deus para fazer isso. Satanás exerceu controle sobre as forças da natureza quando lançou o seu ataque contra Jó, mas somente com a permissão de Deus. Não quero divagar e entrar numa discussão do poder de Satanás ou do poder de outros seres demoníacos, mas parece provável que de fato tenham o poder de produzir efeitos que não possam ser explicados recorrendo-se a qualquer causa física.[2]

Na afirmação de Jesus no Discurso do Monte das Oliveiras, ele não se referiu a esses sinais e maravilhas como "falsos", mas somente os descreveu como "grandes". Ele, no entanto, nos admoestou que o propósito desses atos "milagrosos" é "desviar" ou enganar os eleitos, caso fosse possível

Vamos voltar por um momento às palavras de Jesus em Mateus 7. Claramente ele estava falando sobre os incrédulos, as pessoas que "nunca conheceu". O que Jesus quis dizer ao citar a alegação deles de que profetizaram e operaram milagres em seu nome? Nem Jesus nem Mateus nos forneceram uma resposta, mas talvez essas pessoas fizessem isso com a permissão de Deus, como foi o caso de Judas Iscariotes, no Novo Testamento. Em nenhum lugar dos quatro evangelhos nos é dito que somente os outros onze apóstolos operavam sinais e maravilhas. A suposição é que Judas Iscariotes teria profetizado, curado os enfermos e expulsado demônios com os outros.

No entanto, Jesus talvez não estivesse endossando a verdade da alegação deles, mas meramente citando-a para enfatizar quão grave na verdade era a incredulidade deles. Em outras palavras, estavam mentindo sobre operar em dons miraculosos e poder sobrenatural. Se Jesus houvesse inserido, por assim dizer, uma refutação parentética, declarando "Ó sim, claro, as suas tais palavras proféticas e os seus milagres jamais aconteceram, absolutamente", ele teria distraído a sua audiência do ponto principal que queria comunicar.

Observemos também um punhado de textos em que parece que certos indivíduos incrédulos foram bem-sucedidos no ministério de libertação. Jesus foi acusado pelos líderes religiosos de expulsar demônios pelo "príncipe dos demônios" (Mateus 12:24), ao que ele

---

[2]Cf. a minha análise sobre o poder e as atividades de Satanás e dos demônios em meu livro *Tough topics: biblical answers to 25 challenging questions* (Wheaton: Crossway, 2013), p. 137-65.

respondeu: "E, se eu expulso demônios por Belzebu, por quem os expulsam os filhos de vocês?" (v. 27). Uma vez mais, em Marcos 9:38, os discípulos relataram a Jesus que haviam visto "um homem expulsando demônios em [seu] nome". A resposta do nosso Senhor nos versículos de 39 a 41 parece reconhecer que foi um exorcismo legítimo. Já os sete filhos de um sumo sacerdote judeu chamado Ceva semelhantemente "tentaram invocar o nome do Senhor Jesus sobre os endemoninhados" (Atos 19:13). Mas o demônio zombou da tentativa deles de expulsá-lo e "os dominou, espancando-os com tamanha violência, que eles fugiram da casa nus e feridos" (v. 16). Esse último caso claramente indica que nem todos os esforços de expulsar demônios em nome de Jesus foram bem-sucedidos!

E o que diremos sobre os termos usados em Hebreus 6:4,5, em que as pessoas são descritas como tendo "sido uma vez iluminadas", "provaram o dom celestial e se tornaram participantes do Espírito Santo" e "experimentaram a bondade da palavra de Deus e os poderes da era que há de vir"? Seria possível que essas experiências fossem verdadeiras e de pessoas que repetidamente foram expostas ao evangelho e aos benefícios que ele traz, porém sem pessoalmente adotarem a pessoa de Cristo como Senhor e Salvador (pense em Judas Iscariotes)? À medida que procuramos responder a essa pergunta, precisamos manter em mente a extensão a que o Espírito Santo pode ministrar, exercer a sua influência e ricamente abençoar as pessoas com experiências e oportunidades extraordinárias sem na verdade fazer com que nasçam de novo e sem transmitir-lhes o dom da fé salvadora em Jesus Cristo.

Elas foram "uma vez iluminadas" (Hebreus 6:4). Os verdadeiros cristãos foram "iluminados"? Sim. Mas esse termo não precisa significar nada mais do que ouvir o evangelho, para aprender ou para entender. Inúmeros não cristãos que cresceram na igreja, e talvez frequentaram uma faculdade ou seminário cristão, entendem muito sobre a fé cristã. O Espírito Santo pode na verdade iluminá-los e dar-lhes revelações, as quais eles, por sua vez, rejeitam, em última análise. O fato de meramente entendermos as doutrinas cristãs não prova que sejamos salvos!

Todos conhecemos pessoas, talvez membros da família, que têm sido repetidamente expostas à verdade do evangelho, que entendem o que ele significa, que podem articular as alegações de Cristo com notável precisão, mas que se recusam a colocar a sua fé nele como Senhor e Salvador. Assim, ainda que todos os verdadeiros cristãos tenham sido iluminados, nem todos os que são iluminados são verdadeiros cristãos.

Eu também deveria salientar que, nos anos imediatamente após a morte dos apóstolos, o termo *iluminado* era com frequência usado para descrever o batismo cristão. Não é usado dessa forma nas Escrituras, mas encontra-se nos pais da igreja primitiva em referência ao que o indivíduo experimentava nas águas do batismo. Alguns têm argumentado também que o segmento de frase "provaram o dom celestial" é uma referência a comer e beber o pão e o vinho da Ceia do Senhor. Se isso for verdade, o nosso autor estaria dizendo que essas pessoas foram batizadas e participavam regularmente da Ceia do Senhor, mas nunca chegaram plena e finalmente à fé salvadora em Cristo. Essa interpretação é duvidosa, mas vale a pena observá-la.

Aqui combinaremos três das seguintes frases: elas "provaram do dom celestial", da "bondade da palavra de Deus" e dos "poderes da era que há de vir" (Hebreus 6:4,5). Isso certamente aponta para uma experiência espiritual genuína. Mas será que temos que concluir que foi uma genuína experiência espiritual *salvadora* ou *redentora*? Essas pessoas não são desconhecidas ao evangelho ou à igreja. Elas tiveram a convicção de pecado produzida pelo Espírito Santo e experimentaram certo nível de bênçãos tanto por meio da graça comum como do seu contato próximo e íntimo com cristãos genuínos.

Talvez foram curadas (lembre-se: a maioria que Jesus curou não era salva). Talvez um demônio foi expulso. Ouviram a Palavra de Deus e chegaram a provar, sentir e desfrutar certa medida do seu poder, beleza e verdade. Sentiram a atração do Espírito e viram coisas grandiosas e maravilhosas no corpo de Cristo. Essas pessoas, então, "provaram" o poder e as bênçãos da nova aliança, mas não valorizaram pessoalmente, não acalentaram, não adotaram, não amaram, não confiaram, não entesouraram, nem saborearam a morte expiatória de Jesus como sua única esperança de vida eterna.

Também se tornaram "participantes do Espírito Santo". Ainda que a palavra traduzida por "compartilharam" ou "participantes" possa certamente referir-se a uma participação salvadora em Cristo (cf. Hebreus 3:14), ela também pode referir-se a uma associação ou

ENTENDENDO OS DONS ESPIRITUAIS

participação menos comprometida (cf. Lucas 5:7; Hebreus 1:9, traduzida por "camaradas" ou "companheiros"). Essas pessoas passaram de alguma maneira a compartilhar de algum aspecto do Espírito Santo e do seu ministério. Mas de que forma? Será que temos que concluir que foi de uma forma "salvadora"?

Creio que os indivíduos descritos em Hebreus 6:4,5, os quais, de acordo com o versículo 6, "caíram", não são cristãos nascidos de novo agora e nunca foram. Não são cristãos que "perderam" a sua salvação. São não cristãos que talvez fizeram uma profissão de fé em Jesus, talvez se tornaram membros de uma igreja, talvez até mesmo participaram da liderança, foram provavelmente batizados e vinham frequentemente à mesa do Senhor, e então voluntariamente, e com um coração endurecido, se afastaram e rejeitaram tudo o que chegaram a conhecer.

O estado e a experiência espiritual dos descritos em Hebreus 6:4-6 são idênticos aos dos primeiros três dos quatro solos da Parábola do Semeador (cf. Mateus 13:3-23; Marcos 4:1-9; Lucas 8:4-15). Nessa parábola, somente o quarto solo é chamado de "bom", produzindo frutos. Os outros três representam os que ouvem o evangelho e respondem com variados níveis de entendimento, interesse e alegria; nenhum deles, no entanto, produz frutos que testifiquem uma genuína vida espiritual. Significa dizer que experimentaram uma "iluminação" e "provaram" da bondade e do poder do ministério do Espírito e das bênçãos do Reino; contudo, deram as costas à verdade quando se depararam com tribulações, problemas ou tentações. A sua apostasia foi prova da falsidade da sua "fé" inicial (cf. espec. João 8:31; Hebreus 3:6,14; 1João 2:19).

O propósito de citarmos Hebreus 6 é simplesmente sugerir que o compartilhamento no Espírito Santo e o provar dos poderes da era que há de vir que essas pessoas experimentaram pode (repito, *pode*) sugerir que também operavam até certo ponto no que pode ser chamado de dons do Espírito Santo.

Talvez o melhor caso para demonstrar que não cristãos poderiam ser receptores de um dom espiritual encontra-se nos acontecimentos do Pentecoste da forma descrita em Atos 2:5-13. Nesse dia, os discípulos de Jesus foram cheios com o Espírito, falaram em línguas e profetizaram. A multidão incrédula ficou confusa, "pois cada um os ouvia falar em sua própria língua" (Atos 2:6).

Alguns insistem que as línguas de Atos 2 não eram línguas humanas.[3] Argumentam que Lucas estava descrevendo não o fato de haverem ouvido o som da sua própria língua, mas de haverem ouvido *em* sua própria língua. Em outras palavras, o que ocorreu no Pentecoste não foi tanto um milagre no falar, mas um milagre no ouvir. No mesmo momento em que "outras línguas" eram faladas por meio do Espírito Santo, eram imediatamente traduzidas pelo mesmo Espírito Santo às muitas línguas da multidão.[4] Portanto, não houve nenhum conteúdo ou estrutura linguística identificável no que os discípulos disseram. O que tornou o seu discurso inteligível não foi o fato de que estivessem falando nas verdadeiras línguas das pessoas presentes no Pentecoste, e sim, em lugar disso, a obra do Espírito na mente dessas pessoas pela qual foram capacitadas a "ouvir" essas palavras proferidas em suas línguas nativas. Três vezes em Atos 2 Lucas disse que os presentes os estavam "ouvindo" (v. 6) falar em sua própria língua. Uma vez mais, perguntaram: "Então, como os ouvimos, cada um de nós, em nossa própria língua materna?" (v. 8). Finalmente, disseram: "Nós os ouvimos declarar as maravilhas de Deus em nossa própria língua!" (v. 11). Assim, J. Rodman Williams argumenta que há *tanto* um milagre de "fala" — outras línguas espirituais diferentes — *como também* um milagre de "entendimento", com cada um deles facilitado pelo Espírito Santo.

Se essa visão estiver correta, um *charisma* miraculosos do Espírito Santo (a saber, o dom de interpretação) foi dado a todos os *incrédulos* presentes no Dia de Pentecoste. Mas, como D. A. Carson observou, o propósito de Lucas foi "associar a descida do Espírito à atividade do Espírito *dentre os incrédulos*, e não postular um milagre do Espírito *dentre os que ainda eram incrédulos*".[5] Nada no texto fala

---

[3]A seguinte análise de Atos 2 foi adaptada do meu livro *The Language of heaven: crucial questions about speaking in tongues* (Lake Mary: Charisma House, 2019), e foi usada aqui com permissão.

[4]Cf. J. Rodman Williams, *Renewal theology: salvation, the Holy Spirit, and Christian living* (Grand Rapids: Zondervan, 1990), 2:215 [edição em português: *Teologia sistemática: uma perspectiva pentecostal* (São Paulo: Vida, s.d.)]. Outros que encontram em Atos 2 um milagre de "audição" incluem Luke T. Johnson, "Tongues, gift of", in: *The Anchor Bible dictionary* (New York: Doubleday, 1992), p. 6:597, e mais recentemente Anthony Thiselton, *The First Epistle to the Corinthians* (Grand Rapids: Eerdmans, 2000), p. 977.

[5]D. A. Carson, *Showing the Spirit: a theological exposition of 1 Coríntians 12—14* (1987; reimpr., Grand Rapids: Baker, 2019), p. 181, grifo original [edição em português: *A manifestação do Espírito* (São Paulo: Vida Nova, s.d.)].

ENTENDENDO OS DONS ESPIRITUAIS

explicitamente sobre o Espírito Santo descendo sobre a multidão, mas sobre os discípulos. Ou, como Max Turner explica, certamente Lucas "não desejaria sugerir que o grupo apostólico meramente tagarelou incompreensivelmente enquanto Deus operava o milagre ainda maior da interpretação de línguas nos incrédulos".[6] Também deveríamos notar que "Lucas relata o falar deles em 'outras línguas' antes de mencionar que qualquer pessoa os ouvia (2:4)".[7] Sou levado a concluir, então, que o incidente no Dia de Pentecoste não é um exemplo de incrédulos recebendo um dom espiritual.

Mas precisamos considerar as palavras do nosso Senhor em Mateus 7, e novamente em Mateus 24. Será que uma explicação poderia referir-se ao fato de que essas foram obras genuínas de poder sobrenatural que deveríamos atribuir ao que os teólogos citam como *graça comum*? É o poder gracioso e capacitador do Espírito Santo em operação nos incrédulos, capacitando-os a fazer inúmeras coisas que são benéficas, boas e úteis, embora permaneçam irregenerados e perdidos no pecado. As pessoas costumam perder de vista o quanto o Espírito Santo realiza para os não cristãos e por meio deles, mesmo desprovidos da própria salvação. Isso é digno de uma exploração mais profunda.

GRAÇA COMUM E DONS ESPIRITUAIS[8]

Se o indivíduo irregenerado é espiritualmente cego e hostil ao evangelho, incapaz, em sua própria força, de "entender" as coisas de Deus ou de "buscá-lo", e não pode fazer nada "bom" (Romanos 3:11,12), como ele pratica excelentes atos de moralidade civil e produz excelentes obras de arte, de música e de políticas governamentais? A explicação fornecida pelas Escrituras é a de que, apesar da sua *total depravação*, Deus não somente restringe a plena manifestação das tendências malignas do coração humano, mas também, numa nota mais positiva, capacita os não cristãos a executarem ações relativamente "boas".

---

[6]Max Turner, *The Holy Spirit and spiritual gifts* (Peabody: Hendrickson, 1998), p. 223.

[7]Craig S. Keener, *Acts: an exegetical commentary* (Grand Rapids: Baker Academic, 2012), vol. 1, p. 823.

[8]A seguinte análise foi adaptada do meu livro *Chosen for life: the case for divine election* (Wheaton: Crossway, 2007), p. 54-9, e foi usada aqui com permissão [edição em português: *Escolhidos* (São Paulo: Vida Nova, s.d.)].

O veredicto do apóstolo Paulo sobre a condição universal da humanidade é, para dizer o mínimo, um veredicto desolador (cf. Romanos 3:10b-18). Mas, como John Murray observou, essa avaliação apostólica da natureza humana nos força a lidar com uma série de perguntas insistentes:

> Como homens que ainda jazem sob a ira e a maldição de Deus e que são herdeiros do inferno desfrutam de tantas boas dádivas nas mãos de Deus? Como homens que não são salvadoramente renovados pelo Espírito de Deus exibem tantas qualidades, dons e realizações que promovem a preservação, a felicidade temporal, o progresso cultural, o desenvolvimento social e econômico de si mesmos e de outros? Como raças e povos que aparentemente foram intocados pelas influências redentoras e regeneradoras do evangelho contribuem tanto para o que chamamos de civilização humana? Colocando a pergunta de forma bem abrangente: como este mundo amaldiçoado pelo pecado desfruta de tanto favor e bondade nas mãos do seu santo e para sempre abençoado Criador?[9]

Aqueles que são integrantes da tradição reformada costumam responder a isso recorrendo a um conceito que os teólogos chamam de "graça comum" de Deus. É *comum* no sentido de que está universalmente presente entre a humanidade, em níveis variados, obviamente. A graça comum deve, portanto, ser distinguida da graça especial, salvadora ou redentora de Deus, a graça pela qual ele atrai os eleitos à fé em Cristo e os preserva em sua condição de filhos e filhas espirituais adotados. A graça comum tem sido definida de várias maneiras. De acordo com Charles Hodge, a Bíblia ensina que

> o Espírito Santo, como o Espírito da verdade, de santidade e de vida em todas as suas formas, está presente em toda mente humana, reforçando a verdade, restringindo o mal, encorajando ao bem e transmitindo sabedoria ou força quando, onde e em que medida lhe parecer bem [...]. Isso é o que em teologia é chamado de graça comum.[10]

---

[9]John Murray, "Common grace", in: *Collected writings of John Murray* (Edinburgh: Banner of Truth, 1977), 4 vols., 2:93.
[10]Charles Hodge, *Systematic theology* (Grand Rapids: Eerdmans, 1970), 3 vols., 2:667.

ENTENDENDO OS DONS ESPIRITUAIS

Abraham Kuyper define a graça comum como

> o ato de Deus pelo qual negativamente ele inibe as operações de Satanás, da morte e do pecado, e pelo qual positivamente ele cria um estado intermediário para este cosmo, bem como para a nossa raça humana, que é e continua sendo profunda e radicalmente pecaminosa, mas em que o pecado não consegue operar o seu fim.[11]

Uma definição de graça comum mais simples e mais direta é dada por John Murray. A graça comum, escreve ele,

> é todo favor de qualquer que seja o tipo ou nível, desprovido da salvação, que este mundo indigno e amaldiçoado pelo pecado desfruta nas mãos de Deus.[12]

Farei uso da definição de Murray à medida que buscamos identificar a variedade de maneiras em que opera a graça comum.

O primeiro aspecto da graça comum é o que poderíamos chamar de "negativo" ou "preventivo". A sua característica essencial é a da *restrição*. Embora a restrição que Deus coloca sobre o pecado e os seus efeitos não seja nem completa (caso contrário absolutamente nenhum pecado existiria) nem uniforme (caso contrário todos os homens seriam igualmente maus ou bons), é de tal natureza que a expressão e os efeitos da depravação não podem atingir a altura máxima de que são capazes. A noção da graça comum como uma restrição é operante em várias áreas. Como já observado, Deus exerce uma restrição no *pecado do homem*. Murray explica: "Deus coloca uma restrição sobre as operações da depravação humana e assim impede que as afeições e os princípios profanos dos homens manifestem todas as potencialidades a eles inerentes. Ele impede que a depravação irrompa em toda a sua veemência e violência".[13]

A "marca" que Deus colocou em Caim, "para que ninguém que viesse a encontrá-lo o matasse" (Gênesis 4:15), é um exemplo. Deus disse a Abimeleque, rei de Gerar: "Eu mesmo impedi que você pecasse",

---

[11]Abraham Kuyper, *Principles of sacred theology*, trad. para o inglês J. Hendrick De Vries (Grand Rapids: Eerdmans, 1969), p. 279.

[12]Murray, "Common grace", 2:96.

[13]Murray, 2:98.

380

quando o rei considerou ter relações sexuais com Sara, esposa de Abraão (Gênesis 20:6; cf. tb. 2Reis 19:27,28). O apóstolo Paulo citou aquele que "agora detém" a revelação do perverso (2Tessalonicenses 2:7). Em cada um desses casos, Deus (muito provavelmente o Espírito Santo) exerce uma influência preventiva sobre aqueles que realizariam atos maus caso não houvesse essa influência.

Outra expressão da graça comum é a misericordiosa determinação de Deus de suspender a imediata manifestação da sua ira e do seu juízo, que são inescapáveis em razão do pecado humano. Vemos isso em textos como Gênesis 6:3; Atos 17:30; Romanos 2:4; 1Pedro 3:20 e 2Pedro 3:9. De forma semelhante, Deus exerce uma influência restritiva sobre as tendências destrutivas na criação natural.

O nosso interesse principal, no entanto, está nos efeitos mais positivos e construtivos da graça comum. É em relação a isso que perguntamos se Deus poderia conceder certos dons espirituais aos irregenerados. Há vários textos bíblicos em que Deus é retratado derramando bênçãos físicas e também espirituais sobre os não eleitos, e textos que sugerem que ele os dota com notáveis capacidades e talentos (cf. Salmos 65:9-13; 104:10-30; 145:1-16). É importante lembrarmos, no entanto, que essas bênçãos, qualquer que seja a sua natureza, não implicam nem garantem a salvação do receptor. Além disso, como Murray perceptivelmente observa, Deus não apenas restringe o mal nas almas irregeneradas, mas também as dota com dons, talentos e aptidões; ele as estimula com interesse e propósito para a prática de virtudes, a busca de tarefas dignas e o cultivo das artes e ciências que ocupam o tempo, as atividades e a energia dos homens que contribuem para o benefício e a civilização da raça humana. Ele ordena as instituições para a proteção e promoção da justiça, a preservação da liberdade, o avanço do conhecimento e o desenvolvimento das condições físicas e morais. Podemos considerar esses interesses, buscas e instituições como exercendo uma influência tanto expulsiva quanto impulsiva. Ocupando a energia, as atividades e o tempo dos homens, impedem a indulgência dos menos nobres e as buscas ignóbeis e exercem uma influência aperfeiçoadora, moralizadora, estabilizadora e civilizadora sobre o organismo social.[14]

---

[14]Murray, 2:102-3.

Lemos sobre essa manifestação da graça comum em Gênesis 39:5, em que nos é dito que Deus "abençoou a casa do egípcio por causa de José". Em Listra, Paulo declarou que Deus "mostrou sua bondade, dando-lhes chuva do céu e colheitas no tempo certo, concedendo-lhes sustento com fartura e um coração cheio de alegria" (Atos 14:17). O próprio Jesus disse que Deus "faz raiar o seu sol sobre maus e bons e derrama chuva sobre justos e injustos" (Mateus 5:45). O Pai é qualificado como "bondoso para com os ingratos e maus" (Lucas 6:35; cf. Lucas 16:25). É somente por causa dessas operações da graça comum que podemos dizer que o não cristão executa o "bem" (cf. 2Reis 10:30; 12:2; Mateus 5:46; Lucas 6:33; Romanos 2:14,15). Contudo, Murray nos relembra que "o bem atribuído aos homens irregenerados é, afinal de contas, apenas um bem relativo. Não é nenhum bem no sentido de satisfazer em suas motivações, princípios e objetivo os requisitos da lei de Deus e das exigências da sua santidade",[15] e, portanto, não pode de maneira nenhuma elogiá-los em relação à retidão do Pai. Jamais podemos perder de vista o fato de que todas essas operações da "graça" (assim chamadas porque são imerecidas) não são salvadoras, e não estão nem no propósito, nem efetuam coisas que produzam uma nova vida em Cristo.

CONCLUSÃO

Seria possível, então, que, por meio da sua generosa demonstração da graça comum para com um mundo incrédulo, o Espírito às vezes misericordiosamente conceda ao não cristão pelo menos certa capacidade para operar num poder sobrenatural que possa ter algum nível de semelhança com os *charismata* que são dados aos que são nascidos de novo? Se for verdadeiro, isso certamente explicaria o que vemos na vida de Judas, assim como na experiência daqueles sobre os quais lemos em Mateus 7:21-23. Mas os *charismata* em si são reservados para os filhos de Deus, os que também foram feitos os misericordiosos receptores da graça salvadora e especial de Deus.

---

[15]Murray, 2:107.

APÊNDICE B

Qual é o futuro da renovação carismática?

AVALIANDO SEUS PONTOS FORTES E FRACOS

Ao encerrar nossa análise sobre os dons espirituais, seria útil examinar a emergência do que é conhecido como *renovação carismática* e realçar seus pontos fortes, suas fraquezas e perspectivas futuras.

O QUE É A ESPIRITUALIDADE CARISMÁTICA?

Em seu livro *Encountering the Spirit: the charismatic tradition* [Encontrando o Espírito: a tradição carismática], Mark Cartledge argumenta que "o motivo central da tradição carismática é o 'encontro com o Espírito' tanto dentro da vida de adoração da igreja quanto individualmente por meio da devoção pessoal e da contínua obra e testemunho no mundo".[1] Assim, a tradição carismática espera encontros contínuos com o Espírito como parte da vida contínua do cristão. Os carismáticos "esperam que Deus revele a sua glória na adoração, para responder à oração, para operar milagres,

---

[1]Mark Cartledge, *Encountering the Spirit* (London: Darton, Longman and Todd, 2006), p. 16.

para falar diretamente por meio de sonhos, visões e profecias".[2] Cartledge resume isso melhor, dizendo que na essência da espiritualidade carismática encontra-se a convicção de que "Deus não está ausente, mas profundamente presente [...]. Deus ama dar de si mesmo ao seu povo!".[3]

Cartledge identifica quatro temas que constituem o coração da espiritualidade carismática. O primeiro é a adoração, que mais comumente é caracterizada por informalidade, música contemporânea, liberdade, plena participação (em lugar de orientação ao desempenho de tradições mais litúrgicas), "um envolvimento energético com o louvor",[4] ministério de oração e espontaneidade, que permite contribuições da congregação, que podem incluir "o uso de dons espirituais, como a profecia ou o falar em línguas, ou [...] a oportunidade de as pessoas darem testemunho para o encorajamento dos presentes".[5]

Um segundo tema recorrente é o que Cartledge chama de "fala inspirada", como o "recebimento de revelações por meio de 'palavras', ilustrações, visões e sonhos; a retransmissão dessas revelações por intermédio de mensagens proféticas, palavras de sabedoria e palavras de conhecimento e a inspiração na oração, nos testemunhos e nas pregações".[6] Ele é rápido em salientar, no entanto, "que a maioria dos líderes pentecostais e carismáticos, seguindo as injunções de Paulo, leva a sério a necessidade de discernir a natureza das falas inspiradas".[7] Todas as falas inspiradas, portanto, são "relativizadas" e não "dão uma plataforma para alegações de novas revelações".[8]

A terceira dimensão da espiritualidade carismática observada por Cartledge é o que ele chama de "vida santificada". É certamente o caso em que o pentecostalismo moderno pode rastrear as suas raízes teológicas, pelo menos em parte, até John Wesley e o movimento nacional Holiness [santidade], mas tenho dificuldades em ver essa característica como essencial ao movimento carismático contemporâneo. Ainda que os cristãos carismáticos certamente

---

[2]Cartledge, p. 28-9.
[3]Cartledge, p. 29.
[4]Cartledge, p. 58.
[5]Cartledge, p. 58.
[6]Cartledge, p. 69.
[7]Cartledge, p. 84.
[8]Cartledge, p. 85.

tenham um compromisso com os princípios, a prática da santidade e a busca de uma vida consagrada a Deus, não há nada especialmente singular em sua abordagem que os separe do protestantismo evangélico convencional.

Em quarto lugar, "a espiritualidade carismática frequentemente tem sido associada a formas de apocaliptismo: as expectativas de final dos tempos sobre a consumação do Reino de Deus. Até certo ponto isso ainda é prevalente, mas não podemos dizer que permeia todas as expressões da tradição".[9] O que é generalizado entre os carismáticos é o reconhecimento da dimensão "já/ainda não" da presença do Reino, dada a influência de George Ladd e a maneira em que sua perspectiva foi adotada e articulada pelo falecido John Wimber.

A minha crítica principal é que não estou convencido de que os quatro temas citados por Cartledge como indicativos da espiritualidade carismática sejam a maneira mais precisa de retratarmos essa tradição. Concordo que a adoração e as falas inspiradas são sinais essenciais, mas as noções da santidade de vida e o "apocaliptismo" são menos evidentes. Até mesmo quando estão presentes entre os carismáticos, não são mais proeminentes do que encontraríamos em muitas denominações batistas ou até mesmo entre os nazarenos. Creio que seria mais preciso enfatizar o conceito do *poder* na experiência cristã e no ministério cristão como uma característica da tradição carismática (seja em sinais e maravilhas, curas, ou o mais rotineiro exercício dos *charismata* na vida da igreja). Além disso, o conceito da *imanência* divina e da intimidade relacional que ela produz são muito mais um fator da igreja carismática típica do que qualquer uma das duas ênfases observadas por Cartledge.

AVALIANDO TANTO OS PONTOS FORTES QUANTO OS PONTOS FRACOS DA RENOVAÇÃO CARISMÁTICA

O que poderíamos identificar como alguns dos pontos fortes e das fraquezas que a renovação carismática tem trazido à igreja evangélica? Ainda que não seja, de forma alguma, totalmente abrangente, eu sugeriria as dez seguintes coisas:

---

[9]Cartledge, p. 101.

ENTENDENDO OS DONS ESPIRITUAIS

1. A tradição carismática tem se saído bem ao enfatizar o papel da *experiência* autêntica na vida cristã. Os carismáticos devem ser aplaudidos por trazerem uma abordagem mais *holística* ao nosso relacionamento com Deus. Ao fazerem isso, o dualismo entre o corpo e o espírito, bem como entre as dimensões afetivas e cognitivas, foi vencido. No entanto, isso tem levado às vezes a uma diminuição na ênfase sobre a mente (até mesmo a uma "demonização" dela) e a uma falha na apreciação da necessidade de um envolvimento intelectual rigoroso com a fé.

2. A renovação carismática também tem contribuído muito para um *igualitarismo* bíblico no que diz respeito à distribuição de dons espirituais e da quebra de barreiras socioeconômicas e educacionais que tinham a tendência de reforçar as distinções mais antigas entre o clérigo e os leigos. Mesmo assim, também podemos ver a emergência de um igualitarismo não bíblico que deixa de reconhecer os papéis complementares, porém diferentes, e os níveis de autoridade que Deus ordenou para os homens e as mulheres.

3. Ainda que boa parte do evangelicalismo convencional possa ficar atolada numa *escatologia sub-realizada*, que gera derrotismo, aquiescência passiva ao *status quo* e uma perda de alegria que vem ao experimentarmos o poder e o privilégio do que *já* temos em Cristo, a tradição carismática pode ser culpada de uma escatologia *suprarrealizada*, que gera triunfalismo ingênuo, oração presunçosa e uma expectativa irrealista das bênçãos espirituais e físicas que *ainda não* são do propósito de Deus conceder. Ainda que os cessacionistas evangélicos muitas vezes deixem de reconhecer e agir com base na autoridade que já é nossa em Cristo, os continuacionistas evangélicos frequentemente também deixam de reconhecer como uma teologia de fraqueza pode servir à glória maior de Deus.

4. Os carismáticos devem ser aplaudidos pelo seu foco no *Antigo Testamento* e seu retratamento *narrativo* do imediatismo de Deus na vida das pessoas que pertencem ao seu povo, principalmente da forma expressa em sinais, maravilhas e revelações proféticas. Mas amiúde caem na armadilha de aplicar modelos da antiga aliança ao ministério e à liderança para pessoas que estão vivendo sob a nova aliança. Ainda mais notória é a tendência de elevarem os tipos e as sombras da antiga aliança e ao mesmo

tempo deixarem de reconhecer o seu cumprimento como antítipo em Jesus na nova aliança.

5. A tradição carismática tem despertado o mundo evangélico à realidade da guerra espiritual e da autoridade do cristão sobre todo poder do inimigo (Lucas 10:1-20). Os carismáticos, muito mais do que a maioria, têm se engajado numa luta corpo a corpo tanto no aspecto da crença teológica quanto na questão da estratégia prática verdadeira, com a admoestação de Paulo em relação ao lugar em que os nossos verdadeiros inimigos devem ser encontrados ("Pois a nossa luta não é contra seres humanos, mas contra os poderes e autoridades, contra os dominadores deste mundo de trevas, contra as forças espirituais do mal nas regiões celestiais", Efésios 6:12). Contudo, em seu zelo de fazerem justiça à presença e às atividades do mundo demoníaco, eles têm tido a tendência de demonizar a carne. Em outras palavras, se os cientistas seculares são culpados de procurar uma causa genética ou bioquímica para todo mau comportamento humano, algumas formas de hiperespiritualidade carismática procuram uma explicação demoníaca. O resultado é que os pecados da carne são reduzidos a "espíritos" de concupiscência, nicotina, inveja, homossexualismo, alcoolismo, e assim por diante. Semelhantemente, entre os carismáticos, "a categoria da Criação ou natureza pode ser perdida numa visão de mundo que vê a realidade nos termos dicotômicos da luz e das trevas, ou do Reino espiritual de Deus *versus* o reino espiritual de Satanás. Esse dualismo cosmológico pode estimular a guerra espiritual, mas também omite a importante categoria da Criação como boa, porém caída".[10]Embora a renovação carismática seja responsável até certo ponto por trazer à luz a realidade do mundo espiritual num mundo dominado pelo naturalismo científico, ela também às vezes é culpada de uma forma moderna de gnosticismo. Essa hiperespiritualidade tem causado uma negligência das disciplinas rotineiras da vida cristã e do meio comum da graça, uma falha na apreciação da presença de Deus nos processos naturais e uma perda da apreciação da beleza e do valor da Criação material.

---

[10]Cartledge, p. 135.

ENTENDENDO OS DONS ESPIRITUAIS

6. Os carismáticos devem ser aplaudidos pela sua ênfase nos dons espirituais, especialmente o da profecia, e na realidade de que Deus ainda fala. Infelizmente, no entanto, esse dom tem sido transformado numa bola de cristal para as tomadas de decisões diárias e rotineiras. E, apesar dos seus protestos em contrário, uma minoria entre os carismáticos está um tanto quanto inclinada a elevar a palavra profética de Deus acima da Palavra escrita das Escrituras canônicas.

7. A renovação carismática tem corretamente trazido à nossa atenção a realidade e importância de muitos encontros pós-conversão com o Espírito Santo. Essas experiências podem servir para transmitir dons espirituais, capacitar os cristãos para o ministério e o testemunho e melhorar/aprofundar a nossa intimidade com o Pai. Mas também podem ser distorcidas, tornando-se sinais de superioridade espiritual. O desejo (que pode volta e meia degenerar-se num anseio não saudável) por novos encontros com o Espírito pode facilmente ser usado como desculpa para a negligência quanto ao envolvimento saudável com uma igreja local, enquanto o cristão passa de conferência a conferência, reavivamento a reavivamento, ostensivamente em busca do próximo "grande mover de Deus".

8. Ainda que a tradição carismática esteja correta em insistir que o cargo apostólico, de alguma forma, ainda seja válido para a igreja hoje, ela tem dado um crédito não saudável a um esforço de alguns de reestruturar a liderança da igreja local sobre um fundamento que não é do padrão do presbítero/diácono tão claramente endossado nas epístolas do Novo Testamento.

9. Ainda que os carismáticos tenham corretamente voltado a nossa atenção à importância do reavivamento e dos encontros de poder com o Espírito que muitas vezes levam à libertação, cura e comunhão renovada com Deus, eles também têm feito conexões não bíblicas entre as manifestações físicas e a maturidade espiritual, como se a presença dessas manifestações fosse um claro sinal de maturidade.[11]

---

[11]Em relação a isso, recomendo muito o livro revelador e profundamente prático de Andrew K. Gabriel, *Simply Spirit-filled: experiencing God in the presence and power of the Holy Spirit [Simplesmente cheio do Espírito: experimentar Deus na presença e no poder do Espírito Santo]* (Nashville: Emanate, 2019).

PERSPECTIVAS PARA O FUTURO

Para a renovação carismática crescer não apenas nos dias que se seguirão, mas também expandir a sua influência no mundo evangélico em sentido mais amplo, várias coisas precisam ocorrer. Entre elas, não necessariamente na ordem em que apresento, estão as seguintes:

1. Os carismáticos precisam voltar a uma visão robusta do evangelho e de como ele funciona, a fim de moldar todos os aspectos da vida e da crença. Embora haja notáveis e laudatórias exceções a isso, muitas igrejas pentecostais e carismáticas estão aquém em seu entendimento e proclamação do evangelho. Elas deixam de articular as muitas maneiras pelas quais o evangelho serve não meramente como um portal para o Reino de Deus, mas como um princípio governante das responsabilidades éticas cotidianas: de como nos relacionamos com o nosso cônjuge ao uso das nossas finanças e à importância de perdoarmos uns aos outros no corpo de Cristo.

2. Há uma grande necessidade, nos círculos carismáticos, de uma centralidade em Cristo mais explícita para a teologia e o ministério. Em outras palavras, sem diminuir a sua ênfase no Espírito Santo, os carismáticos precisam concentrar-se mais detidamente em Jesus Cristo: sua vida, morte, ressurreição e exaltação. Num certo sentido, a pneumatologia precisa ser subserviente à cristologia.

3. Os carismáticos são notoriamente fracos quando a questão é a eclesiologia. Isso é visto: (a) na tendência de abraçarem as estruturas de uma liderança de igreja local que estão alheias ao padrão do Novo Testamento; (b) numa abordagem irreverente e casual tanto em relação à membresia quanto em relação à disciplina na igreja; (c) numa visão deficiente da natureza e prioridade dos sacramentos; e (d) numa falha generalizada em reconhecer a centralidade da igreja local como meio principal de Deus para a expansão do Reino e a exaltação do seu Filho (cf. Efésios 3:10).

4. Os carismáticos precisam mudar de uma orientação centralizada no homem (antropocêntrica) para uma perspectiva na fé mais biblicamente robusta, centralizada em Deus, ou teocêntrica. Isso deveria expressar-se de pelo menos três maneiras: (a) uma completa refutação do teísmo aberto, o qual, infelizmente, tem

ENTENDENDO OS DONS ESPIRITUAIS

infectado boa parte do mundo carismático; (b) um entendimento comparativamente mais reformado da soteriologia (embora isso não precise implicar um calvinismo completo em seus cinco pontos); e (c) um reconhecimento da centralidade da glória de Deus como propósito final, tanto para a Criação como para a Redenção.

5. Há uma grande necessidade no mundo carismático de uma teologia do sofrimento biblicamente moldada e pastoralmente sensível, que não solape nem comprometa a sua igualmente importante crença na realidade da cura divina. Mark Cartledge explica isso da seguinte maneira: "Com a ênfase no poder e na imediação do transcendente dentro do imanente, a tradição carismática pode errar quanto a ter expectativas exageradas agora".[12]Assim, o resultado é que "o poder da ressurreição pode eclipsar a fraqueza da cruz [...] [e] a condição do sucesso e da celebridade pode ser buscada como sinal de poder e bênção, e não um compromisso com o sofrimento e a fraqueza nas coisas comuns da vida cotidiana".[13]A essência do *triunfalismo carismático* é a crença de que as vitórias patentes e consumadas que experimentaremos somente na era vindoura estejam disponíveis para nós agora. Somos encorajados a nos regozijar por termos autoridade sobre os espíritos demoníacos (cf. Lucas 10:17-20), por termos sido abençoados "com todas as bênçãos espirituais nas regiões celestiais em Cristo" (Efésios 1:3), por termos sido "ressuscitados" com Cristo e por estarmos "assentados" "com ele" (Efésios 2:6). Nós, os que cremos "que Jesus é o Filho de Deus", "vencemos" o mundo (1João 5:5). E o próprio Jesus promete grandes e gloriosos galardões "àquele que vencer" agora (Apocalipse 2:7,11).

Onde muitas vezes se desviam é em sua afirmação de que essas verdades necessariamente implicam vitórias visíveis e irreversíveis no presente e que resultam numa vida livre de perseguições, sofrimentos, ou ataques demoníacos. É a noção de que, já que sou um "filho do Rei", tenho o *direito* de viver em prosperidade financeira e completa saúde física, livre daquele "gemido" sob a duradoura maldição da Queda que Paulo parece indicar que continuará até a volta de Cristo (cf. Romanos 8:18-25).

---

[12]Cartledge, *Encountering the Spirit*, p. 135.
[13]Cartledge, p. 135.

A natureza desse *triunfalismo tóxico* não é vista melhor em nenhum outro lugar além de 2Coríntios 13:1-4. Paulo escreveu:

> Esta será minha terceira visita a vocês. "Toda questão precisa ser confirmada pelo depoimento de duas ou três testemunhas". Já os adverti quando estive com vocês pela segunda vez. Agora, estando ausente, escrevo aos que antes pecaram e aos demais: quando voltar, não os pouparei, visto que vocês estão exigindo uma prova de que Cristo fala por meu intermédio. Ele não é fraco ao tratar com vocês, mas poderoso entre vocês. Pois, na verdade, foi crucificado em fraqueza, mas vive pelo poder de Deus. Da mesma forma, somos fracos nele, mas, pelo poder de Deus, viveremos com ele para servir vocês.

D. A. Carson explica: "Eles eram tão subcristãos em seu pensamento, que a bondade e a humildade em semelhança às de Cristo significavam pouco para eles. Preferiam as manifestações de poder, por mais exploradoras e arbitrárias que fossem ([2Coríntios] 11:20). Compreenderam, portanto, erroneamente a docilidade de Paulo como fraqueza, preferindo a agressividade triunfalista dos falsos apóstolos. Paulo responde, dizendo que, se é poder que querem ver como critério absoluto de apostolicidade genuína, talvez obtivessem mais do que aquilo pelo qual barganharam: ele pode ser forçado a demonstrar o poder do Cristo ressurreto, falando por meio dele nos estrondosos tons de punição, outra versão talvez do juízo conferido a Ananias e Safira".[14]

O objetivo de Paulo é mostrar que a sua vida e especialmente o seu relacionamento com os coríntios espelham essas coisas em relação a Cristo. Jesus, disse Paulo, era a suprema personificação e exemplo tanto de fraqueza (em sua crucificação) como de força (em sua ressurreição e exaltação). Jesus foi "obediente até a morte" (Filipenses 2:8b) e recusou-se a retaliar ou reagir contra os seus acusadores (Mateus 26:52,67,68; 27:11-14,27-31; 1Pedro 2:23). Aqui estava a sua "fraqueza" e também a demonstração pública da sua mortalidade essencial. Mas, diferentemente

---

[14]D. A. Carson, *From triumphalism to maturity: an exposition of 2 Corinthians 10—13* (Grand Rapids: Baker, 1984), p. 174.

ENTENDENDO OS DONS ESPIRITUAIS

de nós, ele não permaneceu na fraqueza, mas ressuscitou por meio do "poder de ressurreição de Deus" (2Coríntios 13:4a).

Sim, disse Paulo, sou fraco, como Jesus era, uma fraqueza que vocês desprezaram e usaram para solapar a minha credibilidade. Mas, "pelo poder de Deus, viveremos com ele para servir vocês" (2Coríntios 13:4b). As palavras "viveremos com ele" não são, como a maioria dos triunfalistas preferiria, uma referência à ressurreição final e à nossa esperança de viver na presença de Cristo na era vindoura. "Paulo está falando da sua iminente visita a Corinto, quando, em uníssono com Cristo e com o poder de Deus, ele agiria decisiva e vigorosamente contra malfeitores impenitentes dentro da congregação".[15]

6. Os carismáticos não podem permitir que sejam identificados com as formas mais extremadas de sionismo escatológico. O mais eficaz antídoto a esse engano muito difundido é um reconhecimento da maneira que Jesus tornou-se o cumprimento antitípico das muitas sombras, símbolos e tipologias do Antigo Testamento. Se os carismáticos não chegarem a entender como o Novo Testamento interpreta e cumpre a palavra profética do Antigo Testamento, ela permanecerá desesperadamente atolada nas trevas do dispensacionalismo e dos muitos enganos que ele gera.

7. Os carismáticos devem deixar de prestar mero serviço da boca para fora à convergência de Palavra e Espírito. Tem havido em muitos círculos carismáticos uma perda da autoridade funcional das Escrituras. O simples — porém triste — fato é que os cessacionistas estão certos: os carismáticos, em geral, têm deixado de submeter todas as alegações de revelações proféticas ou de encontros de poder espiritual ao padrão final da autoridade bíblica.[16]

8. Um repúdio de todas as expressões de *sensacionalismo manipulador e hiperespiritual* é essencial.[17] O anseio pela espetacular e fascinante demonstração do que aparenta ser o poder sobrena-

---

[15]Murray J. Harris, *The Second Epistle to the Corinthians: a commentary on the Greek text* (Grand Rapids: Eerdmans, 2005), p. 916.

[16]Veja meu artigo "When Word meets Spirit", in: *Charisma* 44.3 (Oct. 2018): 34-38.

[17]Dediquei todo um capítulo a esse problema em meu livro *Practicing the power [Exercitando o poder]* (Grand Rapids: Zondervan, 2017), p. 192-212.

tural é um anátema ao ensino da Palavra de Deus. Piores ainda são as táticas utilizadas por algumas celebridades da subcultura carismática (nem preciso mencionar nomes). Estão indubitavelmente na minoria, mas o seu alto perfil e suas estranhas alegações muitas vezes levam muitos a achar que isso é uma prática padrão entre os que creem na validade contemporânea dos dons espirituais.

9. O movimento carismático precisa distanciar-se vocalmente do chamado "evangelho da saúde e da riqueza", como também dos extremismos do movimento da Palavra de Fé. Contrariamente ao que muitos têm concluído, essas não são as convicções carismáticas convencionais. São sérias aberrações do ensino das Escrituras, e suas doutrinas divergentes (muito disseminadas para ganhos monetários) precisam ser expostas e repudiadas.[18]

10. Finalmente, há no mundo carismático um anseio doentio por qualquer coisa que seja nova e bizarra, em geral sem consideração à história a igreja cristã e ao consenso que tem se desenvolvido ao redor da "Grande Tradição" e dos credos ecumênicos do passado. Numa só palavra, os carismáticos têm a tendência de

---

[18]Há várias refutações bem-escritas dessas aberrações da crença e prática carismática, dentre as quais estão Bruce Barron, *The health and wealth gospel [O evangelho da saúde e da riqueza]* (Downers Grove: InterVarsity, 1987); Michael L. Brown, *Whatever happened to the power of God? [O que aconteceu com o poder de Deus?]* (Shippensburg: Destiny Image, 1991), e *Playing with holy fire: a wake-up call to the Pentecostal-charismatic church [Brincando com o fogo sagrado: um alerta para a igreja pentecostal-carismática]* (Lake Mary: Charisma House, 2018); Charles Farah, *From the pinnacle of the temple [Do pináculo do templo]* (Plainfield: Logos International, n.d.); David W. Jones; Russell S. Woodbridge, *Health, wealth & happiness: has the prosperity gospel overshadowed the gospel of Christ?* [Saúde, riqueza e felicidade: o evangelho da prosperidade ofuscou o evangelho de Cristo?](Grand Rapids: Kregel, 2011); D. R. McConnell, *A different gospel: a historical and biblical analysis of the modern faith movement [Um evangelho diferente: uma análise histórica e bíblica do movimento da fé moderna]* (Peabody: Hendrickson, 1988); e Andrew Perriman, org., *Faith, health, and prosperity: a report on "word of faith" and "positive confession" theologies Fé, saúde e prosperidade: um relatório sobre o movimento teológico da "palavra de fé" e da "confissão positiva"]* publicado pela ACUTE (*The Evangelical Alliance Commission on Unity and Truth among Evangelicals [Comissão da aliança evangélica sobre unidade e verdade entre evangélicos]* (Carlisle: Paternoster, 2003). Embora eu tenha várias discordâncias substanciais com os seus livros, deveríamos também consultar Costi W. Hinn (com Anthony G. Wood), *Defining deception: freeing the church from the mystical-miracle movement [Definindo o engano: libertando a igreja do movimento do milagre místico]* (El Cajon: Southern California Seminary Press, 2018); e Costi W. Hinn, *God, greed, and the (prosperity) gospel: how truth overwhelms a life built on lies [Deus, a ganância e o evangelho (da prosperidade): como a verdade supera uma vida construída sobre mentiras]*(Grand Rapids: Zondervan, 2019).

cair na armadilha que C. S. Lewis citou como *esnobismo crono-lógico*. Nos dias vindouros, os carismáticos precisam estar dis-postos a olhar para trás tão pronta e avidamente quanto olham para frente, e a aprender com os nossos antecessores na fé.

Índice de passagens bíblicas

Gênesis
1 *29*
4:15 *380*
6:3 *381*
20:6 *381*
32:30 *153*
39:5 *382*
40:5 *61*
40:7,8a *61*
40:8b *61*
41:8 *62*
41:16 *62*

Êxodo
33:11 *153*

Números
14:14 *153*

Deuteronômio
5:4 *153*
28 *263*
28:15 *263*
28:49 *263*
34:10 *153*

Juízes
6:22 *153*

1Samuel
16:14 *31*

2Reis
10:30 *382*
12:2 *382*
19:27,28 *381*

Jó
48—50 *253*

Salmos
33:18-22 *299*
51:11 *31*
65:9-13 *381*
74:9-11 *153*
77:7-14 *140*
104 *316*
104:10-30 *381*
139 *316*
139:13 *315*
145:1-16 *381*
147:10-11 *299*

Isaías
6:1 *78*
28:11 *263, 265*

Jeremias
5:15 *263*
32:20 *143*

Daniel
2:19a *62*
2:28 *62*

4:4-33 *62*
5 *277*
10 *252*
10:13,20,21 *253*
12:1 *253*

Mateus
4:1-11 *234*
5:45 *382*
5:46 *382*
6:2-4 *334*
6:14,15 *288*
7 *378*
7:15-23 *216*
7:21-23 *372, 382*
8 *299*
8:2 *319*
9:1-8 *297*
9:4 *185*
9:22 *301*
9:27-31 *295*
9:28,29 *86, 295, 319*
11:11 *309*
11:20,21,23 *29*
11:25-27 *196*
12:24 *373*
12:25 *185*
12:27 *374*
12:28 *185*
12:39 *98, 144*
13:3-23 *376*
13:54,58 *29*

14:2 *29*
14:13,14 *295*
14:14 *129*
15:28 *297*
15:29-31 *129*
16:4 *98, 144*
20:29-34 *295*
20:34 *295*
24 *378*
24:10,11 *235*
24:11 *216*
24:24 *372*
26:52,67,68 *391*
27:11-14, 27-31 *391*
27:52,53 *142*

Marcos
1:40,41 *129*
1:41,42 *295*
2:1-12 *295*
2:5,11 *301*
3:13 *343*
3:13-19 *346*
3:14 *346, 351*
3:16 *343, 351*
4:1-9 *376*
5 *319*
5:30 *27*
5:34 *298, 301, 319*
5:36 *298*
6:2 *29*
6:5 *140, 157, 293*
6:5,6 *293*
6:6 *157, 293*
6:14 *29*
9:17-24 *301*
9:23 *298*
9:24 *298*
9:25 *298*
9:28,29 *86*
9:38 *374*
9:39 *29*
9:39-41 *374*
10:52 *298, 301*

11:12-14,20,21 *287*
11:21 *287*
11:22-24 *287*
11:25 *288*
13:22 *216, 372*
16:17,18 *111*
16:18 *295*

Lucas
1:15-17 *30*
1:35 *25*
4:1,2 *185*
4:14 *25, 30*
4:14,15, 16-19 *185*
4:36 *30*
4:40 *295*
5:1 *30*
5:7 *376*
5:17 *25, 27, 185*
6:8 *185*
6:13 *346*
6:19 *28, 30*
6:26 *216*
6:33 *382*
6:35 *382*
7:11-17 *295*
8:4-15 *376*
8:46 *27, 30, 185*
9:1,2 *27, 30*
9:47 *185*
10:1-20 *91, 387*
10:13 *30*
10:17-20 *60, 136, 321, 390*
10:19,20 *136*
10:21 *185*
11:9,10 *86*
11:9-13 *295*
11:13 *86, 299*
13 *303*
13:11 *303*
13:16 *303*
17:13,14 *295*
17:19 *298, 301*

19:37 *30*
21:27 *30*
24:49 *27, 30*

João
1:43-51 *185*
1:47 *239*
1:48 *185*
2:11 *129*
2:25 *239*
3:15 *310*
3:16 *276, 280, 281*
3:18 *310*
3:34,35 *185*
3:36 *310*
4 *185*
4:16-18 *185*
4:19 *185*
4:29 *185*
5:1-9 *297*
5:6 *302*
5:19 *293*
6:35,40,47 *310*
7:38 *310*
8:31 *376*
8:47 *121*
9:1-3 *295*
9:3 *129*
10:4,5,8,16,26,27 *121*
11:4 *129*
11:25,26 *310*
11:40 *129*
12:44,46 *310*
13—17 *309*
13:16 *309*
14:11 *311*
14:12 *308, 309, 310, 311, 314*
14:16 *165, 309*
14:26 *309*
15:26 *309*
16:7 *309*
17:4 *311*
18:37 *121*

INDICE DE PASSAGENS BÍBLICAS

20:30 *143*
21:16 *336*
21:25 *143*

Atos
1 *366*
1:1,2 *185*
1:5 *83*
1:8 *27, 30, 83, 103*
1:19 *245*
1:21,22 *350, 355, 359*
1:21-26 *346, 355, 359*
1:22,23 *355*
1:22-26 *341*
1:22b *357*
1:24-26 *300*
2 *14, 85, 103, 133, 145, 146, 194, 195, 197, 211, 246, 247, 248, 251, 254, 259*
2:1-17 *136*
2:1-18 *14*
2:4 *111*
2:5-13 *376*
2:6 *245, 376, 377*
2:8 *245, 248*
2:8-11 *245, 248*
2:9 *248*
2:11 *259, 281, 377*
2:17 *194, 195*
2:17,18 *31, 68, 199, 210, 223*
2:17-21 *195*
2:18 *29, 30*
2:22 *29, 30*
2:22-41 *261*
2:39 *194*
2:43 *111*
3:1-10 *14*
3:12 *14*
3:16 *301*
4:7 *30*
4:16, 22 *111*
4:29-31 *14, 143*

4:30 *111*
4:32-33 *30*
5 *200*
5:1-11 *198, 231*
5:12 *14, 111, 137, 366*
6 *366*
6 e 7 *136*
6:2 *25*
6:5 *25, 109*
6:8 *14, 25, 30, 103, 109, 111, 146*
7:36 *111*
7:55 *109*
8 *136, 366*
8:4-8 *135, 14*
8:6 *135*
8:7 *109*
8:13 *30*
8:18,19 *241*
8:20-24 *239*
8:23 *241*
8:26 *186*
8:26-40 *186*
8:29 *186*
9 *136*
9:10-19 *186*
9:13 *186*
9:15 *359*
9:17 *295*
9:32-43 *14*
9:40 *321*
10 *78, 84, 186, 246, 261*
10:37,38 *25, 185, 303*
10:38 *25, 30, 185, 303*
10:44-48 *14, 135*
10:45 *84*
10:46 *135, 261*
11:15-18 *14*
11:22 *346*
11:23 *367*
11:24 *366*
11:26 *367*
11:27-30 *214*

11:28 *219*
12 *142, 252*
12:23 *142*
13:1 *136, 197, 211*
13:1,2 *135, 197*
13:1-3 *14, 20, 109, 198, 199, 201, 346*
13:6-12 *186, 216*
13:7-12 *69*
13:8-11 *238, 321*
13:9 *186, 240*
13:10 *69*
14:3 *98, 111*
14:8,9 *187*
14:8-10 *186, 198, 238*
14:8-11 *14*
14:9 *240*
14:9,10 *69, 200*
14:14 *346*
14:17 *382*
15:9 *286*
15:12 *111*
15:22 *346*
16:11 *576*
16:16 *187*
16:16-18 *187, 238*
16:18 *287, 240*
16:19 *346*
17:24,25 *234*
17:28 *316*
17:30 *381*
18:24 *348*
18:24,25 *366*
19 *84, 211, 246, 261*
19:1-7 *14, 135*
19:6 *84, 136*
19:6,7 *109*
19:11 *240*
19:11-20 *240*
19:13 *374*
19:16 *240*
19:17 *240, 261*
19:21 *220, 222*
20:22 *220, 222*

ENTENDENDO OS DONS ESPIRITUAIS

20:22,23 *220*
20:28 *336, 369*
20:31 *314*
21 *162, 175, 181*
21:3,4 *235*
21:4 *136, 198, 199,
 219, 222*
21:4-6 *233*
21:4-14 *14*
21:8 *335*
21:8,9 *136, 210*
21:9 *211, 219, 223*
21:10-12 *214*
21:10-14 *199, 233, 235*
21:11a *219*
21:12b *219*
21:13 *219*
21:13,14 *220*
21:14a *220*
21:14b *220*
21:27-35 *233*
21:40 *245*
22:2 *245*
26:12-18 *359*
26:14 *245*
28 *142*
28:1-6 *14*
28:7-8 *295*
28:9 *293*

Romanos
1:1 *341, 343, 346,
 351, 359*
1:5 *341*
1:7 *45*
1:11 *82*
1:16 *25*
1:16,17 *286*
1:18 *196*
2:4 *381*
2:14,15 *382*
3:10b-18 *379*
3:11,12 *378*
3:24 *45*

3:28 *286*
5:1 *286*
5:15 *45*
5:15,16 *44*
5:17 *45*
6:23 *44*
8:14-17 *286*
8:18-25 *390*
8:26 *272*
8:26,27 *272*
8:28 *286, 304*
10:8 *332*
11:29 *44*
12 *51, 56, 57, 138,
 329, 331*
12:3 *332*
12:3-6a *148*
12:3-8 *14, 135, 329,
 330*
12:4 *39*
12:6 *39, 63, 66, 109,
 331, 332*
12:6-8 *56, 110, 136,
 329, 330, 331, 333,
 335*
12:6a *56*
12:6b *332*
12:6b,7 *56*
12:6b-8 *330*
12:7 *51, 56, 331, 336*
12:8 *56, 57, 367*
15 *25*
15:13 *25*
15:18,19 *26*
15:18b,19a *98*
15:19 *14, 25, 111, 366*
16:7 *347, 348, 354,
 363, 365*

1Coríntios
1—3 *188, 245*
1:1 *341, 343, 351, 359*
1:3 *45*
1:4-9 *130*

1:7 *14*
1:10—4:21 *361*
1:12 *348*
1:17 *188*
1:18 *25*
1:18-27 *188*
1:24 *25*
2:1 *188*
2:3 *28*
2:4 *14, 188*
2:4,5 *29, 188*
2:5-8 *188*
2:6-9 *188*
2:7 *249*
2:13 *188*
2:13-16 *43*
3:4 *348*
3:4-9 *361*
3:5 *366*
3:5—4:21 *360*
3:9 *360*
4:1 *249, 360*
4:6 *360*
4:6-9 *360*
4:8a *361*
4:8b *361*
4:9 *348, 354*
4:9-13 *367*
4:20 *25*
6:5 *237*
7 *270*
7:7 *44, 268, 270*
7:7b *270*
8:1-4,7,10 *189*
9 *352, 354*
9:1 *352, 354, 355, 356*
9:1,2 *341, 351, 352*
9:1-6 *346, 352*
9:1a *352*
9:1b *108, 352*
9:1b,2 *108*
9:1c *353*
9:1d *353*
9:2 *366, 368*
9:3-6 *353*

398

ÍNDICE DE PASSAGENS BÍBLICAS

9:3-14 *352*
9:5 *364*
10:1a *353*
10:11 *194*
11:2-16 *199*
11:3 *270*
11:5 *223, 224*
11:18 *271, 273*
11:27-30 *295*
12 *44, 49, 51, 56, 58, 64, 81, 110, 138, 170, 189, 269, 270, 272*
12—14 *32, 44, 63, 73, 82, 97, 135, 136, 145, 155*
12:1 *14, 43, 44*
12:1-31 *14*
12:3b *40*
12:4 *44*
12:4-6 *63*
12:4-11 *57*
12:4a *57*
12:5 *46*
12:5,6 *57*
12:6 *41, 46, 57, 320*
12:6b *80*
12:7 *32, 47, 49, 66, 80, 128, 129, 133, 192, 256, 264, 277, 331*
12:7-10 *49, 56, 68, 114, 128, 132, 136, 148, 158, 168, 341*
12:7-11 *268, 271*
12:7a *41, 68*
12:8 *183, 188, 190, 192*
12:8-10 *41, 57, 88, 109, 183, 238, 251, 275, 285, 320, 331, 337*
12:8a *46*

12:8b *46*
12:9 *44, 285, 286, 291, 300*
12:9,10 *44, 138*
12:9a *46*
12:9b *46*
12:10 *29, 107, 226, 230, 239, 246, 277, 278, 320, 321, 324*
12:10,11 *107*
12:11 *35, 60, 70, 72, 81, 82, 107, 272, 320, 324*
12:14-16 *33*
12:14-26 *64*
12:15 *34*
12:16 *34*
12:17 *33*
12:18 *34, 81, 139*
12:19,20 *34*
12:21-26 *35*
12:27 *36*
12:27-31 *175, 176*
12:28 *44, 56, 107, 246, 363, 364, 367*
12:28,29 *107, 340, 341, 354*
12:28-30 *56, 57, 268, 271, 273, 291*
12:29 *51, 56, 107, 199*
12:29,30 *65*
12:29-31 *269*
12:30 *73, 273, 275, 291, 341*
12:30b *73*
12:31 *44, 70, 71, 73, 224, 341*
12:31a *74, 75, 132*
12:31b *73*
13 *97, 170, 234, 248, 289*
13:1 *58, 77, 252*
13:1-3 *58*

13:1-13 *58*
13:2 *58, 189, 190, 253, 289*
13:3 *58*
13:8 *58, 189, 190, 253, 370*
13:8,9 *253*
13:8-10 *58*
13:8-12 *97, 131, 149, 154, 190*
13:9 *253*
13:9,10 *233*
13:10 *150, 233, 310*
13:11 *153*
13:11,12 *152, 153*
13:12 *131, 152, 190, 370, 378*
13:12a *152*
13:12b *152*
14 *47, 50, 74, 78, 133, 165, 167, 204, 205, 206, 212, 217, 250, 256, 260, 261, 262*
14:1 *43, 52, 70, 71, 73, 75, 76, 78, 79, 86, 132, 133, 224, 239, 273, 290, 341*
14:1-40 *52, 73, 75, 78, 133*
14:2 *152, 247, 248, 249, 250, 252, 255, 259, 272, 281, 370, 378*
14:3 *52, 78, 114, 129, 133, 156, 199, 200, 201, 207, 228, 229, 234, 272*
14:4 *129, 199, 256*
14:4a *256*
14:5 *52, 74, 78, 85, 129, 199, 224, 255, 268*
14:5a *132, 256, 272*
14:6 *184, 190, 198*

ENTENDENDO OS DONS ESPIRITUAIS

14:10,11 *254*
14:12 *70, 71, 73, 78, 341*
14:12,13 *71*
14:12b *151*
14:13 *70, 71, 72, 82, 86, 252, 257, 261, 275, 278, 341*
14:14 *257, 261*
14:14-16 *204*
14:14-19 *262*
14:15 *258, 259*
14:15-17 *272*
14:15b *260*
14:16 *258, 260, 280, 281*
14:16,17 *255*
14:17 *260*
14:18 *48, 69, 259*
14:18,19 *48, 258*
14:19 *48, 271, 273*
14:19b *48*
14:20-25 *262, 265*
14:21 *263*
14:21a *229*
14:22 *110*
14:22b *265*
14:23 *254, 265, 271*
14:23,24 *265*
14:23b *265*
14:24 *52, 69, 199, 230*
14:24,25 *129, 192, 199, 201, 265*
14:26 *33, 64, 129, 184, 195, 198, 265, 275*
14:27 *50, 230, 256, 269*
14:27,28 *272*
14:27b *275*
14:28 *50, 256, 265, 271, 273*
14:29 *123, 214, 216, 230, 231, 281*

14:29,30 *198*
14:29-32 *52, 165*
14:30 *184, 197*
14:30,31 *217*
14:31 *199, 230, 273*
14:32 *204, 206*
14:33 *271, 273*
14:34 *223*
14:35 *271, 273*
14:36 *218*
14:37 *44, 239*
14:37,38 *218*
14:39 *70, 71, 73, 75, 78, 86, 132, 133, 224, 260*
15:5 *364*
15:6,7 *353*
15:7 *364*
15:7-9 *341*
15:8 *351*
15:51 *151*
16:12 *348*

2Coríntios
1:1 *341, 363*
1:2 *45*
1:10 *44*
1:12; 2:17 *108, 366*
2:12,13 *347*
2:19 *362*
3:1-3 *108, 366*
3:4-6 *108, 366*
4:2 *108, 366*
4:7 *28*
4:7-15 *108, 366*
4:16-18 *304*
5:4-10 *108*
5:11 *108, 366*
5:16 *354*
6 *28*
6:3-10 *367*
6:3-13 *108, 366*
6:4,5 *28*
6:6 *28*

6:7 *28*
7:2 *108, 366*
7:6,13,14 *347*
8:2 *334*
8:6,16 *347*
8:23 *347, 348, 363, 365*
9:7 *335*
9:11,13 *334*
10:13 *345, 368*
10:13-18 *108, 366, 368*
11:1-33 *108*
11:6,23-28 *108, 366*
11:12-15,23 *108*
11:13 *347*
11:15 *347*
11:20 *391*
11:23-33 *366*
11:30 *105*
12 *77*
12:1-10 *295, 322, 367*
12:7-10 *292*
12:9 *28, 45*
12:10a *305*
12:11 *105, 341*
12:12 *14, 104, 105, 110, 366*
12:15 *366*
13:1-4 *391*
13:4 *108*
13:4a *392*
13:4b *392*
13:14 *45*

Gálatas
1:1 *341, 346, 351, 359*
1:3 *45*
1:11,12,15-17 *351*
1:23 *332*
2:1 *347*
2:20 *286*
3:1-5 *135, 317, 318*
3:2 *317, 318*

ÍNDICE DE PASSAGENS BÍBLICAS

3:5 *14, 29, 110, 115, 136, 148, 317, 318, 324*
3:6 *319*
4:13 *292*
5:22 *286*

Efésios
1 *26*
1:2 *45*
1:3 *390*
1:11 *81, 316*
1:15-19 *159*
1:17 *69*
1:17-21 *23*
1:21 *240*
2:6 *390*
2:8 *286*
2:19,20 346
2:20 *18, 99, 134, 206, 207, 210, 211*
3 *26, 249, 250*
3:2-6 *249*
3:4 *250*
3:5 *134*
3:10 *389*
3:16 *23*
3:20,21 *24*
4 *50, 51, 329, 331*
4:7 *335, 338*
4:7-16 *14, 15*
4:11 *10, 16, 49, 50, 51, 56, 58, 134, 198, 199, 329, 331, 333,340, 344, 364, 368*
4:11-13 *129, 368*
4:11-16 *335*
4:12 *50, 337*
4:12b *49*
4:13 *16, 130, 150, 338*
4:14 *338*
4:14a *338*
4:16 *16, 338*
6:12 387

Filipenses
1:1 *363*
1:2 *45*
1:9,10a *237*
1:19 *319*
1:27 *332*
2:8b *391*
2:25 *237, 347, 348, 363*
2:25-30 *292, 293, 322*
2:27 *293*
3:8b-11 *22*
3:15 *196*

Colossenses
1:1 *24, 28*
1:2 *45*
1:9 *237*
1:11 *24, 28*
1:16 *240*
1:17b *316*
1:24 *366*
1:29 *24*
2:13-15 *91*
2:15 *240*
3:16 *69*

1Tessalonicenses
1:1 *45, 356*
1:1-10 *228*
1:5 *29*
2:2 *362*
2:4-7 *356*
2:6,7 *362*
2:6b *362*
2:11-13 *334*
2:12 *367*
2:13 *215*
3:2 *362*
3:6 *362*
4:8 *319*
4:15,16 *151*
5 *124, 212, 219*
5:12 *334*

5:12,13 *369*
5:19 *227*
5:19,20 *136, 215*
5:19-22 *14, 69, 123, 124, 125, 135, 227, 233*
5:20 *214, 227*
5:20,21 *214, 216*
5:21 *122, 214, 227*
5:21,22 *123, 126*
5:21b *227*
5:22 *227*

2Tessalonicenses
1:2 *25, 45*
1:11 *25*
2:2 *229*
2:7 *381*
2:9 *372*
2:10 *372*
2:15 *229, 233*

1Timóteo
1:1 *343, 359*
1:18 *135, 198*
1:18,19 *14, 201, 212*
1:18,19a *202*
2 *223*
2:12-15 *223*
3:1 *343, 334*
3:2 *333*
3:4,5,12 *334*
4:1 *194*
4:13 *334*
4:14 *14, 70, 82, 86, 198, 200, 212, 362, 503*
5:17 *334, 362*
5:19 *236*
5:23 *292, 322*

2Timóteo
1:6 *50,82, 362*
1:6,7 *14*

ENTENDENDO OS DONS ESPIRITUAIS

1:7 *26*
2:2 *333*
2:7 *159*
3:1 *194*
3:10 *333*
3:16,17 *132*
4:5 *335*
4:10 *347*
4:20 *292, 322*

Tito
1:4 *45*
1:5 *347*
1:9 *333*
2:1 *333*
2:3 *333*

Filemom
1:1 *363*

Hebreus
1:1,2 *194*
1:3 *316*
1:9 *252*
1:14 *113*
2:3 *113*
2:3,4 *14, 111*
3:2 *343*
3:6 *376*
3:14 *376*
6 *376*
6:4 *374*
6:4,5 *374, 375, 376*
6:4-6 *376*
6:6 *376*
9:26 *194*
10:19-22 *213*
11 *286*
12:22-24 *213*

13:5 286
13:17 369

Tiago
4:1 *288*
4:2 *303*
5 *295, 324*
5:3 *194*
5:13-18 *14*
5:14-16 *296, 301*
5:15 *289, 294, 295, 300*
5:15,16 *301*
5:16 *26*
5:17 *321*
5:17,18 *296*

1Pedro
1:20 *194*
2:9 *213*
2:23 *391*
3:7 *288*
3:20 *381*
4:10 *44, 48, 50, 66*
4:10,11 *14, 43, 46, 52, 58, 65*
4:10b *45*
4:11 *56, 333*
5:1-4 *336*
5:1-5 *369*

2Pedro
1:3 *24*
2:1-3 *216, 235*
3:9 *381*
3:15,16 *333*

1João
2:14 *120*

2:18 *194*
2:19 *376*
2:20,27 *120*
3:10 *120*
3:20 *120*
3:24 *120*
4:1 *119, 238*
4:1-3 *119, 179, 196, 216*
4:1-6 *69, 118, 233*
4:2 *121*
4:3 *120*
4:4-6 *120*
4:5,6 *121*
4:12,13 *120*
5:5 *390*

2João
7 *216*

Judas
17,18 *351*
20 *47*
20,21a *257*

Apocalipse
1:4 *206*
1:5,6 *206, 213*
1:20 *250*
2:7,11 *390*
2:20 *372*
2:20-23 *372*
4:5 *206*
5:6 *206*
5:10 *213*
21 e 22 *154*
21:14 *346, 356*
22:6 *205*
22:4 *153*

Índice remissivo

A

administração, dom de 37, 56, 58, 66
Ágabo 198, 214, 219, 220, 221, 222
Agostinho 160, 172, 173, 174
Aidan 177
ajuda, dom de 59, 67, 170
Ambrósio 172
Andrônico 347, 348, 354, 365
Ansgário 177
Antônio de Pádua 177
apocaliptismo 385
Apolinário 166
Apolo 348, 349, 351, 362, 365, 366
apostolado 108, 352
  como cargo 341, 342, 343, 367
  critérios para o 341, 343, 344, 349, 369
  definição 341, 345
  dom do 58, 59, 67, 96, 170, 341, 349, 364, 367
  Paulo e o 57, 58, 109, 341, 346, 351, 352, 353, 357, 364, 368

visão cessacionista do 339, 343, 344
apóstolos 348, 351, 352
  autoridade para escrever as Escrituras inspiradas 351
  chamados por Deus 344, 346, 347, 351, 359, 366
  como fundamento da igreja 207, 346
  como mensageiros 347, 363, 364, 365
  como testemunhas oculares de Jesus 112, 341, 347, 349, 350, 354, 356, 357, 358, 365
  e os dons espirituais 47, 69, 107, 341, 366
  e o poder de Deus 27
  e o ensino 366
  e a liderança 367
  falsos 105, 108, 347

  marcas dos verdadeiros 109
  na igreja hoje 369
  o Espírito Santo operando por meio dos 25
  sinais e maravilhas como autenticação dos 98, 107, 108, 109, 112, 127, 128, 366
Aquino, Tomás de 177
argumento do agrupamento 102, 140
Ash, James 157
Atanásio 169
Atenágoras 166

B

Baker, Heidi 41, 44, 85, 98, 139, 145, 149, 153, 155, 160, 197, 219, 233, 248, 253, 262, 290, 312, 313, 332, 377, 378, 391
Barnabé
  caráter de 366
  como apóstolo 342, 346, 352, 353,

363, 365, 366, 367

revelação da missão de 186, 198, 199, 201

sinais e maravilhas de 98

Barnett, Paul 358

Barrett, Matthew 132

Barron, Bruce 393

Barsabás 350, 355

Basílio de Cesareia 170

batismo no Espírito 71

Beda, Venerável 177

Bento de Núrsia 177

Berding, Kenneth 38, 39, 41, 42, 46

Bernardo de Claraval 177

Blass, F. 106

Boaventura 177

Boice, James Montgomery 99

Bonnke, Reinhard 313

Brígida da Suécia 177

Brown, Michael L. 393

Bruce, Robert 179

Burer, M. H. 348

Burgess, Stanley M. 160, 162, 164, 177, 178

C

caminhada de oração 241

cargos 69

Carson, D. A. 44, 85, 98, 145, 149, 155, 196, 197, 218, 219, 233, 262, 290, 292, 309, 377, 391

Cartledge, David 345

Cartledge, Mark J. 383, 385, 390

Catarina de Siena 178

celibato 44, 268, 270

Celso 168

cessacionismo 103

argumento do agrupamento 102, 143, 297

argumentos bíblicos e teológicos 115, 207

como resistência ao Espírito Santo 42

definição de 95

e o dom do apostolado 339, 342, 344

e a ausência de evidências com base em relatos para os dons miraculosos 100

e o descontentamento 126

e o engano satânico 123

e a incorrigibilidade 124

e a limitação dos dons de milagres à igreja primitiva 42, 75, 96, 104, 320

e o dom de línguas 245, 263, 264

e a negligência para com as Escrituras 124

e a profecia do Novo Testamento vs. a do Antigo 208

e as profecias fracassadas 125

e a suficiência das Escrituras 99, 100, 117, 131, 135

resposta a Jonathan Edwards sobre o 126

argumentos de Richard Gaffin 104

Chan, Frank 344, 354, 356, 362, 363

Chan, Simon K. H. 274

charisma 44, 45, 82, 83, 110, 114, 139, 157, 190, 229, 272, 276, 291, 292, 321, 323, 324, 339, 341, 342, 344, 377

Ciampa, Roy E. 233

Cipriano 157, 169

Cirilo de Jerusalém 169

Clara de Montefalco 178

Clemente de Alexandria 167, 168

continuacionismo
definição de 96, 127

e o dom de línguas 246

e o argumento do agrupamento 143

e a profecia do Novo Testamento vs. a do Antigo 208

controvérsia montanista 167, 169

ÍNDICE REMISSIVO

corpo de Cristo 11, 13, 16, 17, 21, 22, 23, 28, 32, 33, 34, 35, 36, 38, 39, 40, 42, 43, 47, 48, 49, 50, 52, 64, 74, 75, 77, 78, 80, 88, 114, 128, 129, 130, 138, 139, 211, 225, 249, 256, 264, 273, 286, 289, 304, 329, 333, 335, 337, 338, 344, 368, 370, 371, 375, 386, 387, 389

Corrigan, Kevin 172

Crisóstomo 160

cura
  capacitação do Espírito Santo 27, 38
  como dom de serviço 66
  como dom esporádico 291, 294, 300, 322
  Craig Keener e a 313, 314
  dom de 57, 60, 63, 168, 169, 170, 171, 174, 296, 323
  fé e a 300, 301, 319
  na história da igreja 168, 169, 170, 172, 174, 177, 179
  não exclusiva aos apóstolos 68

Paulo e a 57, 64, 69, 168, 294, 300
por Jesus 27, 140, 293, 295, 298, 375
propósito do dom de 47
Tiago 5 e 296
visão cessacionista da 95, 104

Cuteberto 177

D

contribuição, dom de 56, 59, 61, 67, 68, 90, 96, 330, 334, 340
  como dom de serviço 59, 66
  definição do 90, 334
  Paulo e o 56, 58, 330, 334
  visão cessacionista do 96
  vs. papel da contribuição (ato de contribuir) 61, 68

Debrunner, A. 106

Deere, Jack 13, 137, 138, 142, 143, 179, 340

deísmo 316

Deus
  envolvimento com a nossa existência diária 316
  graça de 45, 66, 335
  os dons espirituais como evidência

da presença de 40, 43, 44, 46, 67
poder sobrenatural de 21, 29, 67
transmissão de poder por 29

diakonia 45, 46, 333

Dídimo 165, 167

discernimento de espíritos, dom de
  esporádico 323
  disponível a qualquer pessoa 68
  e a profecia 323
  na história da igreja 168, 170, 172, 177, 178
  propósito do 47

Domingos 177

dons de sinais 111, 131, 263

dons espirituais
  atuais vs. na igreja primitiva 140
  características dos 51
  circunstanciais 52, 293, 307, 322, 323, 324
  como administração de Deus 66
  como autenticação de apóstolos 98, 107, 108, 109, 110, 112, 128, 133
  como efeito do poder divino 45
  como evidência da presença do Espírito Santo 42, 44, 45, 80

405

como expressão do
favor de Deus
44, 52, 331
como ministérios
40, 45, 46, 50
como sendo dados,
e não adquiridos
65
definição dos 37,
38, 39, 40, 46,
341
dons de fala 52,
59, 67
dons de manifesta-
ção 49, 50
dons de serviço 52,
56, 67
dons ministeriais
49, 50, 131
dons motivacionais
49, 51
e a edificação do
corpo de Cristo
42, 52, 66, 68,
80, 88, 114,
128, 129, 133,
256, 264, 338,
371
e a glória de Deus
67, 129
e a graça 331
e a graça comum
382
e os dons naturais
38
e a edificação de
cristãos 47, 48,
49, 52, 80, 114,
129
e a graça 44, 45,
66, 371
em Antioquia 135
em Cesareia 135
em Corinto 75,
131, 135

em Éfeso 135
em Roma 135
em Samaria 135
em Tessalônica 135
e o bem comum 32,
47, 52, 63, 66,
68, 114, 128,
133, 256, 264
Espírito Santo como
poder para os
30, 39, 41, 47,
49, 51, 53, 64,
68, 72, 272,
323, 371
evidências na histó-
ria da igreja 155
fundacionais 131
na Galácia 135
na Idade Média 178
na igreja de hoje
369
número de dons
concedidos ao
cristão' 68
número de 56
obrigação de usar
56, 62, 66, 330
esporádicos 52,
292, 294, 307,
322, 323, 324
permanentes 52,
322, 323
propósito dos 16,
46, 50, 66, 114,
128, 131, 337
quando são recebi-
dos 70
que todos os cris-
tãos têm 31, 65,
69, 340
residentes 52, 322,
323
responsabilidade
de desejarmos
e orarmos

por 133, 135,
224, 268,
290, 341
responsabilidade de
usarmos 52, 57,
66, 330
terminologia bíblica
para 47
tipos de 52, 60
transmissão dos
72, 81, 87, 133
visão tradicional
dos 37, 38
vs. fruto do Espírito
16, 77
vs. tipos de perso-
nalidade 54
Duguid, Ian M. 208
Duncan, Ligon 174
Dunn, James D. G.
187, 188, 189,
190

E

Edwards, Jonathan
115, 117, 123,
124, 125, 126
ensino, dom de
como cargo 58, 69
como dom de fala
59, 67
ativo 206
permanente 322
e a edificação do
corpo 52, 129
na história da igreja
170
o que é o 333
Paulo e o 56, 69,
129, 331
responsabilidade de
usarmos 52, 56,
330
visão cessacionista
do 96, 330

ÍNDICE REMISSIVO

vs. profecia 197, 205, 223, 334
Epafrodito 292, 293, 322, 347, 348, 365
Epifânio 165, 167
equivalência dinâmica 279
Espírito Santo
  como Mestre 158
  como poder para os dons espirituais 30, 41, 43, 47, 49, 51, 53, 64, 72, 272, 323, 324, 371
  como poder sobre-natural de Deus 22, 24, 26, 27, 40
  democratização do 31, 209
  e Estêvão 25, 26
  e Jesus 27
  e os apóstolos 25, 26
  e transmissão dos dons espirituais 72, 82
  posse de todo o povo de 31, 32, 209
  receptores selecio-nados do poder do 32, 45, 46
espiritualidade caris-mática 385
Estêvão 25, 26, 109, 136, 137, 366
Eusébio 163, 164, 166, 167, 169
evangelho da prosperi-dade 96
evangelho da saúde e da riqueza 293, 393

evangelismo, dom de 52, 58, 61, 68, 82, 96, 130, 138, 274, 291
exortação, dom de 59, 67, 330, 334, 337

F

Farah, Charles 393
fé
  constante 286
  contínua 286
  de conversão 285
  curadora 300, 301, 319
  e profecia 56, 332
  justificadora 286
  salvadora 286, 290
  santificadora 286
  sobrenatural 287, 290
fé, dom de
  circunstancial 286, 289, 300, 322, 323
  como fé carismática 286
  definição do 61, 290, 300, 340
  não exclusivo aos apóstolos 68, 289
  o que não é 287
  Paulo e o 57, 59, 63, 285, 289, 300
  propósito do 47
  vs. fé comum 63, 285, 286
Fee, Gordon D. 150, 151, 152, 154, 206, 229, 253, 330, 331, 334
Felicidade 164

Filipe, milagres de 109, 366
Fleming, Robert 179
Forbes, Christopher 253
Fortune, Don 50, 51
Fortune, Katie 50, 51
Fox, George 178
Francisco de Assis 177
fruto do Espírito *vs.* dons espirituais 77

G

Gabriel, Andrew K. 388
Gaffin Jr., Richard B. 103, 104, 122, 123, 136, 144, 146, 147, 148, 150
Gardner, Paul 44, 131, 250
Garland, David E. 41, 153, 232, 233, 248, 255
Geisler, Norman 105
Geivett, R. Douglas 345
Genoveva de Paris 177
Gertrudes de Helfta 177
Gillespie, Thomas 332, 333
glossolalia 253
graça de Deus 66, 298, 335
Graves, Robert 206, 255
Gregório de Nazianzo 172
Gregório de Nissa 170
Gregório de Tours 177
Gregório, o Grande 177

Grudem, Wayne 13, 17, 106, 108, 109, 127, 131, 132, 144, 190, 208, 213, 214, 217, 218, 219, 223, 230, 231, 233, 266, 316, 317, 332, 333, 339, 340, 348, 362

H

Harris, Murray J. 106, 107, 392
Hayford, Jack 272, 273
Hays, Richard B. 253
Hennecke, Edgar 164
Hilário de Poitiers 172
Hildegarda de Bingen 177
Hinn, Costi W. 393
Hipólito 167, 168
Hodge, Charles 379
Hyatt, Eddie L. 160

I

Inácio de Loyola 178
intercessão 61, 68
interpretação 62, 276
interpretação de línguas, dom de 57, 59, 61, 64, 67, 172, 183, 231, 251, 252, 275, 276, 277, 279
como dom de fala 67
conteúdo da 282
definição do 251
em contraposição à visão cessacionista do 264

e o Pentecoste 377
julgamento do 281
necessidade de falar em línguas em público 275
o que é 281
o que não é 279
Paulo e o 57, 64
propósito do 47, 49, 172, 256
Ireneu 162, 163

J

Jerônimo 164, 167
Jesus
cura por 157
Jesus
a igreja como corpo de 32
conhecendo os pensamentos dos outros 184
cura por 27, 293, 295, 297, 319, 375
Discurso do Monte das Oliveiras 373
e a fé 288, 319
e a transmissão de poder 27
e o batismo no Espírito 71
e as obras maiores 308
e o Sermão do Monte 371
o Espírito Santo operando por meio de 27, 128, 185
sinais, maravilhas e milagres de 29, 30, 128, 140,

143, 157, 311, 372
Jezabel 372
João da Cruz 178
João do Egito 177
Johnson, Luke T. 377
Jones, David W. 393
Jones, Peter 358
Jones, Rufus M. 178
júbilo 173, 174
Judas 257, 351
Judas Iscariotes 346, 355, 356, 373, 374, 382
Juliana de Norwich 178
Júnia(s) 347, 348, 354, 365
justificação pela fé, doutrina da 159
Justino Mártir 161, 162, 166

K

Keener, Craig 12, 13, 160, 253, 312, 313, 314, 370, 378
Kempe, Margery 178
King, J. D. 160
Knox, John 179, 253
Kuyper, Abraham 380
Kydd, Ronald A. N. 160, 166

L

Ladd, George 385
Lane, William 113
Leão, o Grande 177
Lewis, C. S. 393
libertação 44, 60, 63, 90, 91, 119, 142, 168, 305, 313, 319, 321, 373, 388

liderança, dom de 37, 56, 59, 67, 82, 139, 274, 330, 335, 337

Lightfoot, J. B. 161, 344, 350, 356, 362

Lincoln, Andrew T. 337, 338

línguas
Paulo e as 278

línguas, dom de 266
como ação de graças 260, 261, 266, 281
como declaração de juízo contra os judeus incrédulos 262
como dom de fala 67
como louvor 260, 261, 266, 281
como oração 259, 261, 266, 281
como sinal 246, 266, 282
como vontade de Deus para todos os cristãos 274
e a era da nova aliança 145
e os coríntios 248
e a edificação do corpo de Cristo 264
em Atos e em 1Coríntios 254
e os coríntios 74, 131
e os montanistas 166
e a profecia 282
Espírito Santo, capacitação do 38

interpretação do 47, 50, 57, 59, 64, 67, 172, 251, 256, 264, 282, 377
na história da igreja 163, 166, 168, 169, 170, 172, 173, 177, 178
na Idade Média 177, 178
não exclusivo aos apóstolos 69
no ministério público 271, 273, 274, 275
nos devocionais a sós 271, 272, 273, 274, 278
Paulo e o 47, 50, 58, 64, 69, 74, 84, 111, 132, 149, 205, 224, 245, 274, 275, 282
propósito do 47, 64, 260
tipos 246, 247
transmissão do 85
visão cessacionista do 246, 263, 264
visão continuacionista do 246

M

MacArthur, John F. 102, 112, 140

Marcião 164

Matias 346, 350, 355, 359, 365, 366

Maximila 165, 166

Mayhue, Richard 105

McConnell, D. R. 393

McDonnell, Kilian 160, 167

Menzies, Robert P. 275

milagres
ceticismo e 306
cinismo e 306
como dom de serviço 66
como dom esporádico 307, 324
como poder 29, 30
Craig Keener e 314
de Jesus 29, 30, 128, 129, 311
dom de 57, 58, 59, 63, 66, 307, 312
dúvida e 307
e a glória de Deus 129, 317
espectro de crenças sobre 308
Espírito Santo, capacitação do 38
João 14
12 e 310
na história da Igreja 169, 170, 171, 172, 173, 176, 314
na Idade Média 176, 314
não exclusivo aos apóstolos 68, 107, 108, 109, 110, 135, 311, 320
na Reforma 314
o que é 317
Paulo e o 29, 57, 69, 105, 107, 109, 128, 148, 240, 312, 319, 324

propósito evange-
lístico dos 47,
129, 311, 317
visão cessacionista
dos 95, 104,
306
Miller, Donald E. 345
misericórdia, dom de
35, 48, 52, 53,
56, 59, 60, 66,
67, 82, 90, 96,
110, 129, 274,
291, 322, 330,
334, 339, 342
Montague, George T.
160, 167
Montano 164, 165,
166
movimento Palavra da
Fé 96, 293, 393
Murray, John 106,
379, 380, 381,
382, 392

N

Novaciano 168, 169
Nova Reforma Apos-
tólica 347

O

Oliver, Jeff 160, 174
Orígenes 168

P

Pacômio 170
palavra de conhecimen-
to, dom de
como dom de fala
66
como revelação
184, 190
esporádico 323
definição do 189

em Corinto 189
na história da igreja
170, 178
na Reforma Escoce-
sa 178
Paulo e o 47, 57,
58, 63, 69, 183,
187, 190
precedentes bíblicos
187
propósito do 47, 63
palavra de sabedoria,
dom de
como dom de fala
66
como revelação 184,
190
esporádico 323
definição de 189
em Corinto 189
na história da igreja
170
Paulo e o 47, 57,
63, 170, 183,
190
precedentes bíblicos
187
propósito do 47, 63
papéis 38
pastoreio, dom de 58,
60, 82, 130
pastoreio, ensino, dom
de 60
Paulo
chamado de, como
apóstolo 105, 107,
346, 351, 353,
359
e o dom de cura
57, 63, 69, 170,
294, 300
e o dom de contri-
buição 56, 58,
330, 334

e o dom da fé 57,
58, 63, 287,
290, 300
e a graça 45
e a imaturidade 338
e o dom da interpre-
tação de línguas
47, 57, 64
e o dom da palavra
de conhecimento
47, 57, 58, 63,
69, 183, 186,
190
e o dom da palavra
de sabedoria
47, 57, 63, 170,
183, 190
e o dom de profecia
47, 59, 64, 70,
74, 78, 110,
133, 149, 164,
198, 200, 202,
204, 217, 237,
265, 273, 323,
331
e a responsabilidade
de desejarmos
e orarmos pelos
dons espirituais
70, 75, 76, 77,
78, 81, 82, 86,
132, 224, 268,
341
e a responsabilidade
de usarmos os
dons espirituais
52, 57, 66, 330
e o dom de línguas
de 47, 50, 58,
64, 69, 74, 84,
111, 131, 132,
149, 205, 224,
266, 274, 275,
278, 282

ÍNDICE REMISSIVO

e a transmissão de dons espirituais 72, 81, 87

e o amor 36, 73, 77, 97, 149, 224, 235, 250, 286, 289

e o apostolado 58, 109, 341, 346, 351, 352, 354, 359, 364, 368

e o celibato 268, 270

e o discernimento de espíritos 241

e o dom de ensino 56, 59, 129, 331

e o dom de evangelismo 130, 336

e o dom de pastoreio 130, 336

e o poder de Deus 23, 25, 28, 30, 40, 42, 45

e os *charismata* 41, 44, 341

e os dons espirituais como evidência do poder do Espírito Santo 40, 46

e os dons espirituais dados a todos 31, 64

e o dom de serviço 56

e os milagres 29, 57, 69, 105, 106, 107, 110, 128, 148, 240, 312, 319, 324

e os sinais e maravilhas 98, 107

e os tipos de dons espirituais 59

e o uso dos dons espirituais para edificarmos o corpo de Cristo 47, 52, 88, 128, 129

e o uso dos dons espirituais para edificarmos o corpo de Cristo 65

o Espírito Santo operando por meio de 25, 28

orgulho de 78

os dons espirituais que detém 69

palavras usadas como justificativa para o cessacionismo 98, 99, 104

palavras usadas como justificativa para o continuacionismo 98

Peden, Alexander 179

Pedro

e a era da nova aliança 145

e a graça de Deus 66

e o dom de profecia 109, 195, 197, 209, 210

e a responsabilidade de usarmos os dons espirituais 66

e o poder de Deus 24, 67

e os apóstolos 357

e os dons espirituais 31, 43, 44, 46, 48, 56, 59, 69, 88, 333

e o dom de serviço 56, 333

Perpétua 164

Perriman, Andrew 393

Piper, John 13, 139, 348

Pivec, Holly 345

pneumatikos 43, 44

poder

e os milagres 29, 30

fraqueza como plataforma para o 28, 29

para os dons espirituais 30, 41, 43, 47, 49, 51, 53, 64, 67, 72, 273, 323, 371

sobrenatural de Deus 21, 29, 67, 128

transmissão de 29

pregação como profecia 76

Prisca 165, 166

profecia, dom de

autoridade do 100

categorização do 51

cessação do 75, 100

circunstancial 323

como dom de fala 66

esporádico 322

como fonte de forças 202

passivo 206

como experiência extática 165, 167, 206

congregacional 218, 233

411

conteúdo do 199
critérios para julgarmos o 235
definição 199
e a edificação do corpo de Cristo 129, 133, 198, 207, 212, 229, 234
e a era da nova aliança 145
e a fé 61, 333
e o falar em línguas 282
e os montanistas 166, 167, 169, 204
e a revelação 197, 198, 199, 205, 209, 218, 233, 323
capacitação do Espírito Santo 38
função fundacional do 209, 211, 215
infalibilidade do 208, 209, 210, 212, 215, 216, 221
julgando o 215, 237
mulheres e 223
na história da igreja 161, 166, 167, 168, 169, 170, 172, 177
não exclusivo aos apóstolos 69, 109, 209, 323
no Pentecoste 195
Novo Testamento vs. Antigo Testamento 225

Paulo e o 47, 58, 63, 70, 74, 77, 109, 129, 133, 149, 166, 198, 200, 201, 204, 217, 237, 265, 273, 323, 331
Pedro e o 109, 194, 197, 209, 210
propósito do 47, 50, 63, 114, 125, 129, 203, 229
quem recebe 52, 199
reservado ao clero 157
responsabilidade de usarmos o 56, 330
vs. ensino 197, 205, 223
vs. pregação 76, 197
profetas, falsos 216, 235, 373

R

reducionismo 128, 145, 263
renovação carismática
perspectivas para o futuro 389
pontos fortes e fracos da 388
ressurreição 22, 85, 129, 142, 161, 188, 250, 309, 316, 319, 341, 342, 350, 353, 354, 355, 356, 357, 358, 365, 389, 390, 391, 392

Ricardo de São Vítor 177
Riss, Richard M. 160, 177
Robeck Jr., Cecil M. 160, 164
Rosner, Brian S. 233
Rutherford, Samuel 179

S

sacerdote, cargo do 213
Salisbury, J. E. 164
salvação pela fé mais obras, doutrina da 159
Saucy, Robert 339, 340, 342
Schneemelcher, Wilhelm 164
Schreiner, Thomas R. 97, 98, 99, 100, 101, 102, 113, 114, 140, 174, 176, 193, 210, 211, 214, 222, 331, 332, 333
Seifrid, Mark A. 106, 108
serviço, dom de 35, 46, 52, 56, 59, 60, 67, 96, 110, 291, 330, 333
Silas 137, 142, 342, 346, 362, 365, 367
sinais, maravilhas e milagres
como autenticação de apóstolos 98, 107, 108, 109,

Í N D I C E   R E M I S S I V O

112, 127, 128, 133, 366
confirmando a verdade do evangelho 111, 112, 128
de Jesus 29, 30, 128, 129, 273
e Satanás 372
Espírito Santo como poder para 40
evidências da história da igreja dos 155
falsos 372
na história da igreja 164
na Idade Média 178
não exclusivos aos apóstolos 68, 69, 107, 108, 109, 110, 136, 137, 146
orando por 144, 307
Paulo e os 98, 107
propósitos evangelísticos dos 129
referências bíblicas 15, 25, 29, 30
Spurgeon, Charles 191, 192
Storms, Sam 11, 12, 13, 17, 101, 106, 107, 115, 127, 128, 332
Stott, John R. W. 119, 121
suficiência das Escrituras 55, 99, 100, 117, 122, 135, 196, 224, 351

T

Teódoto 167
Teófilo 166
Teresa de Ávila 178
Tertuliano 163, 164, 166
Thiessen, Gerd 278
Thigpen, Paul 160, 177
Thiselton, Anthony C. 232, 239, 249, 253, 277, 278, 279, 377
Tiago
como apóstolo 342, 347, 354, 357, 358, 363, 364, 365
e a confissão de pecados 295, 296, 301
e a cura 294, 295, 296, 301
e os dons espirituais 86, 289, 294, 296, 301, 302
e a oração 26, 86, 289, 294, 295, 296, 300, 301, 303
Timmis, Steve 101, 138
Timóteo
como apóstolo 26, 347, 349, 351, 355, 359, 363, 367
dons espirituais de 50, 70, 82, 87, 198, 202, 203
e o ensino 333, 367
enfermidade de 292, 322

profecias faladas a 70, 82, 198, 200, 201, 203, 212
Tito 45, 74, 333, 347, 360, 361, 367
transmissão de poder 29, 40, 72
Trevett, Christine 164
Turner, Max 140, 151, 231, 273, 274, 275, 315, 378

U

últimos dias 31, 145, 193

V

Valdo, Pedro 177
Vicente Ferrer 178
vida eterna 44, 281, 375
visões de revelação 133, 164, 209

W

Wagner, C. Peter 345
Wallace, Daniel B. 336, 348
Wanamaker, Charles A. 229
Welsh, John 179
Wesley, John 178, 384
Williams, J. Rodman 377
Wilson, Andrew 76, 138, 139, 140, 174, 176, 208, 352, 353, 355, 356, 358, 360, 361, 365

Wimber, John 13, 385

Wishart, George 179

Woodbridge, Russell S. 393

Woodhouse, John 99

X

xenolalia 245, 256

Este livro foi impresso pela Reproset, em 2024, para a Thomas
Nelson Brasil. A fonte do miolo é Bookman Old Style e o
papel do miolo é avena 70g/m².